教育部哲学社会科学系列发展报告
MOE Serial Reports on Developments in Humanities and Social Sciences

中国农民状况发展报告2015（经济卷）

Chinese Peasants Development Report
Volume of Economy 2015

徐勇 邓大才 任路 史亚峰 等著

北京大学出版社
PEKING UNIVERSITY PRESS

图书在版编目（CIP）数据

中国农民状况发展报告.2015:经济卷/徐勇等著.—北京：北京大学出版社，2018.6
（教育部哲学社会科学系列发展报告）
ISBN 978-7-301-23557-7

Ⅰ.①中… Ⅱ.①徐… Ⅲ.①农村—社会主义建设—调查报告—中国—2015 ②农业经济—调查报告—中国—2015 Ⅳ.①F32

中国版本图书馆 CIP 数据核字(2017)第 310875 号

书　　　名	中国农民状况发展报告2015（经济卷） ZHONGGUO NONGMIN ZHUANGKUANG FAZHAN BAOGAO 2015（JINGJI JUAN）
著作责任者	徐　勇　邓大才　任　路　史亚峰　等著
责任编辑	陈相宜
标准书号	ISBN 978-7-301-23557-7
出版发行	北京大学出版社
地　　　址	北京市海淀区成府路 205 号　100871
网　　　址	http://www.pup.cn
新浪微博	@北京大学出版社　@未名社科-北大图书
微信公众号	ss_book
电子信箱	ss@pup.pku.edu.cn
电　　　话	邮购部 010-62752015　发行部 010-62750672　编辑部 010-62753121
印刷者	河北滦县鑫华书刊印刷厂
经销者	新华书店
	730 毫米×980 毫米　16 开本　31 印张　568 千字 2018 年 6 月第 1 版　2018 年 6 月第 1 次印刷
定　　　价	88.00 元

未经许可，不得以任何方式复制或抄袭本书之部分或全部内容。
版权所有，侵权必究
举报电话：010-62752024　电子信箱：fd@pup.pku.edu.cn
图书如有印装质量问题，请与出版部联系，电话：010-62756370

编辑委员会

学术顾问

张厚安

主编

徐　勇

执行主编

邓大才

编委（以姓氏笔画排序）

丁　文　于建嵘　马　华　王义保　王金红　王　勇
王继新　邓大才　石　挺　卢福营　刘义强　刘金海
刘筱红　李海金　李德芳　吴晓燕　宋亚平　张小劲
陆汉文　郝亚光　贺东航　徐　勇　徐增阳　唐　鸣
董江爱　詹成付

总　　序

　　哲学社会科学的发展水平,体现着一个国家和民族的思维能力、精神状态和文明素质,反映了一个国家的综合国力和国际竞争力。在社会发展历史进程中,哲学社会科学往往是社会变革、制度创新的理论先导,特别是在社会发展的关键时期,哲学社会科学的地位和作用就更加突出。在我国从大国走向强国的过程中,繁荣发展哲学社会科学,不仅关系到我国经济、政治、文化、社会建设以及生态文明建设的全面协调发展,而且关系到社会主义核心价值体系的构建,关系到全民族的思想道德素质和科学文化素质的提高,关系到国家文化软实力的增强。

　　党的十六大以来,以胡锦涛同志为总书记的党中央高度重视哲学社会科学,从中国特色社会主义发展全局的战略高度,把繁荣发展哲学社会科学作为重大而紧迫的任务进行谋划部署。2004年,中共中央下发《关于进一步繁荣发展哲学社会科学的意见》,明确了新世纪繁荣发展哲学社会科学的指导方针、总体目标和主要任务。党的十七大报告明确指出:"繁荣发展哲学社会科学,推进学科体系、学术观点、科研方法创新,鼓励哲学社会科学界为党和人民事业发挥思想库作用,推动我国哲学社会科学优秀成果和优秀人才走向世界。"2011年,党的十七届六中全会审议通过的《中共中央关于深化文化体制改革、推动社会主义文化大发展大繁荣若干重大问题的决定》,把繁荣发展哲学社会科学作为推动社会主义文化大发展大繁荣、建设社会主义文化强国的一项重要内容,深刻阐述了繁荣发展哲学社会科学一系列带有方向性、根本性、战略性的问题。这些重要思想和论断,集中体现了我们党对哲学社会科学工作的高度重视,为哲学社会科学繁荣发展指明了方向,提供了根本保证和强大动力。

　　为学习贯彻党的十七届六中全会精神,教育部于2011年11月17日在北京召开全国高等学校哲学社会科学工作会议。中共中央办公厅、国务院办公厅转发《教育部关于深入推进高等学校哲学社会科学繁荣发展的意见》,明确提出到2020年基本建成高校哲学社会科学创新体系的奋斗目标。教育部、财政部联合印发《高等学校哲学社会科学繁荣计划（2011—2020年）》，教育部下发《关于进一步改进高等学校哲学社会科学研究评价的意见》《高等学校哲学社会科学"走出去"计划》《高等学校人文社会科学重点研究基地建设计划》等系列文件，启动了新一轮"高校哲学社会科学繁荣计划"。未来十年，高校哲学社会科学将着力构建九大体系，即学科和教材体系、创新平台体系、科研项目体系、社会服务体系、条件支撑体系、人才队伍体系、现代科研管理体系和学风建设工作体系，同时，大力实施高校哲学社会科学"走出去"计划，提升国际学术影响力和话语权。

当今世界正处在大发展大变革大调整时期，我国已进入全面建设小康社会的关键时期和深化改革开放、加快转变经济发展方式的攻坚时期。站在新的历史起点上，高校哲学社会科学面临着难得的发展机遇和有利的发展条件。高等学校作为我国哲学社会科学事业的主力军，必须充分发挥人才密集、力量雄厚、学科齐全等优势，坚持马克思主义的立场、观点和方法，以重大理论和实际问题为主攻方向，立足中国特色社会主义伟大实践进行新的理论创造，形成中国方案和中国建议，为国家发展提供战略性、前瞻性、全局性的政策咨询、理论依据和精神动力。

自2010年始，教育部启动哲学社会科学研究发展报告资助项目。发展报告项目以服务国家战略、满足社会需求为导向，以数据库建设为支撑，以推进协同创新为手段，通过组建跨学科研究团队，与各级政府部门、企事业单位、校内外科研机构等建立学术战略联盟，围绕改革开放和社会主义现代化建设的重点领域和重大问题开展长期跟踪研究，努力推出一批具有重要咨询作用的对策性、前瞻性研究成果。发展报告必须扎根社会实践、立足实际问题，对所研究对象的发展状况、发展趋势等进行持续研究，强化数据采集分析，重视定量研究，力求有总结、有分析、有预测。发展报告按照"统一标识、统一封面、统一版式、统一标准"纳入"教育部哲学社会科学系列发展报告"集中出版。计划经过五年左右，最终稳定支持百余种发展报告，有力支撑"高校哲学社会科学社会服务体系"建设。

展望未来，夺取全面建设小康社会新胜利、谱写人民美好生活新篇章的宏伟目标和崇高使命，呼唤着每一位高校哲学社会科学工作者的热情和智慧。我们要不断增强使命感和责任感，立足新实践，适应新要求，以建设具有中国特色、中国风格、中国气派的哲学社会科学为根本任务，大力推进学科体系、学术观点、科研方法创新，加快建设高校哲学社会科学创新体系，更好地发挥哲学社会科学认识世界、传承文明、创新理论、咨政育人、服务社会的重要功能，为全面建设小康社会、推进社会主义现代化、实现中华民族伟大复兴作出新的更大的贡献。

教育部社会科学司
2012年7月

目 录

总体报告

第一章　中国农民经济状况年度报告 …………………………………… 3

专题报告

第二章　农业生产经营体系与规模经营 ………………………………… 63
第三章　农村土地确权的最新进展及其困境 …………………………… 89
第四章　农民宅基地确权、抵押和转让 ………………………………… 124
第五章　集体林权改革后农户林地经营规模与效益 …………………… 177
第六章　农民的消费压力：住房、医疗与教育 ………………………… 226
第七章　农村借贷与农村金融服务 ……………………………………… 267

调查报告

第八章　家庭农场发展的喜与忧 ………………………………………… 301
第九章　习惯与法律：确权后的土地之争 ……………………………… 331
第十章　农民工流动背后的行为逻辑 …………………………………… 357
第十一章　农户融资信贷合作的地方性实践 …………………………… 398
第十二章　一个种粮大户的烦恼 ………………………………………… 428

预测报告

第十三章　农村收入差距与基尼系数测算报告 ………………………… 443
第十四章　农户市场化指数：建构与测算 ……………………………… 465
后　记 ……………………………………………………………………… 487

总体报告

第一章　中国农民经济状况年度报告*

作为一个农业、农村和农民大国,农村经济在整个国民经济中占有重要的地位,农业强、农村稳和农民富是农村经济发展的核心目标。近年来,国民经济下行压力增加,如何推进农业现代化、农村城镇化与农民市民化成为重大的课题。为此,2015年的中央一号文件《关于加大改革创新力度加快农业现代化建设的若干意见》中明确提出,"我国经济发展进入新常态,正从高速增长转向中高速增长,如何在经济增速放缓背景下继续强化农业基础地位、促进农民持续增收,是必须破解的一个重大课题",党中央以破解这些难题作为今后一个时期"三农"工作的重大任务。在回应农村经济发展的重大课题之前,首先要及时把握最近一段时间中国农村经济发展的状况,与以往从农业经济的角度来分析当前农村经济形势的做法不同,本报告侧重于从中国农民经济状况入手来把脉农村经济发展。基于此,华中师范大学中国农村研究院在2014年7月至8月对全国31个省(自治区、直辖市)的254个村、4178个农户进行了农民经济状况的问卷调查①,并结合2009年至2013年的年度数据,从农民生产与生活两个维度来分析与研究现阶段中国农民经济状况。具体来说,在农民生产维度上,重点考察农地承包与流转状况、生产要素的投入状况、农业劳动力状况以及农民收入状况;在农民生活维度上,着重考察农民生活消费状况与农民债权债务状况。由此对中国农民经济状况进行全景式的展现。

第一节　农地承包、确权与流转状况

土地滋养地球万物,是人们衣食之源。土地在农业社会非常重要。在农业生

---

* 本章作者:任路、党亚飞、陈胤丽、付振奇、李琳、李鹏飞、李松有。

① 本报告每章所用数据除非另有注明,皆为2014年暑假问卷调查的数据。其中,年度数据为2013年末数据,除此之外的数据为调查之时的数据。文中使用"全国"这一指称时,实际仅代表样本农户的情况,"各地区"也仅指抽样农户范围的有关信息;文中从年龄、文化程度视角展开的分析,也仅为农户户主的年龄和文化程度。一般而言,表格中若为百分比,其后括号中的数据则为有效样本数。

产中,土地是农民获得产品的重要条件。重农学派曾经提出一个命题,即"土地是财富之母",足见土地在经济生活中的重要作用。对于中国而言,土地曾经是中国革命的核心问题,也是撬动中国改革的关键问题。从改革开放之初的家庭联产承包责任制到如今的农地确权,始终围绕着土地问题展开,那么,描述中国农民经济状况的第一笔也应该落在土地之上。

一、土地承包

从家庭联产承包责任制始,经过数轮延包,集体所有和家庭经营的生产经营体系确立,随着国家鼓励土地承包经营权流转,部分农户因此获得了更多可以经营的土地,承包地也被赋予了更多的财产性权利。从农民承包土地的总体情况看,在4162户有效样本农户中,户均承包地面积为27.05亩,人均承包地面积为6.40亩。但我们也必须看到:一方面,在流转政策的促进下实现了土地的规模经营;另一方面,由于城镇化及工业化过程中的征地拆迁等,部分样本农户已失去承包地。具体可参见表1-1。

表1-1 样本农户承包地概况

调查户数	家庭人口	总面积	户均面积	人均面积	最大值	最小值
4162户	17 579人	112 567亩	27.05亩	6.40亩	3090亩	0亩

注:此处承包地包括水田、旱地、林地、草地。

从农户承包地规模的分层分析结果看,样本农户以小块面积承包为主。如图1-1所示。在4152个有效样本农户中,3—6亩的农户最多,比率达26.35%;其次为3亩以下的农户,占比为23.99%;承包规模在15亩以上的农户所占比率为18.08%。从累积百分比可以看出,过半数即57.35%的农户的承包地在6亩以内。

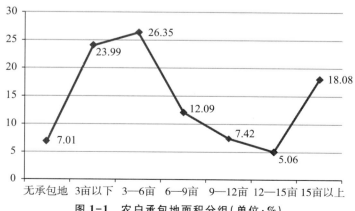

图1-1 农户承包地面积分组(单位:%)

分地区来看,东部农户承包地面积较小,中、西部农户承包地面积相对较大。从表1-2可以看出,在东部地区农户中,没有承包地、承包地在3亩以下的比率分别为14.99%和30.15%,同比明显大于中、西部地区农户,也高出全国水平。在中、西部地区农户中,承包地在6亩以上的农户比率同比大于东部地区农户,特别是承包地在15亩以上的农户中,西部地区占比最高,达27.38%,超出全国水平近10个百分点。

表1-2 不同地区农户承包地规模的占比 （单位:%,户）

地区分组	土地承包规模							合计
	无承包地	3亩以下	3—6亩	6—9亩	9—12亩	12—15亩	15亩以上	
全国	7.01	23.99	26.35	12.09	7.42	5.06	18.08	100(4152)
东部	14.99	30.15	26.41	8.18	6.39	3.32	10.56	100(1174)
中部	4.34	23.54	29.79	13.82	6.88	5.15	16.48	100(1729)
西部	3.20	18.81	21.54	13.37	9.13	6.57	27.38	100(1249)

农民承包地主要包括水田、旱地、草场、林地等类型。由于我国腹地辽阔,各地在气候和地理环境上差异很大,农民承包地类型各异。如表1-3和图1-2所示,样本农户承包地以草地或草场为主,达59.10%,全国户均草地承包面积也达到16.01亩;旱地占农户承包地的比率为17.57%,户均承包面积为4.74亩;林地占农户承包地的比率为14.52%,户均承包面积为3.92亩;水田占农户承包地的比率较少,为8.81%,户均承包面积为2.38亩。

表1-3 农民承包地的类型比较 （单位:亩,%）

土地类型	承包面积	户均值	占承包地比例
水田	9913	2.38	8.81
旱地	19 769	4.74	17.57
草地	66 499	16.01	59.10
林地	16 332	3.92	14.52
合计	112 513	27.12	100

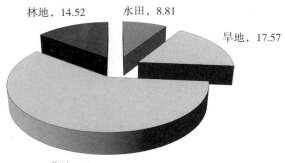

图1-2 各类承包地的比例(单位:%)

二、土地确权

在农地小块承包经营的大背景下,要推进农村经济发展,必须走规模化经营的道路,这就必须从土地流转上下功夫,而土地流转的关键之一就是土地确权。2013年中央一号文件《关于加快发展现代农业 进一步增强农村发展活力的若干意见》中明确指出,要在5年内实现土地确权登记颁证。根据表1-4的数据,至2014年8月,东部农村的土地确权比例最高,达40.43%,高出中、西部地区6个百分点,也高出全国平均水平4个百分点;在承包地没有确权的农户中,东、中、西部占比分别为42.40%、46.62%和48.37%,另外,东、中、西部都有近两成农户不清楚自己的承包地是否已经确权。整体来看,土地确权工作按照时间进度正在稳步推开,实际确权进度要略快于目标确权进度,但是时间越往后,由于一些历史遗留问题,土地确权工作的难度将增加,整个土地确权的速度将放缓。

表1-4 各地承包地确权登记发证比较　　　　　　　　　　　(单位:%,户)

地区分组	承包地是否确权登记发证			合 计
	是	否	不清楚	
全国	36.24	45.98	17.78	100(4043)
东部	40.43	42.40	17.17	100(1118)
中部	34.73	46.62	18.65	100(1699)
西部	34.50	48.37	17.13	100(1226)

在村庄土地确权的过程中,主要采取"确权确地"和"确权确股不确地"这两种方式来完成土地确权。如图1-3所示,从调查的有效村庄样本来看,选择"确权确

地"方式的村庄占比为90.78%,所占比重超过九成;反映采取"确权确股不确地"的村庄占比为6.38%;采取其他方式的村庄占比为2.84%。可见,确权确地是土地确权的主要方式。

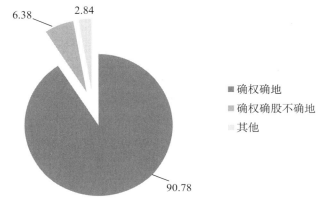

图1-3 村庄土地确权方式的情况(单位:%)

继续考察村庄土地确权方式对土地流转情况的影响。如表1-5所示,在采取"确权确地"方式的村庄中,58.59%的村庄表示有土地流转,41.41%的村庄表示没有土地流转;采取"确权确股不确地"这种确权方式的村庄则有55.56%表示有土地流转,没有土地流转的村庄占比为44.44%。总体来看,采取确权确地方式的村庄表示有土地流转的比重高于采取确权确股不确地方式的村庄。

表1-5 村庄土地确权方式对土地流转情况的影响　　　　(单位:个,%)

土地确权方式	是否有土地流转		合计
	是	否	
确权确地	58.59	41.41	100(128)
确权确股不确地	55.56	44.44	100(9)

三、土地流转

在土地确权之前,土地流转已经相当普遍。从表1-6可以看出,样本农户发生流转的承包地总面积为55 891.35亩,占承包地总面积的49.65%,同时在4111个有效样本农户中,有土地流转行为的农户为1242户,占样本农户的30.21%。分地区来看,农户流转比率在东、中、西部地区依次递减,分别为31%、30.63%和28.89%。相反,农地流转比率在东、中、西地区依次递增,分别为29.55%、45.11%和

52.70%。这说明,东部地区的农户流转意愿较强烈,但土地流转规模不大;而西部地区更多的是流转草地或林地,因此流转规模相对较大。

表1-6 农户承包地流转面积比率与流转农户比率

区域	流转户数（户）	调查户数（户）	占比（%）	流转面积（亩）	承包地总面积（亩）	流转率（%）
东部	359	1158	31.00	2859.50	9677.18	29.55
中部	528	1724	30.63	8164.26	18 098.22	45.11
西部	355	1229	28.89	44 687.59	84 791.60	52.70
全国	1242	4111	30.21	55 891.35	112 567	49.65

注:农地流转率=流转面积/承包总面积

从表1-7可以看出,在对签订合同的方式进行有效回答的500个租入土地农户中,合同方式为"私下口头协议"的农户占比为57.80%,其次为"私下书面协议"的农户,占比为33.60%,另有6.80%的农户采取"委托申请审批"的合同方式。与此同时,土地租出行为同样不太规范。采取"私下口头协议""私下书面协议""委托申请审批"的农户呈递减趋势,占比依次为39.23%、28.26%和26.89%。这表明,多数农户的土地流转行为缺少风险防范意识,极大增加了纠纷发生时调解或仲裁的难度。

表1-7 土地流转合同签订率 （单位:%,户）

合同方式	租入	租出
私下书面协议	33.60	28.26
私下口头协议	57.80	39.23
委托申请审批	6.80	26.89
其他	1.80	5.62
合计	100(500)	100(729)

注:在此只统计分析了做出有效回答的农户

接着从租入规模情况来看,如图1-4所示,根据对501个租入土地的有效样本农户的统计结果,租入土地面积在10亩以上的农户占比最高,为30.53%,其次是租入土地面积在2亩以内的农户,占比为25.15%。进一步计算,合计租入土地面积在4亩以内的农户占比为42.32%。可以看出,超过四成农村土地以小面积租入,主要满足家庭种植需求,未能形成规模效应。但仍有30.53%属于较大面积租入土地,形成了一定的规模。

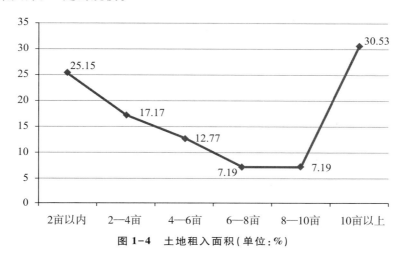

图1-4 土地租入面积(单位:%)

如表1-8所示,农村地区土地租入对象以普通农户为主。首先,从土地租入情况看,在调查农户中,501个农户发生了土地租入行为。其中,从普通农户手中租入土地的农民最多,占比为94.41%;其次是从其他渠道比如村集体等租入土地的农民,占比为3.99%;从种植大户、农业企业和农业经济组织等租入土地的农户均不到1%。

表1-8 土地租入对象　　　　　　　　　　(单位:户,%)

土地租入对象	户数	占比
普通农户	473	94.41
种植大户	4	0.80
农业企业	1	0.20
农业经济组织	3	0.60
其他	20	3.99
合计	501	100

注:在此只统计了有租入行为的农户;"其他"指村组等集体组织

此外,农村地区土地租入以自主流转为主。首先,从土地租入情况看,自主流转的农民最多,占比为94.41%;依靠上级组织或合作社租入的农户占比均不足1%。土地租入的发起人也以农户自发为主,占比为93.16%;其次是村两委,占比为5.43%;由政府和其他主体发起的占比均不足1%。具体见表1-9。

表 1-9 土地租入途径与发起人　　　　　　　　（单位：个，%）

租入途径	样本数	占比	发起人	样本数	占比
自主流转	473	94.41	自发	463	93.16
上级统一组织协调	4	0.80	村两委	27	5.43
农村专业合作组织	1	0.20	政府	3	0.60
其他	20	3.99	其他	4	0.81
合计	501	100	合计	497	100

土地流转价格的高低很大程度上影响着土地流转动机与行为。如图 1-5 所示，在 377 个有效样本中，租入土地价格每亩 500 元以内的比率最高，占比 74.01%；其次有 16.45% 的农户租入土地的价格为每亩 501—1000 元；两项合计即租入价格在 1000 元以内的农户占到了九成。而价格每亩 2001 元以上的农户占比为 5.31%。这表明，尽管农村土地租入价格各不相同，但主要集中在每亩 1000 元以内这个价格区间。这可能跟土地所在区域、距离城市远近等因素有关。

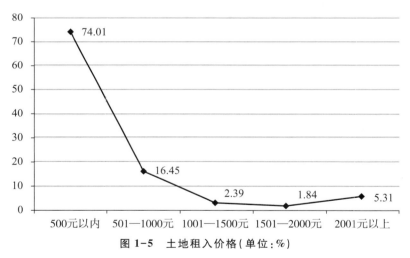

图 1-5　土地租入价格（单位：%）

农户土地能够或者愿意流转的期限长短，直接影响到土地流转行为。如表 1-10 所示，在 501 份有效样本中，5 年以内租入期限的有 210 户，占比 41.92%；其中 1 年以内租入期限的农户有 137 户，占比 65.24%，73 个农户租入土地年限在 2—5 年，占比 34.76%。5—10 年租入期限的有 34 户，占比 6.79%；10—15 年租入期限的有 12 户，占有效样本的 2.40%；15 年以上租入期限的有 23 户，占有效样本的 4.58%；不确定租入期限的有 222 户，占有效样本的 44.31%。流转期限短或不确定,是目前土地流转的主要特征之一。

表1-10 土地租入期限 （单位:户,%）

期限	户数	百分比
5年以内	210	41.92
1年以内	137	65.24
2—5年	73	34.76
5—10年	34	6.79
10—15年	12	2.40
15年以上	23	4.58
不确定	222	44.31
合计	501	100

注:在此只统计有具体流转期限的农户情况

从土地租出面积看,农户土地流转也以小块面积为主。在调查到的关于土地出租的738个有效样本中,如图1-6所示,有38.35%的农民租出土地在2亩以内;有29.81%的农民租出2—4亩土地,合计租出面积在4亩以内的农户占比为68.16%;租出土地在4—6亩、6—8亩、8—10亩、10亩以上的,分别占比为12.33%、4.74%、2.17%和12.60%。可见,农户租出土地受承包地面积限制,我国农业规模经营面临土地分散而导致的较高流转成本。

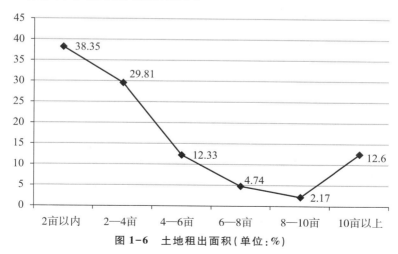

图1-6 土地租出面积(单位:%)

从土地租出对象看,如表1-11所示,在737个租出土地的农户中,有393个农户将土地租给普通农户,184个农户将土地租给种植大户,合计租出给个人的农户占比为78.29%;有9.77%的农户将土地租给农业企业,0.41%的农户将土地出租给农业经济组织,合计将土地租给集体的农户占比10.18%。此外,有11.53%的农户将土地租给其他对象。可见,土地流转主要还是发生在农户之间,但企业等集体组织在土地流转市场中也占一定份额,促进了土地规模化经营。

表1-11 土地租出对象 （单位:户,%）

土地租出对象	样本数	占比
普通农户	393	53.32
种植大户	184	24.97
农业企业	72	9.77
农业经济组织	3	0.41
其他	85	11.53
合计	737	100

注:在此只统计了有租出行为的农户

农村地区土地租出以自主流转为主。首先,自主流转的农民最多,占比为60%;依靠上级组织协调租出的农户占比为35.38%。土地租出的发起人也以农户自发为主,占比为59.29%;其次是村两委,占比为25.37%;由政府和其他主体如农业企业或合作社等发起的占比合计为15.34%。可见,政府和市场组织也成了土地租出的重要途径和发起人。具体见表1-12。

表1-12 土地租出途径与发起人 （单位:个,%）

租出途径	样本数	占比	发起人	样本数	占比
自主流转	441	60.00	自发	437	59.29
上级统一组织协调	260	35.38	村两委	187	25.37
农村专业合作组织	4	0.54	政府	77	10.46
其他	30	4.08	其他	36	4.88
合计	735	100	合计	737	100

土地租出价格内部差异也较大。如图1-7所示,在有租出土地价格的603个有效样本中,有294个农民租出土地价格在500元以下,占比最高,为48.76%。分别有185个、72个农户租出价格在501—1000元、2001元以上,分别占比30.68%和11.94%。从图1-7可以看出,农民租出土地价格走势呈"V"字形。这主要是农户间的租出行为价格一般较低,但涉农集体或企业的介入,也使得部分经济发达地区或地理位置优越的农户的土地实现了较高的租出价格,增加了农户的财产收益。

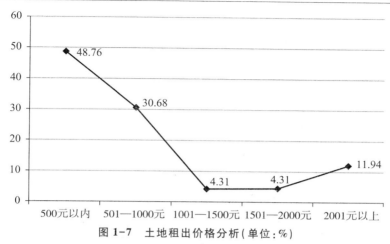

图 1-7 土地租出价格分析（单位:%）

从土地租出期限看,如表 1-13 所示,在 737 份有效样本中,5 年以内租出期限的有 273 户,占比 37.04%;其中 1 年以内租出期限的有 142 户,占比 52.01%,131 个农户土地租出年限在 2—5 年,占比 47.99%。5—10 年租出期限的有 59 户,占有效样本的 8.01%;10—15 年租出期限的有 34 户,占有效样本的 4.61%;15 年以上租出期限的有 64 户,占有效样本的 8.68%;不确定租出期限的有 307 户,占有效样本的 41.66%。结合表 1-10,农村中租入和租出土地期限在 5 年以内的分别占四成和近四成,农户土地流转的短期性特征明显。同时,不确定年限的均占到了四成,也增加了土地流转期限的不确定性。

表 1-13 土地租出期限　　　　　　　　　　（单位:户,%）

	户数	百分比
5 年以内	273	37.04
1 年以内	142	52.01
2—5 年	131	47.99
5—10 年	59	8.01
10—15 年	34	4.61
15 年以上	64	8.68
不确定	307	41.66
合计	737	100

注:在此只统计有具体流转期限的农户情况

四、土地抛荒

在对土地是否有抛荒的问卷调查中,4172个农民进行了有效回答,2013年发生过抛荒行为的农户有285户,占到调查农户数的6.83%。具体情况见图1-8所示。可见,部分农民获得一定的承包地之后,既没有自己耕种,也没有给别人种植,而是选择将其抛荒。无论抛荒原因如何,结果都是土地资源的浪费。如何合理利用土地资源,禁止或减少土地抛荒行为的发生,是我国土地管理部门要解决好的一大问题。

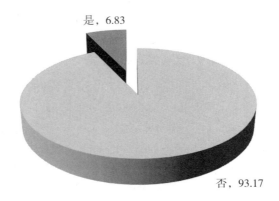

图1-8 承包地抛荒情况统计(单位:%)

就抛荒面积看,从表1-14中不难发现,2013年有过抛荒行为的农户有285户,在这些调查农户中承包地抛荒面积为1247亩,平均每户抛荒面积为4.38亩。目前,样本农户的农地抛荒率为1.46%,这意味着每百亩承包土地将有1.46亩土地被抛荒。

表1-14 农民土地抛荒情况统计

调查户数	抛荒户数	抛荒面积	户均抛荒面积	承包地面积	抛荒率
4172户	285户	1247亩	4.38亩	112 567亩	1.46%

注:抛荒率=抛荒面积/承包面积

从抛荒土地的面积来看,农户抛荒面积以小块面积为主,大规模抛荒行为很少发生。如图1-9所示,在4172个有效样本中,抛荒面积在2亩以下的农户有181户,占比4.34%;55个农户的抛荒面积在2—4亩,占比1.32%;抛荒面积在4亩以上农户相对较少,有78户,占比1.87%。

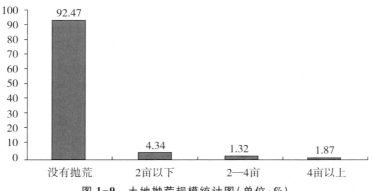

图 1-9 土地抛荒规模统计图(单位:%)

从区域角度比较土地抛荒情况,土地抛荒现象多集中在中部地区。如表 1-15 所示,在有效调查农户中,中部地区 2013 年没有抛荒的农户占比 90.93%,低于全国平均水平的 92.47%,也低于西部的 92.42%,更低于东部的 94.80%。结合农民土地抛荒面积大小进一步来考察农民土地抛荒特点,可以发现西部地区土地抛荒面积最大,中部次之,东部最小。具体而言,抛荒面积在 4 亩以上的农户,西部占到 3%,高于东部与中部的 0.68% 和 1.85%,也高于全国平均水平 1.87%。同时,东部与中部地区农户以小块土地抛荒居多。

表 1-15 农民土地抛荒的区域分布 (单位:%,户)

	没有抛荒	2 亩以下	2—4 亩	4 亩以上	合计
东部	94.80	3.66	0.85	0.68	100(1174)
中部	90.93	5.66	1.56	1.85	100(1731)
西部	92.42	3.16	1.42	3.00	100(1267)
全国	92.47	4.34	1.32	1.87	100(4172)

第二节 农业生产投入状况

农业现代化是现代生产要素进入农业生产领域的过程,包括现代工业、现代科学技术和现代经济管理,是农业由传统耕作方式向现代化生产方式转变的过程。现代农业机械、技术、方法的应用,提高了农业生产效率,释放了农村劳动力,推动了农业生产发展。

一、生产总投入

如图1-10所示,从全国来看,样本农户户均生产投入4298.07元,有一半农户的农业生产投入在2000元以下。从各地区来看,东部、中部、西部地区农户户均农业生产投入分别为4800.34元、3863.63元、4508.18元,东部地区户均生产投入最多,中部地区户均生产投入最少。

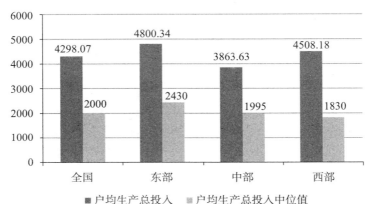

图1-10 各地农业生产户均总投入(单位:元)

从亩均总投入来看,2013年样本农户亩均生产总投入582.48元,其中半数农户的亩均总投入在401.28元以下。具体到各个地区,东部、中部、西部地区亩均投入分别为780.17元、527.95元、496.53元,与2011年相比,东部、中部、西部地区分别增加了210.56元、63.43元、4.03元。① 可见,两年以来,东部地区亩均生产总投入的涨幅远远高于中、西部地区,这可能是由于东部地区农业现代化的发展步伐加快,促进了其亩均投入大幅度增加。参见表1-16。

表1-16 各地农业生产亩均总投入　　　　　　　　(单位:元,户)

地区	亩均生产总投入	亩均生产总投入中位值	样本
全国	582.48	401.28	3128
东部	780.17	553.33	795
中部	527.95	391.90	1380
西部	496.53	306.67	953

---

① 此数据来源于徐勇、邓大才等:《中国农民状况发展报告2012(经济卷)》,北京大学出版社2013年版。

具体来看,表1-17所示为农户各类生产要素的户均投入。样本农户生产总投入中生产资料的投入最高,户均2948.39元,约占户均生产总投入的68.6%;其次为机械投入,户均879.11元,约为户均生产总投入的20.45%;雇工投入相对较少,户均470.57元,约为户均生产总投入的10.95%。分区域来看,东部农户户均生产资料投入和机械投入最高,分别为3366.93元和1002.76元;西部地区农户户均雇工投入最高,为883.39元,高出东部452.75元,高出中部674.90元,这反映了西部地区农业机械化水平仍然较低,农业种植主要是靠人力,因此雇工费用大大高于其他地区。

表1-17 农户户均生产总投入中各类要素投入 （单位:元,户）

区域	生产资料投入均值	机械投入均值	雇工投入均值	样本
全国	2948.39	879.11	470.57	3128
东部	3366.93	1002.76	430.64	795
中部	2725.11	930.03	208.49	1380
西部	2922.57	702.23	883.39	953

在农业生产要素的亩均投入方面,如表1-18所示,相对于机械投入、雇工投入而言,生产资料投入最高,亩均427.58元,机械投入亩均109.79元,雇工投入亩均45.12元。其中,东部地区亩均生产资料投入和亩均机械投入在各区域中最高,分别为603.99元和141.38元,西部地区亩均雇工投入较高,为71.96元,高于其他区域。

表1-18 亩均生产总投入中各类要素投入 （单位:元,户）

区域	生产资料投入均值	机械投入均值	雇工投入均值	样本
全国	427.58	109.79	45.12	3128
东部	603.99	141.38	34.80	795
中部	377.92	117.51	32.52	1380
西部	352.33	72.24	71.96	953

二、生产资料投入

从生产资料投入水平来看,如表1-19所示,样本农户户均生产资料投入2948.39元,其中半数农户户均生产资料投入在1444元以下。具体到各地农户,中部地区户均生产资料投入最少,为2725.11元,低于样本农户平均水平7.57个百分点;西部地区户均生产资料投入居中,为 2922.57 元,低于样本农户平均水平 0.88 个百分点;东部地区户均生产资料投入最高,为 3366.93 元,高出样本农户平均水平 14.20 个百分点。可见,东部地区的户均生产资料投入水平高于其他地区。

表 1-19 不同区域农户户均生产资料投入 （单位:元,户）

地区	生产资料投入均值	生产资料投入中位值	样本
全国	2948.39	1444.00	3128
东部	3366.93	1800.00	795
中部	2725.11	1326.50	1380
西部	2922.57	1400.00	953

从亩均生产资料投入看,如图 1-11 所示,样本农户亩均生产资料投入 427.58 元,但有一半农户的投入在 300.38 元以下。从不同地区来看,东部、中部、西部地区农户亩均生产资料投入依次递减,分别为 603.99 元、377.92 元、352.33 元,东部地区高出全国平均水平 41.26 个百分点,中部、西部地区分别低于全国平均水平 11.61 个百分点和 17.60 个百分点。就各地中位数看,东部地区半数农户亩均生产资料在 402.24 元以下,中部地区半数农户亩均生产资料在 278.32 元以下,西部地区半数农户在 244 元以下。可见,东、中、西部地区亩均生产资料的投入水平呈现递减之势,这与东、中、西部地区经济发展水平是一致的,这在一定程度上反映了经济发展水平对亩均生产资料投入有较大影响。

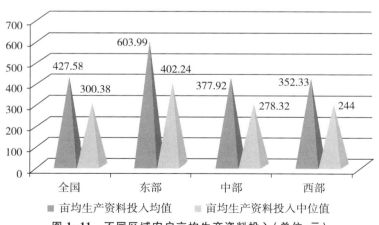

图 1-11 不同区域农户亩均生产资料投入（单位:元）

从种子、化肥、农药、农膜、灌溉等来考察农户生产资料投入的构成情况。如表 1-20 所示,从全国来看,化肥投入最高,为 1518.12 元,其次是种子投入,为 610.13

元。分区域看,东部地区化肥、农药投入大大高于其他地区,分别为 1713.02 元、643.78 元,同比高出全国平均水平 12.84 个百分点和 26.64 个百分点;西部地区农户农膜投入最高,为 104.65 元,同比高出全国平均水平 11.99 个百分点。

表 1-20　不同区域农户各类生产资料的户均投入　　　　（单位:元,户）

地区	户均投入					样本
	种子	化肥	农药	农膜	灌溉	
全国	610.13	1518.12	508.36	93.45	218.34	3128
东部	654.88	1713.02	643.78	69.76	285.48	795
中部	640.13	1347.80	446.20	99.36	191.63	1380
西部	529.34	1602.15	485.40	104.65	201.02	953

表 1-21 为种子、化肥、农药、农膜、灌溉等生产资料投入在户均生产资料投入中的占比状况。从中可以看出:化肥、种子和农药投入占据农户生产资料投入的大部分,分别为 51.49%、20.69%、17.24%;农膜和灌溉投入在户均生产资料总投入中的占比相对较少,分别为 3.17%、7.41%。分区域看,东部农户农药和灌溉投入所占比重较其他地区高,分别为 19.12%、8.48%,而农膜使用在各地区中占比最低,为 2.07%;中部农户的化肥投入相对最低,占比 49.46%,但种子投入占比相对较高,为 23.49%;西部地区农户在化肥投入最高,在户均生产资料总投入中的占比为 54.82%,同比高于全国平均水平。

表 1-21　不同区域农户各类生产资料的投入比重　　　　（单位:%）

地区	生产资料投入比重					合计
	种子	化肥	农药	农膜	灌溉	
全国	20.69	51.49	17.24	3.17	7.41	100
东部	19.45	50.88	19.12	2.07	8.48	100
中部	23.49	49.46	16.37	3.65	7.03	100
西部	18.11	54.82	16.61	3.58	6.88	100

从亩均生产资料投入构成看,如表 1-22 所示,样本农户亩均生产资料投入中化肥投入最高,为 212.87 元;其次是种子投入,亩均 89.77 元。东部农户种子、化肥、农药和灌溉的亩均投入高于其他地区,分别为 117.28 元、301.80 元、138.78 元和 36.16 元;中部农户在农膜方面的亩均投入最高,为 18.06 元,同比高出全国平均水平 23.61 个百分点。

表 1-22　不同区域农户各类生产资料的亩均投入　　（单位：元，户）

地区	亩均投入					样本
	种子	化肥	农药	农膜	灌溉	
全国	89.77	212.87	85.44	14.61	24.89	3128
东部	117.28	301.80	138.78	9.97	36.16	795
中部	95.51	175.56	63.73	18.06	25.06	1380
西部	58.50	192.71	72.38	13.49	15.25	953

三、机械投入

机械投入是实现机械化生产的重要基础。如图 1-12 所示，在 3128 个样本农户中，户均机械投入 879.11 元，与 2011 年相比，增加 294.07 元，增长 50.26%（2011 年户均机械投入为 585.04 元[①]），从中位值来看，全国一半农户的机械投入在 300 元以下。在各地区中，东部农户的户均机械投入最高，为 1002.76 元；中部农户次之，户均 930.03 元；西部农户机械投入最低，户均 702.23 元，为东部农户户均机械投入的 70.03%，且西部有半数农户户均机械投入在 100 元以下。总体来看，近两年，我国农业机械化水平提高幅度大，但西部地区的农业机械化水平仍然远远落后于东部、西部地区。

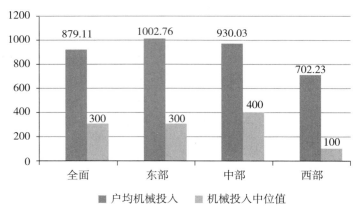

图 1-12　不同区域农户户均机械投入（单位：元）

如图 1-13 所示，样本农户亩均机械投入为 109.79 元，具体到各个地区，东部

---

① 此数据来源于徐勇、邓大才等：《中国农民状况发展报告 2012（经济卷）》，北京大学出版社 2013 年版。

农户亩均机械投入相对最高,为141.38元,较全国农户亩均机械投入高出31.59元;中部农户亩均机械投入为117.51元,较全国农户亩均机械投入高出7.72元;西部农户亩均机械投入最低,为72.24元,仅为全国水平的65.80%。值得注意的是,西部农业生产很大程度上依旧沿袭传统农业生产方式,西部地区50%的农户机械投入不到10元,应重点提高西部地区机械化水平。

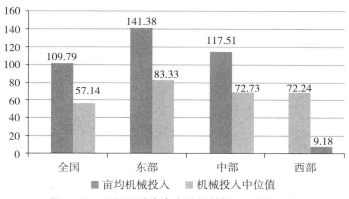

图1-13 不同区域农户亩均机械投入(单位:元)

表1-23所示为样本农户机耕、机播、机收的投入及机械油耗状况。数据显示,户均机耕、机播、机收、自家机械油耗投入分别为285.95元、88.70元和312.87元、191.51元,相对而言,机播投入最少。分地区考察,机耕投入以中部农户为最高,户均307.57元,东部农户为最低,户均251.02元;机播投入以东部农户为最高,户均111.62元,西部农户为最低,户均77.13元;机收投入以中部地区为最高,户均为385.57元,西部地区为最低,户均159.18元;自家机械油耗东部最高,户均269.19元,中部地区最低,户均153.24元。

表1-23 不同区域农户各类机械投入 (单位:元,户)

地区	户均机械投入				样本
	机耕	机播	机收	机械油耗	
全国	285.95	88.70	312.87	191.51	3128
东部	251.02	111.62	370.92	269.19	795
中部	307.57	83.66	385.57	153.24	1380
西部	283.80	77.13	159.18	182.13	953

从表1-24可以看出,样本农户户均机耕、机播、机收投入及自家机械油耗在机械投入中的比重分别为32.53%、10.10%、35.59%、21.78%,机耕和机收所占比重较

大。分不同区域来看,西部农户的机耕投入明显高出东部和中部地区农户,比重为40.41%;中部农户的机收投入比重最高,为41.46%,同比高出机收投入最低的西部农户18.79%;中部农户自家机械油耗投入占比最低,为16.48%。低于东部10.37个百分点,低于西部9.46个百分点。总之,虽然各个地区各类机械投入所占比重存在差异,但机耕和机收在机械投入中的占比最大,说明目前农民主要在耕地和收割方面使用机械。

表 1-24 不同区域农户各类机械投入比重 （单位:%）

地区	户均机械投入				合计
	机耕	机播	机收	机械油耗	
全国	32.53	10.10	35.59	21.78	100
东部	25.03	11.13	36.99	26.85	100
中部	33.07	9.00	41.46	16.48	100
西部	40.41	10.98	22.67	25.94	100

通过考察样本农户亩均机械投入构成,发现样本农户亩均机耕投入42.92元、机播投入10.55元、机收投入37.60元、自家机械油耗18.71元。分区域看,东部、中部、西部地区农户机收和自家机械耗油亩均投入差异较大。具体来说,西部农户机收亩均投入最低,为17.24元,仅占东部农户投入的41.36%,中部农户投入的34.96%,这说明西部地区农户在收割方面运用机械的程度很低;东部农户自家油耗亩均投入最高,为42.33元,约为中部农户投入的4.33倍,约为西部农户投入的3.54倍,这可能是由于东部地区有较多农户已经拥有一些农业机械设备,所以机械油耗费用高。具体见表1-25。

表 1-25 不同区域农户亩均机械投入构成 （单位:元,户）

地区	户均机械投入				样本
	机耕	机播	机收	机械油耗	
全国	42.92	10.55	37.60	18.71	3128
东部	42.42	14.95	41.68	42.33	795
中部	48.01	10.40	49.31	9.78	1380
西部	35.96	7.09	17.24	11.95	953

四、雇工投入

随着大量农村劳动力外出务工,雇工已经成为农业劳动力的重要来源。表1-26

为各地雇工投入农户规模状况。数据显示,样本中有雇工投入的农户比率为13.11%,没有雇工投入的农户超过八成。具体到各个地区,东、中、西部地区有雇工投入的农户比率分别为13.71%、11.23%、15.32%。由此可见,与东部、中部地区相比,西部地区有雇工投入的农户比率最高,这反映西部地区在发展农业中需要的人力更多。

表1-26 各地雇工投入农户比率 (单位:%,户)

地区	是否有雇工投入		总计
	没有	有	
全国	86.89	13.11	100(3128)
东部	86.29	13.71	100(795)
中部	88.77	11.23	100(1380)
西部	84.68	15.32	100(953)

表1-27所示为全国及不同区域的雇工投入。从户均雇工投入来看,样本农户户均投入为470.57元,其中,西部农户投入最高,为883.39元,高出全国平均水平412.82元。从亩均雇工投入来看,样本农户亩均投入为45.12元,而2012年《中国农村统计年鉴》显示,2011年全国亩均雇工投入为23.57元,可见两年增加投入21.55元,增长近一倍。值得注意的是,从中位值看,有一半的农户是没有雇工投入的,说明我国一半农户是依靠家庭劳动力经营农业的。

表1-27 不同区域农户的雇工投入 (单位:元,户)

地区	户均雇工投入	亩均雇工投入	样本
全国	470.57	45.12	3128
东部	430.64	34.80	795
中部	208.49	32.52	1380
西部	883.39	71.96	953

第三节 农村劳动力与就业服务状况

劳动力是农业生产的主体要素,随着农村生产力的发展,农业生产中产生了大量的剩余劳动力,于是农村劳动力外出务工。这在改善农民的收入结构的同时,也对农业生产带来了挑战,尤其是农业劳动力的老龄化与妇女化等。本节主要依据劳动力的数量、户均劳动力数量、家庭劳动力的数量等三个方面,分别从劳动力整体规模、务工劳动力规模和务农劳动力规模去描述农村劳动力的状况。

一、劳动力规模

在2014年暑假调查所得的4173个有效样本农户中,家庭总人口为17 671人,劳动力总人数为11 646个。计算可得,样本农户户均人数为每户4.23人,户均劳动力为每户2.79人,户均劳动力负担系数为1.52。(见表1-28)

表1-28　农户人口与劳动力规模　　　　　　　　　　(单位:人,户)

	总人数	总户数	户均人数
总人口	17 671	4173	4.23
劳动力	11 646	4173	2.79

进一步对劳动力的数量进行分组分析,由图1-14可知,样本农户劳动力数量为2个的家庭所占比率最大,为34.4%;其次为4个和3个,占比分别为22.4%和21.7%。可见,我国农村户均劳动力人数主要集中在每户2—4人,尤以每户劳动力为2人的家庭为最多。

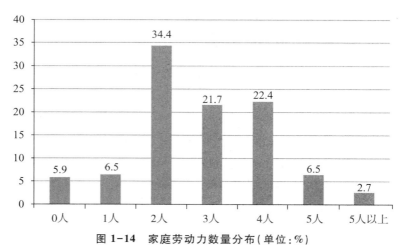

图1-14　家庭劳动力数量分布(单位:%)

在2014年暑假调查所得的4160个职业信息的有效农户样本中,务农农民为2641户,占有效样本总数的63.5%;务工农民485户,占比11.7%;职业为教师的67户,占比1.6%;个体户与私营企业主343户,占比8.2%;农业管理者为277户,占比6.7%;其他为347人,占比8.3%。可见,在样本调查对象中,务农的农户家庭占比较高。

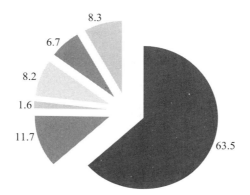

图1-15 样本农户的职业结构(单位:%)

从农村劳动力的地区分布来看,东部、中部、西部地区的户均劳动力数量分别为2.72人、2.88人、2.72人。可见,中部户均劳动力人数最多,东、西部户均劳动力人数持平,略低于全国平均水平。

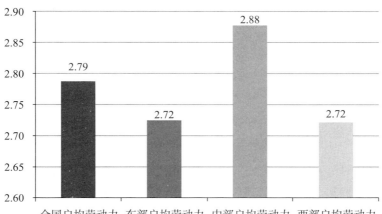

图1-16 劳动力的区域分布(单位:人/户)

从劳动力的年龄结构来看,如图1-17所示,30岁以下、30—39岁、40—49岁、50—59岁、60岁以上劳动力的比率分别为2.5%、8.7%、26.8%、30.1%和31.9%。显然,40岁以上的农村劳动力占了88.8%,其中农村劳动力在60岁以上的为最多,占比超过三成,其次是50—59岁的,占比为30.1%,也占到相当大的比重。

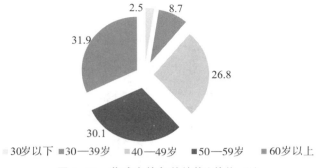

图 1-17 劳动力的年龄结构（单位：%）

从劳动力的文化水平结构来看，如图 1-18 所示，在 4170 个有效样本中，受教育程度为小学的样本农户有 1453 人，占比 34.8%，受教育程度为初中的样本农户有 1637 人，占比 39.3%，二者共占比 74.1%。可见，我国农村劳动力的主要受教育程度为小学和初中，高中及大学所占的比率相对小，另外尚有 9.9% 的农村劳动力为文盲。

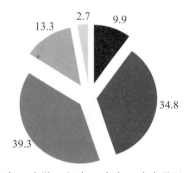

图 1-18 家庭生产者的受教育程度结构（单位：%）

从生产者的性别结构来看，如图 1-19 所示，男性劳动力的比率为 74.9%，女性劳动力的比率为 25.1%，可见，在农村地区，男性是主要的劳动力。

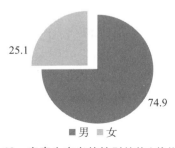

图 1-19 家庭生产者的性别结构（单位：%）

二、务农劳动力

务农农民是指主要在农村地区从事农业生产的生产者。对务农农民的规模描述包括务农农民的数量以及其占村庄总人口的比率,样本村庄的农业兼业人数及其占村庄总人口的比率,务农农民的户均人数及务农家庭的务农人数分布等几个方面。

如表 1-29 所示,在调查样本中,256 个村庄共 585 930 名村民,其中完全务农的人数为 192 442 人,完全务农劳动力占村庄总人口的 32.84%。从调查的样本可以看出,整体上来看,完全务农人数比完全务工人数多 60 942 人,占总人口的 10.4%。

表 1-29 样本村庄完全务农人数统计 (单位:人,%)

样本村庄	务农	合计	务农比率
人数	192 442	585 930	32.84

从调查样本的村庄农业兼业人数来看,256 个村庄中农业兼业的人数为 110 897 人,农业兼业人数占村庄总人口的 18.93%。从样本数据来看,样本村庄农业兼业人口比率比完全务工比率低 3.51%。

表 1-30 样本村庄农业兼业人数、户数统计 (单位:人,%)

样本村庄	农业兼业	合计	农业兼业比率
人数	110 897	585 930	18.93

表 1-31 显示,在调查的农户样本中,完全务农人数为 5268 人,完全务农农户为 2888 户,户均务农人数为 1.82 人。

表 1-31 完全务农农民户均人数 (单位:人,户)

务农人数	务农农户样本数	户均务农人数
5268	2888	1.82

如表 1-32 所示,务农家庭中有 1 人完全务农的为 1068 户,占比 36.98%;有 2 人完全务农的家庭 1430 户,占比 49.52%;有 3 人完全务农的家庭 257 户,占比 8.9%;有 4 人以上完全务农的家庭 133 户,占比 4.61%。可见,完全务农的家庭中 1 人或 2 人完全务农的将近九成,仅有少数家庭是 3 人或 4 人以上完全务农的。

表 1-32　务农家庭务农人数　　　　　　　　　　（单位：户,%）

务农人数	样本	占比
1 人	1068	36.98
2 人	1430	49.52
3 人	257	8.90
4 人以上	133	4.61
合计	2888	100

对于务农劳动力的群体特征，报告从务农农民的性别结构、年龄结构、受教育程度、区域分布几个方面来描述。如图 1-20 所示，从务农农民的性别结构来看，在 2641 个农户有效样本中，男性务农农民有 2641 人，占比 72.13%；女性务农农民有 736 人，占比 27.87%。可见，务农的男性比率远高于女性。

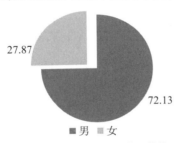

图 1-20　务农农民性别结构（单位：%）

如图 1-21 所示，从务农农民的年龄结构来看，在 2640 个务农农民中，60 岁以上的务农农民为 962 户，占比 36.44%，在整个年龄构成中占比最高。年龄在 50—59 岁的务农农民的占比达到了 31.17%，年龄在 40—49 岁的务农农民占比为 24.28%，其余年龄段的农民占比较少，从整体上来看，我国务农农民总体上年龄偏大。

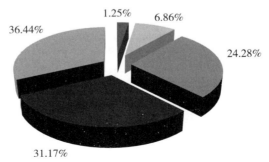

图 1-21　务农农民年龄结构（单位：%）

如图 1-22 所示,从务农劳动力的受教育程度来看,在 2639 个有效务农农户样本中,受教育程度为小学的务农农民占比为 41.23%,受教育程度为文盲的务农农民占比 12.05%,受教育程度为初中的务农农民人数在总样本中的占比为 36.57%,受教育程度为高中的务农农民占比为 9.36%,而大专以上的务农农民占比仅为 0.8%。从总体上看,务农农民的受教育程度主要集中在小学和初中,文盲率高于务工农民的文盲率。

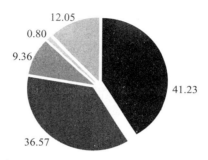

图 1-22 务农农民受教育程度(单位:%)

从务农农民的区域分布来看,表 1-33 显示,在调查的有效样本中,东部区域的务农农民占比为 50.72%,中部区域务农农民的占比为 66.20%,西部区域的务农农民占比为 71.62%,因此可以认定,在经济越发达的地区,务农农民的比例越小,在经济欠发达的地区,务农的农民比例越高。

表 1-33 务农农民区域分布 (单位:户,%)

区域	样本	样本总数	占比
东部	595	1173	50.72
中部	1140	1722	66.20
西部	906	1265	71.62

三、务工劳动力

务工劳动力是指不以第一产业为主要职业,而主要从事二、三产业的农村生产者。本部分将简要介绍务工劳动力的总体状况,包括务工农民的数量及其占家庭人口和村庄总人口的比率、打工农民的返乡情况、完全务工农民户均务工情况几个方面。在所调查的 265 个样本村庄中,村庄共有 153 370 户,总人口数为 585 930

人,其中完全务工的户数有 24 600 户,务工人数 131 500 人,外出务工人数占村庄总人口的比率为 22.44%,外出务工户数占村庄总户数的 16.04%。综合可见,我国有超过两成的农村劳动力外出务工,有接近两成家庭选择外出务工。

表 1-34　样本村庄务工人数、户数统计

样本村庄	务工	合计	务工比率
人数	131 500 人	585 930 人	22.44%
户数	24 600 户	153 370 户	16.04%

在调查样本中,进一步对各个村庄外出务工又返乡创业的务工农民进行了统计,调查结果显示,总计有 5187 名务工农民返乡,占外出务工农民总数的 3.94%。(见表 1-35)

表 1-35　打工农民返乡创业人数及比率　　　　　　　　(单位:人,%)

返乡农民工总数	各村平均返乡人数	占务工总人数的比率
5187	19.57	3.94

在调查取得的 2271 户有外出务工人员的农户样本中,总计有 3972 名外出务工人员,平均每户的外出务工人数约为 1.75 人。(见表 1-36)

表 1-36　完全务工农民户均人数　　　　　　　　　　　(单位:人,户)

外出务工总人数	务工农户总户数	户均务工人数
3972	2271	1.75

表 1-37 显示,务工家庭中有 1 人外出打工的为 1045 户,占比 46.01%;有 2 人外出打工的家庭 872 户,占比 38.40%;有 3 人外出打工的家庭 253 户,占比 11.14%;有 4 人以上外出打工的家庭 101 户,占比 4.45%。可见,外出务工家庭中 1 人或 2 人外出的超过八成,3 人或 4 人外出的尚为少数。

表 1-37　务工家庭打工人数　　　　　　　　　　　　　(单位:户,%)

打工人数	样本	占比
1 人	1045	46.01
2 人	872	38.40
3 人	253	11.14
4 人以上	101	4.45
合计	2271	100

对于务工劳动力的群体特征,报告从务工农民的性别结构、年龄结构、受教育程度、务工地点、区域分布几个方面来描述。在485个农户有效样本中,如图1-23所示,男性务工农民有411人,占比84.74%;女性务工农民有74人,占比15.26%。可见,外出务工的男性比率远高于女性。

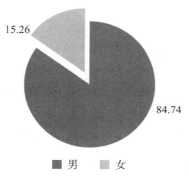

图1-23 务工农民性别结构(单位:%)

对务工农民的年龄结构进行分析,在485个务工农民中,40—49岁是主要的务工农民年龄段,占比39.38%,50—59岁的务工农民的占比也达到了28.87%,务工农民的年龄整体较大。(见图1-24)

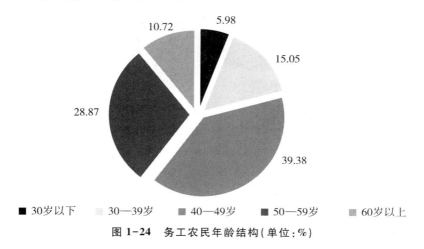

图1-24 务工农民年龄结构(单位:%)

通过对务工农民受教育程度的统计,在485个务工农户样本中,务工农民文盲比例为5.57%,受教育程度为小学的比率为29.28%,受教育程度为初中的占比50.31%,受教育程度为高中的占比12.99%,受教育程度为大专及以上的占比1.86%,整体而言,外出务工农民的受教育程度以初中占比最大,小学占比次之,文盲和大

专以上的占比较小。(见图1-25)

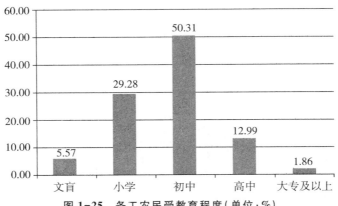

图1-25 务工农民受教育程度(单位:%)

从务工农民的就业地点来看,在调查的306个具有务工地点信息的有效样本农户中,打工地为省内的样本有49人,占比16.01%;打工地为省外的有80人,占比26.14%;在村内的样本为108人,占比35.29%;在县内的样本为69人,占比22.55%。(见图1-26)

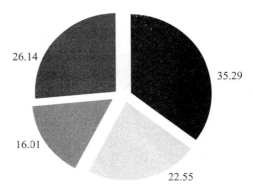

图1-26 务工农民务工地点(单位:%)

注:此处把务工地点分为"村内""县内""省内"和"省外",所以"省内"即指在务工农户家庭所在县范围外而又在本省范围内的地点。

从务工农民的行业分布来看,如表1-38所示,在调查所得307户具有行业信息的务工样本中,从事建筑采掘业的务工农民占总务工人数的43%,从事制造业的务工农民占比20.85%,从事交通运输业的占比12.05%,从事住宿餐饮业的占比4.56%,从事零售业的占比3.91%,从事采矿业的占比2.28%。可见,外出务工农民主要集中在建筑采掘业、制造业等第二产业,而从事住宿餐饮、零售等第三产业的比率相对较低。

表1-38 务工农民的行业分布 （单位:户,%）

务工职业	样本	占比
制造业	64	20.85
建筑采掘业	132	43.00
交通运输业	37	12.05
零售业	12	3.91
住宿餐饮业	14	4.56
居民服务及其他服务业	24	7.82
采矿业	7	2.28
其他	17	5.54
合计	307	100

四、就业服务

从非农就业的找工作途径来看,在1490个农户找工作途径的有效样本中,自己找工作的人数为848户,占比达到56.9%,熟人介绍的人数为437户,占比为29.3%,而乡镇政府组织介绍的仅占5.6%,职业机构介绍的仅占0.6%。说明非农就业对于工作的寻找主要是通过自己找工作或熟人介绍工作的途径。

表1-39 找工作途径 （单位:户,%）

找工作主要途径	样本	占比
其他	112	7.5
熟人介绍	437	29.3
乡镇政府组织	84	5.6
职业机构介绍	9	0.6
自己找	848	56.9
合计	1490	100.0

从非农就业中农户遇到的最大困难来看,如图1-27所示,在1515个有效样本中,文化水平不高是农户找工作遇到的最大困难的,占了29.9%;最大困难为年龄

的限制的农户占比为 15.4%;最大困难为技能低的占比为 14.7%;最大困难为身体状况限制的占比为 11.8%;就业机会少占比为 10.4%。整体来看,文化水平不高是非农就业的最大障碍,其次年龄限制、技能培训对非农就业的实现的影响也较大。

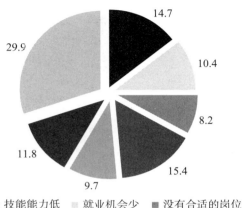

图 1-27 找工作遇到的最大困难(单位:%)

在对接受就业服务情况的调查中,从表 1-40 可以看出,在 1501 户有效样本中。接受过技能培训的占比为 18.3%,还有 81.7% 的农户未接受过技能培训,91.1% 的非农就业人员没有接受过职业介绍,也有 93.3% 的非农就业农户未接受过就业咨询,有 95.9% 的农户未接受过创业扶持,97.9% 的农户并未遇到过提供就业岗位的服务。从整体上来看,就业服务的普及度较低,这不利于非农就业农户对于就业信息的了解,也不利于非农就业农户快速实现就业。

表 1-40 接受就业服务情况　　　　　　　　　　　　(单位:户,%)

	技能培训	职业介绍	就业咨询	创业扶持	提供就业岗位
接受过户数	275	133	101	62	86
未接受过户数	1231	1368	1400	1439	1415
接受过的占比	18.3	8.9	6.7	4.1	2.1
未接受过的占比	81.7	91.1	93.3	95.9	97.9

在关于"希望政府提供就业服务类型"的调查中,从图 1-28 可以看出,在 1516 户有效样本中,希望政府更多地扶持居民创业的比例占总样本容量的 24.3%,希望政府提供更多的技能培训的农户占总样本容量的 26.5%,希望政府提供更多就业

岗位的占总样本容量的39.2%,希望政府提供就业咨询和其他服务的占比分别为4.6%和5.3%。从总体上来看,非农就业人员更希望政府在提供更多就业岗位、扶持居民创业和技能培训方面加强对非农就业的支持。

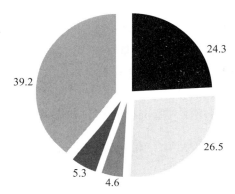

图1-28　希望政府提供就业服务类型(单位:%)

在对农户就业打算的调查中,如图1-29所示,在1525户有效样本中,其中打算继续从事本行业的人数达到877人,占总人数的57.5%;不知道今后如何打算的有186人,占比12.2%;外出打工的人数达到161人,占比10.6%;自主创业的人数有154人,占比10.1%;在家种地的人数为106人,占比7%。总体来看,农户更倾向于继续从事自己目前所从事的行业,除此之外,想要外出打工和自主创业的占据了一定的比例,而对自己就业比较迷茫的也占据了一定的比例。

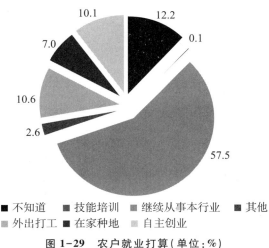

图1-29　农户就业打算(单位:%)

第四节　农民家庭收入状况

我国自古以来就是一个农业大国,就农民撑起了大半个中国而言,农民强则国强,农民富则国富。当前,农民收入总体上处于什么水平,农民收入的主要来源是什么,以及农民内部的收入差距如何,都是整个国家和社会关心的问题。本节从农民家庭收入总体情况、农民家庭收入来源和农民家庭收入差距三个层面,辅之以经济区、家庭类型的视角,分析和描述 2013 年我国农民的收入水平,以对全国、不同经济区、不同家庭类型的农户收入状况以及存在的问题有一个较为全面而深刻的反映。

一、农民收入概况

2013 年有效样本农户平均家庭总收入为 66 473.52 元,但有半数农户年收入在 47 000 元以下。从不同区域来看,东部地区农户家庭总收入最高,均值为 79 385.05 元,有二分之一的农户在 56 325 元以上;排在第二位的是中部地区的农户,其家庭总收入均值为 62 290.74 元,有一半农户的家庭总收入在 47 086.40 元以上;相比之下,西部地区农户家庭总收入最低,均值为 60 273.16 元,比东部地区和中部地区农户家庭总收入的均值少 19 111.89 元和 2017.58 元,且西部地区有半数农户年家庭总收入在 40 000 元以下。整体来看,农民家庭总收入多在 35 000—55 000 元。(见表 1-41)

表 1-41　不同区域农户家庭总收入　　　　　　　　　　(单位:元,户)

地区	家庭总收入均值	家庭总收入中位值	户数
东部	79 385.05	56 325.00	1123
中部	62 290.74	47 086.40	1661
西部	60 273.16	40 000.00	1218
全国	66 473.52	47 000.00	4002

进一步从农民人均家庭收入的角度来观察农民的收入情况。根据表 1-42 的统计结果可以看出,东部地区农户人均收入最高,为 19 624.34 元,其中半数农户的人均收入在 13 975 元以上;中部地区农户和西部地区农户人均收入相差不大,中部为 14 641.77 元,西部为 14 398.09 元,但中部地区半数农户人均收入在 11 572.50 元以上,而西部农户接近二分之一的农户的人均收入在 9585 元以下。总体来看,

有效样本农户人均收入为 15 965.76 元,50% 的农户的人均收入在 11 420.83 元以下。可见,要提高农民收入,首先要提高中、西部地区农民的收入水平和增收能力。

表 1-42　不同区域农户人均家庭收入　　　　　　　（单位:元,户）

地区	人均家庭收入均值	人均家庭收入中位值	户数
东部	19 624.34	13 975.00	1123
中部	14 641.77	11 572.50	1661
西部	14 398.09	9 585.00	1218
全国	15 965.76	11 420.83	4002

接着将样本农户家庭总收入由高到低排序,累加计算出全体农户家庭的收入总和,并将其均分为五档,每档包含收入总和的 20%。如表 1-43 的数据所示,全国样本农户家庭总收入差距较大,集中体现在 3.62% 的最高收入农户占有样本农户家庭收入总和的 20%,而 52.47% 的最低收入农户同样占有样本农户家庭收入总和的 20%。分地区而言,西部地区农户收入不平等状况最为严重,53.77% 的农户仅占有所有农户家庭收入总和的 20%,而 3.12% 的最高收入农户也占有所有农户家庭收入总和的 20%,均超出样本农户平均水平。其次是东部地区,最高的 20% 收入组的农户数占比为 4.51%,最低 20% 收入组的农户数占比为 52.02%。排在第三位的是中部地区,最高 20% 收入组的农户数占比为 4.15%,最低 20% 收入组的农户数占比为 50.52%,收入不平等状况相对缓和。从家庭总收入的角度看,经济不发达地区农户间的贫富差距相对更大,西部地区贫者愈贫,富者愈富,导致贫富差距拉大的情况值得关注。

表 1-43　家庭收入总和五等分分组的各组农户数比率　　　（单位:%,户）

地区	最高 20%	次高 20%	中间 20%	次低 20%	最低 20%	合计
东部	4.51	8.57	13.43	21.47	52.02	100(1123)
中部	4.15	9.63	14.51	21.19	50.52	100(1661)
西部	3.12	7.47	13.55	22.09	53.77	100(1218)
全国	3.62	8.40	13.90	21.54	52.47	100(4002)

与家庭总收入类似,继续将农户家庭人均收入按高低排序,累加计算出全体农户家庭人均收入的收入总和,均分为五档,每一档包括所有家庭人均收入总和的 20%。如表 1-44 所示,整体而言,占样本农户家庭人均收入总和 20% 的最高收入

组的农户数比率为3.5%,与此形成鲜明对比的是,50.04%的最低收入组农户也占有家庭人均收入总和的20%。分区域来看,西部地区最低20%人均收入组的农户数比率达52.64%,比全国平均水平高出2.60个百分点,较之中部地区(47.62%)和东部地区(48.94%)的同一数据要高出5.02个和3.70个百分点。与此同时,西部地区最高20%收入组的农户数比率为2.87%,中部地区(4.46%)和东部地区(4.51%)同一数据是其1.55倍和1.57倍。可见,西部地区农户人均收入差距较东、中部地区更为显著。

表1-44 人均收入总和五等分分组的各组农户数比率 （单位:%,户）

地区	最高20%	次高20%	中间20%	次低20%	最低20%	合计
东部	4.51	8.57	14.84	23.14	48.94	100(1123)
中部	4.46	10.23	15.59	22.10	47.62	100(1661)
西部	2.87	7.22	14.04	23.23	52.64	100(1218)
全国	3.50	8.65	14.77	23.04	50.04	100(4002)

二、务农收入

务农收入曾经在农民家庭总收入中占主导地位,随着经济社会的发展,务农收入在农民家庭总收入中退居其次,2013年,务农收入在农民家庭总收入中的占比为27.24%。从不同区域来看,在4002个有效样本中,西部地区农户在务农上获得的收入最高,户均均值为21 441.24元,人均均值为5384.37元,且西部地区农户务农收入在总收入中所占的比重也最高,数据为35.57%。其次,东部地区农户户均务农收入的均值为17 468.27元,人均均值为4606.31元,务农收入占东部地区农户总收入的份额为22%。相比之下,中部地区农户的务农收入相对较低,户均均值为16 101.38元,人均均值为4052.25元,对总收入的贡献值为25.85%。（见表1-45）

表1-45 不同家庭类型农户务农的收入

地区	户均务农收入均值（元）	人均务农收入均值（元）	务农收入在总收入中的占比（%）	户数（人数）
东部	17 468.27	4606.31	22.00	1123(4573)
中部	16 101.38	4052.25	25.85	1661(7069)
西部	21 441.24	5384.37	35.57	1218(5340)
全国	18 110.12	4613.15	27.24	4002(16 982)

三、务工收入

随着农民流动性增强,外出务工收入在农户家庭总收入中已经有三分天下有其一的态势,表现在33.19%的农户家庭总收入来源于家庭成员外出务工的收入,其中,中部地区的这一占比最高,为37.90%,东部地区和西部地区相差较小,分别为30%和30.41%。具体而言,西部地区农户外出务工收入的户均均值和人均均值均为最低,为18 330.03元和4036.86元,分别比全国平均水平(22 060.53元和4735.13元)低3730.50元和698.27元。中部地区农户外出务工收入户均均值和人均均值分别为23 610.11元和4943.11元,居于中间水平。相比之下,东部地区农户外出务工收入位居榜首,户均均值为23 814.68元,人均均值为5184.84元。(见表1-46)

表1-46 不同区域农户外出务工的收入

地区	户均外出务工收入均值(元)	人均外出务工收入均值(元)	外出务工收入在总收入中的占比(%)	户数(人数)
东部	23 814.68	5184.84	30.00	1123(4573)
中部	23 610.11	4943.11	37.90	1661(7069)
西部	18 330.03	4036.86	30.41	1218(5340)
全国	22 060.53	4735.13	33.19	4002(16 982)

四、打临工收入

打临工收入是农民家庭收入的必要补充,2013年全国农户户均打临工收入为5117.73元,人均打临工收入为1311.18元,打临工收入占农户家庭总收入的7.70%,比重低于一成。就不同区域而言,东部地区农户打临工获得的收入高于中、西部地区。具体来看,东部地区户均打临工收入为6721.64元,分别比中部地区(4988.77元)和西部地区(3814.77元)农户户均打临工收入多出1732.87元和2906.87元。东部地区农户人均打临工收入为1765.58元,分别是中部地区(1274.49元)和西部地区农户(942.24元)人均打临工收入的1.39倍和1.87倍。(见表1-47)

表1-47 不同区域农户打临工的收入

地区	户均打临工收入均值(元)	人均打临工收入均值(元)	打临工收入在总收入中的占比(%)	户数(人数)
东部	6721.64	1765.58	8.47	1123(4573)
中部	4988.77	1274.49	8.01	1661(7069)

续表

地区	户均打临工收入均值（元）	人均打临工收入均值（元）	打临工收入在总收入中的占比（%）	户数（人数）
西部	3814.77	942.24	6.33	1218(5340)
全国	5117.73	1311.18	7.70	4002(16 982)

五、企事业单位工资收入

通过对2013年农民在企事业单位获得的工资性收入的观察发现，无论在户均收入均值、人均收入均值还是企事业单位工资收入在家庭总收入中的占比，东部地区的数据均为最高，分别是6294.03元、1495.36元和7.93%。西部地区企事业单位工资收入户均均值高于中部地区，两个地区分别为2748.56元和2567.50元，但从人均企事业单位工资收入来看，中部地区（682.48元）要略高于西部地区（661.28元）。整体来看，2013年全国农户企事业单位工资收入在农户总收入中所占的比重较小，为5.52%，户均均值为3668.31元，人均均值为904.13元。（见表1-48）

表1-48 不同区域农户企事业单位的工资收入

地区	户均企事业单位工资收入均值（元）	人均企事业单位工资收入均值（元）	企事业单位工资收入在总收入中的占比（%）	户数（人数）
东部	6294.03	1495.36	7.93	1123(4573)
中部	2567.50	682.48	4.12	1661(7069)
西部	2748.56	661.28	4.56	1218(5340)
全国	3668.31	904.13	5.52	4002(16 982)

六、经商收入

经商收入是农户除外出务工、日常务农收入外的另一大收入来源。2013年全国户均经商收入均值为11 447.69元，人均经商收入均值为2717.22元，经商收入对农户家庭总收入的贡献值为17.22%。分地区来看，东部地区农户户均经商收入均值最高，为17 237.39元，中、西部地区的同一数据分别为10 176.95元和7842.49元，较之东部地区的均值分别低7060.44元和9394.90元。人均经商收入均值最高的也是东部地区的农户，数据为4413.48元，分别是中部（2288.42元）和西部地区（1738.01元）农户同一数据的1.93倍和2.54倍。（见表1-49）

表 1-49　不同区域农户经商的收入

地区	户均经商收入均值(元)	人均经商收入均值(元)	经商收入在总收入中的占比(%)	户数(人数)
东部	17 237.39	4413.48	21.71	1123(4573)
中部	10 176.95	2288.42	16.34	1661(7069)
西部	7842.49	1738.01	13.01	1218(5340)
全国	11 447.69	2717.22	17.22	4002(16 982)

七、其他收入

在此次调查中,其他收入是指除了以上分析的五大收入来源外农户家庭所获得的收入。从调研获得的数据来看,主要包括转移性收入(如农户在国家低保、五保、养老、惠农政策中获得的收入)和财产性收入(如农户土地、房屋征用、流转收入)。总体来看,其他收入在农户总收入中所占的比重相对较小,全国的平均水平为9.13%,最高的是西部地区的农户(10.11%),东、中部地区的这一数据分别为9.89%和7.78%。具体而言,东部地区的户均其他收入和人均其他收入均为最高,分别是7849.05元和2158.77元;西部地区次之,数据分别为6096.06元和1635.32元;排在最后的是中部地区农户,户均其他收入均值为4846.03元,比全国平均水平低1223.12元,人均均值为1401.01元,低于全国平均水平(1684.96元)。(见表1-50)

表 1-50　不同区域农户其他方面获得的收入

地区	户均其他收入均值(元)	人均其他收入均值(元)	其他收入在总收入中的占比(%)	户数(人数)
东部	7849.05	2158.77	9.89	1123(4573)
中部	4846.03	1401.01	7.78	1661(7069)
西部	6096.06	1635.32	10.11	1218(5340)
全国	6069.15	1684.96	9.13	4002(16 982)

第五节　农民的生活消费状况

众所周知,改革开放以来,我国农村经济获得了前所未有的突飞猛进式发展,然而农民是否共享了这一发展成果,可以从当前农民的生活消费情况窥其一二。

为了更全面地展示这一点,以下分析着力于五个部分:日用品消费、饮食消费与恩格尔系数、医疗与养老等社会保障消费、文化与教育消费以及人情与旅游消费。

一、日用品消费

日用品是人们赖以生存的辅助品,与经济社会发展状况密切相关,其种类的丰富程度和人们的消费力度直接反映出人们生活的水平和质量。一般来说,主要包括衣帽鞋用品、护肤化妆品和洗涤用品三个方面。如表1-51所示,东部地区样本农户户均日用品消费和人均日用品消费分别为4550.47元和1114.90元,中部地区的分别为3139.80元和734.14元,西部地区的分别为3136.66元和732.77元,从全国来看,这两项均值分别为3536.38元和841.02元。由此可以看出,不管是户均日用品消费还是人均日用品消费,东部地区都远远高于中部和西部以及全国平均水平,而中部地区与西部地区的日用品消费水平比较接近,但均略低于全国平均水平。

表1-51 不同地域农户日用品消费 （单位:元,户）

地区	户均日用品消费			人均日用品消费		
	均值	中位值	样本数	均值	中位值	样本数
东部	4550.47	2400.00	1174	1114.90	573.21	1174
中部	3139.80	2230.00	1728	734.14	529.29	1728
西部	3136.66	2000.00	1264	732.77	496.83	1264
全国	3536.38	2200.00	4166	841.02	524.83	4166

对于不同区域农户各项日用品消费情况,表1-52显示,就样本农户户均消费而言,东部地区衣帽鞋、护肤品和洗涤用品消费分别为3411.11元、556.13元和561.29元,中部地区的分别为2367.31元、328.60元和355.69元,西部地区的分别为2449.13元、306.36元和420.58元,全国来看分别为2686.30元、385.99元和433.34元。就样本农户人均消费而言,东部地区衣帽鞋、护肤品和洗涤用品各项消费分别为832.89元、133.49元和142.69元,中部地区的分别为547.38元、76.68元和88.44元,西部地区的分别为569.57元、68.11元和101.58元,全国来看分别为634.58元、90.09元和107.72元。不难看出,不管是户均消费还是人均消费,东部地区农户衣帽鞋、护肤品和洗涤用品三项消费均高于中部和西部以及全国平均水平不少。同时,不管是东部、中部还是西部,衣帽鞋消费的比重要远远高于护肤品和洗涤用品的消费,样本农户的衣帽鞋消费占日用品总消费的比例略高于四分之三,而护肤品

和洗涤用品消费两项加起来占日用品总消费的比例略低于四分之一。

表 1-52　不同区域农户各项日用品消费　　　　　　　（单位:元）

地区	户均消费			人均消费		
	衣帽鞋	护肤品	洗涤用品	衣帽鞋	护肤品	洗涤用品
东部	3411.11	556.13	561.29	832.89	133.49	142.69
中部	2367.31	328.60	355.69	547.38	76.68	88.44
西部	2449.13	306.36	420.58	569.57	68.11	101.58
全国	2686.30	385.99	433.34	634.58	90.09	107.72

二、饮食消费

俗话说,生活的头等大事便是吃。饮食问题自古以来就是萦绕在人们心头的一大问题。随着人们生活水平的提高,温饱问题得到解决,并且饮食消费的比重也在逐渐下降,由此计算饮食消费占总消费比重即恩格尔系数,就成为各国推算人们生活水平和国家富裕程度的重要方法。由表 1-53 可知,样本农户的户均饮食消费从高到低的地区分别是东部 8557.92 元、西部 6590.47 元、中部 4673.14 元,而全国的户均饮食消费为 6340.37 元,东部地区远高于全国平均水平,西部地区略高于全国平均水平,而中部地区却低于全国平均水平很多。样本农户的人均饮食消费与户均饮食消费的地区分布相仿,从高到低排序为东部 2182.02 元、西部 1607.89 元、中部 1189.20 元,而全国此项平均水平为 1593.75 元,东部地区高出全国均值不少,西部地区与全国均值相差无几,中部地区却与全国平均水平相差很多。就恩格尔系数来说,不管是东部的 0.36、中部的 0.32、西部的 0.36,还是全国的 0.34,根据联合国关于恩格尔系数对生活水平划分的标准看,样本农户均处于相对富裕水平。

表 1-53　不同区域农户饮食消费　　　　　　　　　　（单位:元,户）

地区	户均饮食消费		年度户均总消费	人均饮食消费		年度人均总消费	恩格尔系数	样本数
	均值	中位值		均值	中位值			
东部	8557.92	5750.00	26 917.91	2182.02	1500.00	6967.71	0.36	1097
中部	4673.14	3525.00	17 137.03	1189.20	887.50	4115.57	0.32	1651
西部	6590.47	4730.00	21 188.28	1607.89	1140.00	4959.65	0.36	1181
全国	6340.37	4400.00	21 085.60	1593.75	1125.00	5165.73	0.34	3929

由图1-30可知,在东部和中部,样本农户的烟酒消费占饮食消费的三分之一左右,东部为32.30%,中部为34.15%,均高于西部的26.58%。东部的肉类消费占饮食消费的28.97%,中部的这一比例为23.55%,均低于西部的32.74%。可见,不管是东部还是中部、西部,烟酒消费和肉类消费均是农户饮食消费中的消费大项,两项加起来约占农户饮食消费的60%;而米面消费和蔬菜消费单项约占饮食消费的15%,两项加起来约占饮食消费的30%;食油消费约占饮食消费的10%。可以说,烟酒是农户日常生活中不可或缺的重要物品,甚至有不少农户表示,衣食可以少,但是烟酒不能缺。

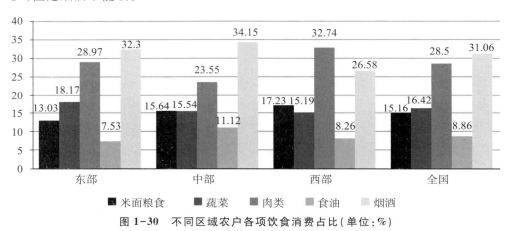

图1-30 不同区域农户各项饮食消费占比(单位:%)

三、医疗消费

医疗是维护人们身体健康和保障正常生产生活的重要手段。由表1-54可以看出,全国各地区样本农户新型合作医疗家庭参合比率均在97%以上,中部地区高达98.09%,这说明新型合作医疗已经被广大农户接受并成为农民最主要的医疗保障形式。就个人参合情况看,各地区样本农户的参合比率也在90%以上,据调查,其之所以没有家庭参合比率高,是因为不少家庭人口较多的农户由于长期在外务工、参合信息传达不到位等而没有按时参合,这也间接说明了农村与城市医疗体系的二元格局造成了一些农户既不能参加城市医疗保障又容易被农村合作医疗忽视的"参保真空"。虽然东部样本农户的人均参合费用20.87元要高于中、西部的15.39元和14.74元,但是从全国来看,样本农户的人均参合费用均比国家规定的标准较低,这是由一些地方性的优惠政策如"政府帮交"或"农补扣取"等所致。

表 1-54　不同区域农户新型合作医疗参保情况

地区	家庭参合情况			个人参合情况			人均参合费用(元)
	参合户数(户)	样本量(户)	参合比率(%)	参合人数(人)	样本量(人)	参合比率(%)	
东部	1132	1167	97.00	4315	4768	90.50	20.87
中部	1696	1729	98.09	6823	7363	92.67	15.39
西部	1229	1264	97.23	5153	5540	93.01	14.74
全国	4057	4160	97.52	16 291	17 671	92.19	16.67

由表 1-55 可知,西部样本农户的看病总费用 7247.75 元要高于东部(5437.15 元)、中部(4808.37 元),看大病费用 5730.54 元也高出中、东部很多,合作医疗报销占看病总费用的 51.45%,而东、中部只占 23.48%、22.81%。这反映出西部地区样本农户的医疗消费主要花在了看大病上,而东、中部样本农户的医疗消费主要集中在平时的小病和医疗护理上。中部样本农户的医疗消费占家庭收入的比重为 7.40%,较高于西部的 6.28%,远高于东部的 2.72%,这从侧面反映出东、中、西部收入水平的差距依然很大,中部农户的医疗负担仍然很重。

表 1-55　不同区域农户医疗消费情况

	看病总费用均值(元)	医疗消费占家庭收入比重(%)	样本数(户)	看大病费用均值(元)	合作医疗报销占看病总费用比重(%)	样本数(户)
东部	5437.15	2.72	1172	3824.58	23.48	267
中部	4808.37	7.40	1727	3222.26	22.81	378
西部	7247.75	6.28	1265	5730.54	51.45	342
全国	5726.42	4.84	4164	4149.89	32.12	987

注:样本数分别为看病总农户、看大病的总农户,以下类同

由图 1-31 可知,样本农户的看病费用和看大病费用从高到低依次为:有 2 个老人的家庭 7195.25 元和 5436.22 元、有 1 个老人的家庭 6051.76 元和 4677.40 元、没有老人的家庭 4841.34 元和 3265.63 元、有 3 个及以上老人的家庭 3856.92 元和 3060 元。调查发现,有 2 个以内老人的农户家庭多为子女较多的扩大家庭或主干家庭,子女有经济条件支付家庭的医疗费用,而有 3 个及以上老人的家庭则由于子女较少、经济条件比较差而可支配的医疗费用较少。

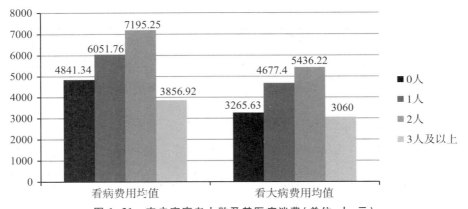

图 1-31　农户家庭老人数及其医疗消费（单位：人，元）

四、养老消费

由图 1-32 不难看出，自己劳动养老是最主要的养老方式，在所有养老方式中占一半以上；靠子女养老是第二重要的养老方式，在所有养老方式中约占四分之一。而靠储蓄、靠养老金和国家或集体救济以及其他养老方式则占很小的比重。可见，自我养老和养儿防老的传统养老方式仍然是我国农户最重要的养老方式选择。

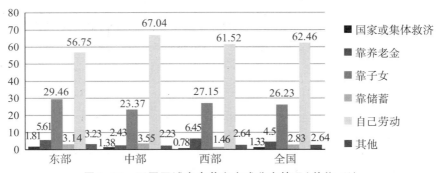

图 1-32　不同区域农户养老方式分布情况（单位：%）

由表 1-56 可以看出，不管是东部还是中、西部，样本农户均偏向于采取分年度缴纳的方式参加新型养老保险，约占全部参保户数的四分之三，而余下的四分之一则是一次性缴纳。就缴纳费用而言，西部样本农户的一次性缴纳费用 2031.77 元远高于东、中部的 1442.94 元和 568.25 元；东部样本农户的分年度缴纳费 643.51 元要高于中、西部很多。目前东、中、西部享受养老金的样本农户均占地区总参保人数的 30% 左右，东、西部的享受金额 998.26 元和 917.50 元高于中部的 513.03 元，但是均只有户均养老消费的一半左右。也就是说,样本农户的养老保险享受费用只能抵消养老消费的一半费用,还有一半费用需要自筹。

表1-56 不同区域农户新型养老保险缴纳、享受及养老消费情况

地区	一次性缴纳			分年度缴纳			缴纳总户数(户)	养老金享受			养老保险参保人数(人)	户均养老消费(元)
	户数(户)	占总户数比率(%)	缴纳费用均值(元)	户数(户)	占总户数比率(%)	缴纳费用均值(元)		人数(人)	占参保人数比率(%)	享受金额均值(元)		
东部	323	27.47	1442.94	853	72.53	643.51	1176	707	30.24	998.26	2338	1990.13
中部	464	24.52	568.25	1428	75.48	280.08	1892	1079	28.07	513.03	3844	977.42
西部	319	25.50	2031.77	932	74.50	277.57	1251	717	29.23	917.50	2453	1033.88
全国	1106	25.61	1245.82	3213	74.39	375.84	4319	2503	28.99	767.95	8635	1281.20

五、文化教育消费

文化教育是人们提升自我和体现文明生活的重要方面。如表1-57所示,就人均文化消费来说,全国样本农户的均值只有11.42元,中部农户更是仅为6.10元,全国范围内至少还有一半的样本农户没有在文化上消费,全国人均文化消费只占人均年收入的0.05%,可以说,样本农户的文化消费相当少。就人均教育消费来说,东部农户略高,为1102.53元;其次为中部农户906.22元;最后是西部农户820.10元;且中、西部农户的这项消费均低于全国平均水平。然而,不管在哪个地区,人均教育消费占人均收入的比重均低于6%,东部更是低至2.77%。这说明,样本农户在教育上的消费也是非常有限的。

表1-57 不同区域农户人均文化和人均教育消费

地区	人均文化消费			人均教育消费		
	均值(元)	占年人均收入比重(%)	样本数(户)	均值(元)	占年人均收入比重(%)	样本数(户)
东部	17.62	0.04	1166	1102.53	2.77	1155
中部	6.10	0.04	1719	906.22	5.99	1729
西部	12.93	0.06	1255	820.10	3.56	1264
全国	11.42	0.05	4140	935.31	3.82	4165

注:此处"文化消费"为订购书籍报刊、看戏电影等费用,教育费用事项详见农户各项教育人均消费表,下同。

由表1-58可以看出,样本农户的教育消费主要集中于在校学生教育消费上,东部农户学生教育总消费7862.09元,高出中部的5970.29元和西部的4957.34元很多,且中西部与全国平均水平6136.39元相比还有一定差距。而农民人均自身教育只有不到50元,远远低于学生教育消费,这说明样本农户重视学生教育要远远高于重视自身教育。同时,无论在什么地区,学生教育消费主要集中在学生生活费和学费上,两项加起来占到教育总消费的86%以上。

表1-58 不同区域农户各项教育人均消费 （单位:元）

地区	农民人均培训费用	农民自身其他教育人均消费	农民教育人均总消费	在校学生人均学费	学生人均学杂费	学生人均生活费	在校学生其他教育人均费用	学生教育人均总消费
东部	20.19	10.80	30.99	3817.21	763.88	2951.47	329.53	7862.09
中部	35.92	13.65	49.57	2054.88	566.57	3091.82	257.02	5970.29
西部	27.08	7.89	34.97	1388.29	469.44	2960.87	138.74	4957.34
全国	28.78	11.10	39.88	2298.41	587.04	3013.40	237.84	6136.69

六、人情与旅游消费

我国乡村社会是个熟人半熟人社会,人情观念延续上千年且深入人心,因此,人情在人们日常生活中扮演着非常重要的角色,是农民生活消费的重要组成部分。而旅游则是随着工业化发展和人民生活水平提高而产生的生活内容,是人们对更高生活质量和生活水平的追求,旅游消费的多少可以直接反映出人们生活水平的高低。由表1-59可知,东部样本农户的户均人情消费6501.97元高于中部农户的4991.19元和西部农户的4273.78元,而中、西部农户又低于全国平均水平的5199.51元。但是,不管是从东、中、西部还是全国平均水平来看,户均人情消费占年均收入比重均在3%以上,中部农户更是高达7.68%,这一比例甚至与不同区域样本农户的文化教育消费占年均收入比重相差无几。可见,人情消费也是农民日常生活中的重要消费项目,且据一些地区的农户反映,近几年的人情消费出现递增的趋势。与此形成鲜明对比,各个区域样本农户的户均旅游消费均在550元以下,占年均收入比重也不超过0.32%。这说明旅游消费并没有成为样本农户的重要消费项目。

表 1-59 不同区域农户人情与旅游消费

地区	户均人情消费			户均旅游消费		
	均值(元)	占年均收入比重(%)	样本数(户)	均值(元)	占年均收入比重(%)	样本数(户)
东部	6501.97	3.25	1172	534.62	0.27	1170
中部	4991.19	7.68	1724	209.69	0.32	1724
西部	4273.78	3.70	1261	297.34	0.26	1260
全国	5199.51	4.40	4157	327.79	0.28	4154

第六节 农民债权债务状况

发展农村经济,改善农民生活水平,资本要素愈来愈重要,促使农民借贷成为发挥资本作用的重要环节。由于农村金融市场发展,民间借贷和正规信贷的繁荣,弥补了农民发展和生活不足的资金缺口,但是也使得农民承担巨额债务负担,反而制约了农民的借贷能力,一定程度上制约了农村经济的发展和生活水平的提高。

一、农民借贷

农民借贷规模反映农民对资金的需求程度以及农民借贷的活跃程度。本部分主要从农民借入金额和借出金额两个方面描述农民借贷规模,分析农民债权债务整体情况,探索农民借贷规模发展规律。根据 2013 年的 CHFS 调查数据,全国家庭债务总额中只有 15.8%来自于农村家庭。农村有负债家庭的资产负债率略高,为 16.6%。全国有债务家庭的户均债务负担为 134 745 元,而农村有债务家庭的户均债务为 55 113 元,远远低于全国水平。虽然农村借贷活动,尤其是民间借贷比城市更为活跃,但农村家庭的低收入水平又制约了其借贷的能力,因此,农村家庭的债务规模远低于全国水平。

根据表 1-60 数据显示,从借入资金看,2013 年全年借入总金额 4950.89 万元,户均 5.47 万元,农户借入资金最小额只有 0.15 万元,但也有高达 100 万的大额借入,农户借入金额以 2 万元左右居多。

表 1-60　2013 年农户借入金额　　　　　　　　　（单位：万元，个）

	最小值	最大值	合计	均值	众数	有效样本
借入金额	0.15	100.00	4950.89	5.47	2	904

从借入金额分组情况看，借入金额在 4 万元以上的农户比率最高，达 38.83%；借入金额在 2 万—4 万元的比率总计为 19.24%。借入金额在 1 万元以下、1 万—2 万元的比率分别为 25.22% 和 16.70%，可见，农民借入资金比率呈现橄榄形，大额化借入趋势明显。（见图 1-33）

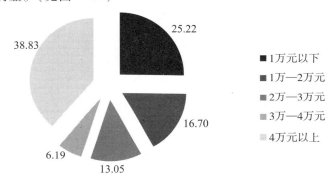

图 1-33　农民借入金额分组比率（单位：%）

分地区来看，不同地区的借入金额规模不同，其中东部借入金额在 4 万元以上的农户比率最高，占比 41.67%，同比高于西部和中部地区；借入金额在 2 万—4 万元的，中部和西部区域的农户比率大致相当；而借入金额在 2 万元以下的，中部农户所占比率略高，为 42.77%。（见图 1-34）

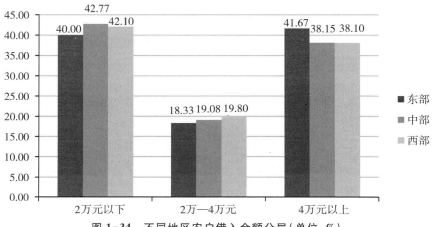

图 1-34　不同地区农户借入金额分层（单位：%）

从农民债权关系来看,288 位样本农户总计借出金额达 2090.91 万元。其中,每户平均借出金额 7.26 万元;农户借出金额以 2 万元小额为主,借出最大金额达 200 万元,借出最小金额只有 0.0003 万元。可见农户借出金额分化明显。(见表 1-61)

表 1-61　2013 年农户借出金额　　　　　　　　　（单位:万元,户）

	最小值	最大值	总金额	户均金额	众数	有效样本
借出金额	0.0003	200.00	2090.91	7.26	2.00	288

根据 2013 年农户借出金额分组,反映出借出金额在 1 万元以下的农户比率最高,占比 36.46%;1 万—2 万元,占比 17.71%;两者合计占比 54.17%。农户借出金额在 2 万—3 万元、3 万—4 万元以及 4 万元以上的比率分别为 14.24%、2.43% 和 29.17%,共计 45.84%。总体来看,农户借出金额主要集中在 2 万元以下,借出资金以小额为主。(见图 1-35)

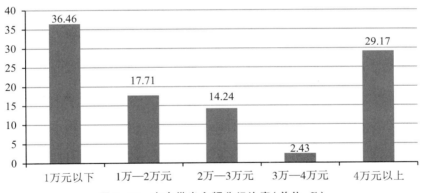

图 1-35　农户借出金额分组比率(单位:%)

从地区来看,不同地区的借出金额存在一定差距。西部农户借出金额在 2 万元以下的比率最高,占比 65.65%,同比高出东、中部农户;借出金额在 2 万—4 万元的,东部农户占比 23.44%,同比高出中、西部农户;借出金额在 4 万元以上的,中部农户占比最高,为 32%。总体而言,西部区域农户借出金额以 2 万元小额为主,中部农户大额借出比率相对较高。(见图 1-36)

2013 年 CHFS 调查结果显示,全国有 34.7% 的家庭参与了民间借贷,农村民间借贷参与率高达 43.8%,显示出中国农村家庭民间借贷活动非常旺盛。根据表 1-62 的数据,在 3564 个有效样本中,资金借入来源为亲戚朋友的有效样本为 3440 个,比率最高,占比 96.52%;0.17% 的农户反映从专门放贷机构或"地下钱庄"借入资金;此外,少数借入资金来源于钱会或邀会和资金互助合作社,占比分别为 0.11% 和 0.06%;其他来源的比率为 3.14%。总体来看,民间借贷来源主要是亲戚朋友等熟人渠道,同时,民间借贷呈现多元化,出现了钱会或邀会等专门融资机构和资金互助合作社等社区性信用合作组织,刺激了民间借贷快速发展。

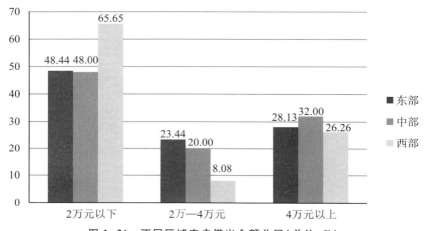

图 1-36　不同区域农户借出金额分层(单位:%)

表 1-62　农户借贷来源统计　　　　　　　　　　（单位:%,户）

借贷来源	占比	样本
钱会或邀会	0.11	4
亲戚朋友	96.52	3440
专门放贷者或"地下钱庄"	0.17	6
资金互助合作社	0.06	2
其他	3.14	112
合计	100	3564

从不同地区而言,民间借贷来源为亲戚朋友的农户,东部地区比率最高,占比 97.04%,其次中部地区占比 96.46%,西部最低,占比 96.04%;民间来源为专门放贷机构或"地下钱庄"的农户,西部地区比率最高,占比 0.32%,三个地区的这一比率均在 1% 以下。资金互助合作社比率较低,可以加强培育和发展这类社区性信用合作组织。(见表 1-63)

表 1-63　不同地区农户借贷来源　　　　　　　　（单位：%，户）

地区	钱会或邀会	亲戚朋友	专门放贷者或"地下钱庄"	资金互助合作社	其他	合计
东部地区	0.10	97.04	0.29	0.00	2.57	100(1049)
中部地区	0.13	96.46	0.00	0.06	3.35	100(1581)
西部地区	0.11	96.04	0.32	0.11	3.43	100(934)

二、金融服务

在 3808 个有效样本中，农户对当地金融服务表示"比较满意"的有效样本为 1542 个，占比最高，为 40.49%；其次，农户对当地金融服务表示"非常满意"，占比为 8.06%；对当地金融服务持"一般"态度的农户比率为 38.58%；此外，对当地金融服务表示"不太满意"的农户比率为 10.5%；有 2.36% 农户对当地金融服务表示"很不满意"。总体来看，农户对当地金融服务表示较为满意（48.55%）比率不到一半，农村金融服务水平有待提高。（见图 1-37）

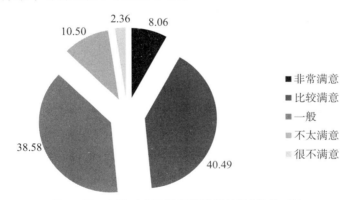

图 1-37　农民对金融服务满意度统计（单位：%）

从地区角度看，东部地区农户对金融服务表示"比较满意"的比率最高，占比为 44.46%，表示"非常满意"的比率为 7.20%，两者共计 51.66%；中部地区农户对金融服务表示"比较满意"的比率为 37.79%，表示"非常满意"的比率为 5.88%，共计 43.67%，不到总体比重的一半；西部地区对金融服务表示"比较满意"的比率为 40.39%，表示"非常满意"的比率为 11.73%，两者共计 52.12%。总体来看，东部和西部对金融服务满意度高于中部地区。（见表 1-64）

表 1-64　不同地区农民对金融服务满意度分组比率　（单位：%，户）

地区	非常满意	比较满意	一般	不太满意	很不满意	合计
东部	7.20	44.46	36.07	10.52	1.75	100(1084)
中部	5.88	37.79	42.38	11.11	2.84	100(1548)
西部	11.73	40.39	35.88	9.69	2.30	100(1176)

在3758个有效样本中,无资产抵押和手续复杂成为农户贷款主要困难,占比分别为21.02%和23.87%,共计44.89%;其次,银行等金融机构不给贷款和贷款利息较高成为农户贷款的阻碍,占比分别为15.54%和14.77%;2.71%的农户认为贷款的金额少,不够用;只有11.07%的农户认为贷款方便,不存在困难;其他困难占比11.02%。无资产抵押和手续复杂成为农户正规贷款的主要制约因素,民间借贷无须抵押、手续方便和贷款金额高的优势突出,民间借贷更为活跃。(见图1-38)

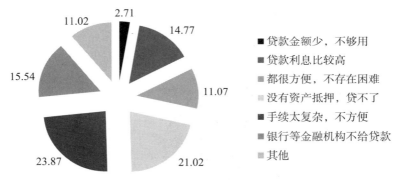

图 1-38　农民借贷困难分层比率(单位:%)

在3744个有效样本中,要求放宽贷款条件的农户比率最高,占比为35.44%;其次主张降低贷款利率的农户比率为28.26%;18.11%的农户要求缩减贷款手续;要求加强贷款监管的农户的比率最低,占比为1.55%;只有4.35%的农户主张延长还款时间。不妨把放宽贷款条件、降低贷款利率和延长还款时间归结为宽松货币政策。同样,可以把加强贷款监管和缩减贷款手续归结为严格金融监管,以及其他类型手段。总体来看:放宽贷款条件、降低贷款利率和缩减贷款手续成为农户贷款普遍关心的问题。(见图1-39)

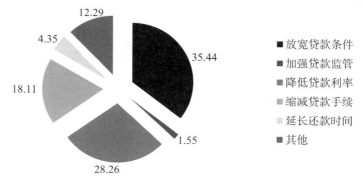

图 1-39　改善金融服务措施分类比率(单位:%)

第七节　结论与建议

通过对农民生产和农民生活两个维度的考察,对于农民经济状况的基本面有所了解,接下来有必要对整个农民经济状况进行适当的总结。当然,前面对农村土地、生产投入、劳动力、农民收入、农民消费和债权债务等核心要素的描述与分析并不能代表全部农民经济状况,只能是尽可能地接近农民经济状况的全貌。同时,基于以上的分析,尝试对农民经济状况进行结论性的判断,显然,这些判断只是在本次调查及其所获得的数据基础上形成的,希望对掌握中国农民经济状况有所裨益。

一、大力推进土地确权,促进农村土地规模流转

土地是农业的根本,相比于以前,伴随着大量农民外出务工,务工收入逐渐成为农民收入的主要来源,此时,土地对于农民而言,其所具有的生产功能有所弱化,但是土地依然是农民的最后保障,如果在城市里待不下去,农民还可以回到农村,因为农民还有自己的一块承包地。根据 2014 年百村观察暑假调查数据,包括水田、旱地、林地和草地在内,农民户均承包地面积为 27.05 亩,人均承包地面积为 6.4 亩,92.99% 的被访农户或多或少有自己的承包地。不过,土地也是农民的束缚,主要是因为承包地大都以小块经营为主,23.99% 的农户承包地在 3 亩以下(不包括无承包地的情况),57.35% 的农户承包地在 6 亩以下,只能够保证温饱,而不能实现致富。唯有规模经营才能够最大限度地激发土地的潜力,打破农村经济低水平均衡的局限,进而使农民从规模经营中受益。

在实现规模经营之前,首先要明确土地的权属,为此,从 2013 年开始,全国范围内的土地确权逐次展开,根据 2014 年百村观察暑假调查数据,36.24% 的农户表

示自己的承包地已经完成确权登记发证,其中,东部地区确权登记颁证的进度要略快于中、西部地区。接着从整体确权方式来看,确权确地是主要的土地确权形式,与确权确股不确地相比,确权确股更有利于土地的流转。最后从土地流转的状况来看,30.21%的农户进行过土地流转,流转的承包地面积占总面积的49.65%,东部地区流转比例高于中、西部。以土地租入为例,42.32%的土地租入在4亩以下,以普通农户为主要租入对象,以小面积租入为主,通过私下的口头协议进行短期流转,土地租入价格在500元以内,由此可见,土地租入主要是满足家庭耕种需要,或者为代种。再从土地租出来看,68.16%的土地租出在4亩以下,除了普通农户外,有24.97%的土地租出对象是种植大户,大部分是自发的私下短期租出,租出价格在1000元以内,由此可见,种植大户成为拉动土地租出的主要动力。不过,综合土地租入与土地租出两方面的数据,现阶段土地流转仍然没有改变低水平、小规模流转的局面,成为制约农业规模化经营的瓶颈。

为此,促进土地的规模流转、实现规模经营要采取更有针对性的措施。一是继续稳定家庭联产承包责任制;二是加快土地确权力度,赋予农民更多的财产性权利;三是健全土地流转服务,促进土地流转市场的形成,推动土地流转的有序化与规模化。

二、加大农业生产投入,推动农业现代化进程

除了土地之外,现代生产要素的投入是影响和制约农村经济发展的另一个关键因素。基于家庭分散经营的模式,以及耕地的细碎化,加上农民收入结构的变化,依靠农户为主的生产投入在总量上有限,而且现代化的生产要素,尤其是机械化要素难以进入农业生产领域,这些都是农村经济所面对的结构性难题。

从全国范围来看,2013年度样本农户在农业生产投入方面的户均支出是4298.07元,从各地区来看,东部、中部、西部地区农户户均农业生产投入分别为4800.34元、3863.63元、4508.18元。从亩均总投入来看,2013样本农户亩均生产总投入582.48元,其中半数农户的亩均总投入在401.28元以下。具体来看各类生产要素投入的比例,生产资料的投入最高,户均2948.39元,约占生产总投入的68.6%;其次为机械投入,户均879.11元,约为户均生产总投入的20.45%;雇工投入相对较少,户均470.57元,约为户均生产总投入的10.95%。再以亩均生产投入为例,相对于机械投入、雇工投入而言,生产资料投入最高,亩均427.58元,机械投入亩均109.79元,雇工投入亩均45.12元。整体来看,不论是户均,还是亩均,生产资料是生产投入的主要部分,主要依靠化肥、种子和农药来实现农业的增产增收。另外,在机械投入方面,以机耕和机收为主,雇工投入主要是针对外出务工后请工

人进行田间管理的投入。现阶段,农业生产的主要投入并未发生大的改变,从侧面说明"大国小农"的困境依然存在。

为此,推进农业现代化的关键是将现代生产要素引入农业生产领域。一是坚持农业机械化,加大农机补贴力度,形成适合不同地域特点的机械化方案;二是加大农业的科技投入,改变单纯依靠化肥、农药来稳产增产的模式;三是推进农业生产服务的社会化,构建健全有效的农业社会化服务体系。

三、加强农村就业服务,提升农村劳动力的素质

劳动力是农业生产中最为活跃的要素,劳动力状况与土地、生产投入一样影响着整个农业生产。在分田到户后,农业科技和国家政策的注入,带来了农村生产力的发展,原本富集在农业生产中的剩余劳动力显性化,随着农民流动限制的突破,大量的农民外出务工,在促进劳动力的自由流动的同时,也给农业生产带来了新的变数。

从全国范围来看,在4173个有效样本农户中,家庭总人口为17 671人,劳动力总人数为11 646个,样本农户户均人数为4.23人,户均劳动力为2.79人,户均劳动力负担系数为1.52。接着从务农农民来看,男性劳动力占比为72.13%,女性劳动力占比27.87%。分年龄段来看,60岁以上务农农民占比36.44%,在整个年龄构成中占比最高。分文化程度来看,小学的务农农民占比为41.23%,文盲的务农农民占比12.05%,初中的务农农民人数在总样本中的占比为36.57%,务农农民的受教育程度主要集中在小学和初中,由此可见,农村劳动力的老龄化趋势较为明显,并且与农业现代化不相适应的是农民整体的文化素质偏低。

除了在家务农的劳动力外,还有大部分劳动力外出务工。在所调查的265个样本村庄中,外出务工人数占村庄总人口的比率为22.44%;外出务工户数占村庄总户数的16.04%,有接近两成家庭选择外出务工。在2271个有外出务工人员的有效样本农户中,男性务工农民占比84.74%;女性务工农民占比15.26%。40—49岁是主要的务工农民年龄段,占比39.38%,受教育程度为初中的占比50.31%,外出务工农民主要从事建筑采掘业,占总务工人数的43%,从事制造业的务工农民占比20.85%,可见,外出务工农民主要集中在建筑采掘业、制造业等第二产业。农村劳动力外出务工主要是借助亲属朋友等私人关系,很少接受职业技能培训,这也是政府就业服务的薄弱环节。

为此,从提高农村劳动力素质、促进劳动力有序流动出发,一是要加强农村基础教育,发展职业教育,着力提升农村劳动力的素质;二是加强农村外出务工农民的职业技能培训,让外出务工农民掌握一技之长;三是健全城乡统一的就业服务体

系,实现城乡就业服务均等化,想方设法为外出务工农民提供基本的就业服务。

四、增加农民收入水平,赋予农民更多财产性收入

土地流转、生产投入或者劳动力转移都是农村经济发展的重要因素,但是农村经济的发展说到底还是农民增收。一直以来,农民增收成为农村经济发展的重要标志。近年来,农民收入增长相对放缓,外出务工依然是农民增收的主要渠道,同时转移性收入和财产性收入有所增加。随着土地确权的展开,财产性收入有望成为未来农民增收的强劲动力。

2013年全年样本农户人均收入为15 965.76元,半数农户的人均收入在11 420.83元以下。分地区来看,东部地区农户人均收入均值最高,为19 624.34元,其中半数农户的人均收入在13 975元以上;中部地区农户和西部地区农户人均收入的均值相差不大,中部为14 641.77元,西部为14 398.09元。从收入结构来看,33.19%的农户家庭总收入来源于家庭成员外出务工的收入,务农收入在农民家庭总收入中的占比为27.24%,打临工收入占农户家庭总收入的7.70%,企事业单位工资收入在农户总收入中所占的比重较小,为5.52%,经商收入对农户家庭总收入的贡献值为17.22%。转移性收入(如农户在国家低保、五保、养老、惠农政策中获得的收入)和财产性收入(如农户土地、房屋征用、流转收入)在农户总收入所占的比重相对较小,占比为9.13%。由此可见,农民收入水平达到新高,主要得益于非农收入。

为此,要进一步提高农民的收入水平,让农民分享到经济发展的成果。一是要推进农业现代化,发展农业产业化经营,提高农业的附加值,进而巩固农民的务农收入;二是要在农村承包地、宅基地改革中赋予农民更多的财产性权利,健全产权交易市场,增加农民的财产性收入,改善农民的收入结构;三是加大转移支付力度,健全农村社会保障制度,增加农民的转移性收入。

五、提倡适度消费的观念,改善农民的生活水平

在农民收入增加的前提下,农民消费支出也越来越丰富,通过多元化的消费,将收入的增加与生活的改善结合起来,真正让经济发展的成果惠及每一个农民。整体上,农民的消费支出压力增加,除了日常的消费支出外,医疗、养老和教育是农民消费支出的大头,另外,不定期的人情支出也成为消费支出的重要部分。

具体来看,日用品消费户均3536.38元,人均841.02元。饮食消费户均为6340.37元,如果以饮食占总支出的比重来衡量的话,2013年样本农户的恩格尔系数为0.34,根据联合国按照恩格尔系数对生活水平划分的标准看,样本农户处于相

对富裕水平。除日常支出外,医疗支出户均5726.42元,占家庭总收入4.84%,尤其是,大病支出户均4149.89元,占到医疗支出的大部分,相比于日常支出,意外的大病支出会在短时间内成为家庭的沉重负担。接着看养老支出,农村大部分老年人以自己劳动或子女养老为主要养老方式,新型农村养老保险目前只是家庭养老的补充,在4319户有效样本农户中,有8635人参加了新型农村养老保险,户均缴纳养老费用1281.2元,其中,有2503位适龄老人领取养老金,占参保人数的28.99%,人均养老金767.95元。再来看农民的教育消费,户均935.31元;东部农户略高,为1102.53元;其次为中部农户906.22元;最后是西部农户820.10元。总体上,不管哪个地区,人均教育消费占人均收入的比重均低于6%。最后从人情支出来看,户均人情支出为5199.51元,东部农户的户均人情消费6501.97元,中部农户为4991.19元,西部农户4273.78元。与农民收入增长相比,消费支出的压力渐增,尤其是在消费结构中,刚性的消费支出越来越多。

为此,要在收入允许的范围内,适当增加消费支出,调整消费结构,提高农民的生活水平。一是要进一步增加农民的收入,将消费支出的增加建立在收入增加的基础上,树立适度消费的观念;二是在稳定刚性消费支出的情况下,逐步将消费支出向文化教育倾斜,让消费成为日后发展的基础;三是对于医疗和养老等支出,要借助公共医疗和社会养老等福利体系,分担家庭支出的负担,形成合理的消费支出计划。

六、完善农村金融服务,缓解农民债权债务压力

在农民消费支出增多的情况下,以往习惯于量入为出的农户也需要资金周转,不可避免地会产生各种债权和债务关系。相比于城市居民而言,农民只能依靠亲戚朋友关系,或者选择民间借贷的方式来满足资金需求,正式的金融服务在农村尚未扎根。

从农民债权来看,样本农户总计借出金额达2090.91万元。其中,每户平均借出金额7.26万元;农户借出金额以2万元小额为主。与之相对,从农民债务来看,样本农户全年借入总金额4950.89万元,户均5.47万元,农户借入资金最小额只有0.15万元,但也有高达100万元的大额借入,农户借入金额以2万元左右居多。资金借入来源为亲戚朋友的占比最高,为96.52%。农村金融服务仍然是最大的短板。对当地金融服务持"一般"态度的样本农户比例为38.58%,对当地金融服务表示"不满意"的农户比例为12.86%。具体来看,仅有11.07%的农户认为贷款方便,不存在困难,大部分样本农户认为要从金融机构贷款困难重重,其中,无资产抵押和手续复杂成为农户贷款主要困难,共计占比44.89%;其次,银行等金融机构不给贷款和贷款利息较高成为农户贷款的阻碍,占比分别为15.54%和14.77%。2.71%的农户认为贷款的金额少,不够用。为此,35.44%的样本农户要求放宽贷款条件;其次28.26%的样本农户主张降低贷款利率;18.11%的农户要求缩减贷款手续;余下农户要求加强贷款监管和延长贷款期限。

为此,从扩大农村消费支出、改善农民的生活水平出发,加强和优化农村金融服务势在必行。一是要发展多种形式的农村金融服务,除了商业金融外,还可以发展政策金融、合作金融等,将金融服务延伸到农村,满足农民日益增长的金融需求;二是在规范民间借贷行为的同时,引导民间借贷朝着健康的方向发展,充分利用社会闲散资金,调剂余缺;三是农村金融之所以薄弱,源于金融服务成本居高,难以形成规模效益,要在金融政策方面进行适当的调整,鼓励金融机构开发适合农村小额资金的金融产品。

报告从土地状况、生产状况、劳动力状况,再到收入状况、消费支出状况和债权债务状况,聚焦于中国农民经济状况的若干核心内容,之后将与农民生产和生活息息相关的内容以专题的形式展现出来,描绘中国农民经济状况的整体框架。总而言之,在全面建成小康社会的大背景下,受益于国家支农惠农政策,中国农民的经济状况得到了极大的改善,尤其是在一些民生领域,实现了从无到有的跨越式发展,同时,在日益市场化的条件下,中国农民的经济生活也面临着众多的挑战,诸如医疗养老、债权债务等,这些都是未来需要逐步解决的现实问题,也是中国农村经济发展的重要主题。

专题报告

第二章 农业生产经营体系与规模经营[*]

伴随着我国工业化、信息化、城镇化和农业现代化进程,农村劳动力大量转移,农地流转明显加快,发展适度规模、构建新型农业经营体系已成为必然趋势。中国共产党十八届三中全会决定将构建新型农业经营体系作为健全城乡一体化发展的体制机制,提出坚持家庭经营在农业中的基础性地位,推进家庭经营、集体经营、合作经营、企业经营等共同发展的农业经营方式创新。之后,2014年中央一号文件《关于全面深化农村改革加快推进农业现代化的若干意见》也将构建新型农业经营体系作为推进农业现代化的重要举措,并进一步明确构建新型农业经营体系需要发展多种形式的规模经营、扶持发展新型农业经营主体、健全农业社会化服务体系等。国务院最新印发的《关于引导农村土地经营权有序流转发展农业适度规模经营的意见》也明确提出培育新型经营主体与实现规模经营的关系,指出要发挥家庭经营的基础性作用,并在此基础上探索新的集体经营方式,鼓励农户合作经营和企业化的现代种养方式。这表明在我国经济转型升级的过程中,构建新型农业经营体系、推进适度的规模经营是进一步推进我国城乡发展的重要举措和关键环节。

第一节 当前新型农业经营体系的基础性分析

一般而言,专业大户、农业合作社、家庭农场以及农业企业是主要的农业新型经营主体,也是新型农业经营体系的组成部分。那么,当前这些经营主体的分布、经营情况究竟如何?本章重点从新型农业经营体系的基本结构、新型农业经营主体的经营情况来分析。

一、新型农业经营体系的基本结构

(1) 六成以上村庄有新型农业经营主体

随着国家对新型经营主体的扶持力度加大,新型农业经营主体也如雨后春笋

---

[*] 本章作者:白雪娇、陈军亚、杜娟、许馨月、温都拉、鲁艳华。

般迅速增长。为了了解我国新型农业经营主体的发展状况,调研组对全国254个样本村庄进行了调查。在254个样本村庄中,有新型农业经营主体的村庄共163个,占总样本的64.17%。由此可见,新型农业经营主体在不同地区均有发展,六成以上的村庄有新型农业经营主体。(见表2-1)

表2-1 村庄是否有新型农业经营主体 (单位:个,%)

村庄是否有新型农业经营主体	样本数	占比
是	163	64.17
否	91	35.83
合计	254	100

(2)新型农业经营主体相对较少

当前样本村庄中,尽管有六成以上的村庄有新型农业经营主体,但是相对于经营主体总量而言,新型经营主体的比重相对较低。在全国163个有新型农业经营主体的样本村庄中,共有2924个新型农业经营主体,平均每个村庄18个新型经营主体。由此可见,相比于传统的以家庭为生产单位、采用传统生产方式的小农,新型经营主体相对较少。(见表2-2)

表2-2 村庄新型经营主体占总户数比重

样本数	总户数	新型农业经营主体	占比
163个	105 917户	2924个	2.76%

(3)六成新型农业经营主体是种植大户

我国现有农业经营主体是在以家庭承包经营为基础、统分结合的双层经营体制基础上形成和发展起来的,主要有承包农户、专业大户、家庭农场、农民专业合作组织、农业产业化龙头企业和其他各类农业社会化服务组织等。对当前我国新型农业经营主体进行分析,在全国163个样本村庄中,新型农业经营主体共有1724个,其中种植大户最多,占比68.62%;农业企业的占比为4.06%,并且在70个农业企业中,加入农业企业的样本农户有899人,平均每个农业企业有农户12.84人;农业合作社和家庭农场的比重分别为16.88%和10.44%。由此可见,当前我国新型农业经营主体的结构某种程度上还有些失衡,依托于家庭经营的种植大户最多,其他类型的新型经营主体相对较少。(见表2-3)

表 2-3　不同类型新型农业经营主体占比　　　　　　　（单位：个，%）

新型农业经营主体	种植大户	农业企业	农业合作社	家庭农场	合计
样本数	1183	70	291	180	1724
占比	68.62	4.06	16.88	10.44	100

（4）新型农业经营主体数量总体呈增长趋势，其中农业合作社涨幅相对明显

新型农业经营主体的出现和不断增长，为传统农业向现代农业转变注入新的动力和活力。对不同新型农业经营主体的增长情况进行调查发现，在163个有效村庄样本中，种植大户、家庭农场和农业企业的增长率分别为23.33%、28.33%和18.57%，在这类新型主体中，种植大户增幅相对明显，但是对于农业合作社和农业企业来说，2012年到2013年，加入农业合作社的农户增长了1281户，增长率为425.58%，加入农业企业的农户增长了95户，增长率为10.57%。由此可见，新型农业经营主体数量总体呈增长趋势，其中加入农业合作社的农户涨幅较明显。（见表2-4）

表 2-4　不同新型农业经营主体的增长情况

新型经营主体	种植大户	家庭农场	农业企业	参加农户	农业合作社	加入农户	合计
2013年样本数	1183个	180个	70个	899户	291个	301户	2924个
增幅数量	276个	51个	13个	95户	88个	1281户	
增长率	23.33%	28.33%	18.57%	10.57%	30.24%	425.58%	

二、新型农业经营主体的分布情况

（1）新型农业经营主体多分布在中、西部地区

党的十八大报告明确提出："培育新型经营主体，发展多种形式规模经营。"深入调查不同地区的163个样本村庄的新型经营主体后发现，相比东部和西部地区，中部地区的新型农业经营主体分布相对较多，东、中、西部地区新型经营主体的分布比重分别为28.22%、39.88%、31.90%。其中，东部地区农业合作社最多，占比30%，农业企业和种植大户次之，比重分别为28.57%和27.69%；中部地区家庭农场和农业企业也相对较多，比重均为50%，比其他新型经营主体高出10%左右；西部地区家庭农场最多，比重为34.37%，紧随其后的是种植大户和农业合作社。综上所述，在新型经营主体中，东部地区多农业合作社，中部地区多家庭农场和农业企业，西部地区多家庭农场和种植大户。由此可见，中、东部地区的新型经营主体多

为经营规模相对较大的主体。（见表2-5）

表2-5 不同地区新型农业经营主体分布 （单位：个,%）

	东部	中部	西部	合计
种植大户	27.69(36)	42.31(55)	30.00(39)	100(130)
家庭农场	15.63(5)	50.00(16)	34.37(11)	100(32)
农业合作社	30.00(27)	40.00(36)	30.00(27)	100(90)
农业企业	28.57(8)	50.00(14)	21.43(6)	100(28)
新型主体	28.22(46)	39.88(65)	31.90(52)	100(163)

（2）新型经营主体多分布在南方地区

从南北方的分布看，整体上新型经营主体多分布在南方地区，在163个样本村庄的新型经营主体中，有53.37%的分布在南方地区，有46.63%的分布在北方地区。其中北方地区的农业合作社和农业企业相对较多，比重分别为56.67%和57.14%，分别比南方地区高13.34%和14.28%；而南方地区种植大户和家庭农场偏多，比重分别为57.69%和53.12%，分别比北方地区高15.38%和6.24%。（见表2-6）

表2-6 不同地区新型农业经营主体分布 （单位：个,%）

	北方	南方	合计
种植大户	42.31(55)	57.69(75)	100(130)
家庭农场	46.88(15)	53.12(17)	100(32)
农业合作社	56.67(51)	43.33(39)	100(90)
农业企业	57.14(16)	42.86(12)	100(28)
新型主体	46.63(76)	53.37(87)	100(163)

（3）新型经营主体多分布在纯农村地区

从表2-7可以看出，在163个样本村庄的新型经营主体中，新型经营主体多分布在纯农村（郊区村），比重达89.57%。具体而言，城郊村中农业企业相对较多，比重为17.86%，比种植大户和家庭农场分别高10.94%和11.61%，比农业合作社高8.97%；而纯农村家庭农场和种植大户最多，比重分别为93.75%和91.54%。由此可见，虽然纯农村的新型经营主体相对较多，但主要是依托于家庭经营的主体形式，而城郊村的新型农业经营主体则多是以资本为基础的农业企业。

表 2-7　不同类型村庄新型农业经营主体分布　　　　（单位：个，%）

	城郊村	城中村	郊区村	合计
种植大户	6.92(9)	1.54(2)	91.54(119)	100(130)
家庭农场	6.25(2)	0(0)	93.75(30)	100(32)
农业合作社	8.89(8)	2.22(2)	88.89(80)	100(90)
农业企业	17.86(5)	3.57(1)	78.57(22)	100(28)
新型主体	8.59(14)	1.84(3)	89.57(146)	100(163)

（4）新型经营主体多分布在丘陵和平原地区

整体而言，在157个样本村庄的新型经营主体中，分布在丘陵和平原地区的新型经营主体最多，比重分别为34.39%和33.12%。具体而言，相比于其他新型经营主体，高原地区农业合作社最多，比重为9.30%；平原地区家庭农场最多，比重为50%，比种植大户高16.40%，比农业合作社高10.46%，比农业企业高21.43%；丘陵地区和山地地区农业企业相对较多，比重分别为39.29%和28.57%。由此可见，丘陵、山地这些特殊地形的地区，农业企业相对较多，这可能与这些地区多经济作物有关；而平原地区家庭农场、种植大户和农业合作社较多。（见表2-8）

表 2-8　不同地形新型农业经营主体分布　　　　　（单位：个，%）

	高原地区	平原地区	丘陵地区	山地地区	合计
种植大户	5.60(7)	33.60(42)	38.40(48)	22.40(28)	100(125)
家庭农场	0(0)	50.00(16)	31.25(10)	18.75(6)	100(32)
农业合作社	9.30(8)	39.54(34)	24.42(21)	26.74(23)	100(86)
农业企业	3.57(1)	28.57(8)	39.29(11)	28.57(8)	100(28)
新型主体	7.01(11)	33.12(52)	34.39(54)	25.48(40)	100(157)

（5）新型经营主体多分布在收入较高的村庄

新型经营主体是否与村庄收入具有因果关系尚不可知，但是从基本分布情况来看，新型经营主体多分布在收入较高的村庄。在161个有效样本村庄中，将村庄总收入五等分，如表2-9所示，新型经营主体的分布数量随着村庄收入的升高而逐渐增多，其中有24.84%的新型经营主体分布在高收入的村庄，比低收入的村庄高6.83%。具体而言，低收入及中低收入的村庄多种植大户和家庭农场，将低收入和中低收入合计，发现新型经营主体中家庭农场的比重最大，为37.50%，种植大户次之，比重为33.07%；而在中高收入及高收入的村庄中，相比其他新型经营主体，合作社和农业企业较多,比重分别为51.73%和50%。

表2-9 不同收入村庄的新型农业经营主体分布 （单位:个,%）

	低收入村	中低收入村	中等收入村	中高收入村	高收入村	合计
种植大户	15.38(28)	17.69(25)	23.85(31)	20.77(27)	22.31(29)	100(140)
家庭农场	25.00(8)	12.50(4)	18.75(6)	28.12(9)	15.63(5)	100(32)
合作社	17.24(15)	14.94(13)	16.09(14)	21.84(19)	29.89(26)	100(87)
农业企业	25.00(7)	7.14(2)	17.86(5)	17.86(5)	32.14(9)	100(28)
新型主体	18.01(29)	15.53(25)	21.74(35)	19.88(32)	24.84(40)	100(161)

（6）新型农业经营主体的农业生产结构仍是以粮食作物为主

对村庄农业主要生产结构进行调查,在240个有效村庄样本中,有无新型农业经营主体的村庄均以粮食作物为主,但相对于无新型农业经营主体的村庄,有新型农业经营主体的村庄经济作物的占比较高。具体如下:以粮食作物为主要农业生产结构的村庄中,有新型农业经营主体的比重为70.06%,无新型农业经营主体的比重为81.93%;而有新型农业经营主体的村庄,以经济作物为主要农业生产结构的占比22.93%,高出无新型农业经营主体的15.66%。由此可见,在全国样本村庄中,农业生产结构仍是以粮食作物为主,但有新型农业经营主体的村庄种植经济作物的比重相对更高。（见表2-10）

表2-10 村庄农业生产结构 （单位:个,%）

村庄是否有新型农业经营主体	粮食作物	经济作物	畜牧养殖业	合计
是	70.06(110)	22.93(36)	7.01(11)	100(157)
否	81.93(68)	15.66(13)	2.41(2)	100(83)

三、新型农业经营主体的基本经营情况

（1）家庭农场的经营规模最大,其内部经营规模的差异也最大

新型农业经营主体发展适度规模经营,是建设现代农业的必由之路。对有新型农业经营主体的163个村庄的农户进行抽样调查,得到83个有效农户样本。在83个样本农户中,新型农业经营主体的平均经营面积最大的是家庭农场,平

均面积①为 1019.58 亩(包括草场等),样本中值为 355 亩;其次为种植大户,平均面积为 80.57 亩,不足家庭农场的十分之一,样本中值为 37 亩;加入农业合作社的新型农业经营主体平均经营面积为 27.25 亩,中值为 25 亩;样本中参加农业企业的农户均未种田。数据表明,家庭农场的经营面积远远高出其他新型农业经营主体,但其内部经营面积差距较大,标准差高达 1284.31,是种植大户的 11.7 倍,更是加入农业合作社的 121.6 倍之多。综上所述,不同类型的新型农业经营主体的经营规模差异较大,其中家庭农场的经营规模最大,其内部经营规模的差异也最大。(见表 2-11)

表 2-11 新型农业经营主体经营规模 (单位:亩)

主体类型	均值	中值	标准差
种植大户	80.57	37.00	109.47
家庭农场	1019.58	355.00	1284.31
农业企业	0	0	0
农业合作社	27.25	25.00	10.56

(2) 家庭农场粮食作物的经营规模最大

对有新型农业经营主体的 163 个村庄农户进行抽样调查,131 个有效农户样本数据显示,不同新型农业经营主体的粮食作物种植面积差异较大。样本数据显示:家庭农场粮食作物种植面积最大,均值为 306.25 亩,中值 203.75 亩;参加农业企业、种植大户和加入农业合作社的平均种植面积分别为 75.50 亩、57.04 亩和 34.70 亩,远远低于家庭农场。数据表明,不同新型农业经营主体中,家庭农场的粮食作物种植面积最大,这可能与国家的政策引导有关。(见表 2-12)

表 2-12 不同新型农业经营主体的粮食作物种植面积 (单位:亩)

主体类型	均值	中值	标准差
种植大户	57.04	19.50	99.93
家庭农场	306.25	203.75	363.50
农业企业	75.50	75.50	105.35
农业合作社	34.70	6.10	60.57

---

① 本章所研究的家庭农场、种植大户、农业企业、合作社的经营规模包括边疆地区草原等大片面积,所以均值相对较大。

(3) 种植经济作物的新型农业经营主体主要是种植大户和农业合作社农户

分析不同类型新型农业经营主体的经济作物种植面积,对有新型农业经营主体的 163 个村庄进行抽样调查,63 个有效农户样本数据显示,家庭农场和参加农业企业的农户均未种植经济作物,种植大户和加入农业合作社的农户经济作物种植面积相当,平均种植面积分别为 62.85 亩和 52.60 亩,样本中值分别为 36 亩和 20 亩,但相较种植大户,加入农业合作社的农户内部种植面积差异更大,标准差达 119.51。综上所述,新型农业经营主体中种植经济作物的主要是种植大户和加入农业合作社的农户,家庭农场和参加农业企业的农户一般都不种植经济作物。(见表 2-13)

表 2-13 不同新型农业经营主体的经济作物种植面积 (单位:亩)

主体类型	均值	中值	标准差
种植大户	62.85	36.00	65.13
家庭农场	0	0	0
农业企业	0	0	0
农业合作社	52.60	20.00	119.51

(4) 参加农业企业的非务农收入最高,家庭农场的务农收入最高

对有新型农业经营主体的 163 个村庄进行抽样调查,对 126 个有效农户样本进行分析,在不同类型的新型农业经营主体中,参加农业企业的家庭收入最高,家庭平均收入为 332 828 元,其中务农平均收入为 88 000 元,仅占家庭收入的 26.44%;家庭农场家庭平均收入为 299 116.25 元,其中务农收入占比 92.54%,高出参加农业企业的农户 66.10%;种植大户和加入农业合作社的家庭平均收入分别为 211 699.35 元和 171 939.71 元,务农收入的比重相当,分别为 77.18% 和 74.22%。综上所述,参加农业企业的家庭收入最高,其中务农收入的占比最低,不到家庭收入的三成。(见表 2-14)

表 2-14 不同新型农业经营主体的收入 (单位:元,%)

主体类型	家庭平均收入	务农平均收入	务农收入占家庭收入比重
家庭农场	299 116.25	276 791.25	92.54
种植大户	211 699.35	163 395.20	77.18
农业合作社	171 939.71	127 620.33	74.22
农业企业	332 828.00	88 000.00	26.44

四、新型农业经营主体的增收/利益分配情况

（1）近七成农民采用新型农业经营模式后收入有所增加，但增收效益不明显

我国农民种粮成本利润率与其他行业相比并不低，但由于我国传统农业经营规模较小，户均种粮利润和家庭经营利润仅分别相当于一个劳动力外出两个月和四个多月的工资收入。这就说明，彻底改变小规模分散经营的状况，已成为提高农业经营主体的收益水平的关键。

在163个有新型农业经营主体的村庄抽样的226个有效农户样本中，通过采用新的生产经营模式，收入与以前相比"有所增加"的占比最高，为55.75%；其次是收入"没什么变化"的占比30.53%；收入相比之前"增加了很多"的样本数为24个，占比10.62%；收入相较于之前减少了的（"有所减少"和"减少了很多"）占比最少，比重为3.10%，其中"减少了很多"的占比仅为0.44%。由此可见，通过采用新的生产经营模式，农民的收入与以前相比有所增加，但是增收效益不明显。（见表2-15）

表2-15 新型农业经营主体收入变化 （单位：个，%）

收入变化	样本数	占比
有所增加	126	55.75
没什么变化	69	30.53
增加了很多	24	10.62
有所减少	6	2.66
减少了很多	1	0.44
合计	226	100

（2）最常见的收益分配方式是按入股分配所得

在对农民加入农业企业或合作社的农业收益分配方式进行调查时，114个有效农户样本中，占比最高的是"按入股分配所得"，比重为34.21%；其次是"农户收益，合作社提成"的分配方式，占比20.18%；占比最低的收益分配方式是"按租金形式分配"，比重仅为3.51%；"按工资分配所得"仅高于此，占比4.38%；"统购定销，企业抽成"的分配方式占比7.02%。由此可见，最常见的收益分配方式是按入股分配所得。（见表2-16）

表 2-16 收益分配方式 （单位：个，%）

收益分配方式	样本数	占比
按入股分配所得	39	34.21
农户收益，合作社提成	23	20.18
统购定销，企业抽成	8	7.02
按工资分配所得	5	4.38
按租金形式分配	4	3.51
其他	35	30.70
合计	114	100

（3）近八成农民满意当前的利润分配方式

在抽样调查的 105 个有效农户样本中，对当前利润分配方式感到"基本满意"的占比最高，比重为 57.14%，"非常满意"当前利润分配方式的占比 13.34%；对当前利润分配方式感到不满意（"不大满意"和"很不满意"）的占比共 8.57%；认为"一般"的比重为 20.95%。由此可见，农民对于当前的利润分配方式满意度比较高。（见表 2-17）

表 2-17 利润分配方式满意度 （单位：个，%）

满意度	样本数	占比
基本满意	60	57.14
一般	22	20.95
非常满意	14	13.34
不大满意	5	4.76
很不满意	4	3.81
合计	105	100

（4）约一半农民认为采用新的生产经营模式对促进自家农业生产作用较大

关于采用新的生产经营模式对促进农业生产的作用，在 229 个有效农户样本中，认为有促进作用（"作用很大"和"作用较大"）的占比共 49.34%；认为作用一般的比重为 37.55%；认为作用很小的占比 10.05%；认为没有作用的占比最低，仅 3.06%。可见采用新的生产经营模式，对农业生产的促进作用还是较大的。（见表 2-18）

表 2-18 新的生产经营模式对农业生产的作用 （单位：个，%）

作用	样本数	占比
一般	86	37.55
作用较大	86	37.55
作用很大	27	11.79
作用很小	23	10.05
没有作用	7	3.06
合计	229	100

第二节　构建新型农业经营体系的可行性分析

新型农业经营体系的构建是未来农业生产经营的趋势，但是在传统小农经营的格局之下，构建新型农业经营体系依然面临着诸多的限制性因素，那么我们将从目前新型农业经营主体的发展状况出发，重点分析构建新型农业经营体系的可行性。

一、小农经营面临的困境

（1）小农经营的土地规模较小且内部差异较大

伴随着城镇化和工业化的快速推进，我国农业经营体系逐渐完善，农业经营规模逐步扩大，农业现代化不断深入。所调查的3231个农户数据表明，普通农户所经营的平均土地面积为40.71亩（包括内蒙古、新疆等地的草场面积），中值为5亩。而新型农业经营主体的平均经营土地面积高达108.85亩，样本中值为36亩，是普通农户中值的7倍以上。进一步对普通农户和新型农业经营主体的土地经营规模离散程度进行分析，其标准差分别为499.34和286.86。这表明在土地经营规模方面，普通农户内部差异较大；新型农业经营主体的内部差异较小，距中值36亩的离散趋势较小。综上所述，普通农户的土地经营规模较小且内部差异较大；新型农业经营主体的经营规模较大且内部差异较小。（见表2-19）

表 2-19 不同类型农业经营主体的农业经营规模 （单位：亩，个）

农业经营主体类型	均值	中值	标准差	样本量
普通农户	40.71	5.00	499.34	3148
新型农业经营主体	108.85	36.00	286.86	83

(2) 小农经营的务农收入水平较低

在城镇化、工业化以及农业现代化的新形势下,国内农产品需求刚性增长,质量安全要求不断提高。在此背景下,以精耕细作为主要特征的传统生产经营方式面临了较大挑战。在3288个有效样本中,小农经营的平均年收入为18 104.40元,样本中值为6535元;而新型农业经营主体的平均年收入为187 767.33元,是小农经营收入的10倍左右,样本中值为83 070元。数据表明,与传统小农户相比,种植大户、家庭农场、农业企业和合作社等新型农业经营主体在市场中具有相对优势,其平均收入远远高于小农经营的平均收入。然而,新型农业经营主体的收入内部差距也较大,其标准差高达447 865.40,是普通农户这一数值的8.4倍。综上所述,小农经营的收入普遍较低,而新型农业经营主体的收入较高,且各主体间的收入差距较大。(见表2-20)

表2-20 不同类型农业经营主体的农业经营收入情况　　（单位:元/年,个）

农业经营主体类型	均值	中值	标准差	样本数
普通农户	18 104.40	6535.00	53 315.55	3160
新型农业经营主体	187 767.33	83 070.00	447 865.40	128

(3) 小农经营面临生产投入不足和生产技术落后难题

以传统农户为生产主体、以众多分散农民经纪人为购销主力的传统农业经营体系面临着诸多困境。对3188户农民进行调查发现,在农业生产上面临劳动力不足、耕地面积小、生产资金不足等生产投入难题的农户占比分别为26.32%、13.52%和7.18%,合计占比为47.02%。遇到农田水利设施落后、农业技术水平跟不上、生产方式落后、田地管理方式不合理等技术难题的农户占比分别为13.43%、10.26%、13.58%、3.26%,合计高达40.53%。而面临农产品滞销和其他难题的农户占比较低,分别为2.92%和9.53%。可见,小农经营在农业生产上主要面临生产投入不足和生产技术落后等困境,其中投入不足难题尤为突出。(见表2-21)

表2-21 普通农户在农业生产上面临的主要问题　　（单位:个,%）

普通农户在农业生产上面临的问题	样本数	占比
劳动力不足	839	26.32
生产方式落后	433	13.58
耕地面积小	431	13.52
农田水利设施落后	428	13.43

续表

普通农户在农业生产上面临的问题	样本数	占比
农业技术水平跟不上	327	10.26
生产资金不足	229	7.18
田地管理方式不合理	104	3.26
农产品滞销	93	2.92
其他	304	9.53
合计	3188	100

二、小农转型的意愿和基础

（1）三成以上农民有扩大经营规模的意愿

农业的小规模经营使得农户家庭的交易成本增加，使得农产品竞争力差，从而不利于农户与相关利益主体的博弈，造成农户维护自身利益的力量单薄。在3191个有效样本中，有1140个普通农户明确表示想要扩大经营规模，其占比为35.73%。同时，有24.51%的农户表示说不清，对扩大经营规模处于犹豫的状态。而明确表示不愿意扩大经营规模的农户占39.76%。数据显示，三成以上的农民有扩大农业经营规模的期待与愿望，但仍有大部分农民对规模经营没有太大的兴趣。（见表2-22）

表2-22 普通农户的扩大农业经营意愿 （单位：个，%）

是否想要扩大经营	样本数	占比
是	1140	35.73
否	1269	39.76
说不清	782	24.51
合计	3191	100

（2）农民加入农业企业或合作社的意愿更高

家庭经营是适合农业生产特点的经营单位和形式之一。在想要扩大生产经营规模的1140个普通农户中，共有56.40%的农户想要发展为种植大户，甚至经营家庭农场。农业企业是现代农业发展中不可或缺的经营主体。在现代农业经营体系中，农业企业主要在农业产业链的下游经营，引领农户进入市场，发挥市场组织者作用。因此，更多的农民想要加入农业企业或新型农业合作社，其占比高达71.14%。可见，更多的农民想要加入农业企业或合作社，发展为新型职业农民。（见表2-23）

表 2-23　普通农户扩大农业经营种类的理想类型　　　　（单位：个,%）

想要扩大经营的种类	样本数	占比
农业企业或合作社	497	43.60
种植大户或家庭农场	329	28.86
前两者均有	314	27.54
合计	1140	100

（3）家庭劳动力数量与农民加入农业企业或合作社的意愿成正比

表 2-24 的数据表明,在小农经营面临的诸多困境中,劳动力不足是主要难题之一。进一步考察劳动力数量与小农加入农业企业或合作社意愿的关系,在 3177 个有效样本中,没有劳动力的农户加入农业企业或合作社的意愿较高,为 47.10%。在有劳动力的农户中,劳动力数量为 1—2 个、3—4 个和 5 个以上的农户想加入农业企业或合作社的占比分别为 44.57%、45.38% 和 47.40%。数据表明,在有劳动力的农户中,劳动力与加入农业企业或合作社的意愿成正比,即劳动力数量越多,越想要加入农业企业或合作社。这可能和有限的小农经济收益与家庭人口之间矛盾所导致的供需不平衡有关。

表 2-24　劳动力数量对小农加入农业企业或合作社的意愿的影响（单位：个,%）

劳动力数量	想	不想	说不清	合计（样本数）
没有劳动力	47.10	33.33	19.57	100(138)
1—2 个劳动力	44.57	29.98	25.45	100(1281)
3—4 个劳动力	45.38	26.76	27.86	100(1450)
5 个劳动力以上	47.40	35.06	17.54	100(308)

（4）适度的家庭规模对农民转型为规模化经营有积极作用

家庭联产承包所形成的超小规模生产,虽然实现了内部效率,但缺乏外部效率。在提供有效信息的 3191 个样本农户中,没有劳动力的普通农户想要扩大经营规模的意愿最低,仅为 22.46%。在拥有 1—2 个劳动力的农户中,想扩大经营规模和不想扩大规模的占比分别为 35.67% 和 39.41%。在有 3—4 个劳动力的家庭中,有规模化经营意愿的农民最多,其农户占比为 38.47%,这可能与适度规模的家庭拥有较好的经济基础有关。可见,拥有 3 到 4 个劳动力的家庭进行规模化经营的意愿最高,发展为农业规模经营的条件充分,可行性也较高。具有适度规模的家庭农场和种植大户所具有的内聚力,有助于农民顺利进入资金、劳动力和土地等要素

市场,增强农民的议价能力,能够帮助农民摆脱因为小规模生产而产生的市场困境。(见表2-25)

表2-25 劳动力数量对小农转型为种植大户或家庭农场的意愿的影响(单位:个,%)

劳动力数量	想	不想	说不清	合计(样本数)
没有劳动力	22.46	46.38	31.16	100(138)
1—2个劳动力	35.67	39.41	24.92	100(1284)
3—4个劳动力	38.47	39.36	22.17	100(1461)
5个劳动力以上	28.90	40.26	30.84	100(308)

(5)中等收入农户参与农业企业或合作社的意愿最高

农业的小规模经营使得农户家庭的交易成本增加,使得农产品竞争力差,从而不利于农户与相关利益主体的博弈,造成普通农户的小农经营收益单薄。随着工业化与城市化进程的加快,农村富余劳动力大规模转移,农民的职业化需求不断增加。调查不同收入农户的农业企业或合作社参与意愿可知,在3173个样本农户中,中等收入农户扩大经营规模的意愿最高,其占比为46.52%。高收入农民参与农业或合作社的意愿次之,为45.86%。同时,高收入农民中不愿意加入农业企业或合作社的农户占比最少,为25.38%,比低收入农户的这一占比低7.81个百分点。数据表明,高收入农民普遍对农业企业或合作社的参与意识较强,参与意愿比较强大,低收入农民不想参与农业企业或合作社的占比较多。(见表2-26)

表2-26 不同收入农民加入农业企业或合作社的意愿情况 (单位:个,%)

农户收入水平	想	不想	说不清	合计(样本数)
低收入	45.33	33.19	21.48	100(675)
中低收入	44.10	29.00	26.90	100(669)
中等收入	46.52	27.12	26.36	100(660)
中高收入	45.21	30.14	24.65	100(637)
高收入	45.86	25.38	28.76	100(532)

(6)低收入农户想要扩大经营规模的意愿占比最多

以规模经营为核心的家庭农场和种植大户继承了家庭经营的优势,使农民易于接受,成为具有先天优势的最佳组织形式。因此,农民转型为种植大户或家庭农场的意愿更高,普遍比愿意加入农业合作社和农业企业的农户占比高近30个百分点。然而,不同收入水平农户的转型意愿有所不同。在3184个有效样本中,低、中低、中等、中高和高收入水平的农户想要扩大经营规模为种植大户或家庭农场的占比分别为77.25%、67.96%、71.64%、67.66%和70.71%,而不愿意加入的占比分别为8.42%、9.73%、7.84%、10.63%和6.90%。可见,中高收入农户不想扩大规模的占比最大,低收入农户想要扩大经营规模的占比最高,这可能与低收入农户扩大经营规模的需求较大有关。(见表2-27)

表2-27 不同收入农民扩大经营为种植大户或家庭农场的意愿情况(单位:个,%)

收入水平	想	不想	说不清	合计(样本数)
低收入户	77.25	8.42	14.33	100(677)
中低收入户	67.96	9.73	22.31	100(668)
中等收入户	71.64	7.84	20.52	100(663)
中高收入户	67.66	10.63	21.71	100(640)
高收入户	70.71	6.90	22.39	100(536)

(7)村庄发展新型农业经营主体以增加农民收入为主要目标

在98个有效样本中,针对村庄发展新型农业经营主体的主要原因进行调查,不难发现原因以"提高效率,增加农民收入"为主,这种类型样本量达60个,占比61.22%;占比次之的是以"国家政策扶持"为主的农业经营主体,占比为22.45%;而发展新型农业主体的原因为"农民闲置土地多,易流转"和"增加村集体收入"的占比略低,为7.14%和5.10%。由此看出,村庄发展经营主体主要的目的趋于提高农民收入,改善农民生活质量。然而在发展过程中,国家的政策扶持对其有很大的引导和帮助作用,如果村庄的闲置土地较多,村级组织功能较为丰富,村级干部的责任心较强,也会成为促进村庄发展新型农业经营主体的动力。(见表2-28)

表2-28 村庄发展新型农业经营主体的主要原因　　　　　　(单位:个,%)

发展新型农业经营主体的原因	样本数	占比
提高效率,增加农民收入	60	61.22
国家政策扶持	22	22.45
农民闲置土地多,易流转	7	7.14
增加村集体收入	5	5.10
其他	4	4.09
合计	98	100

三、新型农业经营主体的辐射带动

(1) 新型农业经营主体对粮食产量的影响较为波动

观测新型农业经营主体对本村粮食产量的影响,从101个村庄数据中发现,自农村发展新型农业经营主体以来,粮食产量减少的村庄有19个,占到18.81%;粮食产量增加的村庄有26个,占比25.74%;而认为没有变化的村庄有42个,占比略高,为41.59%。由此看出,在新型农业经营主体发展的道路上,就目前来说,经营主体对于粮食产量的贡献还不太稳定,粮食总量增加和减少的村庄占比相差6.93个百分点,更有接近一半数量的村庄认为粮食产量没有变化。需要注意的是,有13.86%的村庄表示不清楚新型农业经营主体对于粮食产量的影响具体有多大,其一部分原因在于新型农业经营主体链条还未完全成熟,建设与规划之间还有一定的距离。所以新型农业经营主体对于粮食产量的具体影响力还需一个更长时间的过程才能显现。(见表2-29)

表2-29 新型农业经营主体对本村粮食产量的影响　　　　(单位:个,%)

新型农业经营主体对粮食产量的影响	样本数	占比
说不清	14	13.86
粮食产量减少	19	18.81
粮食产量增加	26	25.74
没有变化	42	41.59
合计	101	100

(2) 近四成村庄的新型农业经营主体对村庄农业生产具有带动作用

新型农业经营主体的规模化经营不仅可以取得显著的规模经济效益,带来产量的提高和生产成本的下降,还可以从根本上增强农民种田的内生动力,带动农业生产发展。考察新型农业经营主体对本村农业生产的带动作用时发现,认为新型农业经营主体对农业生产"有一点作用"的农村有27个,占比26.47%;认为"有明显作用"的村庄有12个,占比为11.76%;认为"没有什么作用"的占比61.77%,有63个村庄表示没有什么作用。农民对于新型农业经营主体的带动作用较为认可,认为有作用的占比达到38.23%。由此可见,近四成村庄的新型农业经营主体对村庄农业生产具有带动作用,它用现代化的农业生产新模式推动现代农业走向规模化、高端化。(见表2-30)

表 2-30 新型农业经营主体对本村农业生产的带动作用 （单位：个,%）

新型农业经营主体对农业生产的带动作用	样本数	占比
有明显作用	12	11.76
有一点作用	27	26.47
没有什么作用	63	61.77
合计	102	100

第三节 构建新型农业经营体系面临的困境

面对我国经济社会全面发展和农业农村的新变化，在坚持农村基本经营制度的前提下，构建专业化、组织化、规模化、社会化的新型农业经营体系已成为未来农业农村的发展方向和目标，是建设中国特色现代农业的需要。就这一目标的实现而言，依照现实农业农村的基础来看，还存在许多亟待解决的问题，农业发展面临严峻挑战。

一、结构调整任务重

（1）主体结构失衡。我国小农户分散经营的生产方式还没有根本改变，小而散的农业生产经营模式遍布。加之工业化、城镇化的整体推进，小农的失利地位越来越明显，不但限制农户家庭的发展，而且也制约了当前农业发展。对普通农户在生产经营上遇到的困难进行考察，在 3188 个有效样本中，"劳动力不足"的比重最高，占样本总数的四成，工业化、城镇化带走了大量的农村劳动力，农业兼业化、村庄空心化、务农劳动力老龄化凸显，农村青壮年劳动力转移到城镇的趋势短期内不会改变，目前而言，农业产业化人才匮乏。由数据分析可知，相对于普通农户而言，在 266 个发展新型经营农业经营主体的村庄中，种植大户的比重接近六成，其他类型主体的比重则较低，可见，新型农业经营主体的发展对以家庭经营为主的农业生产经营模式依附性较强。

（2）耕地调整困难。在纳入分析的 3231 个有效样本中，普通农户经营的平均耕地面积为 40.71 亩（包括内蒙古、新疆等地的草场面积），样本中值为 5 亩，新型农业经营主体经营的平均耕地面积则高达 108.85 亩，中值为 36 亩。但是新型主体的成长要晚于小农经营，绝大部分的耕地仍由小农分散经营，集中程度不高，利用率低。而我国地形地貌的区域性差异，加大了新型主体对土地集中整理的难度。有效数据显示，在 157 个村庄样本中，约七成的新型农业经营主体分布在丘陵、平原地区。

土地面积小、生产资金不足、生产技术落后等成为小农规模化发展的短板。然而,相对于普通农户而言,新型农业经营主体在整体规模、参与者、自然资源等方面都较为缺乏。因此,在农业生产经营中缺少专业化的人力的支撑,耕地的集约化利用率不高。在坚持以小农家庭为主,发展种植大户、家庭农场的基础上,不断增进各个新型农业经营主体的协调发展,任重而道远。

二、产业链条衔接难

(1)生产投入不足。集约化要解决的是农业经营中的投入不足的问题,特别是先进实用技术和现代化物质装备不足的问题。而新型经营主体的起步较晚,自发性较强,个体能力有限。对85个种植大户的有效样本进行考察(见表2-31),30.59%的种植大户表示在生产经营中面临的最大困境是"缺少资金投入,信贷渠道缺失",在样本总数中比重最高。同样,"缺少资金扶持和融资渠道"以25.45%的占比,在110个有效样本中,成为制约农业合作社发展的头等难题(见表2-32)。对于后起的新型农业经营主体来说,要求规模化,意味着生产经营的投入要加大,抛开自然因素的部分,资金的有利地位是明显的。资金的使用涉及整个农业产业链的始末。新型农业经营主体中占比较大的种植大户、家庭农场、农业合作社目前多数是由家庭为单位的小农户组织形成,原始积累不足带来的资金缺位影响较大。除此之外,还受到技术水平低、抗风险能力弱等因素的制约,以及农业生产投入资源结构性短缺的影响。

表 2-31 种植大户在生产经营中面临的最大困境　　　　(单位:个,%)

	样本数	占比
土地流转集中困难	6	7.06
缺少资金投入,信贷渠道缺失	26	30.59
市场信息不畅通,农产品易滞销	4	4.71
规模经营的农业技术水平跟不上	8	9.41
防范自然风险的能力弱	12	14.12
政府惠农政策难配套且落实不给力	8	9.41
社会化服务体系不健全	6	7.06
其他	15	17.64
合计	85	100

表 2-32 农业合作社在生产经营中面临的最大困境　　　　（单位：个，%）

	样本数	占比
合作社组织化程度不高	14	12.73
合作社日常管理不规范	11	10.00
农业技术支撑乏力	5	4.55
产业化经营程度低	8	7.27
市场信息不畅通	10	9.09
缺少资金扶持和融资渠道	28	25.45
政府配套措施不到位	8	7.27
其他	26	23.64
合计	110	100

（2）产品结构单一。由数据分析部分可知，新型农业经营主体多分布在农业区，且以生产粮食作物为主，占比高达70.06%，而经济作物的比重为22.93%，畜牧养殖业占比仅为7.01%。由此可见，新型农业经营主体的同质性较强，加上市场信息不畅通，产品的市场对接难、市场竞争能力弱，难以形成新型农业产业的发展优势，农业的附加值和比较效益较低。小生产与大市场对接不上，农产品价格剧烈波动，谷贱伤农会使农民失去信心。新型农业经营主体的辐射带动能力难以增强。

（3）收益分配不均。从基础分析部分可以看出，60个有效样本中，新型农业经营主体的粮食作物方面收益最高的是家庭农场，均值为503 382.50元，标准差也最高，为337 300.54，表明其内部差异较大；其次是农业企业，均值为176 000元；种植大户、农业合作社的收益均值都在十万元以下。在经济作物收益方面，58个有效样本中，其他类型的新型经营主体的收益均值最高，为1 179 500元，内部差异也最大；种植大户、农业合作社的收益均值在15万元左右。可见，各类主体的收益内部差异较明显。同时，对农民加入农业企业或合作社的农业收益分配方式的调查分析可以看出，114个有效样本中，"按入股分配所得"的方式最常见，比重为34.21%；"农户收益，合作社提成"的比重为20.18%；其余的分配方式所占比重均不足8%（其他除外）。整体而言，新型农业经营体系运营中，主体收益内部差异较大，收益分配方式单一化，新型农业经营主体的优势难以体现。

（4）存在社会服务缺口。传统的农民耕种多是从经验出发，抗自然风险能力弱,土地产出率、劳动产出率不高,迫切需要科学技术的指导和相应的生产性服务、社会性服务,使农民克服自身小规模经营的弊端,从而获得较高经济效益。然而,目前我国经营性农业服务组织发育不充分,整体实力较弱,服务不规范;公益性农业服务机构较少,衔接不紧密,难以满足农民多样化的生产经营服务需求。

综上所述,新型农业经营主体在上下游的产业链衔接各环节中存在着不足,导致新型农业经营体系的主体在实现利益最大化目标的过程中,面临着严峻的考验。生产前投入资金紧缺,导致与资金有关的投入也就无法实施;同质化产品缺乏竞争优势,使得农民在竞争中失利受创,参与的积极性减弱;收益分配得不到有效保障,发展新型农业生产经营再添阻力;科技转化为生产力的速度缓慢,缺乏有效的社会服务机制保障,农业的科技化水平较低。

三、政策供给缺位多

在对新型的农业企业样本进行考察时,49个有效样本中,32.65%的农业企业未来发展亟须政府帮助扶持(见表2-33)。除却自身发展的缺点,新型农业经营主体作为农村农业发展的增长点,缺少政策的帮助和扶持,难以扩大规模,无法增收增效。

在土地规模方面,人多地少、土地资源短缺,而城镇化、工业化的发展又占用了更多的土地,加剧了土地资源对农业生产的约束性。在有效的土地流转政策实施前,土地流转不规范,用地规划不合理,使得规模化、区域化农业产业经营难以实施,制约新型农业经营主体的发展。

在融资集资方面,新型农业生产经营伴随的规模化、市场化对新型农业经营主体提出了更高的发展要求,全面升级的农业经营模式,无论是从小农家庭积累起步的家庭农场、种植大户、农业合作社,还是转型而来的农业企业、经营性农业服务组织,都需要更多的融资扶持。但是,目前针对三农的专项资金,由于扶持面广,新型农业经营体系发展的专项扶持资金较少;小额信贷、商业银行贷款、财政贴息贷款等限制较多、金额较少,无法满足新型农业经营主体的发展需求。

在引导保障方面,农村剩余劳动力转移安置正在进行中,与之紧密联系的土地流转问题矛盾更加激烈,进城农民工身份认定及保障措施亟须推进,这样才能为规模化提供可利用的土地和劳动力;产业发展需要更加有利的社会环境,为现代化农业提供更多的社会性服务;适当的规模经营,要保障土地资源的增值效益,保障粮食安全和大宗重要农产品的独立自主能力。

表 2-33　农业企业在生产经营中面临的最大困境　（单位：个,%）

	样本数	占比
企业带动能力弱	6	12.24
科技含量低	2	4.09
人才供给不足	2	4.08
市场信息不畅通	2	4.08
产加销联结机制不完善	5	10.20
缺少资金投入	5	10.20
收益分配不合理	1	2.04
政府帮助扶持力度不够	16	32.65
其他	10	20.42
合计	49	100

第四节　结论和建议

构建新型农业经营体系作为深化综合农村改革的重要一步,对于推进农业现代化具有重要意义。整体而言,当前我国农业有构建新型经营体系的基础,也有构建新型经营体系的需求,主要表现在以下两个方面:一是小农无论是在经营规模还是在务农收入上,都有大幅提升的现实需求。在样本数据中,小农的户均①经营规模是 5 亩,而新型经营主体的户均经营规模是其 7 倍以上;而从务农收入来看,新型经营主体的务农收入是小农的 10 倍以上。二是小农有扩大规模经营的内在意愿。三成以上的小农有扩大经营规模的意愿,并且加入合作社和农业企业的意愿相对较高。这说明除了种植大户、家庭农场这种家庭经营的方式以外,农业合作社和农业企业成为小农组织化经营的首选。

一、当前新型农业经营体系的整体格局

（1）新型农业经营体系体量小且结构失衡。随着国家对新型农业经营主体的重视,在样本中有六成以上的村庄有新型经营主体。虽然呈现"遍地开花"的局面,但是相对普通的农户,新型经营主体占样本村庄总户数的 2.76%;并且在这些新型经营主体中,种植大户居首位,达到 68.62%,农业合作社次之,为 16.88%,家

---

① 为了剔除地区差异,这里的户均是指中位数,而非平均数。

庭农场为10.44%,农业企业最少,仅为4.06%。这说明当前新型农业经营主体的结构有待进一步优化。尽管如此,随着国家政策的倾斜,2013年到2014年,新型农业经营主体整体呈增长态势。其中加入农业合作社的农户同比涨幅最大,为425.85%。可见,当前在我国新型农业经营体系中农业合作社具有一定的生命力。

(2) 新型农业经营主体多分布在中、西部丘陵和平原地区。地理环境是影响新型农业经营主体的重要因素。在样本中,39.88%的新型农业经营主体分布在中部地区,比最低的东部地区高出11.66%。在157个样本村庄的新型经营主体中,分布在丘陵和平原地区的新型经营主体最多,比重分别为34.39%和33.12%。具体而言,不同类型的新型农业经营主体的分布又略有差异。东部地区农业合作社最多,占比30%,农业企业和种植大户次之,比重分别为28.57%和27.69%;中部地区家庭农场和农业企业也相对较多,比重均为50%,比其他新型经营主体高出10%左右;西部地区家庭农场最多,比重为34.37%,紧随其后的是种植大户和农业合作社。

(3) 新型农业经营主体经营情况存在差异。从经营规模而言,家庭农场的经营规模最大,样本中值为355亩,其次为种植大户,样本中值为37亩。而在这些主体中,由于国家政策的引导,种植粮食作物规模较大的也属家庭农场。131个有效农户样本数据显示,家庭农场粮食作物种植面积中值203.75亩。从经营收入而言,参加农业企业的非务农收入最高,家庭农场的务农收入最高。对126个有效农户样本进行分析,参加农业企业的家庭收入最高,家庭平均收入为332 828元,其中务农平均收入为88 000元,仅占家庭收入的26.44%;而家庭农场家庭平均收入为299 116.25元,其中务农收入占比92.54%,高出参加农业企业66.10%。

二、当前新型农业经营主体的现实问题

相比于普通的农户,新型农业经营主体无疑具有一定的优势。尽管当前国家大力培育新型农业经营主体,但是由于内外部条件的差异,当前新型农业经营主体还存在以下几个问题:

(1) 结构调整任务重,新型农业经营体系的基础不牢。一是主体调整任务重。我国小农户分散经营的生产方式还没有根本改变,小而散的农业生产经营模式遍布,加之工业化、城镇化的整体推进,小农的失利地位越来越明显。对普通农户在生产经营上遇到的困难进行考察,相对于生产方式落后、技术跟不上等问题,"劳动力不足"是最大的问题,工业化、城镇化带走了大量的农村劳动力,农业兼业化、村庄空心化、务农劳动力老龄化凸显,农村青壮年劳动力转移到城镇的趋势短期内不会改变。二是耕地调整困难。在样本农户中,普通农户的耕地面积仅为新型农业

经营主体的 1/7,但是新型农业经营主体的成长要晚于小农,绝大部分的耕地仍由小农分散经营,集中程度不高,利用率低。而我国地形地貌的区域性差异,加大了新型主体对土地集中整理的难度。

(2)资金匮乏,新型农业经营主体助力不足。新型农业经营主体起步较晚,自发性较强,个体能力有限。在 85 个种植大户中,相比于其他难题,种植大户在生产经营中面临的最大困境是"缺少资金投入,信贷渠道缺失";同样,"缺少资金扶持和融资渠道"以 25.45% 的比重,成为制约农业合作社发展的头等难题。对于新型农业经营主体来说,资金是升级整个农业产业链条的关键因素,这就成为限制农民组织化、规模化的重要原因。

(3)增收不明显,新型农业经营主体动力不足。增收是激励普通农户向新型农业经营主体转型的重要动力。我国农民种粮成本利润率与其他行业相比并不低,但由于我国传统农业经营规模较小,户均种粮利润和家庭经营利润仅分别相当于 1 个劳动力外出两个月和四个多月的工资收入。这就说明,彻底改变小规模分散经营的状况,已成为提高农业经营主体的收益水平的关键。在 226 个有效农户样本中,通过采用新的生产经营模式,收入与以前相比"有所增加"的比重为 55.75%,"增加了很多"的比重仅为 10.62%。由此可见,通过采用新的生产经营模式,农民的收入与以前相比有所增加,但是增收效益不明显。

三、大力构建新型农业经营体系的若干建议

(1)创新土地流转形式,形成多样化的新型农业经营主体。家庭经营是我国农业基本经营制度的基础,与我国现阶段的农业现代化水平和人多地少的基本国情相适应。但是,以家庭为基本单位的经营主体,如果达不到一定规模,则面临着进一步提高土地产出的效率瓶颈。这正是我国目前以家庭农户为主体分散经营的农业发展模式难以实现农民持续增收和农业持续增效的直接原因。调查显示,虽然有近六成的村庄出现了新型农业经营主体,但是在村庄内部,这些新型经营主体所占比重较低。在全国 163 个拥有新型农业经营主体的村庄样本中,新型农业经营主体的数量只占村庄总户数的 2.76%。因此,这就需要调整新型农业经营体系的基本结构,处理好家庭经营与适度规模经营的关系。通过土地经营权的合理有序转让,形成以家庭经营为基础,多种新型农业经营主体并存的经营体系。对于具备规模经营能力的农户,可以鼓励农户依法采取转包、出租或转让的方式向种植大户和家庭农场转变;不具备经营能力及经营意愿的农户,通过土地产权交易市场,建立土地的有偿退出机制,增加规模经营的土地供给;仍然有经营意愿的农户,可以鼓励采取入股的方式组建土地股份合作社,将分散的土地集中起来,分享土地规

模化、股份化经营的增值收益。

（2）放活土地经营权,因地制宜探索规模经营的多种形式。依据不同的自然地理条件和资源禀赋状况,适度规模经营可以有多种实现形式。调查显示,新型经营主体多分布在平原和丘陵地区。对于平原地区,土地集中形成连片规模经营的有利条件较多,探索规模经营的实现形式可不受地形限制。如在河南等土地平整、基础较好、农业机械化可实现程度较高的地区,可以鼓励进行家庭农场等经营形式的探索;也可以鼓励那些无人种地、不会种地、不愿种地的农户,采取土地入股的方式,实行股份经营和合作经营相结合的经营形式,克服单个农户无力、无能、无法解决的经营难题。在丘陵地区,由于受到地形限制,可依托当地的农业资源,寻找资源禀赋优势,依托特色产业和特色农业品牌吸纳资本入农,走能够发挥资源优势的农业产业化道路;还可以通过龙头企业带动,以"公司+基地+农户"的形式发展规模化经营,以解决分散农户种什么、怎么种、怎么卖的经营难题。

（3）稳定土地承包权,循序渐进妥善处理家庭经营和规模经营的关系。稳定的土地承包关系是构建新型农业经营体系的基础。当前,我国有 2.6 亿农户,户均耕地不足 7.5 亩。与我国城镇化进程相适应的数以亿计的农业劳动力人口的转移将是一个长期渐进的过程。今后家庭小规模经营与适度规模经营将长期并存。因此,发展适度规模经营,需要妥善处理二者的关系,不宜操之过急,也不宜"一刀切",而应采取积极稳妥、循序渐进的措施,综合考虑自然经济条件、农村劳动力转移规模和农业机械化实现可行性等因素,合理确定本地区土地规模经营的适宜标准。对于经济发展水平较高、农业劳动力人口转移规模较大的东部地区,可适当促进家庭经营向规模经营转变,提高土地规模经营的面积标准;对于城镇化水平较低且农业劳动力人口转移规模不大的中、西部地区,应在稳定土地承包关系的基础上,坚持家庭经营的基础地位,土地规模经营的适度面积可参考获取与当地非农收入大体相当的收入水平而定。

（4）加大政府扶持力度,增强新型经营主体的经营能力。调查显示,25%—30%的种植大户和农业合作社表示,在生产经营活动中面临的最大困境是生产资金投入不足。7%以上的新型农业经营主体认为生产经营活动中的最大困难是政府的惠农项目措施落实不力。这意味着新型农业经营主体的成长对于政府扶持具有较大需求。一是探索多渠道的财政资金资助方式。在财政涉农补贴的基础上,可以探索在土地出让金中设立一定比例的农业规模经营专项资金,对家庭农场、种植大户、农业合作社或农业企业等经营主体给予资金支持;并以政府支持为导向,发挥政府财政扶持的杠杆作用,引导和调动社会资本投资农业规模经营,增强新型农业经营主体的经营能力。二是增设项目扶持方式。根据不同新型经营主体的特点,优先安排具有一定规模、有品牌产品、生产效益好、管理规范、利益机制好的新型农业经营主体承担农业项目。如鼓励土地流转面积较大的农业合作社承担合作社财政支持项目。三是加大农业生产配套设施支持力度。对农田水利和基础设施建设项目，对新兴经营主体的仓库建设、农机具库棚、硬化晾晒场、生产场地建设等所需的土地占用给予政策支持。四是完善社会保障制度。逐步建立土地承包经营权退出的补偿机制，鼓励探索和试点土地承包经营权置换城镇社会保障的做法，消除农民土地流转的后顾之忧。

（5）健全社会化服务体系，完善新型经营主体的经营环境。农业社会化服务体系是现代农业的重要组成部分，是农业现代化的重要标志。完善的农业社会化服务体系是实现规模经营、创新农业经营体系的根本保障。调查显示，约有7%的种植大户认为社会化服务体系不健全是其面临的最大的生产经营难题。4.5%的农业合作社认为它们面临的最大困难是缺乏技术支撑，9%的合作社认为其最大困难是市场信息不畅。因此，培育多元的社会化服务体系是当务之急。一是鼓励以机耕、排灌、收割、运输等为主要内容的生产性服务组织的发展；二是依托农技站、水利站、林业站、畜牧兽医站等建立以良种供应和技术推广为重点的技术支撑服务体系；三是发挥供销合作社的功能，建立以收购、加工、销售等为重点的销售服务体系；四是依托科研、教育单位深入农村，开展新型职业农民教育培训，提供对种植大户、农业合作社和农业企业经营管理人员的培训服务，壮大新型职业农民队伍，提升其经营能力。

第三章 农村土地确权的最新进展及其困境[*]

土地问题是"三农"问题的核心。近年来,随着农村经济社会的发展,农村土地制度的弊端逐渐凸显,土地制度演变遗留下来的土地问题和土地纠纷不断增多,新一轮土地制度改革渐被提上议事日程。2010年中央一号文件《关于加大统筹城乡发展力度 进一步夯实农业农村发展基础的若干意见》提出"加快农村集体土地所有权、宅基地使用权、集体建设用地使用权等确权登记颁证工作",这被视为"新土改"的先声。2014年中共中央办公厅、国务院办公厅印发《关于引导农村土地经营权有序流转发展农业适度规模经营的意见》,文件提出"要在5年内完成土地承包确权",土地确权成为中央层面的战略选择。随后,土地确权工作在全国各个地方开始进行探索和落实。

农村集体土地确权登记颁证是指对农村集体土地所有权、集体建设用地使用权、农村宅基地使用权等土地权利的确定登记颁证工作,覆盖全部农村和城镇范围内的集体土地,包括依法属于农民集体所有的建设用地、农用地和未利用地。本章的农村土地确权主要是指对农村集体土地所有权的确权,重点考察农村承包地的确权情况。本章在全国范围内的问卷调查与深度访谈的基础上,对农村土地确权颁证的基本情况进行介绍和分析,通过考察农村土地确权颁证的开展情况、影响土地确权开展的因素,以及土地确权工作面临的问题,以期对土地确权颁证情况进行全景式的描述,从而为进一步完善农村土地确权颁证工作提供针对性、科学性的政策建议。

---

* 本章作者:张利明、朱虹燕、邓宏壮、马枝、薛双静、白志娥。

第一节　农村土地确权颁证的进度

土地确权是完善农村土地管理和规范土地流转的基础和保障，也是推进农村土地产权改革的重要方面。2010年中央一号文件提出土地确权工作后，国土资源部联合有关部委两次发文，提出了具体的指导意见，并要求各地加快推进农村土地确权登记颁证工作。本节将利用2014年暑假调研的数据，对2013年土地确权颁证的总体情况进行考察。通过数据统计和分析，分别对农村土地权属情况、村庄土地确权颁证的进度和农民土地确权颁证的情况进行总体介绍和分析。

一、农村土地权属情况

明晰农村土地权属是了解农村土地确权工作的基础和前提。从农村土地的所有权来看，我国实行土地集体所有制，农村的土地属于集体所有。由于各地自然环境、传统习惯和历史条件的不同，有的村庄的土地归属于行政村，有的归属于村民小组，有的则归属于自然村等。2011年，国土资源部、中央农村工作领导小组办公室、财政部、农业部联合下发了《关于农村集体土地确权登记发证的若干意见》，确定农村集体土地所有权主体遵循"主体平等"和"村民自治"的原则，按照乡（镇）、村和村民小组农民集体三类所有权主体，将农村集体土地所有权确认到每个具有所有权的农民集体。该文件要求："凡是村民小组（原生产队）土地权属界线存在的，土地应确认给村民小组农民集体所有，发证到村民小组农民集体；对于村民小组（原生产队）土地权属界线不存在、并得到绝大多数村民认可的，应本着尊重历史、承认现实的原则，对这部分土地承认现状，明确由村农民集体所有；属于乡（镇）农民集体所有的，土地所有权应依法确认给乡（镇）农民集体。"

1978年实行家庭联产承包责任制以后，将土地分到各家各户，即分田到户。为了仔细探究土地产权的划分单位，对252个村庄进行调研发现，78.97%的村庄以村民小组为单位进行土地划分，19.44%的村庄以行政村为单位来划分土地，有1.59%的村庄以其他单位来进行。由此可见，分田到户时，绝大多数的村庄是以村民小组为单位来划分土地的，接近两成的村庄的产权单位为行政村。（见表3-1和图3-1）

表 3-1 村庄分田到户时土地划分单位情况 （单位：个，%）

划分单位	样本量	占比
村民小组	199	78.97
行政村	49	19.44
其他	4	1.59
合计	252	100

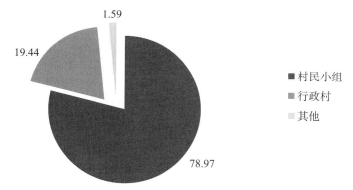

图 3-1 村庄分田到户时土地划分单位情况（单位：%）

从东、中、西部不同地区来看，分田到户时，以村民小组为单位划分土地的村庄中，中部地区所占比重最高，为 85.71%；其次是东部地区，占比 76%；西部地区占比最低，为 71.43%。另一方面，以行政村为单位的情况中，西部地区和东部地区占比较高，分别为 24.29% 和 22.67%；中部地区占比最低，为 14.29%。总体而言，不同地区村庄大多都以村民小组为单位来划分土地，其中中部地区的占比最高。（见表 3-2 和图 3-2）

表 3-2 不同地区村庄分田到户时土地划分单位情况 （单位：个，%）

地区分组	村民小组	行政村	其他	合计
东部地区	76.00	22.67	1.33	100（75）
中部地区	85.71	14.29	0	100（98）
西部地区	71.43	24.29	4.28	100（70）

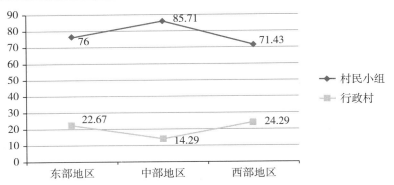

图 3-2　不同地区村庄分田到户时土地划分单位情况（单位：%）

从南北方不同区域来看土地产权的划分单位，由统计数据可知，北方地区以行政村为单位划分的比重高于南方地区，两者分别占比 25.64% 和 14.07%，前者比后者高出一成多；而以村民小组为划分单位的情况中，南方地区更高，占比 85.93%，高出北方地区近 15 个百分点。（见表 3-3 和图 3-3）

表 3-3　不同区域村庄分田到户时土地划分单位情况　　　　（单位：个，%）

地区分组	村民小组	行政村	其他	合计
北方	70.94	25.64	3.42	100(117)
南方	85.93	14.07	0	100(135)

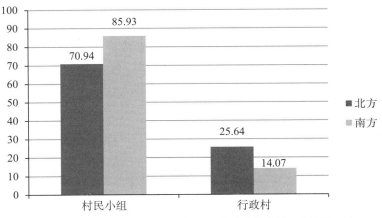

图 3-3　不同区域村庄分田到户时土地划分单位情况（单位：%）

不同类型村庄分田到户的单位有一定的差异。在调查的 224 个郊区村中，79.02% 的村庄分田到户的单位为村民小组，23 个城郊村中 78.26% 的村庄按村民小组来分田,而城中村占比为80%,三者所占比重大体相当。除城中村以外,普通农村和城郊村按行政村来分田的比重均接近两成。总体而言,不同类型的村庄土地产权单位没有明显的差异性。(见表3-4)

表3-4 不同类型村庄分田到户时土地划分单位情况 (单位:个,%)

村庄类型	村民小组	行政村	其他	合计
郊区村	79.02	19.64	1.34	100(224)
城郊村	78.26	21.74	0	100(23)
城中村	80.00	0.00	20.00	100(5)

村庄人口规模对分田到户的单位具有重要影响。当人口由小规模增至大规模时,以村民小组为单位来分田到户的占比分别为58%、72%、78.43%、80.39%和92%,随着人口规模的增大,分田到户以村民小组为单位的占比呈上升趋势;另一方面,以行政村为单位划分土地的占比则不断下降。由此可见,人口规模越大的村庄,越倾向于以村民小组为单位来划分土地。(见表3-5和图3-4)

表3-5 不同人口规模村庄分田到户时土地划分单位情况 (单位:个,%)

人口规模	村民小组	行政村	其他	合计
小规模	58.00	42.00	0	100(50)
中小规模	72.00	28.00	0	100(50)
中等规模	78.43	17.65	3.92	100(51)
中大规模	80.39	15.69	3.92	100(51)
大规模	92.00	8.00	0.00	100(50)

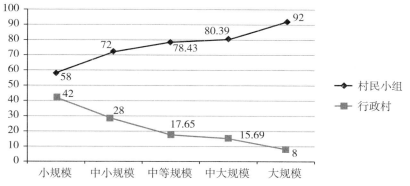

图3-4 不同人口规模村庄分田到户时土地划分单位情况(单位:%)

上述内容从村庄层面对分田到户的单位进行了分析,接下来,将从农民的角度考察土地产权单位的情况。考察分田到户和进行土地调整时土地划分的单位,在4054个有效农民样本中,73.70%的农民以村民小组为单位进行土地划分;15.47%的农民以行政村为单位进行划分;同时有10.83%的农民不清楚自身土地划分单位是什么。可见,村民小组是承包地土地的主要划分单位,占比超过七成,同时不明确土地划分单位的农民也超过一成,说明仍有部分农民对土地的权属划分不清晰。(见表3-6和图3-5)

表3-6　分田到户和土地调整时农民土地划分单位情况　　(单位:个,%)

土地划分单位	频数	占比
村民小组	2988	73.70
行政村	627	15.47
不知道	439	10.83
合计	4054	100

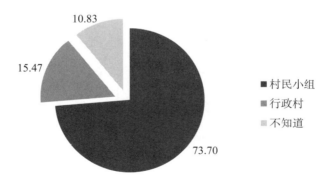

图3-5　分田到户和土地调整时农民土地划分单位情况(单位:%)

对东、中、西部地区农民土地划分单位进行考察,整体来看,各个地区的划分单位都集中在村民小组,存在着微小的差异,东部、中部和西部地区农民的土地划分单位在村民小组的占比分别为73.81%、75.53%、71.08%,中部地区相对较高。而西部地区不知道土地划分单位的农民占比最高,为12.01%,东、中部地区占比基本相同。可见,不同地区的农民分田到户时土地划分单位情况没有显著差异。(见表3-7和图3-6)

表 3-7　不同地区农民土地划分单位情况　　　　　　（单位：个，%）

地区分组	村民小组	行政村	不知道	合计
东部地区	73.81	15.78	10.41	100(1134)
中部地区	75.53	14.21	10.26	100(1696)
西部地区	71.08	16.91	12.01	100(1224)

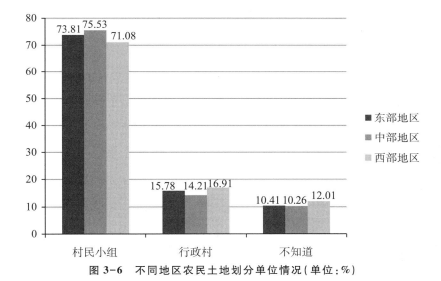

图 3-6　不同地区农民土地划分单位情况（单位：%）

从南北方不同区域来分析南北方农民的承包地划分单位情况，数据显示，北方地区农民表示承包地划分单位为村民小组的比重为 66.52%，认为是行政村的占比为 21%，不知道划分单位的占比为 12.48%。南方农民表示承包地划分单位为村民小组的比重为 79.55%，明显高于北方地区，高出 13.03 个百分点；表示划分单位为行政村和不知道的比重分别为 10.96% 和 9.49%。可见，南方地区土地划分单位为村民小组的比重高于北方，相对而言，北方地区更倾向于以行政村为单位。（见表 3-8 和图 3-7）

表 3-8　不同区域农民土地划分单位情况　　　　　　（单位：个，%）

南北区域分组	村民小组	行政村	不知道	合计
北方	66.52	21.00	12.48	100(1819)
南方	79.55	10.96	9.49	100(2235)

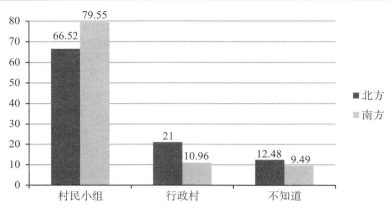

图 3-7　不同区域农民土地划分单位情况（单位：%）

从不同民族农民土地的划分单位来看，汉族农民表示土地划分单位为村民小组的比重为 75.67%，认为是行政村的比重为 14.68%，不知道土地划分单位的比重为 9.65%。而少数民族农民中，表示划分单位为村民小组的农民占比 63.09%，认为是行政村的农民为 19.72%，不知道划分单位的农民为 17.19%。可以看出，少数民族农民土地划分单位为村民小组的占比低于汉族地区，低了 12.58 个百分点；而少数民族农民不知道土地划分单位的占比更高。（见表 3-9 和图 3-8）

表 3-9　不同民族农民土地划分单位情况　　　　　　　　　　（单位：个，%）

民族分组	村民小组	行政村	不知道	合计
汉族	75.67	14.68	9.65	100(3419)
少数民族	63.09	19.72	17.19	100(634)

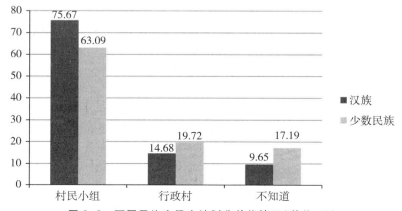

图 3-8　不同民族农民土地划分单位情况（单位：%）

二、村庄土地确权颁证进度

（一）村庄土地确权的进度

为了研究村庄土地确权工作的开展情况，课题组对全国 251 个村庄进行了研究，通过数据分析可以看出：在 251 个有效村庄样本中，反映"尚未进行"村庄土地确权工作的村庄有 110 个，占比最高，为 43.82%；"已经完成"土地确权工作的村庄有 79 个，占比 31.47%；"正在进行"的村庄为 62 个，占比为 24.71%。可以看出，土地确权工作处于初级阶段，四成村庄还未开展土地确权工作，三成村庄已经完成了土地确权工作。（见表 3-10 和图 3-9）

表 3-10 村庄集体土地确权工作的开展情况 （单位：个，%）

开展进度	样本量	占比
尚未进行	110	43.82
已经完成	79	31.47
正在进行	62	24.71
合计	251	100

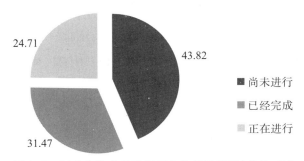

图 3-9 村庄集体土地确权工作的开展情况（单位：%）

从表 3-11 和图 3-10 中可以看出，不同地区的土地确权工作存在一定差异。东部地区 39.19% 的村庄还未开展土地确权，比重最低，而中部和西部相对较高，占比分别为 42.16% 和 50.66%；在已经完成土地确权的村庄中，西部地区最高，为 34.67%，中部和东部地区分别占比 29.41% 和 31.08%；正在进行土地确权工作的村庄中，东部和中部相差不多，分别占比 29.73% 和 28.43%，西部地区相对较低，为 14.67%。总体而言，土地确权工作开展相对较慢的为西部地区，东部地区的确权进度相对较快。

表 3-11 不同地区村庄土地确权工作的开展情况 （单位：个，%）

地区分组	尚未进行	已经完成	正在进行	合计
东部地区	39.19	31.08	29.73	100(74)
中部地区	42.16	29.41	28.43	100(102)
西部地区	50.66	34.67	14.67	100(75)

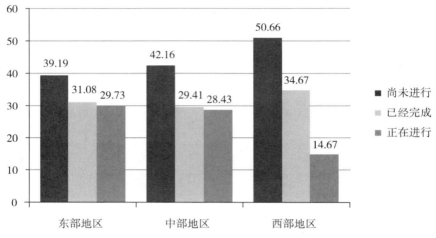

图 3-10 不同地区村庄土地确权工作的开展情况（单位：%）

南北方区域的土地确权颁证工作具有明显的差异性。根据数据分析结果可知,南方地区村庄的土地确权工作已经完成的比重为 38.06%,北方地区的这一比重为 23.93%,前者比后者高出 14.13 个百分点;南方和北方地区的土地确权工作正在进行的比重大体相当,分别占比 24.63% 和 24.79%;而在表示尚未进行确权的村庄中,北方地区的比重明显偏高,占比 51.28%,比南方地区高出 13.97%。由此可见,南方地区土地确权工作的进度相对更快。（见表 3-12 和图 3-11）

表 3-12 不同区域村庄土地确权工作的开展情况 （单位：个，%）

地区分组	尚未进行	已经完成	正在进行	合计
北方	51.28	23.93	24.79	100(117)
南方	37.31	38.06	24.63	100(134)

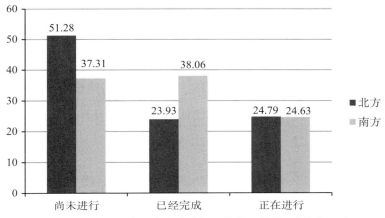

图 3-11 不同区域村庄土地确权工作的开展情况（单位：%）

就不同收入水平村庄土地确权工作的开展情况而言，中等收入组的村庄尚未开展土地确权的比重最小，为33.33%，中高收入组尚未进行的比重最大为47.92%；在已经完成土地确权的村庄中，低收入组的村庄占比最大，为37.50%，其次为中等收入组村庄，比重为35.42%；正在开展土地确权的村庄中，中等收入组的村庄占比也最高，为31.25%。（见表3-13）可以看出，村庄收入水平对土地确权工作的影响并不显著，但存在微弱区别，中等收入组村庄土地确权工作的开展进度相对更快。

表 3-13 不同收入水平村庄的土地确权工作开展情况　　（单位：个，%）

收入分组	尚未进行	已经完成	正在进行	合计
低收入组	43.75	37.50	18.75	100(48)
中低收入组	44.68	25.54	29.78	100(47)
中等收入组	33.33	35.42	31.25	100(48)
中高收入组	47.92	31.25	20.83	100(48)
高收入组	46.43	30.36	23.21	100(56)

从村庄类型来看，分析得出的结果如表3-14所示，普通农村的土地确权工作开展情况不甚乐观，尚未进行的村庄占比为44.84%，在三种类型中占比最高；城郊村和城中村尚未进行的占比分别为34.78%和40%。在已经完成土地确权的村庄中，普通农村所占比重最低，为30.49%；城中村和城郊村已经完成的比重分别为60%和34.78%。总体而言，普通村庄土地确权工作的开展进度最慢。

表 3-14　不同类型村庄的土地确权工作开展情况　　（单位：个,%）

村庄类型	尚未进行	已经完成	正在进行	合计
普通农村	44.84	30.49	24.67	100(223)
城郊村	34.78	34.78	30.44	100(23)
城中村	40.00	60.00	0	100(5)

就不同地形地貌村庄土地确权工作的开展情况而言，调查结果显示（见表 3-15），高原地区村庄尚未进行土地确权工作的比重最高，为 60%；丘陵地区的这一比重最低，为 38.67%。在土地确权工作已经完成的村庄中，丘陵地区的占比最高，为 40%；占比最低的是高原地区，所占比重为 20%；平原和山地地区村庄土地确权工作已经完成的比重分别为 27.06% 和 30%。由此可见，不同的地形地貌对于村庄土地确权工作的开展有影响，高原地区确权工作进展较慢，丘陵地区确权工作进展较快。

表 3-15　不同地形地貌的村庄土地确权工作开展情况　　（单位：个,%）

地形分组	尚未进行	已经完成	正在进行	合计
平原	45.88	27.06	27.06	100(85)
高原	60.00	20.00	20.00	100(15)
丘陵	38.67	40.00	21.33	100(75)
山地	42.86	30.00	27.14	100(70)
其他	50.00	33.33	16.67	100(6)

考察不同产权单位村庄土地确权工作的开展情况，根据调查分析结果可知（见表 3-16 和图 3-12），分田到户时以村民小组为单位的村庄中，表示"尚未进行"土地确权工作的比重为 45.45%，而以行政村为单位分田的村庄的这一占比为 34.69%，所占比重明显较低，低了 10.76 个百分点。在"已经完成"土地确权工作的情况中，以村民小组为单位分田的村庄的比重略高，占比 32.32%；而以行政村为单位分田的村庄"正在进行"确权工作的比重更高，占比 36.74%。总体而言，以行政村为单位划分土地的村庄土地确权工作的开展进度相对较快。

表 3-16 不同产权单位村庄土地确权工作开展情况 （单位：个，%）

产权划分单位	尚未进行	已经完成	正在进行	合计
村民小组	45.45	32.32	22.23	100(198)
行政村	34.69	28.57	36.74	100(49)
其他	75.00	25.00	0	100(4)

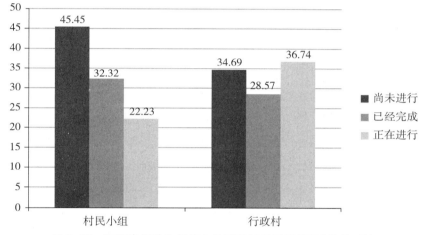

图 3-12 不同产权单位村庄土地确权工作开展情况（单位：%）

（二）村庄没有开展土地确权的原因

就全国来看，超过四成的村庄还未开展土地确权，考察村庄没有开展土地确权工作的原因，在未开展的 112 个村庄中，55.45% 的村庄选择了"上级没有下达通知"，41.82% 的村庄选择了"还未实施"，仅有 0.91% 的村庄认为"村民不配合"是导致土地确权未开展的原因。可见，上级还没有下达土地确权的通知是主要原因，超过五成；其次是确权工作还没开始实施，占比四成。（见表 3-17 和图 3-13）

表 3-17 村庄未开展土地确权的原因 （单位：个，%）

原因	样本量	占比
村民不配合	1	0.91
还未实施	46	41.82
上级没有下达通知	61	55.45
其他	2	1.82
合计	112	100

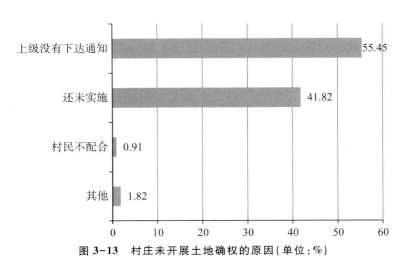

图3-13 村庄未开展土地确权的原因（单位：%）

从不同地区村庄没有开展土地确权工作的原因来看，中部地区村庄反映"上级没有下达通知"的比重最高，占比58.14%，东部和西部地区的这一占比分别为51.72%和55.26%；表示"还未实施"的情况，不同地区的村庄差异不明显；在"村民不配合"方面，西部地区村庄的占比较高，为2.63%。总体来看，不同地区村庄未开展土地确权的原因没有明显差异。（见表3-18）

表3-18 不同地区村庄未开展土地确权的原因 （单位：个,%）

地区分组	上级没有下达通知	还未实施	村民不配合	其他	合计
东部	51.72	41.38	0	6.90	100(29)
中部	58.14	41.86	0	0	100(43)
西部	55.26	42.11	2.63	0	100(38)

考察南北不同区域村庄没有开展土地确权工作的原因，根据数据分析结果可以看出（见表3-19），不同区域的差异性不明显。北方和南方区域村庄表示"上级没有下达通知"的比重分别为55%和56%；反映"还未实施"的占比分别为41.67%和42%；北方地区村庄表示"村民不配合"的比重略高，占比1.67%。总体而言，北方和南方地区村庄没有进行土地确权的情况大致相同。

表 3-19　不同区域村庄未开展土地确权的原因　　　（单位：个，%）

区域分组	上级没有下达通知	还未实施	村民不配合	其他	合计
北方	55.00	41.67	1.67	1.66	100(60)
南方	56.00	42.00	0.00	2.00	100(50)

三、农民土地确权颁证情况

2014年《关于引导农村土地经营权有序流转发展适度规模经营的意见》提出，要在五年左右时间基本完成农村土地确权颁证工作，妥善解决农民承包地面积不准确和界线不清等问题，以保障农民的切身利益。通过对4043个农民进行调查发现，36.24%的农民表示自家的承包地已经完成了登记确权，45.98%的农民表示承包地还未进行登记确权，还有17.78%的农民不清楚自家的承包地是否已经确权。由此可见，承包地的确权工作还需要进一步推进和实施。（见表3-20和图3-14）

表 3-20　农民承包地确权颁证情况　　　（单位：个，%）

土地确权登记	频数	占比
是	1465	36.24
否	1859	45.98
不清楚	719	17.78
合计	4043	100

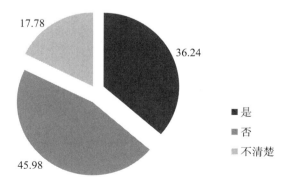

图 3-14　农民承包地确权颁证情况（单位：%）

不同地区的土地确权开展情况存在着差异。通过对东、中、西部三个区域进行分析得出，东部地区40.42%的农民表示已经进行土地确权颁证，所占比重最高；而中部和西部地区分别有34.72%和33.50%的农民表示已经进行土地确权颁证。表示没有进行土地确权颁证的情况中,由东向西,所占的比重依次增高,分别占比42.40%、46.62%和48.37%。由此可以看出,东部地区农民土地确权颁证进度相对较快。(见表3-21和图3-15)

表3-21　不同地区农民土地确权颁证情况　　　　　　(单位:个,%)

地区分组	是	否	不清楚	合计
东部地区	40.42	42.40	17.18	100(1118)
中部地区	34.72	46.62	18.66	100(1699)
西部地区	33.50	48.37	18.13	100(1226)

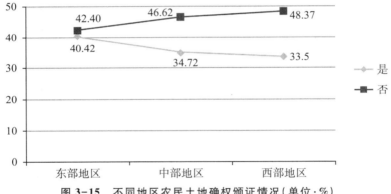

图3-15　不同地区农民土地确权颁证情况(单位:%)

从南北不同区域来看,南方地区表示已经完成土地确权颁证的农民占比为31.21%,低于全国平均水平近5个百分点,而表示还未确权颁证的比重为50.71%。北方地区的2223个有效农民样本中,有40.35%的农民表示已经完成土地登记确权,42.11%的农民反映还未进行确权颁证。可以看出,北方地区农民土地确权颁证的比重高于南方,高出9.14个百分点,而南方地区仍有半数的农民表示还未进行土地确权颁证。(见表3-22和图3-16)

表3-22　不同区域农民土地确权颁证情况　　　　　　(单位:个,%)

南北区域分组	是	否	不清楚	合计
北方	40.35	42.11	17.54	100(2223)
南方	31.21	50.71	18.08	100(1820)

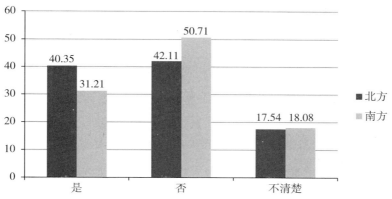

图 3-16 不同区域农民土地确权颁证情况(单位:%)

分田到户时土地划分单位不同的农民,其土地确权颁证的情况有所差异。从统计分析结果可知,土地以村民小组为单位划分的农民,表示土地已经确权颁证的比重为 35.22%,没有确权的比重为 50.77%。而土地以行政村为划分单位的农民,反映土地已经确权颁证的比重为 57.26%,高出以村民小组为划分单位的农民 22.04 个百分点。由此可见,以行政村为单位划分土地的农民进行土地确权颁证的比重明显更高。(见表 3-23 和图 3-17)

表 3-23 土地划分单位不同的农民确权颁证情况 (单位:个,%)

产权单位	是	否	不清楚	合计
村民小组	35.22	50.77	14.01	100(2972)
行政村	57.26	30.94	11.80	100(627)
不知道	13.44	34.62	51.94	100(439)

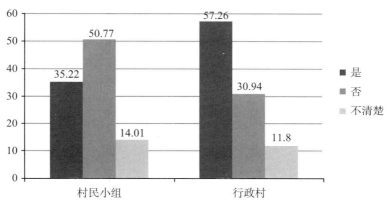

图 3-17 土地划分单位不同的农民确权颁证情况(单位:%)

不同民族农民的土地确权情况存在一定差异。从表3-24和图3-18中可以看出,有37.79%的少数民族农民表示已经完成土地确权颁证的工作,40.47%的农民表示土地未进行确权。而汉族的3407个农民中,46.99%的农民表示土地确权工作尚未开展,反映进行了土地确权的占比为35.96%。此外,汉族和少数民族农民不清楚是否进行过土地确权的比重分别为17.05%和21.74%。总体来看,汉族和少数民族农民的土地确权颁证情况没有明显的差异性。

表3-24 汉族和少数民族农民土地确权颁证情况 （单位:个,%）

民族分组	是	否	不清楚	合计
汉族	35.96	46.99	17.05	100(3407)
少数民族	37.79	40.47	21.74	100(635)

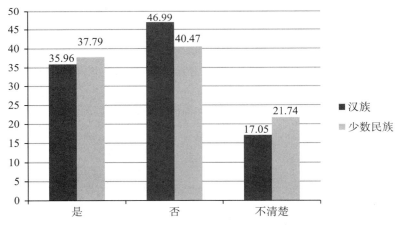

图3-18 汉族和少数民族农民土地确权颁证情况(单位:%)

第二节 农村土地确权的方式及影响

2014年中央一号文件《关于全面深化农村改革加快推进农业现代化的若干意见》针对农村确权可能遇到的具体问题,提出了"充分依靠农民群众自主协商解决工作中遇到的矛盾和问题,可以确权确地,也可以确权确股不确地的"。这体现了目前土地确权颁证的两种方式:确权确地和确权确股不确地。从内涵来看,确权确地是指在确定农村土地集体地界和成员权的基础上,把各家各户承包土地的面积、区位(地界)落实到人到户,明确四至界线。确权确股不确地是指村集体只落实成员权(如是土地入股则是股份权),不落实各成员具体承包土地的面积、区位(地界),成员只享受应得的收益。

一、农村土地确权方式

在村庄土地确权的过程中,主要采取确权确地和确权确股不确地这两种方式来完成土地确权。从调查的141个有效村庄样本来看,选择"确权确地"方式的村庄有128个,占比为90.78%,所占比重超过九成;反映采取"确权确股不确地"的村庄有9个,占比为6.38%;采取其他方式的村庄有4个,占比为2.84%。可见,确权确地是土地确权的主要方式,比重超过九成。(见表3-25和图3-19)

表3-25　村庄土地确权方式的情况　　　　　　　　　　(单位:个,%)

确权方式	样本量	占比
确权确地	128	90.78
确权确股不确地	9	6.38
其他	4	2.84
合计	141	100

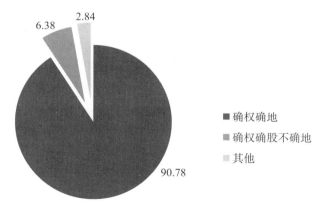

图3-19　村庄土地确权方式的情况(单位:%)

从不同地区来看,西部地区村庄选择"确权确地"的方式比重最高,为97.30%;中部和东部地区相对较低,分别占比89.83%和86.67%。采取"确权确股不确地"方式的情况中,比重最高的为中部地区,为10.71%;东部和西部地区的这一占比分别为4.44%和2.70%。整体来看,确权确地为土地确权的主要方式,均在九成左

右,西部地区采用确权确地方式的比重最高,中部地区采取确权确股不确地的比重相对更高。(见表3-26和图3-20)

表3-26 不同地区村庄的土地确权方式 (单位:个,%)

地区分组	确权确地	确权确股不确地	其他	合计
东部地区	86.67	4.44	8.89	100(45)
中部地区	89.83	10.17	0	100(59)
西部地区	97.30	2.70	0	100(37)

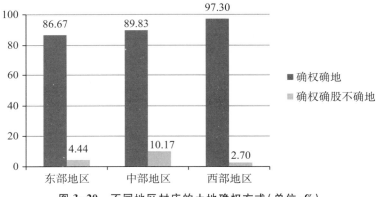

图3-20 不同地区村庄的土地确权方式(单位:%)

从南北方区域来看,北方地区采用确权确地方式进行土地确权的占比为89.66%,在南方地区,采用这一方式的占比为91.57%。除此之外,采用的方式是确权确股不确地的,北方地区这一方式的占比为5.17%,南方地区采用这一方式的占比为7.23%。可见,无论南方北方,土地确权的方式主要都是确权确地,两者没有明显的差异性。(见表3-27和图3-21)

表3-27 不同区域村庄的土地确权方式 (单位:个,%)

南北区域分组	确权确地	确权确股不确地	其他	合计
北方地区	89.66	5.17	5.17	100(58)
南方地区	91.57	7.23	1.20	100(83)

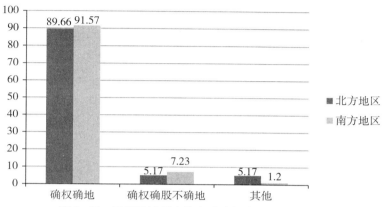

图 3-21 不同区域村庄的土地确权方式(单位:%)

就不同产权单位的村庄而言,从统计结果可知,在108个以村民小组为单位划分土地的村庄中,表示土地确权方式为确权确地的比重为91.67%;以确权确股不确地为确权方式的占比4.63%。而分田到户时以行政村为单位划分的村庄中,确权方式是确权确地的比重为87.50%;确权确股不确地的比重为12.50%。总体来看,以村民小组为单位划分土地的村庄更多采取确权确地的方式来进行土地确权,以行政村为单位划分土地的村庄也主要采取确权确地的方式。(见表3-28和图3-22)

表 3-28 不同产权单位村庄的土地确权方式 (单位:个,%)

土地划分单位	确权确地	确权确股不确地	其他	合计
村民小组	91.67	4.63	3.70	100(108)
行政村	87.50	12.50	0	100(32)

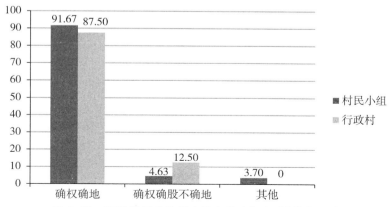

图 3-22 不同产权单位村庄的土地确权方式(单位:%)

二、农村土地确权的影响

2013年中央一号文件《关于加快发展现代农业 进一步增强农村发展活力的若干意见》指出,"鼓励农民采取互利互换方式,解决承包地块细碎化问题",要求五年时间基本完成农村土地承包经营权的确权登记发证工作,并且要为农民土地流转提供更好的服务,建立农民经营承包权流转的市场。土地确权是土地流转的基础,也是土地规范流转的前提。土地确权工作的科学开展,能够激发农民流转土地的积极性,政府提供相应的服务,创建专门的土地流转市场,鼓励农民进行土地流转,提高土地使用的效率,实现农业生产的规模化、专业化。土地确权工作的逐步开展对土地流转的相关服务提出了更多的要求。因此,要确保土地确权工作的规范有序,不断完善土地流转服务体系和建立统一的承包地流转市场,实现农村土地流转的公平、规范、合理、有序。

(一)土地确权对村庄的影响

考察不同村庄土地确权的开展进度对土地流转情况的影响可知,在110个尚未进行土地确权工作的村庄中,65.45%的村庄表示有土地流转,而已经完成土地确权和正在进行土地确权的村庄表示有土地流转的占比分别为56.96%和56.45%。总体来看,尚未进行土地确权的村庄土地流转比重高于已经完成或正在进行土地确权的村庄。(见表3-29)

表3-29 村庄土地确权对土地流转情况的影响 (单位:个,%)

土地确权开展情况	是否有土地流转		合计
	是	否	
尚未进行	65.45	34.55	100(110)
已经完成	56.96	43.04	100(79)
正在进行	56.45	43.55	100(62)

接着考察村庄土地确权开展进度对土地流转服务提供情况的影响。分析数据得出,在72个尚未进行土地确权工作的村庄中,62.50%的村庄表示没有提供相关服务,比已经完成和正在进行土地确权的村庄分别高出22.50个和18.38个百分点。已经完成土地确权工作的村庄中表示由村集体提供土地流转服务的占比为46.67%,由政府提供土地流转服务的占比为13.33%,均高于正在进行和尚未开展土地确权村庄的比重。可见,已经完成土地确权的村庄提供土地流转服务的占比最高为六成,其次为正在进行土地确权的村庄,未开展土地确权的村庄占比最低。(见表3-30)

表 3-30　村庄土地确权对土地流转服务情况的影响　　　　　　（单位：个，%）

土地确权开展情况	土地流转服务提供情况			合计
	政府有提供	村集体有提供	没有提供	
尚未进行	5.56	31.94	62.50	100(72)
已经完成	13.33	46.67	40.00	100(45)
正在进行	11.76	44.12	44.12	100(34)

其后考察村庄土地确权方式对土地流转情况的影响。调研数据显示，在128个采取确权确地方式的村庄中，58.59%的村庄表示有土地流转，41.41%的村庄表示没有土地流转；以确权确股不确地为确权方式的村庄则有55.56%表示有土地流转，没有土地流转的村庄占比为44.44%。总体来看，采取确权确地方式的村庄表示有土地流转的比重高于采取确权确股不确地方式的村庄。（见表3-31）

表 3-31　村庄土地确权方式对土地流转情况的影响　　　　　　（单位：个，%）

土地确权方式	是否有土地流转		合计
	是	否	
确权确地	58.59	41.41	100(128)
确权确股不确地	55.56	44.44	100(9)

考察村庄土地确权方式对土地流转服务提供情况的影响，采取确权确股不确地方式的村庄中表示没有提供土地流转服务的占比为80%，村集体作为提供主体的占比为20%；采取确权确地方式的村庄没有提供土地流转服务的占比为40.54%，由村集体提供服务的占比为45.95%，由政府提供服务的占比为13.51%。可见，采取确权确地方式的村庄提供土地流转服务的比重高于采取确权确股不确地方式的村庄，且多是由村集体提供土地流转服务。（见表3-32）

表 3-32　村庄土地确权方式对土地流转服务情况的影响　　　　　　（单位：个，%）

土地确权方式	土地流转服务提供情况			合计
	政府有提供	村集体有提供	没有提供	
确权确地	13.51	45.95	40.54	100(74)
确权确股不确地	0	20.00	80.00	100(5)

(二) 土地确权对农户的影响

土地确权颁证工作使农民的土地产权更加清晰,能够更好地保障农民的土地权益。为了考察土地确权对农户土地流转意愿的影响,已经确权颁证的1459个农户中,55.18%的农户没有土地流转意愿,尚未确权颁证的农户没有土地流转意愿的比重为58.01%;有土地转出意愿的农户中,确权颁证农户的占比为23.30%,高出尚未确权颁证的农户2.17个百分点。由此可见,完成确权颁证的农户更倾向于进行土地流转,同时有转出意愿的农户多于有转入意愿的农户。(见表3-33)

表3-33 土地确权对农户土地流转意愿的影响 （单位:个,%）

确权颁证情况	土地流转意愿				合计
	有转出意愿	有转入意愿	既有转入意愿,又有转出意愿	没有流转意愿	
是	23.30	16.31	5.21	55.18	100(1459)
否	21.13	18.69	2.17	58.01	100(1846)
不清楚	19.94	9.76	4.74	65.56	100(717)

考察土地是否确权对土地流转行为的影响。调查分析发现,已经完成土地确权颁证的农户表示转出土地的占比为18.49%,高出没有土地确权颁证农户的2.15个百分点;有转入土地的农户占比为12.74%;没有进行过土地流转的农户为67.81%。而没有完成土地确权颁证的农户中69.69%表示没有土地流转。总体来看,完成土地确权的农户流转土地的比重略高于没有完成土地确权的农户,同时,农户将土地转出的比重较高。(见表3-34)

表3-34 土地确权对农户土地流转行为的影响 （单位:个,%）

确权颁证情况	土地流转情况				合计
	有土地转出	有土地转入	既有土地转入,又有土地转出	没有土地流转	
是	18.49	12.74	0.96	67.81	100(1460)
否	16.34	13.27	0.70	69.69	100(1854)
不清楚	19.05	6.68	0.28	73.99	100(719)

为了考察农户土地确权情况对土地流转价格满意度的影响,调研发现,完成土地确权颁证的农户中46.02%表示对土地流转价格满意,30.54%的农户表示一般,不满意土地流转价格的农户占比为23.44%;没有进行土地确权发证的农户不满意土地流转价格的为16.61%。总体来看,土地确权后农户不满意土地价格的比重高出没有确权颁证的农户,可见,土地确权在一定程度上提高了农户保障自身土地权益的意识。(见表3-35)

表3-35 土地确权对农户土地流转价格满意度的影响　　　　（单位:个,%）

确权颁证情况	土地流转价格满意度					合计
	非常满意	比较满意	一般	不太满意	很不满意	
是	12.04	33.98	30.54	19.35	4.09	100(465)
否	11.94	41.60	29.85	13.06	3.55	100(536)
不清楚	4.89	33.15	38.59	15.22	8.15	100(184)

考察农户土地确权对形成土地流转价格方式的影响。如表3-36所示,完成土地确权颁证的470个农户中,采取政府规定形成、村集体规定形成、流转双方协商形成、土地流转服务中心评估形成和其他方式的占比分别为8.51%、7.02%、77.66%、1.28%和5.53%。没有完成土地确权颁证的农户和不清楚是否确权的农户表示采取村集体规定形成的方式占比较高,分别为11.83%和14.67%。整体上看,采取流转双方协商形成土地流转价格的比重最高,超过七成,没有确权颁证的农户同样倾向于双方协商价格。

表3-36 土地确权对农户土地流转价格形成方式的影响　　　　（单位:个,%）

确权颁证情况	土地流转价格形成的方式					合计
	政府规定形成	村集体规定形成	流转双方协商形成	土地流转服务中心评估形成	其他	
是	8.51	7.02	77.66	1.28	5.53	100(470)
否	6.47	11.83	77.45	0.74	3.51	100(541)
不清楚	2.17	14.67	78.80	1.09	3.27	100(184)

第三节 农村土地确权颁证的问题

中华人民共和国成立以来,土地制度的一系列变革为集体土地权属问题留下了诸多隐患。我国土地登记工作开展较晚,改革开放前期,农村集体土地登记工作没有得到足够的重视,这使得许多土地的权属问题没有得到实质性解决,登记工作的不完善导致很多农村集体土地没有相关的权属证明材料,有的证明材料缺乏规范性,这些都影响了当前农村土地确权颁证工作的顺利进行,为集体土地确权登记带来极大的不便。许多村庄由于权属证明材料不足或权属纠纷举证不足而无法进行土地确权登记,无法登记的土地就得不到法律的保护,村集体和农民应有的土地权益就难以得到应有的保障。因此,政府需要着重解决农村土地的权属问题,帮助解决权属纠纷,以此来推进农村土地确权工作。

一、土地确权中的权属纠纷

农村的土地确权工作是一个复杂的系统工程,涉及的内容多且情况非常复杂,其中面临的一个突出问题是权属纠纷。从实践情况来看,农村集体土地登记的权属纠纷主要包括集体土地所有权之间、集体土地使用权之间、农村宅基地使用权之间的纠纷等,突出的问题是土地界线不清。具体来看,主要包括四个方面:一是村小组与小组、小组与行政村之间的土地界线错综复杂,划分清晰难度较大;二是由于土地调整、交换等原因造成的界线不清;三是部分界线由于标记消失等无法进行实地确认;四是由于年代久远,所应提供的权属证明材料有限造成界线不明。土地权属纠纷的存在势必影响集体土地确权登记发证工作的顺利推进,土地权属纠纷越多,确权工作面临的难度越大,导致确权工作难以开展。

对农村土地确权中的权属纠纷进行调查,在107个有效样本中,存在权属纠纷的村庄为46个,占有效样本的比重为42.99%;不存在权属纠纷的村庄为61个,占有效样本的57.01%。由此可见,在土地确权中,四成多村庄发生过权属纠纷。(见表3-37和图3-23)

表 3-37 土地确权中的权属纠纷 (单位:个,%)

权属纠纷	样本数	占比
发生	46	42.99
未发生	61	57.01
合计	107	100

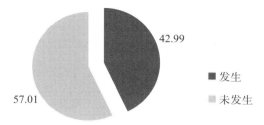

图 3-23 土地确权中的权属纠纷(单位:%)

表 3-38 和图 3-24 为南北地区村庄土地确权中的权属纠纷情况,数据显示,在 65 个南方有效样本村庄中,有 44.62% 的村庄发生过权属纠纷。北方有效样本村庄共 42 个,确权中发生权属纠纷的占比则为 59.52%,比南方高出 14.90 个百分点。由此可见,以平原为主、土地面积广的北方,比以丘陵、山地地形为主且土地面积相对少的南方,在土地确权中面临的权属纠纷多。

表 3-38　不同区域村庄土地确权中的权属纠纷情况　　　(单位:个,%)

南北方分组	有纠纷	无纠纷	合计
北方	59.52	40.48	100(42)
南方	44.62	55.38	100(65)

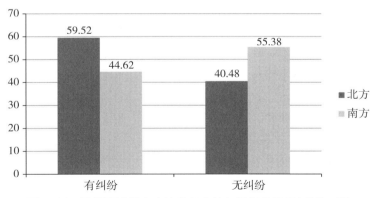

图 3-24　不同区域村庄土地确权中的权属纠纷情况(单位:%)

考察东部、中部、西部地区村庄土地确权中权属纠纷情况发现,西部的村庄发生权属纠纷的占比最高,达 48.48%;东部地区村庄次之,为 42.31%;中部村庄占比最低,为 39.58%。(见表 3-39 和图 3-25)也就是说,在土地确权工作开展中,权属纠纷发生率从高到低分别为西部、东部、中部。这与历史遗留问题有关,也与各地区地理区位、经济发展水平有关。西部地区,经济发展水平低,农业为农民主要收入来源,因而相对其他区域,西部农民对土地的依赖性更大。同时,西部大部分地区为草原地区,其界线划定更难,纠纷也越容易产生。东部地区,经济发展水平高,土地代表的经济利益更大,纠纷也会相对更多。

表3-39 不同地区村庄土地确权中的权属纠纷情况 (单位:个,%)

地区分组	有纠纷	无纠纷	合计
东部	42.31	57.69	100(26)
中部	39.58	60.42	100(48)
西部	48.48	51.52	100(33)

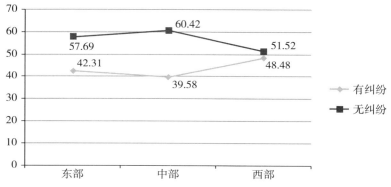

图3-25 不同地区村庄土地确权中的权属纠纷情况(单位:%)

考察不同类型村庄土地确权的权属纠纷情况,其中,普通农村发生土地权属纠纷的占比达44.44%,城郊村的比重为37.50%,前者占比较后者高出6.94%。(见表3-40)可见,在不同村庄类型的权属纠纷中,普通农村的权属纠纷情况最多。这可能与普通农村土地相对多,涉及的利益主体更多、更复杂有关。

表3-40 不同类型村庄土地确权中的权属纠纷情况 (单位:个,%)

村庄类型	有纠纷	无纠纷	合计
普通农村	44.44	55.56	100(90)
城郊村	37.50	62.50	100(16)
城中村	0	100	100(1)

通过对不同地形与权属纠纷的交叉分析发现,平原村庄在土地确权工作开展过程中,发生权属纠纷的占比最高,为59.46%;山地村庄次之,占比为44%;丘陵村庄的这一占比为30.95%。(见表3-41)由上可知,在山地、丘陵、平原村庄地形中,

平原村庄的权属纠纷情况最多。

表 3-41　不同地形村庄土地确权中的权属纠纷情况　　（单位：个，%）

地形地貌	有纠纷	无纠纷	合计
丘陵	30.95	69.05	100(42)
山地	44.00	56.00	100(25)
平原	59.46	40.54	100(38)
其他	0	100.00	100(3)

从不同收入水平村庄来看，低收入、中低收入、中等收入、中高收入、高收入水平村庄，在土地确权中发生过权属纠纷的占比依次为63.16%、42.86%、42.86%、45.45%、28.57%。整体来看，村庄收入水平越高，土地权属纠纷越少。对比来看，低收入水平村庄，土地权属纠纷发生率最高，高收入水平村庄权属纠纷占比最低，两者相差34.59%。（见表3-42和图3-26）由此可见，村庄收入水平与土地确权中权属纠纷发生率整体上呈负相关。

表 3-42　不同收入水平村庄土地确权中的权属纠纷情况　　（单位：个，%）

村庄收入分组	有纠纷	无纠纷	合计
低收入	63.16	36.84	100(19)
中低收入	42.86	57.14	100(21)
中等收入	42.86	57.14	100(21)
中高收入	45.45	54.55	100(22)
高收入	28.57	71.43	100(21)

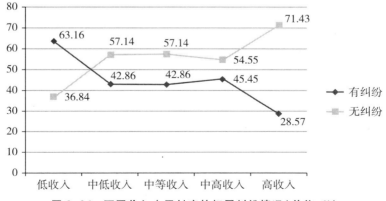

图 3-26　不同收入水平村庄的权属纠纷情况（单位：%）

二、确权工作开展中的困难

从数据分析中可以发现(见表3-43),历史遗留问题和权属争议多是目前确权工作中的最大困难,占比为53.49%,超过半数。另外,村民不支持、工作经费不足、权属证明资料缺乏、缺乏测量技术支持和其他的占比分别为5.43%、10.85%、4.65%、3.88%和21.71%。由此可见,历史遗留下来的土地问题和权属争议问题是确权中的最大困难,比重超过一半。因此,解决历史遗留问题和减少权属争议,是土地确权工作顺利开展的一个重要方向。

表3-43 村庄土地确权中的最大困难 （单位:个,%）

最大的困难	样本量	占比
村民不支持	7	5.43
工作经费不足	14	10.85
历史遗留问题和权属争议多	69	53.49
权属证明资料缺乏	28	4.65
缺乏测量技术支持	6	3.88
其他	5	21.70
合计	129	100

由表3-44可知,在土地确权中,"村民不支持"问题主要出现在西部地区,占比为12.50%,东部、中部村庄相对较少;在工作经费上存在不足的村庄主要为中部地区,占比14.55%,东部次之,西部最低。"历史遗留问题和权属争议多"是各地区村庄面临最多的困难,由东向西,所占的比重分别为57.14%、58.18%和40.63%。东部、中部和西部地区面临的最大困难是"权属证明资料缺乏"的占比依次为7.14%、1.82%和6.25%。由上可知,在土地确权中,东部、中部村庄由于历史遗留以及权属争议导致的权属纠纷多,西部地区除此之外,还面临更多的村民不支持困难。

表3-44 不同地区村庄土地确权中的最大困难 （单位:个,%）

最大的困难	东部	中部	西部
村民不支持	4.76	1.82	12.50
工作经费不足	9.52	14.55	6.25
历史遗留问题和权属争议多	57.14	58.18	40.63

续表

最大的困难	东部	中部	西部
权属证明资料缺乏	7.14	1.82	6.25
缺乏测量技术支持	2.38	1.82	9.38
其他	19.06	21.81	24.99
合计	100(42)	100(55)	100(32)

对比南北方村庄土地确权的工作困难发现，南方村庄主要困难为"历史遗留问题和权属争议多"和"村民不支持"，占比分别为56%和8%，比北方村庄的同一占比分别高出6%和6.15%。当主要困难为"工作经费不足"和"权属证明资料缺乏"时，则北方村庄占比高于南方村庄，且分别高出10%和1.56%。对比可知，南北方村庄土地确权中的困难主要差别在于工作经费和村民的支持参与，但是两者的差异并不显著。（见表3-45）

表3-45　不同区域村庄土地确权中的最大困难　　　　　　（单位：个,%）

最大的困难	北方	南方
村民不支持	1.85	8.00
工作经费不足	16.67	6.67
历史遗留问题和权属争议多	50.00	56.00
权属证明资料缺乏	5.56	4.00
缺乏测量技术支持	3.70	5.00
其他	22.22	20.33
合计	100(54)	100(75)

考察不同产权单位村庄土地确权工作中面临的最大困难，如表3-46所示，以村民小组为单位和以行政村为单位的村庄，土地确权中的最大困难均为"历史遗留问题和权属争议多"，其中以行政村为单位的村庄选择此项的比重更高，为66.67%，比以村民小组为单位的村庄高出16.67个百分点。在"权属证明资料缺乏"和"工作经费不足"方面，以行政村为单位的村庄的占比也更高，比重分别为6.67%和13.33%。由此可见，以行政村为产权单位的村庄在土地确权时面临更多的历史遗留和权属争议问题。

表 3-46　不同产权单位村庄土地确权中的最大困难　　　（单位:个,%）

最大的困难	村民小组	行政村
村民不支持	5.10	6.67
工作经费不足	10.20	13.33
历史遗留问题和权属争议多	50.00	66.67
权属证明资料缺乏	4.08	6.67
缺乏测量技术支持	4.08	0
其他	26.53	6.67
合计	100(98)	100(30)

第四节　结论与建议

农地确权是完善农村土地管理和规范土地流转的基础和保障,也是党和政府推进农村土地产权改革的重点工作。加快农村集体土地确权颁证工作意义重大,涉及广大农民的切身利益,是进一步推进土地制度改革的基础,只有以确权为基础的土地流转才能实现同地、同权和同价。当前,我国正在积极推进土地确权工作,以厘清土地归属,减少土地纠纷,化解社会矛盾,促进农村经济平稳有序发展。我国土地确权工作仍然存在权属争议较多、历史遗留问题等制约因素,这可能会导致农地确权工作基础不牢,激化社会矛盾,影响土地确权工作的顺利开展。因此要依法依规确权,积极调处土地权属争议;加强入户宣传力度,开展试点,确保确权工作稳妥有序;严格遵循土地确权登记标准和程序,保障土地确权主体平等;推进农村市场化,建立统一的土地流转市场和健全的土地流转服务体系,以此保障农民的合法土地权益。

(一) 依法依规,加强土地权属争议调处

(1) 依法依规确权。农村集体土地确权登记工作,要依法依规进行,按照法定程序进行调查、审核,切实做到权属合法、界址清楚、面积准确、登记资料记载和证书填写无误等。通过依法依规确权,防范农村集体土地权属纠纷,切实维护农民合法的财产权益。

(2) 加强权属争议调处。从机构建设、队伍建设、经费保障等各方面,采取有力措施,建立健全土地权属争议调处机制,妥善处理农村集体土地权属争议。一是建立争议调解小组。由地方政府牵头,乡镇干部、村干部、村庄精英等成员组成土

地权属争议调解小组,对历史遗留的土地纠纷进行调解。二是协商调解争议。对于存在争议的地,可以先协商调解,现场协商无法达成共识的由争议调解小组处理,若争议调解小组仍无法解决,为了不影响其他宗地的确权登记,对存在争议且现场无法达成共识的土地划定争议界线,暂不划入任何宗地,先对无争议土地进行权属界线的确定,待争议调解、处理、确权后,再将其划入相关宗地或单独划宗。

(3)引入司法仲裁。争议调解小组实在无法调解的土地权属纠纷,可以按照相关程序由司法部门裁定。司法部门的裁定,要注重对相关资料凭证的利用。在尊重事实的基础上,经过司法部门仲裁,对土地权属划定产生法律效力。

(二)因地制宜,试点先行,稳妥有序推进

(1)加强入户宣传力度。农村集体土地登记工作的直接受益者是农民,针对农民的文化程度,特别是一些年纪偏大的农民,建议有条件的地区采取入户宣传的办法,将政策解读送到田间炕头。用浅显易懂的语言讲事实,说清情况。可适时在农村范围内开展有关土地登记、土地产权知识的讲座,或者采取张贴海报、发放宣传册等方式,大力宣传土地登记、土地产权知识。以此提高农民的法律意识,增强农民的土地登记积极性、主动性,把集体土地登记宣传工作作为一次推广土地法、土地维权意识等相关知识的普及工作,为农村土地确权颁证工作提供助力。

(2)开展试点,稳妥推进。一是选取确权试点。可在每个乡镇选取1—3个经济基础较好、班子较强的行政村或居委会作为确权登记颁证工作的试点村,总结工作经验,研究相应的土地确权登记问题。二是分阶段开展工作。土地确权登记试点工作依据当地情况,可分为前期准备、调查摸底、清查核实和总结验收几个阶段。对各阶段中碰到的新情况、新问题,创造性地研究和实践,为开展农村集体土地确权登记颁证工作奠定良好的基础。三是按照"以点带面,稳步推进"的原则,逐步确定集体土地产权归属主体。在试点里选取典型,将其工作经验进行推广,带动周边村庄的确权工作开展,做到"乡镇不漏村,村不漏户"。

(三)规范程序,严把土地确权登记关

(1)明确权属主体。确定农民集体土地所有权主体遵循"主体平等"和"村民自治"的原则,按照乡镇、村和村民小组农民集体三类所有权主体,将农村集体土地所有权确认到每个具有所有权的农民集体。根据《物权法》《土地管理法》和相关文件要求,对农村集体土地进行确权登记颁证。

(2)严格执行调查登记标准。一方面,严把地籍调查结果质量关。地籍调查是土地确权登记的基础,调查结果质量关乎登记结果的公信度、权威性和准确性。要选好作业队伍,可以利用卫星定位技术测量地籍,有条件的地区,地籍调查可采用解析法实测界址点坐标并计算土地面积。不具备条件的地区,可以全国土地调查成果为基础,确定权属界线,采用图上量算或数据计算方法算出土地面积。另一方面,土地登记颁证必须符合"申请主体合法、权属材料齐全、界址清楚、权属无争议、面积准确"等基本条件,严格执行国土资源部"五不登记"和"十二不登记"的标准。对于权属材料不齐全、四至不清楚,或者权属有争议的土地,一律不予确权登记,预防日后土地纠纷的出现。

（3）严格执行土地登记程序。一方面,土地确权登记要按登记程序进行。要严格按照"政府通告——地籍调查——权利人申请——初审公告——政府审批——注册登记——发放证书"的登记程序办理土地登记手续。另一方面,严把土地登记审核关。严格依照《土地登记办法》的规定,加强对调查和申请资料真实性的审核,实事求是填写审查意见,确保土地登记内容合法有效。为了提高土地确权颁证效率,可以保留事后审核的权利,对于已确权登记颁证的土地,如果在后期审核中,发现材料造假、申请权属主体错误等,可以将确权登记证明收回。

（四）明确细则,方便农民土地确权登记

（1）出台操作细则。各地根据实际情况和工作需求,出台农村集体土地确权登记操作细则。一方面,明确权属调查、测量、申报、注册登记的要求和标准。让农民知晓申报登记所需要的环节,并清楚注册登记时要提交的证明材料。可以印制专门的"流程手册",发到农民手中,让农民心知肚明。另一方面,考虑到农村宅基地土地确权登记工作量大,建议适当降低申报材料的要求,设计专门的土地登记申请书、地籍调查表和审批表样式,简化内容,采用汇总表样式,以村为单位提供四邻身份证明材料,可将全村的宅基地登记档案资料统一保存,互为印证。

（2）农民土地确权零负担。土地确权工作,给农民带来的负担会降低农民确权登记的积极性。一方面,政府需要承担确权工作的基本支出。对于登记工作中的调查、测量、印制表册、购置设备等支出,市(县)财政部门应积极配合,明确确权登记工作经费来源,各地政府要拨付专项资金并专款专用,提供土地确权登记工作的经费保障。另一方面,为促进工作的顺利开展,激发农民土地确权登记积极性,应该为登记注册的农民提供交通补助、申报材料补助等,以适当形式的补助,减轻土地确权颁证工作给农民带来的负担,对较早完成确权登记的农民,可以进行适当的经济奖励,以奖代补提高农民申报登记的积极性。

（3）登记下乡,简化登记程序。一方面,在开展土地登记工作期间,可在乡镇政府设立临时土地登记部门,负责该乡的土地登记工作,还可提供土地登记方面的咨询,在农村适当开展土地产权知识的相关讲座,让"登记下乡"。另一方面,农民的文化水平有限,对于土地登记的重要性不够了解,过于复杂的土地确权登记程序,削弱了农民登记的积极性,在一定程度上降低了登记效率。土地登记部门可以在不影响土地登记颁证基本要求的前提下,适当简化登记程序。

(五)市场导向,发挥土地确权效用

(1)推进农村土地交易市场化。自2010年初实施第四次农村土地颁证工作,便开始了以权力保障为核心的农村土地管理制度转变,向农民土地"还权赋能"成为土地登记办证核心,最终要实现农民的土地完整产权,推进农村土地市场化。各地可根据需要成立土地流转和交易平台,让农民依法享有农村土地的物权,农民的土地承包权、使用权,可以通过转让交易产生收益。以市场为导向,使农村、农民拥有的各种财产商品化、货币化,为农村各类产权交易提供场所设施,实现城乡同地、同权、同价的自由流转。

(2)注重发挥土地登记的作用。农村集体土地登记颁证工作要与集体建设用地流转、农村土地整治、土地征收、农用地流转等各项重点工作相挂钩。一方面,各地新农村建设和农村土地整治涉及土地、宅基地调整的,需要以农村集体土地确权登记为前提,在征地拆迁时,要以农村集体土地所有证和农村集体土地使用证为补偿依据。另一方面,进入市场流转的经营性农村集体建设用地,必须经过确权登记颁证,让农用地流转与土地所有权确权登记工作做好衔接。凡是进入市场流转的经营性集体建设用地使用权,必须经过确权登记。

第四章 农民宅基地确权、抵押和转让*

中国共产党十八届三中全会提出,赋予农民更多财产权利,保障农户宅基地用益物权,改革完善农村宅基地制度。农民宅基地的确权、抵押和转让,不仅是保障农民财产权利、增加农民财产性收入的重要途径,也是农村宅基地制度改革的方向所在。本章利用调查数据,从基本状况、认识、行为等多个层面进行了详细的描述和分析,力图全面呈现当前宅基地确权、抵押和转让的情况。

第一节 农民宅基地的确权

宅基地是农民的重要财产。宅基地的确权登记发证,可以更好地保障农民的财产权,也为宅基地的抵押转让和市场化打下基础。本节主要从利用情况、闲置情况、确权情况和回收情况四个方面描述宅基地确权的开展情况,并从不同的角度对宅基地闲置的原因以及农民对宅基地回收的意愿和要求进行分析。

一、宅基地利用、闲置情况

(一)宅基地基本情况

(1)每户农民平均拥有一处以上的宅基地

"一户一宅"是国家对农民宅基地的基本规定。如表4-1所示,通过对全国4090个样本农户的调查发现,受访农户户均拥有宅基地1.15处,东部地区户均为1.19处,中部地区户均为1.15处,西部地区户均为1.13处。由此可见,全国农户户均宅基地超过一处,其中东部地区户均最多,中部地区次之,西部地区略低,农户户均宅基地拥有量从东向西依次递减。

---

* 本章作者:史亚峰、郑永君、徐玉栋、李文立、崔杰、杨富茂。

表 4-1　不同地区农民宅基地的拥有情况　　　（单位：个，处）

地区分组	均值	样本
东部	1.19	1151
中部	1.15	1718
西部	1.13	1221
全国	1.15	4090

（2）收入越高的农户宅基地拥有量也越高

调查发现，农户宅基地的拥有数量总体上与收入水平呈正相关关系。如表 4-2 所示，从低收入组到高收入组，农户户均宅基地拥有量分别为 1.05 处、1.10 处、1.15 处、1.19 处和 1.28 处。由此可见，随着收入水平的增加，农户拥有的宅基地数量也呈上升趋势，收入越高宅基地的拥有量也越多。

表 4-2　不同收入农民宅基地的拥有情况　　　（单位：个，处）

收入分组	均值	样本
低收入户	1.05	817
中低收入户	1.10	800
中等收入户	1.15	818
中高收入户	1.19	820
高收入户	1.28	828

（3）不同职业农民宅基地拥有数量差异明显

考察不同职业农民宅基地拥有数量发现（如表 4-3 所示），务农农民户均宅基地拥有量为 1.14 处，务工农民户均宅基地拥有量为 1.11 处，教师职业的农民户均宅基地拥有量为 1.17 处，个体户及私营企业主户均拥有宅基地 1.26 处，农村管理者户均拥有宅基地 1.23 处，其他职业农民户均拥有宅基地 1.19 处。可以看出，不同职业农民户均宅基地拥有量差异显著，个体户及私营企业主户均宅基地拥有量最多，其次是农村管理者，务工农民户均宅基地拥有量最少。

表 4-3　不同职业农民宅基地的拥有情况　　　（单位：个，处）

职业分组	均值	样本
务农	1.14	2586
务工	1.11	475

续表

职业分组	均值	样本
教师	1.17	65
个体户及私营企业主	1.26	342
农村管理者	1.23	272
其他	1.19	339

(4) 中部地区农民户均宅基地面积大于东部和西部地区

如表4-4所示，4046个受访农户的户均宅基地面积为245.32平方米，其中东部地区农户的户均宅基地面积为233.25平方米，中部地区农户的户均宅基地面积为252.45平方米，西部地区农户的户均宅基地面积为246.53平方米。由此可见，受地理环境、经济状况等因素的影响，不同地区农户的户均宅基地面积差异明显，东部地区农户的户均宅基地面积最小，西部地区农户的户均宅基地面积居中，中部地区农户的户均宅基地面积最大。

表4-4　不同地区农民宅基地的拥有面积　　（单位：个，平方米）

地区分组	均值	样本
东部地区	233.25	1130
中部地区	252.45	1708
西部地区	246.53	1208
全国	245.32	4046

(5) 宅基地拥有面积与收入水平大致呈正相关关系

调查发现，农户的收入水平对宅基地拥有面积有着显著影响。如表4-5所示，低收入农户的户均宅基地面积为179.31平方米，中低收入农户的户均宅基地面积为224.5平方米，中等收入农户的户均宅基地面积为264.21平方米，中高收入农户的户均宅基地面积为245.75平方米，高收入农户的户均宅基地面积为311.34平方米。可以看出，随着收入水平的提高，农户的宅基地拥有面积也在总体上呈递增趋势，宅基地拥有面积与收入水平大致呈正相关关系。

表 4-5　不同收入农民宅基地的拥有面积　　　　（单位:个,平方米）

收入分组	均值	样本
低收入	179.31	807
中低收入	224.50	793
中等收入	264.21	807
中高收入	245.75	813
高收入	311.34	819

(6) 务工农民的宅基地拥有面积相对较小

考察不同职业农民的宅基地拥有面积发现(见表4-6),务农农民的户均宅基地拥有面积为253.08平方米,务工农民的户均宅基地拥有面积为208.84平方米,教师职业农民的户均宅基地拥有面积为254.39平方米,个体户及私营企业主农民的户均宅基地拥有面积为251.74平方米,村干部等农村管理者的户均宅基地拥有面积为259.57平方米,从事其他职业的农民的户均宅基地拥有面积为219.08平方米。可以看出,不同职业农民的宅基地拥有面积差异较大,农村管理者的宅基地拥有面积明显较高,务工农民的宅基地拥有面积相对较低。

表 4-6　不同职业农民宅基地的拥有面积　　　　（单位:个,平方米）

职业分组	均值	样本
务农	253.08	2571
务工	208.84	465
教师	254.39	64
个体户及私营企业主	251.74	335
农村管理者	259.57	267
其他	219.08	333

(二) 宅基地闲置情况

(1) 一成以上的村庄普遍存在宅基地闲置的情况

在221个样本村庄中(见表4-7),宅基地闲置非常普遍的有9个,占比为4.07%;宅基地闲置比较普遍的有27个,占比为12.22%;宅基地闲置情况一般的有25个,占比为11.31%;宅基地闲置比较少的有87个,占比为39.37%;宅基地闲置非常少的有73个,占比为33.03%。也就是说,超过七成的村庄宅基地闲置情况比较少,同时也有一成以上的村庄宅基地闲置情况普遍。

表4-7 宅基地闲置情况　　　　　　　　　　　　（单位:个,%）

闲置情况	样本	占比
非常普遍	9	4.07
比较普遍	27	12.22
一般	25	11.31
比较少	87	39.37
非常少	73	33.03
合计	221	100

（2）不同地区宅基地闲置情况差异明显

考察不同地区宅基地闲置情况发现（如表4-8所示），东部地区宅基地闲置普遍的村庄占比为15.63%，中部地区宅基地闲置普遍的村庄占比为15.91%，西部地区宅基地闲置普遍的村庄占比为15%，中部地区宅基地普遍闲置的情况高于东部和西部地区。东部地区宅基地较少闲置的村庄占比为68.75%，中部地区为72.73%，西部地区为76.67%。由此可见，不同地区宅基地闲置情况差异明显。

表4-8 不同地区村庄的宅基地闲置情况　　　　　　（单位:个,%）

地区分组	闲置情况					合计
	非常普遍	比较普遍	一般	比较少	非常少	
东部地区	4.69	10.94	15.62	35.94	32.81	100(64)
中部地区	3.41	12.50	11.36	50.00	22.73	100(88)
西部地区	3.33	11.67	8.33	31.67	45	100(60)

（3）普通农村村庄宅基地闲置的情况较为普遍

表4-9显示，在221个有效样本村庄中，表示宅基地闲置"非常普遍"的普通农村村庄占比为4.10%，城郊村村庄占比为4.55%，城中村村庄占比为0;表示宅基地闲置"比较普遍"的普通农村村庄占比为13.85%，城郊村村庄和城中村村庄占比均为0。也就是说，17.95%的普通农村村庄宅基地闲置普遍，4.55%的城郊村村庄宅基地闲置普遍，没有受访的城中村表示宅基地闲置普遍。由此可见，普通农村村庄宅基地闲置的情况较为普遍，并且远高于城郊村和城中村。

表 4-9　不同类型村庄的宅基地闲置情况　　　　　　　　（单位：个,%）

村庄类型	闲置情况					合计
	非常普遍	比较普遍	一般	比较少	非常少	
普通农村	4.10	13.85	11.28	39.49	31.28	100(195)
城郊村	4.55	0	13.64	36.36	45.45	100(22)
城中村	0	0	0	50	50	100(4)

（4）平原和丘陵地区村庄宅基地闲置相对普遍

考察不同地形村庄宅基地闲置情况发现（见表4-10），表示宅基地闲置"非常普遍"的平原地区村庄占比为3.90%,丘陵地区村庄为4.55%,山地地区村庄为5.08%;表示宅基地闲置"比较普遍"的平原地区村庄占比为14.29%,丘陵地区村庄15.15%,山地地区村庄为8.47%。也就是说,宅基地闲置普遍的平原地区村庄为18.19%,丘陵地区村庄为19.70%,山地地区村庄为13.55%,平原和丘陵地区宅基地闲置相对普遍（其他地形区村庄样本较少,故不纳入比较）。

表 4-10　不同地形村庄的宅基地闲置情况　　　　　　　（单位：个,%）

地形分组	宅基地闲置					合计
	非常普遍	比较普遍	一般	比较少	非常少	
平原	3.90	14.29	14.29	38.96	28.57	100(78)
高原	0	0	7.14	28.57	64.29	100(14)
丘陵	4.55	15.15	10.61	43.94	25.76	100(66)
山地	5.08	8.47	8.47	37.29	40.68	100(59)
其他	0	25	25	50	0	100(4)

（5）近一成的宅基地处于闲置状态

从表4-11和图4-1可以看出,在4109个样本农户中,表示有宅基地闲置的农户有387个,占比为9.42%;表示没有宅基地闲置的农户有3722个,占比为90.58%。也就是说,2013年约有一成的宅基地处于闲置状态。2010年宅基地闲置的比重为5%,2013年与之相比有所增加,这可能是因为随着城镇化的快速推进,大量农村劳动力涌入城市,造成农村宅基地的闲置。

表 4-11　农民宅基地的闲置情况　　　　　　　　（单位：个，%）

是否闲置	样本	占比
是	387	9.42
否	3722	90.58
合计	4109	100

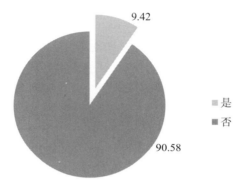

图 4-1　农民宅基地的闲置情况（单位：%）

（6）东部地区宅基地闲置的比重高于中部和西部地区

表 4-12 和图 4-2 显示，不同地区农户宅基地闲置情况差异明显。东部地区农户有宅基地闲置的比重为 12.49%，没有宅基地闲置的比重为 87.51%；中部地区农户有宅基地闲置的比重为 8.13%，没有宅基地闲置的比重为 91.87%；西部地区农户有宅基地闲置的比重为 8.32%，没有宅基地闲置的比重为 91.68%。由此可见，东部地区农户有宅基地闲置的比重最高，且高于全国整体水平；其次是西部地区，而中部地区最低，西部和中部地区均低于全国整体水平。

表 4-12　不同地区农民宅基地的闲置情况　　　　　　　　（单位：个，%）

地区分组	是否闲置		合计
	是	否	
东部地区	12.49	87.51	100(1161)
中部地区	8.13	91.87	100(1698)
西部地区	8.32	91.68	100(1250)
全国	9.42	90.58	100(4109)

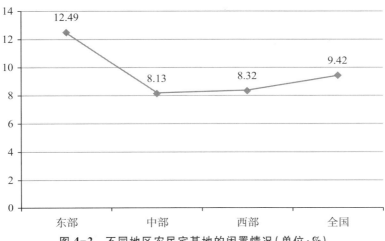

图 4-2 不同地区农民宅基地的闲置情况（单位：%）

(7) 收入越高，宅基地闲置率相对越高

如表 4-13 所示，家庭收入水平对宅基地闲置率影响显著。将农户家庭收入进行五等分，从低收入到高收入农户有宅基地闲置的比重分别为 6.27%、8.47%、7.99%、11.19%、13.15%，总体上呈递增趋势。也就是说，收入越低，宅基地闲置情况越少；收入越高，宅基地闲置情况越多；从低收入农户到高收入农户，宅基地利用状况呈下降趋势。这种状况可能是因为随着收入的增加，农民更愿意到城镇买房，原来的老房、旧房便处于闲置状态。

表 4-13　不同收入农民宅基地的闲置情况　　　　（单位：个，%）

收入分组	是否闲置		合计
	是	否	
低收入	6.27	93.73	100(829)
中低收入	8.47	91.53	100(803)
中等收入	7.99	92.01	100(826)
中高收入	11.19	88.81	100(822)
高收入	13.15	86.85	100(821)

(8) 30 岁以下农民宅基地闲置率最高

考察不同年龄农民宅基地闲置情况发现（如表 4-14 所示），宅基地闲置最多的年龄段是 30 岁以下，所占比重为 14.71%；其次是 40—49 岁，所占比重为 11.06%；再次是 30—39 岁，所占比重为 9.72%；50—59 岁和 60 岁及以上的农民宅基地闲置率较低,两者的比重分别为 8.10% 和 8.79%。30 岁以下的农民也就是新生代农民工,是当前农村外出务工的主要群体,这个群体大多是在农村建房、结婚,然后进入城市务工,从而导致这个年龄段的农民宅基地闲置率最高。

表 4-14 不同年龄农民宅基地的闲置情况　　　　　（单位:个,%)

年龄分组	是否闲置		合计
	是	否	
30 岁以下	14.71	85.29	100(102)
30—39 岁	9.72	90.28	100(360)
40—49 岁	11.06	88.94	100(1103)
50—59 岁	8.10	91.90	100(1235)
60 岁及以上	8.79	91.21	100(1308)

(9)教育水平与宅基地闲置率呈正相关关系

如表 4-15 所示,将农民的受教育程度五等分,从文盲到大专及以上,有宅基地闲置的农民所占的比重分别为 6.14%、7.84%、9.48%、13.37% 和 21.62%,总体上呈递增趋势。也就是说,农民的受教育程度越高,其宅基地闲置率就相对较高,教育水平与宅基地闲置率呈正相关关系。这主要是因为随着教育水平提高,农民致富的路径也相对越多,他们会选择外出务工或进城买房,从而造成宅基地闲置。

表 4-15 不同教育水平农民宅基地的闲置情况　　　　（单位:个,%)

教育水平分组	是否闲置		合计
	是	否	
文盲	6.14	93.86	100(407)
小学	7.84	92.16	100(1429)
初中	9.48	90.52	100(1614)
高中	13.37	86.63	100(546)
大专及以上	21.62	78.38	100(111)

(10)与普通农民相比,农村管理者的宅基地闲置情况更为普遍

进一步考察不同职业农民宅基地的闲置情况发现(见表 4-16),务农农民的宅基地闲置率为 8.09%,务工农民的宅基地闲置率为 10.08%,农村教师的宅基地闲置率为 11.94%,农村个体户及私营企业主的宅基地闲置率为 12.20%,农村管理者

的宅基地闲置率为13.19%,从事其他职业的农民的宅基地闲置率为12.50%。总体来看,务农农民宅基地闲置率最低,务工农民次之,农村个体户及私营企业主、其他职业农民宅基地闲置率较高,农村管理者的宅基地闲置率最高。农村管理者宅基地闲置率高与他们的特殊身份有关,他们往往更容易取得宅基地,加上"不在村的村干部"的增加,宅基地闲置的情况较为普遍。

表4-16　不同职业农民宅基地的闲置情况　　　　　　　　　（单位:个,%）

职业分组	是否闲置		合计
	是	否	
务农	8.09	91.91	100(2609)
务工	10.08	89.92	100(476)
教师	11.94	88.06	100(67)
个体户及私营企业主	12.20	87.80	100(336)
农村管理者	13.19	86.81	100(273)
其他	12.50	87.50	100(336)

(11) 东部地区农户的宅基地闲置数量相对较多

考察不同地区农户户均宅基地闲置情况发现(如表4-17所示),就全国整体水平来看,农户户均有0.10处宅基地处于闲置状态;分地区来看,中部地区和西部地区农户户均分别有0.08处和0.09处宅基地处于闲置状态,东部地区相对较高,农户户均有0.13处宅基地处于闲置状态。由此可见,东部地区农户的宅基地闲置数量相对较多,这可能与当地发展速度快、城镇化程度高有关。

表4-17　不同地区农户宅基地的闲置情况　　　　　　　　　（单位:个,处）

地区分组	均值	样本
东部地区	0.13	1124
中部地区	0.08	1692
西部地区	0.09	1193
全国	0.10	4009

(12) 收入越高的农户家中宅基地闲置就越多

调查发现,农民的收入水平对宅基地的闲置有显著影响。如表4-18所示,将农户的家庭收入进行五等分,低收入农户户均有0.04处宅基地闲置,中低收入农户户均有 0.07 处宅基地闲置,中等收入农户户均有 0.10 处宅基地闲置,中高收入农户户均有 0.11 处宅基地闲置,高收入农户户均有 0.15 处宅基地闲置。也就是说,随着收入的增加,宅基地闲置的情况也越来越多。这可能是由于随着收入水平的提高,农民更多的是到乡镇或城市买房,导致宅基地闲置。

表 4-18 不同收入农户宅基地闲置情况 （单位:个,处）

收入分组	均值	样本
低收入	0.04	797
中低收入	0.07	787
中等收入	0.10	803
中高收入	0.11	803
高收入	0.15	812

(13) 不同职业农民宅基地闲置数量差异明显

如表 4-19 所示,不同职业农民宅基地闲置情况均值有所差异,务农农民户均闲置宅基地 0.08 处,务工农民户均闲置宅基地 0.09 处,教师职业的农民户均闲置宅基地 0.13 处,个体户及私营企业主户均闲置宅基地 0.15 处,农村管理者户均闲置宅基地 0.13 处,从事其他职业的农民户均闲置宅基地 0.13 处。可见,务农和务工农民闲置宅基地相对较少,个体户及私营企业主闲置宅基地相对较多。

表 4-19 不同职业农民宅基地闲置情况 （单位:个,处）

职业分组	均值	样本
务农	0.08	2539
务工	0.09	467
教师	0.13	62
个体户及私营企业主	0.15	332
农村管理者	0.13	266
其他	0.13	332

(14) 中部地区农民户均闲置宅基地面积相对较小

考察不同地区农民户均闲置宅基地的面积发现(如表 4-20 所示),就全国整体情况看,2277 个有效样本农户户均闲置宅基地的面积为 26.79 平方米;分地区看,东部地区户均闲置宅基地的面积为 32.09 平方米,中部地区为 21.30 平方米,西部地区为30.51平方米。可以看出,东部地区户均闲置宅基地的面积最大,西部地区次之,中部地区最小;东部和西部地区户均闲置宅基地的面积高于全国整体水平,中部地区低于全国整体水平。

表4-20 不同地区农民闲置宅基地面积 （单位:个,平方米）

地区分组	均值	样本
东部地区	32.09	667
中部地区	21.30	1033
西部地区	30.51	577
全国	26.79	2277

（15）农户闲置宅基地面积与收入水平呈正相关关系

调查发现,农户闲置宅基地面积与收入水平呈正相关关系。如表4-21所示,低收入农户户均闲置宅基地面积为9.37平方米,中低收入农户户均闲置宅基地面积为23.90平方米,中等收入农户户均闲置宅基地面积为24.59平方米,中高收入农户户均闲置宅基地面积为28.66平方米,高收入农户户均闲置宅基地面积为43.97平方米。由此可见,随着收入水平的提高,农户户均闲置宅基地的面积也在不断增加;收入越高,农民的闲置宅基地就越多。

表4-21 不同收入农民闲置宅基地面积 （单位:个,平方米）

收入分组	均值	样本
低收入	9.37	425
中低收入	23.90	414
中等收入	24.59	456
中高收入	28.66	472
高收入	43.97	508

（16）不同职业农民宅基地闲置面积差异明显

如表4-22所示,不同职业农民宅基地闲置面积差异明显。务农农民户均闲置宅基地面积为23.43平方米,务工农民户均闲置宅基地面积为27.48平方米,教师职业的农民户均闲置宅基地面积为22.83平方米,个体户及私营企业主户均闲置宅基地面积为38.16平方米,村干部等农村管理者户均闲置宅基地面积为40.63平方米,从事其他职业的农民户均闲置宅基地为29.29平方米。由此可见,农村管理者和个体户及私营企业主闲置宅基地面积相对较大。

表 4-22 不同职业农民闲置宅基地面积　　　　（单位：个，平方米）

职业分组	均值	样本
务农	23.43	1432
务工	27.48	250
教师	22.83	36
个体户及私营企业主	38.16	194
农村管理者	40.63	158
其他	29.29	200

（三）宅基地闲置原因

（1）全家常年外出务工是导致宅基地闲置的主要原因

表 4-23 显示，在 204 个样本村庄中，当问及宅基地闲置的原因时，表示由于"全家常年外出打工"导致宅基地闲置的有 95 个，占比为 46.57%；表示由于"选新址建房"导致宅基地闲置的有 57 个，占比为 27.94%；表示由于"在外买房"导致宅基地闲置的有 29 个，占比为 14.22%；其他原因导致宅基地闲置的有 23 个，占比为 11.27%。由此可见，全家常年外出务工是导致宅基地闲置的主要原因。

表 4-23 宅基地闲置的原因　　　　（单位：个，%）

闲置原因	样本	占比
全家常年外出打工	95	46.57
选新址建房	57	27.94
在外买房	29	14.22
其他	23	11.27
合计	204	100

（2）不同地区村庄宅基地闲置的原因差异较为明显

考察不同地区村庄宅基地闲置的原因发现（如表 4-24 所示），不同地区宅基地闲置的原因差异较为明显。东部地区由于村民"全家常年外出打工"导致宅基地闲置的比重为 38.33%，中部和西部地区这一比重明显较高，占比分别为 50.60% 和 52.83%，这可能与东部地区经济发展相对较快，常年外出打工家庭的比重相对较低有关。受经济发展程度和收入水平等的影响，东部地区由于村民"在外买房"导致宅基地闲置的比重明显高于中部和西部地区，比重为 20%，远高于中部和西部地区的 12.05% 和 11.32%。

表 4-24　不同地区宅基地闲置的原因　　　　　　（单位：个，%）

地区分组	闲置原因				合计
	全家常年外出打工	选新址建房	在外买房	其他	
东部地区	38.33	28.33	20	13.34	100(64)
中部地区	50.60	32.53	12.05	4.82	100(83)
西部地区	52.83	24.53	11.32	11.32	100(57)

（3）城郊村和城中村由于村民"在外买房"导致宅基地闲置的比重高于普通农村

进一步考察不同类型村庄宅基地闲置的原因发现（如表 4-25 所示），普通农村村庄由于村民"选新址建房"导致宅基地闲置的比重为 28.96%，城郊村村庄的这一比重为 21.05%，城中村村庄的这一比重为 0；普通农村村庄由于村民"在外买房"导致宅基地闲置的比重为 13.11%，城郊村村庄的这一比重为 21.05%，城中村村庄的这一比重为 50%。由此可见，随着经济水平的提高，因村民"在外买房"导致宅基地闲置的比重不断提高。

表 4-25　不同类型村庄宅基地闲置的原因　　　　　　（单位：个，%）

村庄类型	闲置原因				合计
	全家常年外出打工	选新址建房	在外买房	其他	
普通农村	46.45	28.96	13.11	11.48	100(183)
城郊村	47.37	21.05	21.05	10.53	100(19)
城中村	50	0	50	0	100(2)

二、宅基地确权、回收情况

（一）宅基地确权情况

（1）四成村庄尚未开展宅基地确权登记发证工作

表 4-26 显示，在 215 个有效样本村庄中，已经完成宅基地确权登记工作的有 58 个，所占比重为 26.98%；正在进行的有 71 个，所占比重为 33.02%；尚未进行的有 86 个，所占比重为 40%。也就是说，六成的村庄正在进行或已经完成了宅基地确权登记发证工作，有四成的村庄尚未开展宅基地确权登记发证工作。

表 4-26　宅基地确权登记发证工作开展状况　　　　　（单位：个，%）

开展情况	样本	占比
已经完成	58	26.98
正在进行	71	33.02
尚未进行	86	40
合计	215	100

（2）东部地区宅基地确权登记发证工作开展较快，中部和西部地区明显滞后

不同地区宅基地确权登记发证工作开展情况差异明显。表 4-27 显示，2013 年东部地区已经完成宅基地确权登记发证工作的村庄占比为 31.25%，中部地区为 23.86%，西部地区为 28.33%，全国平均水平为 26.98%；2013 年东部地区尚未进行宅基地确权登记发证工作的村庄占比为 25%，中部地区为 48.86%，西部地区为 45%，全国平均水平为 40%。可以看出，东部地区宅基地确权登记发证工作开展较快，中部和西部地区明显滞后，尤其是中部地区开展最慢，还有近半数的村庄尚未开展宅基地确权登记发证工作。

表 4-27　不同地区村庄宅基地确权登记发证工作开展情况　（单位：个，%）

地区分组	开展情况			合计
	已经完成	正在进行	尚未进行	
东部地区	31.25	43.75	25	100(66)
中部地区	23.86	27.27	48.86	100(88)
西部地区	28.33	26.67	45	100(61)
全国	26.98	33.02	40	100(215)

（3）城中村村庄宅基地确权登记发证工作开展较快

从表 4-28 可以看出，城中村村庄宅基地确权登记发证工作已经完成的占比为 50%，城郊村为 36.36%，普通农村为 25.40%。相比之下，城中村村庄宅基地确权登记发证工作完成的比重最高，城郊村次之，普通农村最低。就正在进行宅基地确权登记发证工作的村庄比重看，普通农村为 34.39%，城中村为 25%，城郊村为 22.73%。可以看出，普通农村村庄的宅基地确权登记发证工作正在进行当中，这可能与农村的确权工作量大、开展晚、困难大有关。

表 4-28　不同类型村庄宅基地确权登记发证工作开展情况　　（单位：个，%）

村庄类型	开展情况			合计
	已经完成	正在进行	尚未进行	
普通农村	25.40	34.39	40.21	100(189)
城郊村	36.36	22.73	40.91	100(22)
城中村	50	25	25	100(4)

（4）地形对宅基地确权登记发证工作的开展影响明显

考察不同地形区宅基地确权登记发证工作开展情况发现（见表4-29），平原和山地地区宅基地确权登记发证工作开展较快，高原、丘陵地区相对缓慢。调查显示，山地地区村庄完成宅基地确权登记发证工作的比重最高，占比为32.76%；平原地区次之，占比为28.38%；丘陵和高原地区比重最低，占比分别为21.88%和21.43%。就尚未进行宅基地确权登记发证工作的情况看，高原地区尚未进行宅基地确权登记发证工作的比重最高，占比为57.14%；其次是丘陵地区，占比为43.74%；然后是山地和平原地区，占比分别为39.65%和35.13%。

表 4-29　不同地形区村庄宅基地确权登记发证工作开展情况　　（单位：个，%）

地形分组	开展情况			合计
	已经完成	正在进行	尚未进行	
平原	28.38	36.49	35.13	100(75)
高原	21.43	21.43	57.14	100(14)
丘陵	21.88	34.38	43.74	100(64)
山地	32.76	27.59	39.65	100(58)
其他	25	75	0	100(4)

（5）林区村庄宅基地确权登记发证工作开展较快

不同农业生产类型村庄宅基地确权登记发证工作开展情况差异较为显著。表4-30显示，林区村庄已经完成宅基地确权登记发证工作的比重较高，农业区村庄尚未进行宅基地确权登记发证工作的比重较高。就已经完成宅基地确权登记发证工作的村庄占比看，林区村庄的占比为44.44%，农业区村庄的占比为26.26%，牧区村庄为20%；就正在进行宅基地确权登记发证工作的村庄比重看，牧区村庄的比重为40%，农业区村庄的比重为32.83%，林区村庄的比重为22.23%。总体来看，林区村庄宅基地确权登记发证工作开展较快，农业区和牧区村庄相对较慢。渔区村庄受样本数量限制,故不纳入比较范围。

表4-30 不同生产类型村庄宅基地确权登记发证工作开展情况 （单位:个,%）

农业生产类型	开展情况			合计
	已经完成	正在进行	尚未进行	
农业区	26.26	32.83	40.91	100(198)
林区	44.44	22.23	33.33	100(9)
牧区	20	40	40	100(5)
渔区	0	100	0	100(2)

（二）宅基地回收情况

（1）不足一成的村庄对闲置宅基地进行过回收

表4-31显示,当问到"闲置宅基地是否被村集体收回"时,在204个样本村庄中,有186个村庄表示"没有收回",所占比重为91.18%;有18个村庄表示"有收回",所占比重为8.82%。可见,只有不足一成的村庄的闲置宅基地被收回。

表4-31 闲置宅基地回收情况 （单位:亩,%）

是否收回	样本	占比
没收回	186	91.18
收回	18	8.82
合计	204	100

（2）中部地区收回闲置宅基地的比重高于东部和西部地区

考察不同地区闲置宅基地回收情况发现（如表4-32所示）,东部地区村庄收回闲置宅基地的比重为7.94%,中部地区村庄收回闲置宅基地的比重为12.94%,西部地区村庄收回闲置宅基地的比重为3.57%。由此可见,中部地区村庄收回闲置宅基地的比重最高,东部地区次之,西部地区最低。

表4-32 不同地区村庄闲置宅基地的回收情况 （单位:个,%）

地区分组	是否收回闲置宅基地		合计
	没收回	收回	
东部地区	92.06	7.94	100(63)
中部地区	87.06	12.94	100(85)
西部地区	96.43	3.57	100(56)

（3）普通农村村庄闲置宅基地的回收比重高于城郊村和城中村村庄

进一步考察不同类型村庄闲置宅基地的回收情况发现（见表4-33），有10.06%的普通农村村庄收回过闲置宅基地，89.94%的村庄没有收回；城郊村和城中村村庄均没有收回过闲置宅基地。由此可见，普通农村村庄进行过闲置宅基地回收的比重高于城郊村和城中村村庄。

表4-33　不同类型村庄闲置宅基地的回收情况　　　　（单位：个,%）

村庄类型	是否收回闲置宅基地		合计
	没收回	收回	
普通农村	89.94	10.06	100(179)
城郊村	100	0	100(22)
城中村	100	0	100(3)

（4）若得到合理补偿，四成农民愿意退回闲置宅基地

考察农民得到合理补偿后退回闲置宅基地的意愿时发现，在2693个有效样本中，有1139个受访农民表示得到合理补偿的话愿意退回闲置宅基地，所占比重为42.29%；有1037个受访农民表示不愿意退回闲置宅基地，所占比重为38.52%；还有517个受访农民表示说不清，所占比重为19.19%。（见表4-34）可见，如果得到合理补偿，四成农民愿意退回闲置宅基地。

表4-34　农民若得到合理补偿退回闲置宅基地的意愿　　　（单位：个,%）

退回意愿	样本	占比
愿意	1139	42.29
不愿意	1037	38.52
说不清	517	19.19
合计	2693	100

（5）若得到合理补偿，西部地区农民退回闲置宅基地的意愿最强

从不同地区来看，如果得到合理补偿，东部、中部、西部三个地区农民表示不愿意退回闲置宅基地的占比分别为42.68%、39.39%和32.08%；表示说不清的占比分别为18.29%、18.93%和20.73%；表示愿意退回闲置宅基地的占比分别为39.03%、41.68%和47.19%。（见表4-35）总体来看，若得到合理补偿，东部地区农民退回闲置宅基地的意愿最低；中部地区次之；西部地区最高，愿意退回的比重接近五成。东部地区农民意愿较低可能与当地土地价值不断提高有关。

表 4-35 不同地区农民若得到合理补偿退回闲置宅基地的意愿 （单位：个，%）

地区分组	退回意愿			合计
	愿意	不愿意	说不清	
东部地区	39.03	42.68	18.29	100(820)
中部地区	41.68	39.39	18.93	100(1178)
西部地区	47.19	32.08	20.73	100(695)
全国	42.29	38.52	19.19	100(2693)

(6) 年长农民退回闲置宅基地的意愿偏低

考察不同年龄段农民如果得到合理补偿退回闲置宅基地的意愿时发现（如表 4-36 所示），随着年龄的增长农民不愿意退回闲置宅基地的占比呈递增趋势。从 30 岁以下到 60 岁及以上，农民不愿意退回闲置宅基地的比重分别为 34.92%、35.94%、35.86%、38.12% 和 41.92%；相应地，50—59 岁和 60 岁及以上的农民愿意退回闲置宅基地的比重分别为 41.86% 和 39.29%，明显低于其他年龄段的农民。由此可见，年龄越大的农民，不愿意退回闲置宅基地的比例越高。

表 4-36 不同年龄农民若得到合理补偿退回闲置宅基地的意愿 （单位：个，%）

年龄	退回意愿			合计
	愿意	不愿意	说不清	
30 岁以下	44.44	34.92	20.64	100(63)
30—39 岁	47.47	35.94	16.59	100(217)
40—49 岁	44.73	35.86	19.41	100(711)
50—59 岁	41.86	38.12	20.02	100(829)
60 岁及以上	39.29	41.92	18.79	100(873)

(7) 受教育程度高的农民退回闲置宅基地的意愿也较高

不同受教育程度农民若得到合理补偿后退回闲置宅基地的意愿也不相同。如表 4-37 所示，如果得到合理补偿，文盲农民表示愿意退回闲置宅基地的比重为 40.55%，小学学历的农民表示愿意退回闲置宅基地的比重为 41.45%，初中学历的农民表示愿意退回闲置宅基地的比重为 41.54%，高中和大专及以上学历的农民表示愿意退回闲置宅基地的比重分别为 42.51% 和 42.86%。由此可见，随着教育水平的提高，农民在得到合理补偿后退回闲置宅基地的意愿也越高。

表 4-37　不同教育水平农民若得到合理补偿退回闲置宅基地的意愿（单位：个，%）

教育水平分组	退回意愿			合计
	愿意	不愿意	说不清	
文盲	40.55	35.04	24.41	100(254)
小学	41.45	38.89	19.66	100(923)
初中	41.54	38.72	19.74	100(1064)
高中	42.51	40.05	17.44	100(367)
大专及以上	42.86	35.71	21.43	100(84)

（8）农村管理者和务工农民退回闲置宅基地的意愿较高

考察不同职业农民得到合理补偿后退回闲置宅基地的意愿发现（如表4-38所示），务农农民表示愿意退回闲置宅基地的占比为41.57%，务工农民表示愿意退回闲置宅基地的占比为44.44%，教师职业的农民表示愿意退回闲置宅基地的占比为39.53%，个体户和私营企业主表示愿意退回闲置宅基地的占比为39.27%，农村管理者和从事其他职业的农民表示愿意退回闲置宅基地的占比分别为54.21%和39.83%。可以看出，农村管理者和务工农民若得到合理补偿则退回闲置宅基地的意愿较高。

表 4-38　不同职业农民若得到合理补偿退回闲置宅基地的意愿（单位：个，%）

职业分组	退回意愿			合计
	愿意	不愿意	说不清	
务农	41.57	37.89	20.54	100(1655)
务工	44.44	38.73	16.83	100(315)
教师	39.53	37.21	23.26	100(43)
个体私营者	39.27	44.53	16.20	100(247)
农村管理者	54.21	31.05	14.74	100(190)
其他	39.83	42.37	17.80	100(236)

（9）若推行集中居住，近五成农民愿意放弃老宅基地

调查发现（如表4-39所示），如果推行集中居住，在4025个受访农民中，表示愿意放弃老宅基地的有1927人，所占比重为47.87%；表示不愿意放弃老宅基地的有1362人，所占比重为33.83%；表示说不清的有736人，所占比重为12.30%。由

此可见,如果推行集中居住,近五成农民愿意放弃老宅基地,同时也有三成农民不愿意放弃老宅基地。

表 4-39　若推行集中居住,农民放弃宅基地的意愿　　（单位:个,%）

放弃意愿	样本	占比
是	1927	47.87
否	1362	33.83
说不清	736	12.30
合计	4025	100

（10）若推行集中居中,西部地区农民更愿意放弃老宅基地

分地区看,若推行集中居住,从东部地区到西部地区,表示愿意放弃老宅基地的占比分别为 47.41%、47.14% 和 49.36%;表示不愿意放弃老宅基地的占比分别为 36.54%、33.17% 和 32.23%。（见表 4-40）可见,若推行集中居住,西部地区农民更愿意放弃老宅基地,东部和中部地区农民的意愿相对较弱。

表 4-40　若推行集中居住,不同地区农民放弃宅基地的意愿　　（单位:个,%）

地区分组	放弃意愿			合计
	是	否	说不清	
东部地区	47.41	36.54	16.05	100(1122)
中部地区	47.14	33.17	19.69	100(1718)
西部地区	49.36	32.23	18.41	100(1185)
全国	47.87	33.83	12.30	100(4025)

（11）老年农民不愿放弃老宅基地集中居住

考察不同年龄农民放弃老宅基地的意愿发现（如表 4-41 所示）,若推行集中居住,30 岁以下的农民表示愿意放弃老宅基地的比重为 48.54%,30—39 岁的农民表示愿意放弃老宅基地的比重为 52.17%,40—49 岁的农民表示愿意放弃老宅基地的比重为 49.34%,50—59 岁的农民表示愿意放弃老宅基地的比重为 47.46%,60 岁及以上的农民表示愿意放弃老宅基地的比重为 45.80%。可以看出,由于受观念等因素的影响,老年农民愿意放弃老宅基地的比重明显低于年轻农民。

表 4-41　若推行集中居住,不同年龄农民放弃宅基地的意愿　（单位:个,%）

年龄分组	放弃意愿			合计
	是	否	说不清	
30 岁以下	48.54	32.04	19.42	100(103)
30—39 岁	52.17	31.59	16.24	100(345)
40—49 岁	49.34	34.08	16.58	100(1068)
50—59 岁	47.46	34.12	18.42	100(1222)
60 岁及以上	45.80	34.14	20.06	100(1286)

（12）受教育水平高的农民更愿意放弃老宅基地

不同受教育水平的农民放弃老宅基地的意愿也不同。如表 4-42 所示,若推行集中居住,大专及以上学历的农民表示愿意放弃老宅基地的占比最高,为 50.46%；文盲农民表示愿意放弃老宅基地的占比最低,为 42.86%；小学、初中和高中学历的农民表示愿意放弃老宅基地的占比分别为 48.27%、48.46% 和 48.24%。由此可见,随着受教育水平的提高,农民放弃老宅基地的意愿也越强烈。

表 4-42　若推行集中居住,不同教育水平农民放弃宅基地的意愿（单位:个,%）

教育水平分组	放弃意愿			合计
	是	否	说不清	
文盲	42.86	32.91	24.23	100(392)
小学	48.27	34.15	17.58	100(1388)
初中	48.46	33.48	18.06	100(1595)
高中	48.24	34.32	17.44	100(539)
大专及以上	50.46	35.78	13.76	100(109)

第二节　农民宅基地的抵押

本节从农民的视角出发,依地区分布、收入水平、年龄阶段、受教育程度和职业类型等维度,从财产意识和抵押行为两个方面对农民宅基地的抵押情况进行描述和分析,以期全面地展现农民对于宅基地抵押的认知和选择。

一、农民的宅基地产权认知

(一)农民对宅基地财产功能的认知

农民对宅基地的认识会影响到其关于宅基地的行为选择。当问到您是否赞同"宅基地是农民的最大财产"的说法时,在4063个样本农民中,表示"非常赞同"的有1971个,占比为48.51%;表示"比较赞同"的有1521个,占比为37.43%;表示"一般"的有387个,占比为9.52%;表示"不太赞同"和"很不赞同"的分别有98个和21个,占比分别为2.41%和0.54%;有65个农民表示"说不清",占比为1.59%。(见表4-43)也就是说,85.94%的农民赞成"宅基地是农民的最大财产"的说法。可见,八成以上的农民将宅基地视为自己的最大财产。

表4-43 农民对"宅基地是农民的最大财产"的看法 (单位:个,%)

看法	样本	占比
非常赞同	1971	48.51
比较赞同	1521	37.43
一般	387	9.52
不太赞同	98	2.41
很不赞同	21	0.54
说不清	65	1.59
合计	4063	100

(二)农民对宅基地保障功能的认知

宅基地对于农民具有经济和保障的双重功能。调查发现(见表4-44),在4064个样本农民中,对于"宅基地是农民最根本的社会保障"的说法,表示"非常赞同"的有1900个,所占比重为46.75%;表示"比较赞同"的有1538个,所占比重为37.86%;表示"一般"的有450个,所占比重为11.07%;只有97个和11个农民"不太赞同"和"很不赞同"这一说法,占比依次为2.38%、0.27%。也就是说,超过八成的农民赞成"宅基地是农民最根本的社会保障"的说法。由此可见,在当前农村社会保障体制尚不健全的情况下,宅基地被农民视为最为重要的保障。

表4-44 农民对"宅基地是农民最根本的社会保障"的看法 (单位:个,%)

看法	样本	占比
非常赞同	1900	46.75
比较赞同	1538	37.86

续表

看法	样本	占比
一般	450	11.07
不太赞同	97	2.38
很不赞同	11	0.27
说不清	68	1.67
合计	4064	100

（三）农民对宅基地抵押权利的认知

考察农民是否赞同"宅基地可以自由抵押"的说法时发现，如表4-45所示，在4056个样本农民中，对于"宅基地可以自由抵押"的说法表示"比较赞同"的有1130个，占比为27.86%，占比最高；其次是对这一说法表示"一般"的农民，样本数为887个，占比为21.86%；对这一说法表示"非常赞同"的有688个，占比为16.96%；对这一说法表示"不太赞同"和"很不赞同"的占比分别为14.03%和9.41%。可以看出，有超过四成的农民认为宅基地可以自由抵押，有两成的农民态度模糊，也有两成多的农民不认为宅基地可以自由抵押。

表4-45 农民对"宅基地可以自由抵押"的看法　　　　（单位：个，%）

看法	样本	占比
非常赞同	688	16.96
比较赞同	1130	27.86
一般	887	21.86
不太赞同	568	14.03
很不赞同	382	9.41
说不清	401	9.88
合计	4056	100

二、农民的宅基地抵押行为

（一）农民愿意抵押的比重分析

（1）如果政策允许，两成农民会选择房屋抵押贷款

当问到"如果允许农村房屋抵押贷款，您是否会选择抵押"时，在4045个样本

农民中,表示会选择抵押贷款的有 1002 人,占样本农民的 25.26%;表示不会选择抵押贷款的有 2374 人,占样本农民的 58.23%;表示说不清的有 669 人,占样本农民的 16.51%。(见表 4-46)也就是说,如果政策允许农村房屋抵押贷款,超过两成的农民会选择抵押贷款,近六成的农民不会选择抵押贷款。

表 4-46 农民房屋抵押贷款的意愿　　　　　　　(单位:个,%)

抵押意愿	样本	占比
会	1002	25.26
不会	2374	58.23
说不清	669	16.51
合计	4045	100

(2) 西部地区农民房屋抵押贷款的意愿最强

考察不同地区农民房屋抵押贷款意愿发现,东部、中部和西部地区农民表示会选择房屋抵押贷款的比重分别为 19.19%、22.56% 和 33.24%,表示不会选择房屋抵押贷款的比重分别为 66.47%、60.94% 和 48.07%。(见表 4-47)可见,西部地区农民房屋抵押贷款的意愿最强,中部地区次之,东部地区最弱。这种状况可能是由中西部地区经济发展相对落后,农民收入水平较低,加上资金来源渠道相对狭窄造成的,农民选择抵押房屋来获得资金的意愿更加强烈。

表 4-47 不同地区农民房屋抵押贷款的意愿　　　　　(单位:个,%)

地区分组	抵押意愿			合计
	会	不会	说不清	
东部地区	19.19	66.47	14.34	100(1136)
中部地区	22.56	60.94	16.50	100(1715)
西部地区	33.24	48.07	18.67	100(1194)
全国	25.26	58.23	16.51	100(4045)

(3) 高收入农民房屋抵押贷款的意愿最高

考察不同家庭收入农民农村房屋抵押贷款意愿发现(如表 4-48 所示),高收入和中高收入农民表示不会抵押农房贷款的占比分别为 56.25% 和 58.22%,中低收入和低收入农民的此项占比分别为 60.25% 和 61.34%;高收入和中高收入农民表示会抵押农房贷款的占比依次为 29.40%、26.49%,中低收入和低收入农民的此项占比依次为 22.02%、20.56%。可以看出,随着收入水平的提高,农民选择农房抵押贷款的意愿更加强烈。尤其是高收入和中高收入农民选择农房抵押贷款的意愿明显高于中低收入和低收入农民。这可能与他们有着良好的收入,对农房的依赖性更低相关,因此,他们更愿意将自己的农房进行抵押贷款,而收入较低的农民则相反。

表 4-48 不同收入农民房屋抵押贷款的意愿 (单位:个,%)

收入分组	抵押意愿			合计
	会	不会	说不清	
低收入	20.56	61.34	18.10	100(812)
中低收入	22.02	60.25	17.73	100(795)
中等收入	25.09	57.52	17.39	100(805)
中高收入	26.49	58.22	15.29	100(804)
高收入	29.40	56.25	14.35	100(823)

(4)年轻农民选择房屋抵押贷款的意愿高于年长农民

调查发现,不同年龄阶段农民选择农房抵押贷款的意愿也不同。30 岁以下的农民表示会选择农房抵押贷款的比重为 30.09%;60 岁及以上的农民表示会选择农房抵押贷款的比重为 16.47%;30—39 岁、40—49 岁以及 50—59 岁的农民表示会选择农房抵押贷款的比重分别为 32.26%、31.17% 和 25.34%。(见表 4-49)可以看出,年轻农民选择农房抵押贷款的意愿明显高于年长农民。这是因为年轻的农民致富的冲动强烈,对未来有着良好的预期,抵押农房贷款的意愿更高;而年长的农民则趋于保守,抵押农房贷款的意愿偏低。

表 4-49 不同年龄农民房屋抵押贷款的意愿 (单位:个,%)

年龄分组	抵押意愿			合计
	会	不会	说不清	
30 岁以下	30.09	51.45	18.46	100(103)
30—39 岁	32.26	52.03	15.71	100(344)
40—49 岁	31.17	53.09	15.74	100(1081)
50—59 岁	25.34	57.23	17.43	100(1223)
60 岁及以上	16.47	67.05	16.48	100(1293)

（5）教育水平越低的农民房屋抵押贷款的意愿越低

调查发现,受教育水平对农民抵押房屋贷款的意愿影响显著。如表4-50所示,文盲农民愿意抵押农房贷款的比重为18.98%,比重最低;其次是小学学历的农民,愿意抵押农房贷款的比重为23.01%;初中、高中、大专及以上学历的农民愿意抵押农房贷款的比重分别为24.96%、31.36%和32.72%。总体来看,文化程度越低,抵押农房贷款的意愿越低,文化程度高的农民更愿意抵押农房贷款。

表4-50 不同教育水平农民房屋抵押贷款的意愿 （单位:个,%）

教育水平分组	抵押意愿			合计
	会	不会	说不清	
文盲	18.98	58.46	22.56	100(390)
小学	23.01	62.68	14.31	100(1399)
初中	24.96	56.63	18.41	100(1081)
高中	31.36	56.08	12.56	100(542)
大专及以上	32.72	50.90	16.36	100(1293)

（6）收入越稳定的农民抵押房屋贷款的意愿越高

考察不同职业农民抵押农房贷款的意愿发现,有稳定收入的农民更愿意抵押农房贷款,而没有稳定收入的农民不大愿意抵押农房贷款。教师、个体户及私营企业主和农村管理者都有相对稳定的收入,农房对于他们来说不再是生存的保障品,愿意抵押农房贷款的比重均在三成左右,分别为29.68%、30%和38.37%;务农、务工和从事其他职业的农民收入波动较大,对于农房的依赖性更强,愿意抵押农房贷款的比重明显偏低,依次为23.35%、23.82%和20.17%。（见表4-51）

表4-51 不同职业农民房屋抵押贷款的意愿 （单位:个,%）

职业分组	抵押意愿			合计
	会	不会	说不清	
务农	23.35	59.53	17.12	100(2560)
务工	23.82	60.38	15.80	100(462)
教师	29.68	51.57	18.75	100(64)
个体私营者	30	50.05	17.95	100(340)
农村管理者	38.37	49.81	11.82	100(271)
其他	20.17	64.09	15.74	100(337)

(二) 农民不愿抵押的原因分析

(1) 近五成农民认为房屋是安身之本不能抵押

如表4-52所示,在2848个样本农民中,表示"房子是安身之本不能抵押"的有1331个,所占比重为46.73%,占比最高;表示"没有必要抵押"的有1126个,仅次于表示"房子是安身之本不能抵押"的农民,所占比重为39.55%;表示"担心抵押收不回"和"其他原因"的分别有280个和111个,所占比重分别为9.83%和3.89%。总体来说,当前房子对农民有着重要的保障功能,从而影响了其资本功能的发挥,近五成农民认为房子是安身之本不能抵押。

表4-52 农民不选择抵押房屋的原因 (单位:个,%)

原因	样本	占比
担心抵押收不回	280	9.83
房子是安身之本不能抵押	1331	46.73
没有必要抵押	1126	39.55
其他	111	3.89
合计	2848	100

(2) 高收入农民对房屋依赖性更小,低收入农民抵押房屋必要性更高

从不同收入水平来看,如表4-53所示,从高收入组到低收入组,认为"房子是安身之本不能抵押"的占比呈上升趋势,分别为38.75%、46.63%、46.49%、48.95%和53.04%;认为"没有必要抵押"的占比呈递减趋势,分别为48.44%、38.79%、38.59%、37.42%和34.26%。总体而言,收入越低,农房的保障功能越突显,低收入农民对农房的依赖性更大,高收入农民对农房的依赖性更小;低收入农民抵押农房的必要性更高,高收入农民抵押农房的必要性较低。

表4-53 不同收入农民不选择抵押房屋的原因 (单位:个,%)

收入分组	原因				合计
	担心抵押收不回	房子是安身之本不能抵押	没必要抵押	其他	
低收入	9.23	53.04	34.26	3.47	100(575)
中低收入	9.79	48.95	37.42	3.84	100(572)
中等收入	11.33	46.49	38.59	3.59	100(557)
中高收入	10.49	46.63	38.79	4.09	100(562)
高收入	8.32	38.75	48.44	4.49	100(578)

(3) 受教育水平越高,对房屋的依赖性越小,抵押农房的必要性越低

受教育水平对农民抵押农房贷款的行为和认知有明显的影响。调查显示(如表 4-54 所示),从文盲组到大专及以上组,表示"担心抵押收不回"的占比呈递减趋势,分别为 10.77%、10.15%、9.51%、9.50% 和 9.21%;表示"房子是安身之本不能抵押"的占比同样呈递减趋势,分别为 53.85%、51.25%、43.22%、41.69% 和 39.47%;表示"没有必要抵押"的占比呈上升趋势,分别为 31.92%、35.38%、43.40%、42.74% 和 47.37%。由此可见,随着受教育水平的提高,农民对抵押农房贷款有着更加理性的认识;同时,受教育水平越高也意味着有更加多元的收入来源,因此对农房的依赖性较小,抵押农房的必要性越低。

表 4-54 不同教育水平农民不选择抵押房屋的原因　　　　(单位:个,%)

教育水平分组	原因				合计
	担心抵押收不回	房子是安身之本不能抵押	没必要抵押	其他	
文盲	10.77	53.85	31.92	3.46	100(260)
小学	10.15	51.25	35.38	3.22	100(995)
初中	9.51	43.22	43.40	3.87	100(692)
高中	9.50	41.69	42.74	6.07	100(379)
大专及以上	9.21	39.47	47.37	3.95	100(76)

(4) 有稳定收入的农民房屋抵押的必要性越低

职业也是影响农民房屋抵押贷款意愿的重要因素。如表 4-55 所示,务工农民认为"房子是安身之本不能抵押"的占比最高,为 49.25%;其次是务农农民,占比为 48.32%;教师、个体户及私营企业主和农村管理者的占比明显较低,依次为 39.53%、37.72% 和 35.26%。而教师、个体户与私营企业主和农村管理者认为"没有必要抵押"的占比接近五成,分别为 46.51%、49.12% 和 49.71%,高出务农和务工农民同项占比约十个百分点。也就是说,对于有稳定收入的农民而言,房子保障功能的重要性相对不高,且房屋抵押的必要性也较低。

表 4-55　不同职业农民不选择抵押房屋的原因　　　　（单位：个,%）

职业分组	原因				合计
	担心抵押收不回	房子是安身之本不能抵押	没必要抵押	其他	
务农	10.30	48.32	37.52	3.86	100(1815)
务工	8.66	49.25	38.81	3.28	100(335)
教师	13.95	39.53	46.51	0.01	100(43)
个体私营者	9.65	37.72	49.12	3.51	100(228)
农村管理者	7.51	35.26	49.71	7.52	100(173)
其他	9.02	46.41	36.89	7.68	100(244)

第三节　农民宅基地的转让

宅基地流转是当前农村宅基地制度改革的重要方面,也是宅基地确权和市场化的必然结果。本节主要对当前宅基地流转的基本情况和管理情况进行了介绍和分析,重点描述了宅基地流转的数量、对象、方式、途径等,并详细考察了乡村对宅基地流转的管理状况以及农民对宅基地流转程序的认知情况。

一、宅基地流转的基本情况

（一）宅基地转入情况

（1）仅有百分之一的受访农户有宅基地转入

考察农户转入宅基地的情况发现,如表 4-56 所示,在 4178 个样本农户中,只有 43 个受访农民表示有转入宅基地,所占比重为 1.03%;4135 个受访农民表示没有转入宅基地。由此可见,仅有百分之一的受访农户转入了宅基地,宅基地流转并不普遍。

表 4-56　宅基地转入情况　　　　（单位：个,%）

是否转入	样本	占比
是	43	1.03
否	4135	98.97
合计	4178	100

(2) 买卖是受访农户宅基地转入的主要方式

对农民转入宅基地的方式进行考察发现,如表 4-57 所示,在 43 个转入宅基地的农民中,通过买卖的方式转入的有 33 个,占比 76.74%;通过租赁的方式转入的有 6 个,占比 13.95%;选择其他方式转入的有 4 个,占比 9.31%。由此可见,当前农民转入宅基地的方式相对单一,买卖是转入宅基地的主要方式。

表 4-57 宅基地转入方式 （单位:个,%）

转入方式	样本数	占比
租赁	6	13.95
买卖	33	76.74
其他	4	9.31
合计	43	100

(3) 不同地区农户转入宅基地的方式差异明显

进一步考察不同地区农民宅基地的转入方式,如表 4-58 所示,买卖也是各个地区农民宅基地转入的主要方式。东部地区有 83.33% 的农民选择买卖的方式转入宅基地,中部地区有 80.95% 的农民选择买卖的方式转入宅基地,西部地区有 55.56% 的农民选择买卖的方式转入宅基地。不同地区农民通过租赁的方式转入宅基地的差异较为明显,其中西部地区农民选择租赁的方式转入宅基地的比重最高,占比为 33.33%;东部地区次之,占比为 16.67%;中部地区比重最低,占比为 4.76%。由此可见,不同地区农民转入宅基地的方式差异明显。

表 4-58 不同地区农民的宅基地转入方式 （单位:%）

地区分组	转入方式			合计
	租赁	买卖	其他	
东部地区	16.67	83.33	0	100(12)
中部地区	4.76	80.95	14.29	100(22)
西部地区	33.33	55.56	11.11	100(9)
全国	13.95	76.74	9.31	100(43)

(4) 九成多的农民是自愿转入宅基地的

宅基地流转必须以流转双方自愿为前提。通过调查发现,如表 4-59 所示,在

43个转入宅基地的受访农民当中,有41个表示是自愿转入的,所占比重为95.35%;有2个受访农民表示不是自愿转入的,所占比重为4.65%。前者远远高于后者。由此可见,九成多的农民是自愿转入宅基地的,当前宅基地流转以农民的自愿行为为主。

表4-59 宅基地是否自愿转入 (单位:个,%)

转入意愿	样本	占比
是	41	95.35
否	2	4.65
合计	43	100

(5)私下书面协议是当前农民转入宅基地的主要合同方式

调查发现,私下书面协议是农民转入宅基地的主要合同方式。如表4-60所示,通过对43个转入宅基地农民的合同方式分析发现,选择私下书面协议方式的有18个,所占比重为41.86%;选择私下口头协议方式的有11个,所占比重为25.58%;选择到政府部门过户方式的有12个,占比27.91%;选择其他合同方式的有2个,占比4.65%。由此可见,农民转入宅基地较多通过私下书面协议和私下口头协议的方式进行确认,宅基地流转行为相对不规范,这在一定程度上增加了因宅基地归属问题而产生纠纷的可能性。

表4-60 宅基地转入的合同方式 (单位:个,%)

合同方式	样本	占比
私下书面协议	18	41.86
私下口头协议	11	25.58
到政府部门过户	12	27.91
其他	2	4.65
合计	43	100

(6)七成农民从本村村民那里转入宅基地

如表4-61所示,当问到"宅基地转入的主要对象"时,在43个转入宅基地的受访农民中,从本村农民那里转入宅基地的有31个,占比最高,为72.09%;从政府那里转入宅基地的有7个,占比次之,为16.28%;从本地外村村民那里转入宅基地的有3个,占比为6.98%;从城市居民和其他对象那里转入宅基地的比重最低,占比均为2.33%。可以看出,超过七成的农民从本村村民那里转入了宅基地,当前宅基地的流转行为主要发生在本村村民之间。

表 4-61 宅基地转入的主要对象　　　　　　（单位：个，%）

转入对象	样本	占比
本村村民	31	72.09
本地外村村民	3	6.98
城市居民	1	2.33
政府	7	16.28
其他	1	2.33
合计	43	100

（7）七成农民通过自主流转的途径转入宅基地

自主流转是当前农民转入宅基地的主要途径。如表 4-62 所示，在 43 个转入宅基地的受访农民中，通过自主流转的途径转入宅基地的有 30 个，所占比重为 69.77%；通过镇或村统一组织和协调的途径转入宅基地的有 13 个，所占比重为 30.23%；没有受访农民通过农村专业合作组织或其他的途径转入宅基地。可以看出，自主流转以及镇或村统一组织和协调是当前农民转入宅基地的主要途径。

表 4-62 宅基地转入的主要途径　　　　　　（单位：个，%）

转入途径	样本	占比
自主流转	30	69.77
镇或村统一组织和协调	13	30.23
农村专业合作组织	0	0
其他	0	0
合计	43	100

（8）当前农民主要是自发转入宅基地。

如表 4-63 所示，当问到"您转入宅基地的发起人"时，在 43 个转入宅基地的受访农民中，表示是自发转入的有 31 个，占比为 72.1%；表示是村两委和政府发起的各有 6 个，占比均为 13.95%；没有受访农民表示是合作社、农业企业或其他人发起的。由此可见，七成以上的农民转入宅基地是自发的行为，同时也有超过两成的受访农民是由于村两委和政府的发起而转入宅基地的。

表 4-63　宅基地转入的发起人　　　　　　　　　　（单位:个,%）

转入发起人	样本	占比
自发	31	72.10
村两委	6	13.95
政府	6	13.95
其他	0	0
合计	43	100

(二)宅基地转出情况

(1)超过百分之一的受访农户有宅基地转出

考察农户转出宅基地的情况发现,如表 4-64 所示,在 4178 个样本农户中,只有 56 个受访农民表示有转出宅基地,所占比重为 1.34%;4122 个受访农民表示没有转出宅基地。由此可见,仅有略超百分之一的受访农户转出了宅基地,农村宅基地流转的现象并不普遍。

表 4-64　宅基地转出情况　　　　　　　　　　（单位:个,%）

是否转出	样本	占比
是	56	1.34
否	4122	98.66
合计	4178	100

(2)买卖和租赁是农民转出宅基地的两种主要方式

考察农民转出宅基地的方式发现,如表 4-65 所示,在 56 个转出宅基地的受访农民中,通过买卖的方式转出宅基地的有 26 个,所占比重为 46.43%;通过租赁的方式转出宅基地的有 17 个,所占比重为 30.36%;宅基地被征用的有 10 个,所占比重为 17.86%;通过其他方式转出宅基地的有 3 个,所占比重为 5.35%。由此可见,买卖和租赁是当前农民转出宅基地的两种主要方式。

表 4-65　宅基地转出方式　　　　　　　　　　（单位:个,%）

转出方式	样本数	占比
租赁	17	30.36
买卖	26	46.43

续表

转出方式	样本数	占比
征用	10	17.86
其他	3	5.35
合计	56	100

（3）九成农民是自愿转出宅基地的

考察农民转出宅基地的意愿发现，如表4-66所示，在56个转出宅基地的受访农民中，出于自愿转出宅基地的有52个，所占比重为92.86%；不是出于自愿转出宅基地的有4个，所占比重为7.14%。由此可见，九成多的农民是出于自愿转出宅基地的，在宅基地转出过程中农民的意愿基本上得到了尊重。

表4-66　宅基地是否自愿转出　　　　　　　　　（单位：个，%）

转出意愿	样本	占比
是	52	92.86
否	4	7.14
合计	56	100

（4）农民转出宅基地的合同方式相对多样

调查发现，当前农民转出宅基地主要有私下口头协议、私下书面协议和到政府部门过户三种合同方式。如表4-67所示，在56个转出宅基地的受访农民中，表示选择私下口头协议的有22个，所占比重为39.29%；表示选择到政府部门过户的有19个，所占比重为33.93%；选择私下书面协议的有15个，所占比重为26.79%。由此可见，农民转出宅基地合同方式主要是私下口头协议、私下书面协议和到政府部门过户三种，私下口头协议是当前主要的合同方式。

表4-67　宅基地转出的合同方式　　　　　　　　（单位：个，%）

合同方式	样本	占比
私下书面协议	15	26.79
私下口头协议	22	39.29
到政府部门过户	19	33.93
合计	56	100

(5) 本地外村村民和政府是农民宅基地转出的主要对象

调查发现,农民宅基地转出的对象主要是本地外村村民和当地政府。如表4-68所示,在56个转出宅基地的样本农民中,宅基地转出对象是本地外村村民的有20个,所占比重为35.71%;宅基地转出对象是当地政府的有19个,所占比重为33.93%;宅基地转出对象是本村村民和其他对象的分别有10个和6个,占比分别为17.86%和10.71%;此外,还有1.79%的受访农民的转出对象是城市居民。由此可知,宅基地的转出对象主要是本地外村村民和当地政府。

表4-68 宅基地转出的主要对象　　　　（单位:个,%）

转入对象	样本	占比
本村村民	10	17.86
本地外村村民	20	35.71
城市居民	1	1.79
政府	19	33.93
其他	6	10.71
合计	56	100

(6) 半数农民通过镇或村统一组织和协调的途径转出宅基地

进一步考察农民转出宅基地的主要途径发现,如表4-69所示,在56个转出宅基地的受访农民中,通过镇或村统一组织和协调的途径转出的有29个,占比最高,为51.79%;通过自主流转的途径转出的占比次之,为48.21%;没有农民通过其他途径转出宅基地。由此可见,当前,农民的宅基地主要是通过镇或村统一组织和协调以及自主流转两种途径转出。

表4-69 宅基地转出主要途径　　　　（单位:个,%）

转入途径	样本	占比
自主流转	27	48.21
镇或村统一组织和协调	29	51.79
其他	0	0
合计	56	100

(7) 村两委和农民自己是宅基地转出的主要发起人

如表 4-70 所示,当问到"宅基地转出的发起人"时,在 56 个转出宅基地的受访农民中,表示是自发转出的有 26 个,占比最高,为 46.43%;表示是村两委发起的有 25 个,占比次之,为 44.64%;表示是当地政府发起的有 5 个,占比为 8.93%;没有农民表示是合作社、农业企业或其他主体发起宅基地流转的。可以看出,村两委和农民自己是宅基地转出的主要发起人。

表 4-70 宅基地转出发起人　　　　　　　　　　　　　（单位:个,%）

转入发起人	样本	占比
自发	26	46.43
村两委	25	44.64
政府	5	8.93
其他	0	0
合计	56	100

(三) 宅基地流转的宗数

(1) 村庄宅基地流转平均宗数从东到西依次递增

表 4-71 和图 4-3 显示,从全国村庄宅基地流转的平均宗数来看,全国 217 个样本村庄宅基地平均流转宗数为 1.93 宗。分地区看,东部地区村庄宅基地流转宗数的均值最低,为 0.65 宗;中部地区村庄居中,为 1.37 宗;西部地区村庄最高,为 2.66 宗。由此可知,当前农村宅基地流转总体上处于较低水平,东、中、西部地区差异较为明显,村庄宅基地流转宗数从东到西呈递增趋势。

表 4-71 不同地区村庄宅基地流转(买卖)情况　　　　　（单位:个,宗）

地区分组	宅基地流转(买卖)情况	
	样本	均值
东部地区	66	0.65
中部地区	87	1.37
西部地区	59	2.66
全国	217	1.93

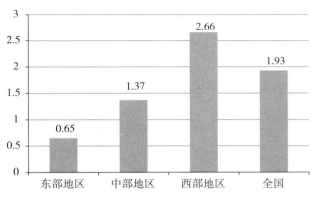

图 4-3 不同地区村庄宅基地流转(买卖)情况(单位:宗)

(2)城郊村宅基地平均流转宗数高于普通农村和城中村

考察不同类型村庄宅基地流转情况发现,城郊村宅基地平均流转数量高于普通农村和城中村。表 4-72 显示,普通农村村庄的宅基地平均流转宗数为 1.70 宗,城郊村村庄的宅基地平均流转宗数为 4.27 宗,样本城中村村庄没有发生宅基地流转情况。由此可见,受城镇化等因素的影响,城郊村村庄宅基地流转的数量明显高于普通农村和城中村村庄。

表 4-72　不同类型村庄宅基地流转(买卖)情况　　(单位:个,宗)

地区分组	宅基地流转(买卖)情况	
	样本	均值
普通农村	191	1.70
城郊村	22	4.27
城中村	4	0

(四)宅基地流转的对象

(1)近八成的农村宅基地流转给本村村民

当问到村干部"村庄宅基地的主要流转对象"时,在 37 个样本村庄中,有 29 个受访者表示是"本村村民",所占比重为 78.38%;有 5 个受访者表示是"外村村民",所占比重为 13.51%,有 3 个受访者表示是外来承包者、企业等"其他主体",所占比重为 8.11%;没有受访者表示有宅基地流转给城市居民的情况。(见表 4-73 和图 4-4)可见,本村村民是农村宅基地的主要流转对象,近八成的农村宅基地流转给本村村民。

表 4-73　宅基地流转的对象分布　　　　　　　　　（单位:个,%）

流转对象	样本	占比
本村村民	29	78.38
外村村民	5	13.51
其他	3	8.11
合计	37	100

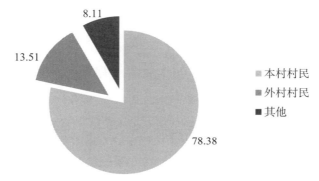

图 4-4　宅基地流转的对象分布(单位:%)

（2）从东到西村庄宅基地流转给本村村民的比重呈递增趋势

分地区看,全国各地村庄宅基地的主要流转对象均为本村村民,且从东向西比重依次递增。如表 4-74 和图 4-5 所示,东部地区村庄宅基地流转给本村村民的比重为 62.50%,中部地区村庄为 80%,西部地区村庄为 88.89%,中部和西部地区村庄宅基地流转给本村村民的比重明显高于东部地区。同时,东部、中部和西部地区村庄宅基地流转给外村村民的比重分别为 12.50%、15% 和 11.11%,东部和中部地区村庄宅基地流转给其他主体的比重依次为 25%、5%。可以看出,东部地区村庄宅基地流转给外村村民和其他主体的比重高于中部和西部地区村庄,宅基地流转的对象更趋多样。

表 4-74　不同地区村庄宅基地流转的对象分布　　　　　（单位:个,%）

地区分组	宅基地流转的主要对象			合计
	本村村民	外村村民	其他	
东部地区	62.50	12.50	25	100(8)
中部地区	80	15	5	100(20)
西部地区	88.89	11.11	—	100(9)
全国	78.38	13.51	8.11	100(37)

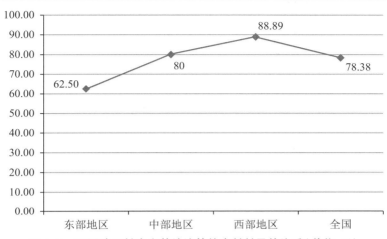

图 4-5 不同地区村庄宅基地流转给本村村民的比重（单位：%）

（3）平原地区村庄宅基地流转给本村村民的比重高于其他地形区

进一步考察不同地形区村庄宅基地流转的主要对象发现（见表4-75），平原地区村庄宅基地流转给本村村民的占比为90%，高原和山地地区村庄均为75%，丘陵地区为71.43%；平原地区村庄宅基地流转给外村村民的占比为10%，丘陵和山地地区分别为14.29%和6.25%；高原、丘陵和山地地区村庄宅基地流转给其他主体的占比依次为25%、14.28%和18.75%。由此可见，平原地区村庄宅基地流转给本村村民的比重明显高于其他地形区，同时，平原地区村庄的宅基地主要流转给本村和外村村民，流转对象相对单一。

表 4-75 不同地形村庄宅基地流转的对象分布 （单位：个,%）

地形分组	宅基地流转的主要对象			合计
	本村村民	外村村民	其他	
平原	90	10	0	100(10)
高原	75	0	25	100(4)
丘陵	71.43	14.29	14.28	100(7)
山地	75	6.25	18.75	100(16)

（4）不同类型村庄宅基地流转对象差异较大

调查发现，不同类型村庄宅基地的主要流转对象呈现较大差异。表 4-76 显示，普通农村村庄宅基地流转给本村村民的比重为81.25%，流转给外村村民的比重为6.25%，流转给其他主体的比重为12.50%。城郊村庄宅基地流转给本村村民的比重为75%，流转给外来承包者、企业等其他主体的比重为25%，这可能与城郊村毗邻城镇，城镇化正在快速推进有关。调查显示，城中村村庄宅基地的主要流转对象是外村村民，虽然城中村村庄样本数较少，但在一定程度上也反映了城中村外来人口聚集、流动人口较多的状况。

表4-76　不同类型村庄宅基地流转的对象分布　　　（单位：个，%）

村庄类型	宅基地流转的主要对象			合计
	本村村民	外村村民	其他	
普通农村	81.25	6.25	12.50	100(32)
城郊村	75	0	25	100(4)
城中村	0	100	0	100(1)

二、宅基地流转的管理情况

（一）农民对宅基地流转管理的认知

（1）超过四成的农民赞同"宅基地可以自由买卖"的说法

当问到对"宅基地可以自由买卖"说法的看法时，如表4-77所示，在4056个样本农民中，表示"非常赞同"的有687个，所占比重为16.93%；表示"比较赞同"的有1203人，所占比重为29.65%；表示"一般"的有832个，所占比重为20.55%；表示"不太赞同"和"很不赞同"的分别有550个和436个，所占比重分别为13.56%和10.74%；此外还有348个受访农民表示"说不清"，所占比重为8.57%。也就是说，四成以上的农民赞成"宅基地可以自由买卖"的说法，同时也有超过两成的农民不赞成这一说法。

表4-77　农民对"宅基地可以自由买卖"的看法　　　（单位：个，%）

看法	样本	占比
非常赞同	687	16.93
比较赞同	1203	29.65
一般	832	20.55
不太赞同	550	13.56
很不赞同	436	10.74
说不清	348	8.57
合计	4056	100

（2）仅有三成的农民知道宅基地只能在本村内流转

农民对宅基地流转的政策认知影响其流转行为。考察农民对宅基地只能在本村范围内流转的知晓度发现（见表4-78），在4031个样本农民中，表示不知道的有1914人，占比为47.48%；表示知道的有1371人，占比为34.01%；表示说不清的有746人，占比为18.51%。由此可见，仅有三成的农民知道宅基地只能在本村范围内流转，近五成的农户不知道宅基地只能在本村范围内流转。农民对宅基地流转的相关法律政策了解不够。

表4-78 农民对宅基地只能在本村内流转的知晓度　　（单位：个，%）

流转知晓度	样本	占比
知道	1371	34.01
不知道	1914	47.48
说不清	746	18.51
合计	4031	100

（3）西部地区农民对宅基地只能在本村内流转的知晓度最低

不同地区农民对宅基地只能在本村范围内流转的知晓度差异明显，如表4-79所示，当问到"您是否知道宅基地只能在本村范围内流转"时，东部地区表示"知道"的受访农民占比为42.84%，中部地区为33.68%，西部地区为26.05%；东部地区表示"不知道"的受访农民占比为40.99%，中部地区为47.52%，西部地区为53.63%。可以看出，东部地区农民对"宅基地只能在本村范围内流转"的知晓度最高，中部地区次之，西部地区最低。

表4-79 不同地区农民对宅基地只能在本村内流转的知晓度　　（单位：个，%）

地区分组	知晓情况			合计
	知道	不知道	说不清	
东部地区	42.84	40.99	16.17	100(1132)
中部地区	33.68	47.52	18.80	100(1713)
西部地区	26.05	53.63	20.32	100(1186)
全国	34.01	47.48	18.51	100(4031)

（4）农民对宅基地只能在本村内流转的知晓度与收入水平呈正相关关系

如表4-80所示，从低收入到高收入，表示知道宅基地只能在本村范围内流转的占比总体呈递增趋势，占比分别为27.33%、31.94%、31.80%、34.62%和44.16%；

表示不知道宅基地只能在本村范围内流转的占比总体呈下降趋势,占比分别为52.67%、47.66%、49.94%、47.57%和39.66%。总体来看,随着收入水平的提高,农民对宅基地只能在本村范围内流转的知晓度也相应提高。

表4-80 不同收入农民对宅基地只能在本村内流转的知晓度 (单位:个,%)

收入分组	知晓情况			合计
	知道	不知道	说不清	
低收入	27.33	52.67	20	100(805)
中低收入	31.94	47.66	20.41	100(789)
中等收入	31.80	49.94	18.26	100(805)
中高收入	34.62	47.57	17.81	100(803)
高收入	44.16	39.66	16.18	100(822)

(5)中年农民对宅基地只能在本村内流转的知晓度更高

考察不同年龄农民对宅基地只能在本村范围内流转的知晓度发现,如表4-81所示,从30岁以下到60岁及以上的农民,表示知道宅基地只能在本村内流转的占比分别为32.04%、34.01%、35.85%、34.32%和32.30%;表示不知道宅基地只能在本村内流转的占比依次为51.46%、48.84%、45.16%、47.75%和48.52%。可以看出,40—49岁和50—59岁的农民,也就是中年农民表示知道宅基地只能在本村内流转的比重明显高于其他年龄段的农民,表示不知道宅基地只能在本村内流转的比重明显低于其他年龄段的农民。

表4-81 不同年龄农民对宅基地只能在本村内流转的知晓度 (单位:个,%)

年龄分组	知晓情况			合计
	知道	不知道	说不清	
30岁以下	32.04	51.46	16.50	100(103)
30—39岁	34.01	48.84	17.15	100(344)
40—49岁	35.85	45.16	18.99	100(1074)
50—59岁	34.32	47.75	17.94	100(1221)
60岁及以上	32.30	48.52	19.18	100(1288)

(6）受教育水平高的农民对宅基地只能在本村内流转的知晓度也较高

调查发现，农民的受教育水平显著地影响其对宅基地只能在本村范围内流转的知晓度。表 4-82 显示，当问到"您是否知道宅基地只能在本村范围内流转"时，表示"知道"的文盲农民的比重为 19.95%，小学学历的农民的比重为 26.28%，初中学历的农民的比重为 37.75%，高中学历的农民的比重为 49.91%，大专及以上学历的农民的比重为 50%；表示"不知道"的文盲农民和小学学历的农民的比重分别为 56.52% 和 56.23%，初中学历的农民的比重为 43.25%，高中和大专及以上学历的农民的比重分别为 33.77% 和 34.55%。总体来看，随着受教育水平的提高，农民对宅基地只能在本村范围内流转的知晓度也相应提高。

表 4-82　不同教育水平农民对宅基地只能在本村内流转的知晓度（单位：个，%）

教育水平分组	知晓情况			合计
	知道	不知道	说不清	
文盲	19.95	56.52	23.53	100（391）
小学	26.28	56.23	17.49	100（1389）
初中	37.75	43.25	19	100（1600）
高中	49.91	33.77	16.32	100（539）
大专及以上	50	34.55	15.45	100（110）

（7）不同职业农民对宅基地只能在本村内流转的知晓度差异较大

进一步考察不同职业农民对宅基地只能在本村内流转的知晓度，如表 4-83 所示，农村管理者对宅基地只能在本村范围内流转的知晓度最高，占比为 67.04%；其次是教师和个体经营的农民，占比分别为 43.75% 和 42.23%；务农和务工农民的占比较低，分别为 29.85% 和 31.30%。表示不知道宅基地只能在本村内流转的农民中，务农农民的比重最高，为 51.09%；务工农民次之，比重为 51.30%；农村管理者的比重最低，为 16.30%。总体来看，农村管理者、教师以及个体经营者等农村精英群体对宅基地只能在本村内流转的知晓度较高。

表 4-83　不同职业农民对宅基地只能在本村内流转的知晓度　（单位：个，%）

职业分组	知晓情况			合计
	知道	不知道	说不清	
务农	29.85	51.90	18.24	100（2549）
务工	31.30	51.30	17.39	100（460）

续表

职业分组	知晓情况			合计
	知道	不知道	说不清	
教师	43.75	37.50	18.75	100(64)
个体经营者	42.23	38.42	19.35	100(341)
农村管理者	67.04	16.30	16.67	100(270)
其他	33.33	44.35	22.32	100(336)

（8）只有四成的农民表示宅基地流转需要办理审批手续

当问到"在宅基地流转过程中是否需要镇或者村里的审批手续"时，在1819个受访农民中，有776个表示需要办理手续，占比为42.66%；有212个表示不需要办理手续，占比为11.56%；有831个表示不清楚，占比为45.68%。（如表4-84所示）由此可见，近五成的农民不清楚宅基地流转是否需要办理审批手续，超过一成的农民认为不需要办理手续。这表明，农民对宅基地流转的合法流程认知不到位，宅基地流转过程中的规范性明显不足。

表4-84 农民对宅基地流转程序的认知 （单位：个,%）

是否需要办理	样本	占比
是	776	42.66
否	212	11.56
不清楚	831	45.68
合计	1819	100

（9）东部地区农民对宅基地流转手续的认知强于中、西部地区

分地区看，如表4-85所示，东部地区农民认为宅基地流转过程中需要办理审批手续的比重最高，占比为51.10%，高出全国整体水平8.44个百分点；中部地区的比重最低，占比为36%，低于全国整体水平6.66个百分点；西部地区的占比为45.45%，高出全国整体水平2.79个百分点。总体来说，东部地区农民认为宅基地流转需要办理审批手续的比重明显高于中部和西部地区，东部地区农民对宅基地流转的程序规范认知较高。

表 4-85 不同地区农民对宅基地流转程序的认知 （单位：个，%）

地区分组	是否需要办理			合计
	是	否	不清楚	
东部地区	51.10	10.43	38.47	100(499)
中部地区	36	12.67	51.33	100(836)
西部地区	45.45	11.15	43.40	100(484)
全国	42.66	11.56	45.68	100(1819)

（10）年轻农民对宅基地流转的规范性有着更为清晰的认知

考察不同年龄农民对宅基地流转规范性的认知发现（见表4-86），从30岁以下到60岁及以上，农民表示宅基地流转过程中需要办理手续的比重呈递减趋势，分别为51.22%、48.98%、45.98%、43.40%和36.84%，表示不清楚的占比呈上升趋势，分别为36.58%、40.82%、41.03%、46.01%和51.23%。由此可见，年轻农民对宅基地流转手续办理的认知更为清晰，年长农民则稍差些。

表 4-86 不同年龄农民对宅基地流转程序的认知 （单位：个，%）

年龄分组	是否需要办理			合计
	是	否	不清楚	
30 岁以下	51.22	12.20	36.58	100(41)
30—39 岁	48.98	10.20	40.82	100(147)
40—49 岁	45.98	12.99	41.03	100(485)
50—59 岁	43.40	10.59	46.01	100(576)
60 岁及以上	36.84	11.93	51.23	100(570)

（11）受教育水平高的农民更认可宅基地流转的规范性

不同的受教育水平会影响农民对宅基地流转规范性的认知。表4-87显示，文盲农民表示宅基地流转需要办理审批手续的占比为35.90%；小学学历的农民表示宅基地流转需要办理审批手续的占比为38.14%；初中和高中学历的农民是当前农民的主体，他们对宅基地流转的程序认知较高，表示宅基地流转需要办理审批手续的比重分别为45.67%和49.39%；大专及以上学历的农民表示宅基地流转需要办理审批手续的占比为43.75%。可以看出，受教育水平高的农民对宅基地流转程序的认知明显高于受教育水平低的农民。

表 4-87　不同教育水平农民对宅基地流转程序的认知　　　（单位：个，%）

教育水平分组	是否需要办理			合计
	是	否	不清楚	
文盲	35.90	13.82	50.28	100(156)
小学	38.14	10.74	51.12	100(624)
初中	45.67	12.93	41.40	100(727)
高中	49.39	10.53	40.08	100(247)
大专及以上	43.75	6.25	50	100(64)

（二）村庄对宅基地流转的管理状况

（1）全国近半数村庄没有对宅基地流转进行过管理

如表4-88和图4-6所示，在35个样本村庄中，有18个村庄对宅基地流转进行过管理，所占比重为51.40%；有17个村庄没有对宅基地流转进行过管理，所占比重为48.60%。两者的占比大体持平。也就是说，全国近半数村庄没有对宅基地流转进行过管理，宅基地基本上处于自发流转状态。

表 4-88　村庄对宅基地流转的管理情况　　　（单位：个，%）

是否管理	样本	占比
进行过管理	18	51.40
没有管理	17	48.60
合计	35	100

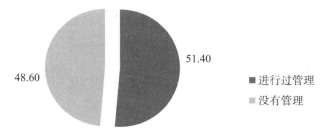

图 4-6　村庄对宅基地流转的管理情况（单位：%）

（2）村庄对宅基地流转的管理从东到西呈现明显差异

如表4-89和图4-7所示，东部地区村庄对宅基地流转进行过管理的占比高于全国整体水平,中、西部地区占比低于全国水平。东部、中部和西部地区村庄对宅基地流转进行过管理的占比依次降低,分别为75%、47.37%和37.50%。东部地区村庄对宅基地流转进行过管理的比重高出全国水平23.6个百分点,中部和西部地区分别低于全国水平4.03个和13.90个百分点。可见,对宅基地流转进行过管理的村庄比重从东到西依次递减,东部地区最高,中部地区次之,西部地区最低。

表4-89 不同地区村庄对宅基地流转的管理情况　　　　　（单位:个,%）

地区分组	是否进行管理		合计
	进行过管理	没有管理	
东部地区	75	25	100(8)
中部地区	47.37	52.63	100(19)
西部地区	37.50	62.50	100(8)
全国	51.40	48.60	100(35)

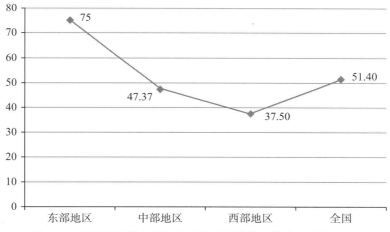

图4-7 不同地区村庄进行过宅基地流转管理的比重(单位:%)

（3）不同地形区村庄对宅基地流转的管理差异显著

考察不同地形区村庄对宅基地流转的管理情况发现（如表4-90所示）,平原地区村庄对宅基地流转进行过管理的比重最高,占比为72.73%;丘陵地区次之,占比为50%;接着是山地地区,占比为42.86%;高原地区最低,占比为25%。可以看出,不同地形区村庄对宅基地流转的管理差异显著。

表 4-90　不同地形村庄对宅基地流转的管理情况　　（单位：个,%）

地形分组	是否进行管理		合计
	进行过管理	没有管理	
平原	72.73	27.27	100(11)
高原	25	75	100(4)
丘陵	50	50	100(6)
山地	42.86	57.14	100(14)

（4）林区村庄进行过宅基地流转管理的比重相对较低

表 4-91 显示,不同农业生产类型村庄对宅基地流转的管理存在明显差异。农业区村庄对宅基地流转进行过管理的比重为 53.33%,牧区村庄对宅基地流转进行过管理的比重为 50%,林区村庄对宅基地流转进行过管理的比重为 33.33%。由此可见,农业区和牧区村庄进行过宅基地流转管理的比重明显高于林区,林区村庄对宅基地流转的管理程度显著偏低。

表 4-91　不同农业生产类型村庄对宅基地流转的管理情况　　（单位：个,%）

地区分组	是否进行管理		合计
	进行过管理	没有管理	
农业区	53.33	46.67	100(30)
林区	33.33	66.67	100(3)
牧区	50	50	100(2)

（5）城郊村和城中村村庄对宅基地流转的管理明显不足

考察不同类型村庄对宅基地流转的管理情况发现（见表 4-92）,普通农村村庄进行过宅基地流转管理的比重为 56.67%,高出全国整体水平 5.27 个百分点;城郊村村庄进行过宅基地流转管理的比重为 25%,低于全国整体水平 26.40 个百分点。受访的一个城中村村庄没有进行过宅基地流转管理。可以看出,城郊村和城中村村庄对宅基地流转的管理明显低于普通农村村庄。由于城郊村和城中村村庄宅基地流转的频率高于普通农村村庄,因此需要加强对宅基地流转的管理。

表 4-92 不同类型村庄对宅基地流转的管理情况　　（单位：个，%）

地形分组	是否进行管理		合计
	进行过管理	没有管理	
普通农村	56.67	43.33	100(30)
城郊村	25	75	100(4)
城中村	0	100	100(1)

（6）多民族聚居村庄对宅基地流转的管理明显滞后

进一步考察不同民族聚居方式的村庄对宅基地流转的管理发现（如表 4-93 所示），在 27 个受访的单一民族聚居的村庄中，有 55.56% 的村庄表示对宅基地流转进行过管理；在 8 个受访的多民族聚居的村庄中，有 37.50% 的村庄表示对宅基地流转进行过管理。单一民族聚居村庄进行过宅基地流转管理的比重比多民族村庄高出 18.06 个百分点。由此可见，多民族聚居村庄对宅基地流转的管理明显滞后于单一民族村庄。

表 4-93 不同民族聚居方式村庄对宅基地流转的管理情况　　（单位：个，%）

民族聚居方式	是否进行管理		合计
	进行过管理	没有管理	
单一民族聚居	55.56	44.44	100(27)
多民族聚居	37.50	62.50	100(8)

第四节　结论与建议

中国共产党十八届三中全会提出要"赋予农民更多财产权利，保障农户宅基地用益物权，改革完善农村宅基地制度"。调查发现，当前农村宅基地闲置情况相对突出，农民住房和宅基地抵押、担保和转让行为亟待规范。要保障农民的财产权益，最大限度地实现宅基地的权能，需要改革宅基地使用管理制度，加快宅基地确权发证工作，扩大宅基地抵押担保试点，完善宅基地流转管理体制。

一、改革宅基地使用管理制度

（1）改革宅基地取得和分配制度。一是依法取得宅基地。完善宅基地权益保障和取得方式，探索不同区域农民"户有所居"的多种实现形式。依法维护农民宅基地的取得权。农民申请宅基地的,应及时受理审查,对符合申请条件的,及时按程序上报。明确宅基地申请条件和办理时限,接受社会监督,切实维护农民依法取得宅基地的正当权益。二是合理分配宅基地。严格执行"一户一宅"的法律规定。及时修订农村宅基地用地标准和农村人均建设用地空置标准。在经济条件较好、宅基地需求突出的地方,开展宅基地有偿使用试点。

（2）建立宅基地回收和退出制度。探索对农民自愿退出的闲置住房和宅基地给予补偿,探索超标准宅基地处置办法,引导和规范农村集体经营性建设用地流转。一是针对由于历史原因形成的超标准占用宅基地和一户多宅等情况,探索实行宅基地有偿使用。二是探索进城落户农民在本集体经济组织内部自愿有偿退出或转让宅基地。现阶段,农民工落户城镇,是否放弃农村宅基地,必须完全尊重农民本人的意愿,不得强制或变相强制收回。三是探索宅基地退出的多种形式。健全农村社会保障体系,探索剥离宅基地保障性功能的有效实现形式,为实现宅基地回收创造条件。在有需要的地方,探索以宅基地换养老等回收模式。

二、加快宅基地确权发证工作

（1）完善宅基地确权发证政策。一是加快对宅基地确权登记发证相关政策的研究,认真分析当前工作中存在的问题,在完善总体方案的同时,抓紧制定和完善配套政策。二是及时总结试点地区农村宅基地确权登记发证过程中的可行经验和做法,对地方的可行经验和做法进行制度化和系统化的提升,上升为国家层面的政策和法律。三是各地在工作中结合地区实际,细化农村宅基地使用权确权登记发证的政策,尽快出台或完善有关政策或指导意见,制定相关的具体工作办法,使宅基地确权工作有据可依,也为推进工作提供政策支撑。

（2）规范宅基地确权发证行为。一是依法加快宅基地确权登记发证工作。按照宅基地制度改革要求,制定工作计划,明确工作开展的时间和进度,加快推进宅基地确权登记发证工作,做到应发尽发,确保登记发证到户,内容规范清楚。二是严格规范宅基地确权发证行为。加强宅基地确权登记发证工作规范化建设。严格禁止搞虚假宅基地登记,严格禁止对违法用地未经依法处理就登记发证。加强宅基地的变更登记工作,充分发挥地籍档案资料在宅基地监督管理中的作用,减少确权登记发证过程中的不规范行为。

（3）加强宅基地权属争议调处。一是在制定政策或指导意见时,应以化解矛盾、应发尽发为原则,要坚持农村违法宅基地和集体建设用地必须依法补办用地批准手续后,方可进行登记发证,最大限度减少发生纠纷的可能性。二是在权属调查和纠纷处理工作中,要充分发挥基层群众自治组织和农村集体经济组织的作用,实现村民依法自我管理，切实保护农民合法利益。三是从机构建设、队伍建设、经费保障、规范程序等各方面，切实采取有力措施，建立健全宅基地权属争议调处工作机制，妥善处理农村宅基地权属争议。

三、扩大宅基地抵押担保试点

（1）丰富宅基地抵押担保试点内容。一是稳妥推进农民住房财产权抵押、担保、转让试点中宅基地使用权的担保抵押，对宅基地抵押程序、抵押中及抵押后的集体土地权能及实现形式进行多方案设计并开展试点探索。二是探索农村宅基地和农民住房抵押、担保融资贷款渠道，试点农民住房财产权流转、抵押融资，银行业金融机构推出集体土地房屋产权抵押担保贷款等金融产品，农户可以用经过确权发证的宅基地使用权和住房所有权抵押获得贷款。三是赋予试点地区农村宅基地担保、抵押权利的可能性以及相关路径的试点任务，适当扩大宅基地抵押、担保工作试点。

（2）健全宅基地抵押担保试点政策。一是根据中国共产党十八届三中全会、四中全会的改革精神，加快制定农村宅基地管理办法，探讨赋予农村宅基地担保、抵押权利的可能性以及相关路径。根据试点实践发展，及时梳理和修订《物权法》《担保法》《土地管理法》等法律法规中关于农民宅基地抵押的相关规定，使法律法规规范明确、有机协调。二是国家及试点地区要及时出台和完善宅基地使用权抵押担保的实施细则，对抵押担保的程序、抵押物价值评估规则、具体的登记管理措施及相关管理部门职责、争议调处办法等做出明确规定。

（3）完善宅基地抵押担保试点保障。政府相关职能部门要与金融机构密切配合，对宅基地抵押担保的范围、条件、用途等做出明确规定。一方面，针对目前银行业金融机构担心农房抵押贷款后银行债权难以得到有效保障的问题，探索建立农村抵押贷款风险补偿基金，由政府财政出资建立增信资金，合作银行专项开展农房抵押贷款业务，农户以宅基地和房屋抵押获得融资。另一方面，可以继续尝试在国家法律和政策的框架内，农户将宅基地使用权抵押给政府授权的机构，银行向农户提供信贷，由政府授权的机构为抵押行为提供保证。

四、完善宅基地流转管理体制

（1）加强宅基地流转管理。一是宅基地流转必须在法律范围内进行。只有经过确权登记的宅基地才能合法流转。依照法律规定，当前农村宅基地和农民住房只能在集体经济组织内部转让，要加强对非集体经济组织内部流转行为的管理。二是依法规范宅基地流转行为，宅基地使用权属于农民家庭，宅基地是否流转，价格如何确定,形式如何选择,应由农民自己决定。三是发挥村民自治组织在宅基地民主管理中的作用。充分发挥村民自治组织作为权利主体依法管理宅基地的职能,依法保障村集体的所有权能,加强对宅基地流转的监管。

(2)建立宅基地流转市场。一是打破城乡二元所有制障碍,尽快建立城乡统一的建设用地市场,以公开公平规范的方式转让宅基地使用权。二是建立农村宅基地流转交易市场,推动农村宅基地流转交易公开、公正、规范运行。加快制定宅基地流转市场运行规范,对宅基地流转的条件、程序、方式、途径等进行明确规定,确保宅基地流转市场依法有序运转。三是探索建立农村产权交易平台,发布宅基地交易信息,提供中介、抵押登记、流转、合同登记等一站式服务,加强流转过程中的指导与服务,规范宅基地流转交易行为。

(3)做好宅基地流转服务。一是建立宅基地地籍管理和土地评估制度。统筹推进农房等集体建设用地上的建筑物、构筑物补充调查工作。建立宅基地交易信息发布制度,政府应当全面收集宅基地交易相关信息,及时向社会公布,并提供查询服务,以信息化建设强化对宅基地流转市场的监管。二是加强规划计划控制引导,合理确定村庄宅基地用地布局规模,保障宅基地按照规划有序流转。三是建立多部门协调解决宅基地流转重大问题的工作联动机制,健全包括协商、调解、信访、仲裁、司法等多渠道调处流转纠纷的机制。

第五章　集体林权改革后农户林地经营规模与效益*

集体林权制度改革作为继家庭联产承包责任制之后,我国农村经济社会发展的"第二次革命",是农村生产责任制在林地上的延伸。在这之前,原有林地制度实施过程中的产权不清、经营主体缺位等体制性障碍,无疑成为我国推进集体林权制度改革的重要动力。2003年6月,中共中央、国务院《关于加快林业发展的决定》揭开了我国深化集体林权制度改革的序幕,从2007年全国性的集体林权改革工作全面启动至今,我国大部分地区的集体林权改革工作已基本完成。

按照林业局《关于各地区"十一五"期间年森林采伐限额的审核意见》(国发〔2005〕41号文件)的精神,我国集体林权改革的目标是建立"产权归属清晰、经营主体落实、责权划分明确、利益保障严格、流转顺畅规范、监管服务到位"的现代林业产权制度,力求在保持林地集体所有制不变的前提下,把林地的使用权交给农户,让农户充分享有林木的所有权、处置权和收益权,从而保障林业生产关系更加适应林业生产力的发展。在集体林权制度改革基本完成的当前,林农的林地经营状况如何,其作为集体林业经营主体的地位如何,林农的林业权益保障如何等,成为亟须关注的问题。本章从村庄和农户两个层面,对我国集体林权改革整体推进情况、林权改革后农户的林地经营基本状况、林农经营投入与收益等方面内容进行描述,以期展现目前我国农村集体林权改革后农户林地经营规模与效益的概况。

---

* 本章作者:刘迎君、孔浩、保超云、陈璐、张秋洁、普海燕。

第一节 集体林权改革实施状况

集体林权改革作为土地承包制后的又一次农业利益调整,特别是 2008 年公布《中共中央、国务院关于全面推进集体林权制度改革的意见》后,我国集体林权改革进入新阶段①,改革确权对林地属性及经营方式等产生了重要影响。为从总体上把握中国农村集体林权改革的进展,本节根据各省集体林权改革的开局之年,对集体林权改革进行历时性分析,主要考察了集体林权改革的确权方式、林权证数量、村庄单户和联户经营面积等内容,以展示集体林权改革的主要模式及结果。

(一)农村集体林权改革进度与确权方式

(1)超过七成村庄自 2007 年起推进林权改革

从实施集体林权改革的年份来看,主要集中在 2007 年及以后。如表 5-1 和图 5-1 所示,2007 年以前进行集体林权改革的村庄占比 28.16%;2007 年及 2007 年以后实施集体林权改革的村庄比重为 71.84%,超过七成。可见,大多数村庄从 2007 年及以后启动了集体林权改革。

表 5-1 村庄实施集体林权改革年份　　　　　　(单位:个,%)

年份	样本数	占比
2007 年以前	29	28.16
2007 年及以后	74	71.84
合计	103	100

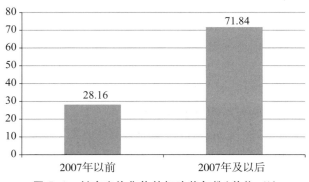

图 5-1　村庄实施集体林权改革年份(单位:%)

---

① 肖泽忱、布仁仓、胡远满:《我国集体林权制度改革存在的问题及对策探讨》,《林业资源管理》2008 年第 6 期,第 12—13 页。

（2）超九成村庄在 2013 年前实施了集体林权改革

对 2007 年及以后实施集体林权改革的村庄进一步分析，如表 5-2 和图 5-2 所示，2008 年至 2013 年实施林权改革的村庄占比依次为 18.84%、14.49%、17.39%、14.49%、27.54% 和 7.25%；其中，2012 年所占比例最高，接近三成，2013 年占比最低，不足一成。在 2013 年以前，超九成村庄已进行了集体林权改革。

表 5-2　2007 年及以后的集体林权改革年份　　　（单位：个,%）

年份	样本数	占比
2008	13	18.84
2009	10	14.49
2010	12	17.39
2011	10	14.49
2012	19	27.54
2013	5	7.25
合计	69	100

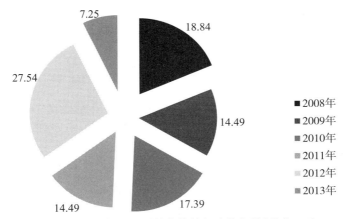

图 5-2　2007 年及以后的集体林权改革年份（单位：%）

（3）村庄集体林权改革确权方式以"按人均分，承包到户"为主

我国集体林权改革确权方式主要有"按人均分，承包到户""分股不分山"和"联户承包"三种。从表 5-3 和图 5-3 可以看到，我国村庄集体林改确权方式以"按人均分，承包到户"占大头，采用这一方式的村庄占到 63.11%；其次是"分股不分山"，比重为 23.30%；采取"联户承包"方式的村庄占比 13.59%。可见，我国村庄集体林改确权方式以"按人均分，承包到户"为主。

表 5-3　村庄集体林权改革确权方式　　　　　（单位：个，%）

确权方式	样本数	占比
按人均分,承包到户	66	63.11
分股不分山	24	23.30
联户承包	14	13.59
合计	104	100

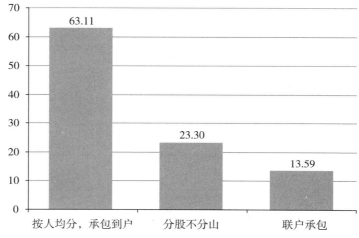

图 5-3　村庄集体林权改革确权方式（单位：%）

（4）逾八成农户集体林改确权方式为"按人均分,承包到户"

从表 5-4 和图 5-4 可以看到,在 982 个有效样本中,集体林改确权方式为"按人均分,承包到户"的林农占比最高,为 85.54%；其次为"分股不分山",占比 8.66%；林改确权方式为"联户承包"的林农占比最低,为 5.80%。超八成农户的集体林改确权方式为"按人均分,承包到户",确权方式相对单一。

表 5-4　农户集体林权改革确权方式　　　　　（单位：个，%）

确权的方式	样本数	占比
分股不分山	85	8.66
联户承包	57	5.80
按人均分,承包到户	840	85.54
合计	982	100

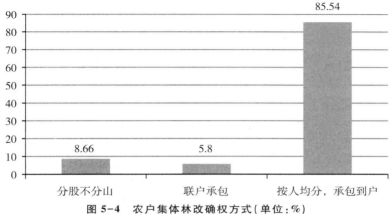

图 5-4 农户集体林改确权方式(单位:%)

(5) 东北地区外的各地区村庄林改确权方式以"按人均分,承包到户"为主

综合地域、林地性质等因素,报告中将我国林区主要分为五大区,分别为东北地区、华北地区、西北地区、南方地区和西南地区。① 考察不同地区村庄林改确权方式,由表5-5可知,东北地区林改确权方式以"分股不分山"为主,占比为60%;华北、西北、南方和西南地区以"按人均分,承包到户"为主,占比分别为77.78%、66.67%、56.87%和73.91%;其中,南方地区采用"分股不分山"确权方式占比超三成;华北、西北地区"联户承包"占有一定比例,依次为22.22%和26.66%。可见,东北地区外的各地区村庄林改确权方式以"按人均分,承包到户"为主,且南方、东北地区倾向于分股方式,西北、华北地区重联户承包。

表 5-5 不同地区村庄集体林改确权方式 (单位:个,%)

地区分组	确权方式			合计
	按人均分,承包到户	分股不分山	联户承包	
东北地区	40	60	0	100(5)
华北地区	77.78	0	22.22	100(9)
西北地区	66.67	6.67	26.66	100(15)

---

① 分类标准参照谢晨所著《我国农村林业增长问题研究》(中国林业出版社2009年版)中有关森林资源供给地区分布的相关表述。按照以往的森林资源分区情况,并结合近年来土地利用变化的情况,将全国分为六大区。其中,东北地区包括辽宁、吉林、黑龙江3省;华北地区包括河北、河南、山东、江苏、山西5省;西北地区包括内蒙古、陕西、甘肃、宁夏、青海、新疆和西藏7省(自治区);南方地区包括浙江、安徽、江西、湖南、湖北、福建、广东、广西、海南9省(自治区);西南地区包括重庆、四川、贵州、云南4省(直辖市);除此之外,还有京津沪三个直辖市作为单独分区。本研究中所调查的村庄与农户样本主要集中在前五个地区。

续表

地区分组	确权方式			合计
	按人均分,承包到户	分股不分山	联户承包	
南方地区	56.87	31.37	11.76	100(51)
西南地区	73.91	17.39	8.70	100(23)
全国	63.11	23.30	13.59	100(103)

（6）多数地区农户的林地采取"按人均分,承包到户"方式

考察不同地区农户林改确权方式,由表5-6可知,华北、西北、南方、西南四个地区采取"按人均分,承包到户"林地确权方式的农户占比分别为97.18%、89.85%、83.30%和88.10%,过半数地区超过全国平均水平;相比较而言,采取"联户承包"方式进行确权的不同地区农户比重均不超过一成,比重较低。从全国不同地区林农的整体情况来看,大多数地区采用了"按人均分,承包到户"方式进行林改确权,通过"联户承包"方式确权的农户较少。

表5-6 不同地区农户集体林改确权方式　　　　　　　　（单位:户,%）

地区分组	林改确权方式			合计
	分股不分山	联户承包	按人均分,承包到户	
东北地区	81.25	0	18.75	100(16)
华北地区	2.82	0	97.18	100(71)
西北地区	1.56	8.59	89.85	100(128)
南方地区	10.78	5.92	83.30	100(473)
西南地区	5.78	6.12	88.10	100(294)
全国	8.66	5.80	85.54	100(982)

（二）林权证本数

林权证是依法申请,从法律、法规规定的部门办理,核发印有符合法律样式的确认森林、林木和林地所有权或使用权及林地承包经营权的法律凭证。[①] 颁发林权证是新一轮集体林权改革中最基础的工作,按林权经营的方式,分为单户经营林权证和联户经营林权证两种类型。

---

① 张金体:《林权证的法律特征初探》,《法制与社会》2010年第10期,第264页。

(1) 全国大多数地区村庄的单户林权证本数在 200 本以下

考察不同地区单户经营林权证本数情况,由表 5-7 可知,单户林权证本数在 200 本以上的村庄中,五个地区占比依次为 0、25%、25%、29.55% 和 54.55%,西南地区的占比最高。在单户经营林权证本数为"0"的村庄中,东北、华北、南方地区的占比分别为 50%、37.50% 和 40.90%,均高于全国 34.38% 的平均水平。因此,从全国范围来看,大多数地区村庄的单户林权证本数在 200 本以下。

表 5-7 不同地区单户经营林权证本数 (单位:本,%)

地区分组	单户林权证本数分组			合计
	0 本	1—200 本	200 本以上	
东北地区	50	50	0	100(6)
华北地区	37.50	37.50	25	100(8)
西北地区	31.25	43.75	25	100(16)
南方地区	40.90	29.55	29.55	100(44)
西南地区	18.18	27.27	54.55	100(22)
全国	34.38	33.33	32.29	100(96)

(2) 尚未发放联户经营林权证的村庄占大多数

考察不同地区村庄联户经营林权证本数状况,在表 5-8 和图 5-5 中,全国及五大地区联户经营林权证本数为零的村庄比重分别为 69.66%、100%、87.50%、92.31%、53.49% 和 73.68%,均超过了半数,且全国多数地区超过了七成。相对来说,南方地区联户经营林权证本数在 15 本以上的村庄占比超过了三成,居各地区之首。与单户经营林权证相比,联户经营林权证在数量上较少,且本数为"0"的村庄占到了大多数。

表 5-8 不同地区联户经营林权证本数 (单位:本,%)

地区分组	联户林权证本数分组			合计
	0 本	1—15 本	15 本以上	
东北地区	100	0	0	100(6)
华北地区	87.50	12.50	0	100(8)
西北地区	92.31	7.69	0	100(13)
南方地区	53.49	16.28	30.23	100(43)
西南地区	73.68	21.05	5.27	100(19)
全国	69.66	14.61	15.73	100(89)

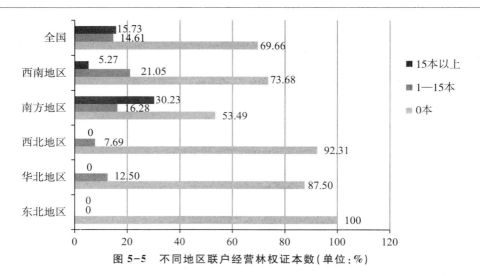

图 5-5 不同地区联户经营林权证本数(单位:%)

(三) 村庄单户与联户经营面积

(1) 全国村庄的单户经营林地面积远大于联户经营林地面积

从全国整体情况来看,村庄单户经营林地面积与联户经营林地面积均值分别为 8137.82 亩和 835.66 亩,单户经营林地面积远大于联户经营林地面积。就不同地区来看,村庄单户经营总面积均值相对较大的地区为西北和南方地区,二者均值分别为 15 743.23 亩和 11 251.38 亩,均高于全国平均水平;其次为西南地区;华北与东北地区相对较小。在联户经营林地面积中,南方地区面积的均值为 1501.24 亩,高于全国平均水平,其他地区则远低于全国平均水平。(如表 5-9 和图 5-6 所示)可见,全国村庄的单户经营林地面积远大于联户经营林地面积,且区域间的差距也较大。

表 5-9 不同地区单户与联户经营林地面积　　　　(单位:亩,个)

地区分组	单户经营面积均值	样本数	联户经营面积均值	样本数
东北地区	483.83	6	0	6
华北地区	588.57	7	185.71	7
西北地区	15 743.23	13	5.83	12
南方地区	11 251.38	30	1501.24	36
西南地区	3685.03	21	602	19
全国	8137.82	77	835.66	80

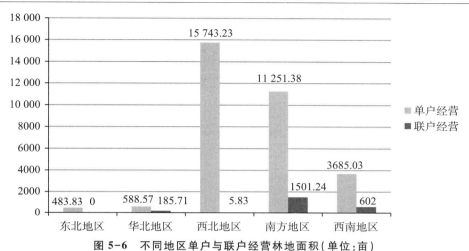

图 5-6　不同地区单户与联户经营林地面积（单位：亩）

（2）全国大部分地区村庄单户经营面积占林地总面积比重在 60% 以上

考察全国及不同地区村庄单户经营面积占林地总面积的比重情况，从表 5-10 可以看到，在有效样本中，东北地区单户经营面积占林地总面积的比例在"61%—80%"和"80%及以上"的村庄比重各占一半；西北地区 75% 的村庄比重为"81%及以上"；此外，南方地区"81%及以上"和"61%—80%"的村庄占比加总达到 50%；西南地区单户经营面积占比在 61% 以上的村庄比重超过了八成；就全国来看，单户经营面积占比在 61% 以上的村庄比重也达到了 60%，可见全国大部分地区村庄，其单户经营面积在林地总面积中的比重偏高。

表 5-10　不同地区村庄单户经营面积占比　　　　　　　　（单位：个，%）

地区分组	单户经营面积占比					合计
	20%及以下	21%—40%	41%—60%	61%—80%	81%及以上	
东北地区	0	0	0	50	50	100（2）
华北地区	60	0	20	0	20	100（5）
西北地区	25	0	0	0	75	100（8）
南方地区	38.88	5.56	5.56	5.56	44.44	100（18）
西南地区	0	0	14.29	28.57	57.14	100（7）
全国	30	2.50	7.50	10	50	100（40）

（3）联户经营面积在林地总面积中的占比普遍较低

把村庄联户经营林地面积占比同样分为五组，数据（见表 5-11）显示，就全国平均水平来看,七成(75.51%)的村庄其联户经营面积在林地总面积中占比为20%及以下;就不同地区来说,东北、华北、西北和西南地区为"20%及以下"的占比均较高,分别为100%、85.71%、88.89%和77.78%;此外,南方地区占比为20%及以下的村庄相对较少,为63.64%,超过五成。观察全国普遍情况,联户经营林地面积在林地总面积中的占比较低。

表5-11　不同地区村庄联户经营面积占比　　　　　　（单位:个,%）

地区分组	联户经营面积占比					合计
	20%及以下	21%—40%	41%—60%	61%—80%	81%及以上	
东北地区	100	0	0	0	0	100(2)
华北地区	85.71	0	0	0	14.29	100(7)
西北地区	88.89	0	0	0	11.11	100(9)
南方地区	63.64	9.09	4.55	4.55	18.18	100(21)
西南地区	77.78	22.22	0	0	0	100(9)
全国	75.51	8.16	2.04	2.04	12.24	100(48)

第二节　村庄林地经营状况

本节聚焦于村庄林地经营整体状况,同时分类展现村庄生态公益林和商品林两种不同类型林地的经营情况,重点从村集体、农户个人或联户经营等不同维度,分析不同产权主体下的多类型林地经营状况。

（一）村庄林地面积

（1）西北和南方地区村庄村集体统一经营管理的林地面积相对较大

分析全国和不同地区村庄的村集体统一经营管理的林地面积,如表5-12和图5-7所示,在样本中,全国由村集体统一经营管理的林地面积均值为2284.12亩;就不同地区来看,西北地区的村庄,村集体统一经营管理的林地面积均值最高,达3796.60亩;此外,南方地区和西南地区村庄的村集体统一经营管理林地面积也高于全国水平,分别为2494.47亩和2338.24亩;与此相比,东北地区村集体统一经营管理的林地面积相对较少,为361亩;华北地区被调查村庄的这一均值为0。比较而言,西北和南方地区村庄村集体统一经营管理的林地面积相对较大。

表 5-12　全国及不同地区村庄村集体统一经营管理林地面积　（单位：亩，个）

地区分组	均值	样本数
东北地区	361.00	6
华北地区	0	9
西北地区	3796.60	14
南方地区	2494.47	46
西南地区	2338.24	23
全国	2284.12	98

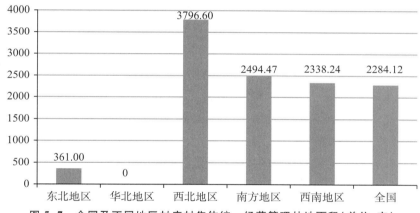

图 5-7　全国及不同地区村庄村集体统一经营管理林地面积（单位：亩）

（2）南方与西南地区村集体统一经营管理的林地面积占比达八成以上的村庄相对较多

将村集体统一经营管理的林地面积占村庄林地总面积的比例分为 20% 及以下、21%—40%、41%—60%、61%—80%、81% 及以上五组，考察全国及不同地区村庄的村集体统一经营管理林地面积占比分布情况。如表 5-13 所示，西北、南方和西南地区，村集体统一经营管理面积占村庄林地总面积 81% 及以上的村庄比重分别为 25%、38.46%、31.58%；其中，南方地区和西南地区的村庄比重较高。综合各方面影响因素分析来看，南方与西南地区，由村集体统一经营管理的林地面积占比达八成以上的村庄比重相对于其他地区要高。

表 5-13　全国及不同地区村庄村集体统一经营管理林地面积占比　　　　（单位：个，%）

地区分组	村集体统一经营管理面积占比					合计
	20%及以下	21%—40%	41%—60%	61%—80%	81%及以上	
东北地区	80	20	0	0	0	100（5）
华北地区	100	0	0	0	0	100（9）
西北地区	58.33	0	8.33	8.33	25	100（12）
南方地区	41.03	7.69	7.69	5.13	38.46	100（39）
西南地区	42.11	5.26	10.53	10.53	31.58	100（19）
全国	48.81	5.95	7.14	5.95	32.14	100（84）

（3）西北地区农户个人或联户经营林地面积高于其他地区

考察不同区域的村庄农户个人或联户经营的林地面积，如表 5-14 和图 5-8 所示，西北地区的村庄农户个人或联户经营林地面积相对其他地区来说为最大，达到 17 814.70 亩，远高于其他地区及全国平均水平；南方地区、西南地区、华北地区、东北地区的村庄农户个人或联户经营林地面积分别为 3586.30 亩、1521.48 亩、1045.46 亩、434.08 亩，均低于全国面积平均值。可见，西北地区的村庄农户个人或联户经营的林地面积高于全国其他地区。

表 5-14　全国及不同地区农户个人或联户经营林地面积　　（单位：亩，个）

地区分组	均值	样本数
东北地区	434.08	6
华北地区	1045.46	11
西北地区	17 814.70	16
南方地区	3586.30	48
西南地区	1521.48	21
全国	4933.66	102

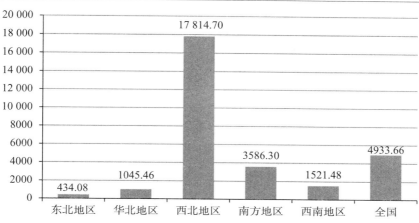

图 5-8 全国及不同地区农户个人或联户经营林地面积（单位：亩）

（4）华北地区农户个人或联户经营林地面积占比在81%及以上的村庄比重最高

分析全国和不同地区村庄的农户个人或联户经营林地面积占村庄林地总面积的比重情况，如表 5-15 所示，华北地区有 72.73% 的样本村庄其占 81% 及以上的林地为农户个人或联户经营，这一占比在各地区分组中为最高；其次为西北地区、南方地区、西南地区、东北地区，其农户个人或联户经营林地面积占比达八成以上的村庄比重依次为 50%、35%、27.78% 和 20%，除西北地区外的其他三个地区占比均低于全国平均水平(39.53%)。可见，华北地区农户个人或联户经营林地面积占比在 81% 及以上的村庄比重最高。

表 5-15 全国及不同地区村庄农户个人或联户经营林地面积占比（单位：个,%）

地区分组	农户个人或联户经营林地面积占比					合计
	20%及以下	21%—40%	41%—60%	61%—80%	81%及以上	
东北地区	60	0	20	0	20	100(5)
华北地区	27.27	0	0	0	72.73	100(9)
西北地区	33.34	8.33	8.33	0	50	100(12)
南方地区	45	5	7.50	7.50	35	100(40)
西南地区	33.33	11.11	11.11	16.67	27.78	100(18)
全国	39.53	5.81	8.14	6.98	39.53	100(84)

(二) 村庄生态公益林经营

林地的生态效应是林地经营的关键问题,公益林和生态林的合理规划有助于实现市场经济条件下的森林资源合理配置,较好实现林业作为物质生产部门和公益事业部门的双重功能。

(1) 西北地区村集体统一经营管理生态林面积大于其他地区,西南地区村集体统一经营管理生态林面积占比较高的村庄多于其他地区

从全国水平来看,在样本数据中(如表 5-16 和图 5-9 所示),村庄村集体统一经营管理的生态林面积均值为 1575.33 亩。全国不同地区之间的村庄村集体统一经营管理生态林面积有所差异:西北地区的面积均值达到 3875.56 亩,居各地区之首;其次为西南地区,为 1591.10 亩,高出全国均值 15.77 亩;与此相比,南方地区和东北地区、华北地区的生态林地面积较少,均低于全国平均水平。相对来说,西北地区的村庄村集体统一经营管理生态林面积较全国其他地区更大。

表 5-16　全国及不同地区村集体统一经营管理生态林面积　　(单位:亩,个)

地区分组	均值	样本数
东北地区	210.00	4
华北地区	0	4
西北地区	3875.56	9
南方地区	1305.44	34
西南地区	1591.10	15
全国	1575.33	66

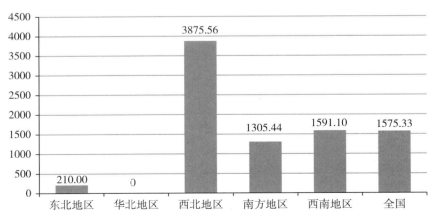

图 5-9　全国及不同地区村集体统一经营管理生态林面积(单位:亩)

进一步考察村庄村集体统一经营管理生态公益林面积占村庄林地总面积的比重情况,如表5-17和图5-10所示,东北地区有半数村庄的村集体统一经营管理生态公益林面积占比为20%及以下;西北地区村庄的村集体统一经营管理生态公益林面积占比分布较为分散,20%及以下的村庄占比为33.33%,61%—80%的村庄占比为16.67%,81%及以上的村庄比重稳定在50%;此外,南方地区与西南地区村集体统一经营管理生态公益林面积占比达81%及以上的村庄占比分别为37.04%和58.33%,相对较高。可见,西南地区村集体统一经营管理生态公益林面积占村庄生态公益林总面积比例较高的村庄相对更多。

表5-17 全国及不同地区村集体统一经营生态公益林面积占比 (单位:个,%)

地区分组	村集体统一经营管理生态公益林面积占比					合计
	20%及以下	21%—40%	41%—60%	61%—80%	81%及以上	
东北地区	50	25	0	0	25	100(4)
西北地区	33.33	0	0	16.67	50	100(6)
南方地区	40.74	0	11.11	11.11	37.04	100(27)
西南地区	33.33	8.33	0	0	58.33	100(13)
全国	38.78	4.08	6.12	8.16	42.86	100(50)

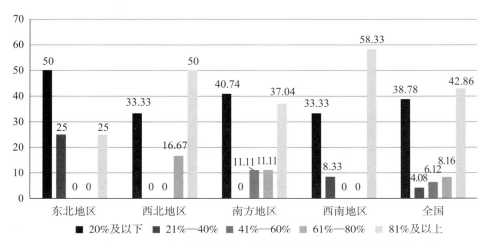

图5-10 全国及不同地区村集体统一经营生态公益林面积占比(单位:%)

(2) 西北地区村庄的农户个人或联户经营生态林面积多于其他地区

分析全国及不同地区村庄的农户个人或联户经营生态林面积,如表5-18和图5-11所示,在85个有效样本中,西北地区农户个人或联户经营生态林面积均值最大,为19 681.71亩,远高于全国平均水平(4287.31亩);华北地区、南方地区、西南地区村庄农户个人或联户经营的生态林面积均值分别为565亩、1717.43亩、810亩,均低于全国水平。可见,西北地区村庄的农户个人或联户经营生态林面积相对较大。

表5-18 全国及不同地区村庄农户个人或联户经营生态林面积 (单位:亩,个)

地区分组	均值	样本数
东北地区	0	5
华北地区	565.00	11
西北地区	19 681.71	14
南方地区	1717.43	42
西南地区	810.00	13
全国	4287.31	85

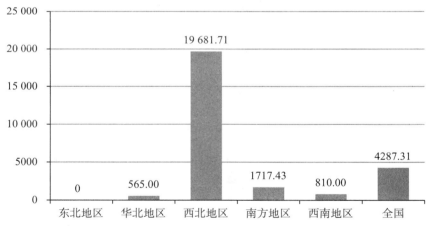

图5-11 全国及不同地区村庄农户个人或联户经营生态林面积(单位:亩)

如表5-19所示,华北地区超八成村庄的农户个人或联户经营生态公益林面积在村庄林地总面积中的比重为20%及以下;西北地区农户个人或联户经营生态公益林面积占比在81%以上的村庄比重在各地区中为最高,达到45.45%;华北地区、南方地区和东北地区农户个人或联户经营生态公益林面积占比在八成以上的村庄比重分别为12.50%、26.67%和0,均低于全国平均水平(27.87%)。比较而言,西北地区农户个人或联户经营生态公益林的面积占比相对较高。

表 5-19　不同地区村庄农户个人或联户经营生态公益林面积占比（单位：个，%）

地区分组	农户个人或联户经营生态公益林面积占比					合计
	20%及以下	21%—40%	41%—60%	61%—80%	81%及以上	
东北地区	100	0	0	0	0	100(2)
华北地区	87.50	0	0	0	12.50	100(8)
西北地区	27.27	9.09	18.19	0	45.45	100(11)
南方地区	46.67	13.33	6.66	6.67	26.67	100(30)
西南地区	30	20	10	10	30	100(10)
全国	47.53	11.48	8.20	4.92	27.87	100(61)

（3）村庄经营生态公益林类型以天然混合林为主

如表 5-20 和图 5-12 所示，近六成村庄的村集体统一经营管理生态公益林类型为天然混合林；同时，在农户个人或联户经营生态公益林中，也以天然混合林居多。具体来看，村集体统一经营管理生态公益林的林地类型为天然混合林的占比最高，为 59.62%；其次为人工单一林，占比 21.15%；人工混合林的比重最小，为 19.23%。在农户个人或联户经营的生态公益林中，天然混合林、人工混合林和人工单一林的占比依次为 47.73%、34.09% 和 18.18%，占比依次降低。可见，村集体统一经营管理生态公益林和农户个人或联户经营生态公益林的林地类型中，天然混合林类型的占比均相对要高。

表 5-20　村庄生态公益林经营类型　　　　　　　　（单位：个，%）

林地类型	村集体统一经营管理生态公益林		农户个人或联户经营生态公益林	
	样本数	占比	样本数	占比
人工单一林	11	21.15	8	18.18
人工混合林	10	19.23	15	34.09
天然混合林	31	59.62	21	47.73
合计	52	100	44	100

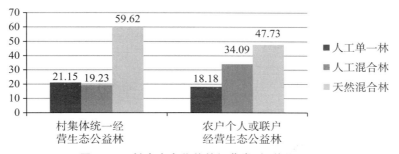

图 5-12　村庄生态公益林经营类型（单位：%）

（三）村庄商品林经营

（1）南方地区的村集体统一经营商品林面积相对较大

考察全国及不同地区村集体统一经营商品林面积情况，如表5-21和图5-13所示，南方地区由村集体统一经营的商品林面积均值为1198.99亩，高出全国平均水平495.55亩；其次为东北地区，其村集体统一经营商品林面积均值为260.60亩；此外，华北地区、西北地区与西南地区村集体统一经营商品林面积均值都在200亩以下，分别为166.67亩、106.92亩、194.29亩，其中，西北地区村集体统一经营的商品林面积最小。由此可知，南方地区村集体统一经营的商品林面积相对较大。

表5-21 全国及不同地区村庄村集体统一经营商品林面积 （单位：亩，个）

地区分组	均值	样本数
东北地区	260.60	5
华北地区	166.67	6
西北地区	106.92	13
南方地区	1198.99	41
西南地区	194.29	14
全国	703.44	79

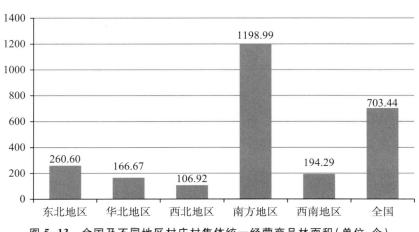

图5-13 全国及不同地区村庄村集体统一经营商品林面积（单位：个）

（2）西南与南方地区村庄农户个人或联户经营商品林面积相对较多

考察全国及不同地区村庄的农户个人或联户经营商品林面积状况，如表5-22和图5-14所示，南方地区与西南地区农户个人或联户经营商品林面积均值分别为

1270.67亩和1441.15亩,均高于全国1058.17亩的平均水平,且西南地区均值最大;东北地区、华北地区和西北地区农户个人或联户经营商品林面积均值依次为868.17亩、354.55亩和630.92亩,低于全国平均水平。由此可见,西南地区和南方地区由农户个人或联户经营的商品林面积大于其他地区。

表5-22 全国及不同地区村庄农户个人或联户经营商品林面积 （单位:亩,个）

地区分组	均值	样本数
东北地区	868.17	3
华北地区	354.55	11
西北地区	630.92	12
南方地区	1270.67	38
西南地区	1441.15	14
全国	1058.17	78

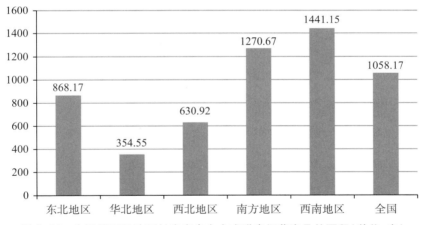

图5-14 全国及不同地区村庄农户个人或联户经营商品林面积(单位:亩)

（3）商品林的林地类型以人工单一林为多

由表5-23数据可见,村集体统一经营管理商品林类型为"人工单一林""人工混合林"和"天然混合林"的占比分别为37.50%、31.25%和31.25%,"人工单一林"的比重相对较高;在农户个人或联户经营商品林中,"人工单一林""人工混合林"和"天然混合林"的比重依次为45.10%、33.33%和21.57%,同样以"人工单一林"类型为最多。总体来看,无论村集体统一经营管理的商品林还是农户个人或联户经营的商品林,"人工单一林"这一类型的比重均为最高。

表 5-23　商品林的林地类型　　　　　　　　　　　（单位：个，%）

林地类型	村集体统一经营管理商品林		农户个人或联户经营商品林	
	样本数	占比	样本数	占比
人工单一林	12	37.50	23	45.10
人工混合林	10	31.25	17	33.33
天然混合林	10	31.25	11	21.57
合计	32	100	51	100

（4）村庄商品林的林产品主要为木材

考察村庄商品林的主要林产品类型，表 5-24 中的数据显示，当前林产品类型集中在"木材"，"林下经营产品"的比重较小。具体来看，村集体统一经营管理商品林产品中，"木材"占比最大，为 78%；"经济林产品"占比为 18%；此外，"林下经营产品"占比为 4%，比重最小。在农户个人或联户经营商品林的主要林产品中，"木材""经济林产品""林下经营产品"的占比分别为 63.16%、36.84% 和 0，同样以"木材"占比居高。这说明，无论是村集体还是农户经营的商品林，其主要林产品均为木材。

表 5-24　村庄商品林主要林产品　　　　　　　　　（单位：个，%）

林产品类型	村集体统一经营管理商品林产品		农户个人或联户经营商品林产品	
	样本数	占比	样本数	占比
木材	39	78	36	63.16
经济林产品	9	18	21	36.84
林下经营产品	2	4	0	0
合计	50	100	57	100

（5）村集体管理经营是村集体统一经营管理商品林的主要方式

由表 5-25 和图 5-15 可知，在经营商品林的主要方式上，由"村集体管理经营"的村庄占比最高，达到 50%；"承包给个人经营"和由"合作社管理经营"的村庄比重分别为 36.96% 和 2.17%，占比相对较低。可见，村庄采取"村集体管理经营"方式进行商品林经营的较多，由"合作社管理经营"的方式还较为少见，目前村庄由村集体统一经营管理商品林还是以"村集体管理经营"的方式为主。

表 5-25　村集体统一经营管理商品林的方式　　　　　（单位：个，%）

经营方式	样本数	占比
村集体管理经营	23	50
合作社管理经营	1	2.17
承包给个人经营	17	36.96
其他	5	10.87
合计	46	100

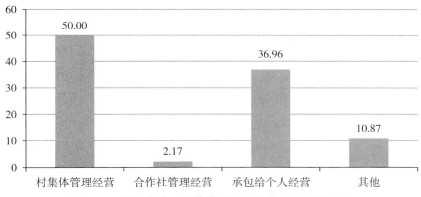

图 5-15　村集体统一经营管理商品林的方式（单位：%）

（6）西南、南方地区以村集体管理经营为主

考察不同地区由村集体统一经营管理商品林的方式，由表 5-26 可知，在西南地区，过八成（87.50%）的村庄采用"村集体管理经营"方式，在各地区中比重最大；在南方地区，半数以上（53.85%）的村庄采用"村集体管理经营"的方式，比全国平均水平高出 3.85 个百分点；相对于西南地区和南方地区来说，东北、华北和西北地区以"村集体管理经营"方式进行商品林经营的村庄比重较小，三个地区占比依次为 33.33%、33.33% 和 0。可见，西南、南方地区多以村集体管理经营为村庄集体统一经营商品林的经营方式。

表 5-26　不同地区村集体统一经营管理商品林的方式　　　　（单位：个，%）

地区分组	村集体统一经营管理商品林方式				合计
	承包给个人经营	村集体管理经营	合作社管理经营	其他	
东北地区	33.33	33.33	0	33.33	100(3)
华北地区	33.33	33.33	33.33	0	100(3)

续表

地区分组	村集体统一经营管理商品林方式				合计
	承包给个人经营	村集体管理经营	合作社管理经营	其他	
西北地区	83.33	0	0	16.67	100(6)
南方地区	34.62	53.85	0	11.53	100(26)
西南地区	12.50	87.50	0	0	100(8)
全国	36.96	50	2.17	10.87	100(46)

（7）"农户个体经营"为农户个人或联户经营商品林的主要方式

考察农户个人或联户经营商品林的方式，其以"农户个体经营"方式为主（见表5-27和图5-16）。具体地看，农户个人或联户经营商品林的方式，采取"农户个体经营"的村庄占比76.67%，接近八成，比重最大；其次为"联户经营"方式，以此为经营方式的村庄占比16.67%，不足两成；以"加入合作社"为统一经营方式的占比相对更少，为1.66%。由此可见，"农户个体经营"为农户个人或联户经营商品林的主要方式。

表5-27　农户个人或联户经营商品林的方式　　　（单位：个，%）

经营方式	样本数	占比
农户个体经营	46	76.67
联户经营	10	16.67
加入合作社	1	1.66
其他	3	5
合计	60	100

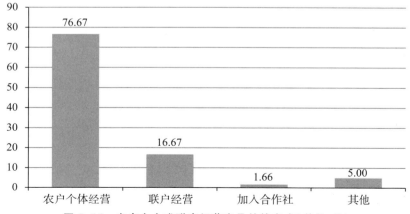

图5-16　农户个人或联户经营商品林的方式（单位：%）

(8)不同地区村庄的农户个人或联户经营商品林方式均以"农户个体经营"为主

分析不同地区农户个人或联户经营商品林的方式,由表 5-28 可知,各地区选择"农户个体经营"方式的村庄比重分别为 100%、85.71%、88.89%、61.29% 和 100%,占比均超过六成,其中除南方地区外的其他地区,此项比重超过了八成;相对而言,选择"联户经营"和"加入合作社"进行商品林经营的村庄较少,其中采取"加入合作社"这一经营方式的各地区村庄最少。综合来看,全国大部分地区村庄的农户个人或联户经营商品林的方式以"农户个体经营"为主。

表 5-28　不同地区农户个人或联户经营商品林的方式　　　（单位:个,%）

地区分组	农户个人或联户统一经营商品林的方式				合计
	农户个体经营	联户经营	加入合作社	其他	
东北地区	100	0	0	0	100(2)
华北地区	85.71	14.29	0	0	100(7)
西北地区	88.89	11.11	0	0	100(9)
南方地区	61.29	25.81	3.23	9.67	100(31)
西南地区	100	0	0	0	100(11)
全国	76.67	16.67	1.66	5	100(60)

第三节　农户林地经营状况

本节以农户为观察切入点,分别从农户的林地占有基本情况、林农林地经营服务状况和农户林地经营的限制性因素等方面入手,具体包括农户的林地面积、公益林和商品林经营、林地片数、经营服务机构、经营困难等内容,以期全面反映林农的林地经营概况。

（一）农户林地占有状况

（1）华北地区林农户均占有林地面积相对较小

分析全国及不同地区林农家庭占有林地面积的情况,如表 5-29 和图 5-17 所示,从林农户均占有林地面积均值来看,东北地区林农户均占有 3.33 亩林地;南方地区与西北地区次之,分别为 3.10 亩和 3.08 亩,均高于全国平均水平(2.95 亩);华北地区这一均值最低,为 2.58 亩,低于全国均值 0.37 亩。此外,从林地面积分组情况来看,华北地区林农占有的林地面积处于低水平与中低水平的比重分别为

29.17%和23.61%,这两项占比在各地区分组中均为最高。整体来看,华北地区林农户均占有的林地面积相对较小。

表5-29 全国及不同地区林农的林地面积

地区分组	林地面积分组(%)					占比合计(样本个数)	均值(亩)
	低林地面积	中低林地面积	中等林地面积	中高林地面积	高林地面积		
东北地区	0	0	66.67	33.33	0	100(3)	3.33
华北地区	29.17	23.61	15.28	23.61	8.33	100(72)	2.58
西北地区	14.06	18.75	29.69	20.31	17.19	100(128)	3.08
南方地区	22.92	12.73	14.58	30.56	19.21	100(432)	3.10
西南地区	34.30	16.25	11.91	15.16	22.38	100(277)	2.75
全国	25.55	15.56	16.12	23.90	18.97	100(912)	2.95

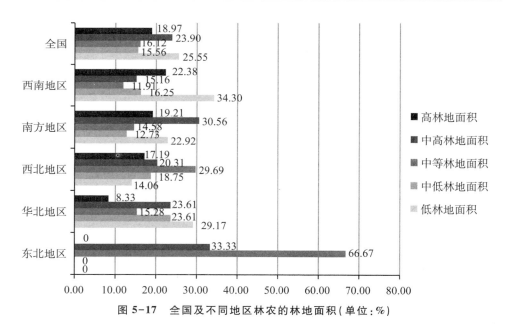

图5-17 全国及不同地区林农的林地面积(单位:%)

(2)西北地区林农的户均生态公益林面积相对较大

考察全国及不同地区林农经营的生态公益林面积情况,如表5-30所示,在有效样本中,西北地区林农户均经营1.83亩生态公益林,在各地区分组中最高,同时高出全国平均水平0.72亩;东北地区、西南地区和南方地区林农户均分别经营

1.67亩、1.22亩、0.93亩生态公益林;华北地区林农的这一均值最低,为0.51亩。与此同时,分别有11.57%和9.09%的西北地区林农经营的公益林面积处于中高水平与高水平,在各地区中占比较高。由此可知,西北地区林农家庭所经营的生态公益林面积相较其他地区更大。

表5-30 全国及不同地区林农的生态公益林面积

地区分组	公益林面积分组(%)						占比合计(样本个数)	均值(亩)
	无公益林	低公益林面积	中低公益林面积	中等公益林面积	中高公益林面积	高公益林面积		
东北地区	33.33	0	33.33	33.34	0	0	100(3)	1.67
华北地区	75.70	14.29	2.86	0	4.29	2.86	100(70)	0.51
西北地区	32.23	18.18	14.05	14.88	11.57	9.09	100(121)	1.83
南方地区	68.24	7.69	6.70	4.22	6.45	6.70	100(403)	0.93
西南地区	55.60	15.52	5.17	8.62	5.17	9.92	100(232)	1.22
全国	59.95	11.94	7.12	6.76	6.63	7.60	100(829)	1.11

(3)西北地区林农经营商品林面积相对较小

考察全国及不同地区农户经营商品林的面积情况,如表5-31所示,东北地区农户经营的商品林面积均值为4亩,居各地区之首,高出全国平均水平2.13亩;华北地区、南方地区农户户均经营的商品林面积次之,分别为2.18亩和2.08亩,均高于全国平均水平;比较而言,西北地区林农经营的商品林面积均值最低,为0.82亩,低于全国水平1.05亩。同时,还有70.42%的西北地区林农表示自家并不经营商品林。综上所述,相较其他地区而言,西北地区林农所经营的商品林面积相对要小。

表5-31 全国及不同地区林农经营的商品林面积

地区分组	商品林面积分组(%)						占比合计(样本个数)	均值(亩)
	无商品林面积	低商品林面积	中低商品林面积	中等商品林面积	中高商品林面积	高商品林面积		
东北地区	0	0	0	0	100	0	100(1)	4.00
华北地区	15	22.50	15	35	2.50	10	100(40)	2.18
西北地区	70.42	1.41	14.08	8.45	1.41	4.23	100(71)	0.82
南方地区	29.58	13.83	13.18	20.26	8.68	14.47	100(311)	2.08
西南地区	32.46	18.32	12.57	18.85	4.71	13.09	100(191)	1.84
全国	34.20	14.34	13.19	19.38	6.35	12.54	100(614)	1.87

(4) 全国各地区林农所经营商品林类型存在较大差异

考察全国及各地区林农所经营的商品林类型情况,由表5-32可知,从全国整体情况看,种植人工单一林、人工混合林和天然混合林的林农比重分别为37.52%、29.98%和32.50%,其中以种植人工单一林者居多,但类型之间的差距还不太明显。从不同地区看,东北地区林农以经营人工单一林居多;西北地区超过八成林农经营的商品类种类为人工单一林,远高于全国平均水平(37.52%);此外,华北地区有59.62%的林农经营天然混合林,在该地区商品林类型中占据主导;西南地区和南方地区经营三种商品林类型的农户数量差异较小。总体来看,全国各地区林农经营的商品林类型存在着差异,这可能与不同地区的自然地理环境差异有关。

表5-32 全国及不同地区林农经营的商品林类型 (单位:个,%)

地区分组	商品林类型			合计
	人工单一林	人工混合林	天然混合林	
东北地区	100	0	0	100(2)
华北地区	26.92	13.46	59.62	100(52)
西北地区	80.56	5.56	13.88	100(36)
南方地区	37.30	32.79	29.91	100(244)
西南地区	31.69	36.07	32.24	100(183)
全国	37.52	29.98	32.50	100(517)

(5) 全国超六成林农所经营的商品林产品为木材

就林农经营商品林的林产品类型来看,从表5-33和图5-18可以看到,60.86%的受访林农表示其所经营的商品林主要林产品为"木材";22.70%的林农表示主要经营的商品林产品为"经济林产品";表示林产品为"林下经营产品"的林农比重为2.21%,占比较小。由此可见,全国过六成的林农所经营的商品林产品为"木材","林下经营产品"较少,商品林产品的类型较为单一。

表5-33 林农经营商品林的林产品 (单位:个,%)

主要林产品	样本数	占比
木材	496	60.86
经济林产品	185	22.70
林下经营产品	18	2.21

注:此题为多选题,因此占比加总不等于100%

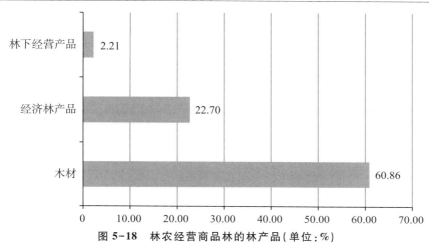

图 5-18 林农经营商品林的林产品(单位:%)

（6）林地经营存在碎片化状况，西南地区林地碎片化现象较为突出

考察全国及不同地区林农经营的林地片数情况，如表 5-34 所示，从全国范围来看，在 900 个受访农户中，45% 的农户经营 1 片林地；35.33% 的林农经营的林地片数在 2—3 片；林地片数在 4—5 片的林农比重为 14.67%，超过了一成；同时还有 5% 的林农经营 6 片以上的林地；平均来看，林农户均经营了 2.37 片林地，整体上存在碎片化状况。对不同地区来说，西南地区林农户均经营 2.60 片林地，在各地区中为最高；同时，西南地区分别有 19.33% 和 6.32% 的林农经营 4—5 片和 6 片以上的林地，这两项占比同样高于其他地区。因此，总体上看，全国林地经营存在碎片化状况，且西南地区林地碎片化现象更为突出，这也可能与该地区特殊的地势地貌有关。

表 5-34 全国及不同地区林农经营林地片数

地区分组	林地片数分组(%)				占比合计 (样本个数)	均值 (片)
	1 片	2—3 片	4—5 片	6 片以上		
东北地区	66.67	33.33	0	0	100(3)	1.33
华北地区	79.16	18.06	0	2.78	100(72)	1.47
西北地区	51.97	36.22	10.24	1.57	100(127)	1.90
南方地区	38.46	40.33	15.62	5.59	100(429)	2.52
西南地区	42.75	31.60	19.33	6.32	100(269)	2.60
全国	45	35.33	14.67	5	100(900)	2.37

(二) 农户林地经营服务

(1) 超五成林农表示当地没有林业经营服务机构

由表 5-35 和图 5-19 可知,有 46.38% 的受访农户表示当地有林业经营的服务机构;此外,有超过五成(53.62%)的林农表示当地没有林业经营相关的服务机构。可见,从全国范围来看,林业经营服务机构还较为缺乏,这也会在一定程度上影响林农的林业经营。

表 5-35　林业经营服务机构配备　　　　　　　　　(单位:个,%)

是否配备林业经营服务机构	样本数	占比
是	141	46.38
否	163	53.62
合计	304	100

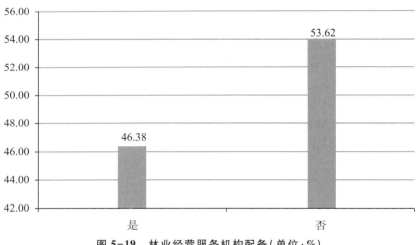

图 5-19　林业经营服务机构配备(单位:%)

(2) 华北地区的林业经营服务机构配备相对滞后

考察不同地区林业经营服务机构的配备情况,如表 5-36 和图 5-20 所示,西南地区有 62.39% 的林农表示当地有林业经营服务机构,高于其他地区的同一占比;其次为西北地区,这一占比为 58.62%,接近六成;南方地区表示具备林业经营服务机构的林农比重为 35.46%;与其他地区相比,华北地区有 5.88% 的林农表示当地有林业经营服务机构,超过九成农户反映没有服务机构,占比最高。由此可见,相对来说,西南地区和西北地区的林业经营服务机构配备相对较多,华北地区的较为滞后。

表 5-36 不同地区林业经营服务机构配备　　　　　　（单位:个,%）

地区分组	服务机构		合计
	是	否	
东北地区	—	—	—
华北地区	5.88	94.12	100(17)
西北地区	58.62	41.38	100(29)
南方地区	35.46	64.54	100(141)
西南地区	62.39	37.61	100(117)
全国	46.38	53.62	100(304)

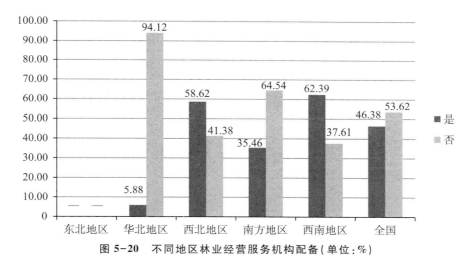

图 5-20 不同地区林业经营服务机构配备(单位:%)

(三) 农户林地经营限制

(1) 超八成林农表示林权改革后林地四界清楚且无争议

考察林地改革后的林农林地四界清晰和争议状况,如表 5-37 所示,81.06%的农户表示林改之后自家林地四界"清楚且无争议";9.87%的受访农户表示林地四界"清楚,但有争议";表示四界"无争议,但不清楚界线"的农户比重为 7.81%。总体上看,林权改革后超过八成的林农明确了自家林地的四界而且不存在争议,说明林改在厘清林地权属方面取得了一定成效;但同时也应该看到,仍有超过一成的农户在林地权属上存在问题。

表 5-37　林权改革后的林地四界　　　　　　　　　　（单位：个,%）

林地四界	样本数	占比
清楚且无争议	706	81.06
清楚,但有争议	86	9.87
无争议,但不清楚界线	68	7.81
其他	11	1.26
合计	871	100

（2）西南和东北地区林农在林权改革后林地四界存在的问题相对较多

进一步分析不同地区林农在林改后的林地四界情况,如表 5-38 所示,西南地区表示自家林地四界"清楚且无争议"的农户占比 73.85%,在各地区中最低;同时,表示林地四界"清楚且无争议"的林农中,华北地区占比为 76.06%,稍高于西南地区,同时低于全国平均水平 5 个百分点。综上考虑,华北地区和西南地区林农在林权改革之后,其林地四界存在的问题相对其他地区来说还较为普遍。

表 5-38　不同地区林农林改后的林地四界　　　　　　（单位：个,%）

地区分组	林地四界				合计
	清楚且无争议	清楚,但有争议	无争议,但不清楚界线	其他	
东北地区	100	0	0	0	100(3)
华北地区	76.06	9.85	12.68	1.41	100(71)
西北地区	93.69	2.70	3.61	0	100(111)
南方地区	82.86	8.22	7.51	1.41	100(425)
西南地区	73.85	15.77	8.85	1.53	100(260)
全国	81.06	9.87	7.81	1.26	100(870)

（3）缺乏资金投入和抚育技术成为当前林农林地经营中的主要困难

考察林农在林地经营中遇到的主要困难,如表 5-39 和图 5-21 所示,表示"缺乏资金投入"是当前林地经营中最主要困难的农户占比 34.85%,为各项困难之首;还有 31.90% 的农户表示遇到的最主要困难是"缺乏抚育技术",也超过了三成;表示主要经营困难为"缺乏病虫防治技术""采伐指标申请难度大""林地纠纷多"的农户占比分别为 15.71%、13.01% 和 5.15%,比重相对较小。由此可见,缺乏资金投入和抚育技术成为当前林农在林地经营过程中面临的主要困难。

表 5-39　林地经营中的主要困难　　　　　　　　（单位:个,%）

主要困难	样本数	占比
缺乏抚育技术	260	31.90
缺乏病虫防治技术	128	15.71
缺乏资金投入	284	34.85
林地纠纷多	42	5.15
采伐指标申请难度大	106	13.01
其他	66	8.10

注:此题为多选题,因此占比加总不等于100%

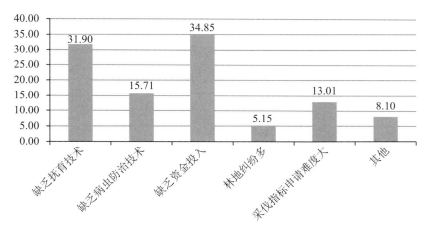

图 5-21　林地经营中的主要困难(单位:%)

第四节　林农经营投入与效益

林权改革的推进旨在落实林地承包责任制,同时加强市场调节机制,以达到林地资源与林农权益的双赢。本节以林农进行林地经营的投入和效益为主要考察内容,着重展现林权改革前后农民相关林业经营投入、收入分红、生态林补助等方面的情况,以分析林权改革条件下的农民经营损益状况。

(一)农户林地经营投入

(1)林权改革后绝大多数林农的相关经营投入未发生变化

考察林权改革后,农民林业相关经营投入的变化情况,从表 5-40 和图 5-22 中可以看到,在 934 个有效样本中,表示相关经营投入没有发生变化的农户有 816

个,占比最高,为87.37%;表示林业相关经营投入大幅度增加和有所增加的农户占比分别为0.43%和8.35%,加总不超过一成(8.78%);此外,表示林权改革后林业经营投入有所减少和大幅度减少的农户占比之和为3.85%,占比相对较少。总体来看,林改之后多数林农的相关经营投入未发生变化,但同时还存在少许农户相关投入减少的情况。

表5-40 林权改革后农民林业相关经营投入变化　　　　　（单位:个,%）

林业相关经营投入变化	样本数	占比
大幅度增加	4	0.43
有所增加	78	8.35
没有变化	816	87.37
有所减少	26	2.78
大幅度减少	10	1.07
合计	934	100

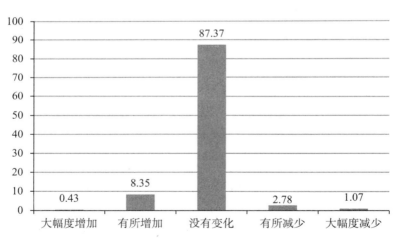

图5-22 林权改革后农民林业相关经营投入变化(单位:%)

（2）林权改革之后,中青年农民的林业经营投入减量相对较大

就不同年龄段的农民来看,林权改革之后,30—39岁年龄段中青年农民的林业经营投入减少相对较多。根据表5-41中数据可知,表示林业经营投入有所减少的"30—39岁"年龄段农民占比为11.77%,分别高出其他年龄段农民7.60个、9.10个、9.30个和10.76个百分点;同时,表示经营投入大幅度减少的"30—39岁"农民比重为2.94%,在各年龄段农民中占比最高。综合考察可知,在林权改革后,中青

年农民在林业经营投入上减少较多。

表 5-41　不同年龄段农民林业相关经营投入变化　　（单位：个，%）

年龄分组	大幅度增加	有所增加	没有变化	有所减少	大幅度减少	合计
30 岁以下	4.17	8.33	83.33	4.17	0	100(24)
30—39 岁	0	8.82	76.47	11.77	2.94	100(68)
40—49 岁	0.38	8.02	88.17	2.67	0.76	100(262)
50—59 岁	0.35	7.07	88.34	2.47	1.77	100(283)
60 岁以上	0.34	9.76	88.55	1.01	0.34	100(297)

（3）林权改革后村庄管理者在林业经营相关投入上增加较多

考察 934 个有效样本可知，表示林业相关经营投入增加（大幅度增加和有所增加）的农村管理者占比 20.59%，超过了两成，在各类型职业农民中的占比最高；其次为教师和务农农民，比重分别为 8.33% 和 8.21%；比较而言，表示在林业经营投入上增加的务工农民、个体户与私营企业主农民占比较小。（见表 5-42）

表 5-42　不同职业农民林业相关经营投入变化　　（单位：个，%）

职业分组	大幅度增加	有所增加	没有变化	有所减少	大幅度减少	合计
务农	0.45	7.76	87.55	3.22	1.02	100(683)
务工	1.75	3.51	91.24	1.75	1.75	100(57)
教师	0	8.33	91.67	0	0	100(12)
个体户与私营企业主	0	3.23	95.16	1.61	0	100(62)
农村管理者	0	20.59	75	2.94	1.47	100(68)
其他	0	11.54	86.54	0	1.92	100(52)

（4）林权改革后西南地区林业相关经营投入减少的农户相对较多

就不同地区来看，如表 5-43 所示，在表示林权改革后林业相关经营投入减少（有所减少和大幅度减少）的农民中，西南地区的占比最高，为 9.79%，高出全国平均水平 5.94 个百分点；东北、华北、西北和南方地区的同项占比分别为 0、1.52%、0.79% 和 1.36%，均低于西南地区同一占比。可见，林权改革后，西南地区林业相关经营投入减少的农户相对较多。

表 5-43　不同地区农民林业相关经营投入变化　　　（单位：个,%）

地区分组	大幅度增加	有所增加	没有变化	有所减少	大幅度减少	合计
东北地区	0	12.50	87.50	0	0	100(16)
华北地区	0	0	98.48	1.52	0	100(66)
西北地区	0	18.90	80.31	0.79	0	100(127)
南方地区	0.46	7.74	90.44	0.68	0.68	100(439)
西南地区	0.70	6.29	83.22	7.34	2.45	100(286)
全国	0.43	8.35	87.37	2.78	1.07	100(934)

（5）以联户承包方式进行林地确权的农民，其林改后的林业相关经营投入减少较多

在不同的确权方式下，林农在改革后的林业相关经营投入上的变化存在差异。如表 5-44 所示，通过联户承包方式确权的林地经营者，其在林权改革后于林业相关经营投入上减少的比重较大，有 16% 的农户表示投入减少了（有所减少和大幅度减少），分别高出采取"分股不分山""按人均分，承包到户"方式进行确权的林地经营者这一占比 11.89 个和 12.91 个百分点。可见，以联户承包方式进行林地确权的农民，其林改后的林业相关经营投入减少较多。

表 5-44　不同林权确权方式农民的林业相关经营投入变化　　（单位：个,%）

林权确权方式	大幅度增加	有所增加	没有变化	有所减少	大幅度减少	合计
分股不分山	0	9.59	86.30	2.74	1.37	100(73)
联户承包	0	4	80	10	6	100(50)
按人均分,承包到户	0.50	8.55	87.86	2.35	0.74	100(807)

（6）拥有林地片数越多的林农，林改后在林业经营投入上的增加相对越多

考察拥有不同林地片数的农民，林权改革后在林业相关经营投入上的变化情况，从表 5-45 可以看到，在表示林业相关经营投入增加（大幅度增加和有所增加）的农户中，拥有 1 片、2—3 片、4—5 片和 6 片以上林地的农户比重依次为 5.87%、10.92%、7.09% 和 20%，整体上呈不断增长趋势；同时，不同林地拥有片数的农户表示经营投入没有变化的比重分别为 92.08%、84.12%、85.83% 和 80%，总体呈下降趋势。综合来看，拥有林地片数越多的林农，林改后在林业经营投入上的增加相对越多。

表 5-45　拥有不同林地片数农民林业相关经营投入变化　　　　（单位：个，%）

片数分组	大幅度增加	有所增加	没有变化	有所减少	大幅度减少	合计
1 片	0	5.87	92.08	1.28	0.77	100(392)
2—3 片	0.99	9.93	84.12	3.97	0.99	100(302)
4—5 片	0	7.09	85.83	5.51	1.57	100(127)
6 片以上	2.22	17.78	80	0	0	100(45)

（7）经营天然混合林的林农在林改后林业相关经营投入上的变化相对较小

考察林改后不同林地类型林农的林业相关经营投入变化情况，在 514 个有效样本中，如表 5-46 所示，天然混合林的经营者，其林业相关经营投入没有发生变化的占比相对较大，为 95.20%；人工混合林经营者的这一占比为 80.64%，低于前者 14.56 个百分点；同时，将林业相关经营投入有所减少和大幅度减少的占比加总，经营天然混合林的农户这一占比最低，为 1.80%，低于其他林地经营类型的农户占比。可见，经营天然混合林的林农，在林改后林业相关经营投入上的变化相对较小。

表 5-46　不同林地类型农民的林业相关经营投入变化　　　　（单位：个，%）

林地类型	大幅度增加	有所增加	没有变化	有所减少	大幅度减少	合计
人工单一林	0.52	9.38	84.37	5.21	0.52	100(192)
人工混合林	1.29	8.39	80.64	7.10	2.58	100(155)
天然混合林	0.60	2.40	95.20	0.60	1.20	100(167)

（8）享受林业经营相关服务的农户，其林业经营投入增加相对较多

考察林业经营相关服务的提供情况对农民林业经营投入变化的影响情况，在有效样本中，享受过林业经营相关服务的农户，表示其林业经营投入增加的比重为 20.57%，比未享受过林业经营相关服务的农户同比高出 8.15 个百分点。但同时，表示经营投入没有变化的未享受服务的农户占比为 86.96%，远高出享受服务农户的同一占比。可见，提供林业经营相关服务对农户调整林业经营投入具有较大的刺激作用。

表 5-47　提供林业经营相关服务对农民林业经营投入变化　　　　（单位：个，%）

是否有服务	大幅度增加	有所增加	没有变化	有所减少	大幅度减少	合计
是	0.71	19.86	60.99	13.48	4.96	100(141)
否	1.24	11.18	86.96	0.62	0	100(161)

(二)农户林地经营效益

(1)南方地区农民的林业分红收益相对较高

考察林权改革之后全国及不同地区林农的经营分红情况,如表5-48所示,在高分红收益组内,占比最高的为南方地区,农户比重为44.45%,远高于全国其他地区;在无分红收益组内,南方地区的此项占比为2.78%,低于全国平均水平21.83个百分点。就林农分红的具体额度来看,全国平均值为586.20元,南方地区林农的这一分红均值达到了934.53元,远高于全国及其他地区均值。相对来说,南方地区农民的林业分红收益较高。

表5-48 全国及不同地区林农的分红收益

地区分组	无分红(%)	低分红收益(%)	中等分红收益(%)	高分红收益(%)	占比合计(样本个数)	均值(元)
东北地区	0	90.91	9.09	0	100(11)	305.45
西北地区	0	0	100	0	100(1)	450.00
南方地区	2.78	19.44	33.33	44.45	100(36)	934.53
西南地区	88.24	5.88	5.88	0	100(17)	38.24
华北地区	—	—	—	—	—	—
全国	24.61	27.69	23.08	24.62	100(65)	586.20

(2)西北地区与西南地区林农所获公益林补助相对较多

考察全国及不同地区农民的公益林补助状况,在表5-49中,西南地区和西北地区的农民,没有获得公益林补助的占比相对较低,分别为10.64%和18.29%,均低于全国平均水平;同时,从高公益林补助(高与中高)的占比情况来看,西北地区和西南地区农民的这一占比分别为40.25%和40.43%,在各地区中比重相对较高。此外,西北地区与西南地区农户获得生态公益林补助的均值分别为720.78元和449.91元,同样高于全国平均水平。可见,西北地区与西南地区林农所获公益林补助相对较多。

表5-49 全国及不同地区农民的生态公益林补助

地区分组	无公益林补助(%)	低公益林补助(%)	中低公益林补助(%)	中等公益林补助(%)	中高公益林补助(%)	高公益林补助(%)	占比合计(样本个数)	均值(元)
东北地区	0	0	0	0	50	50	100(2)	595.00
华北地区	52.63	5.26	10.53	10.53	10.52	10.53	100(19)	380.79

续表

地区分组	无公益林补助(%)	低公益林补助(%)	中低公益林补助(%)	中等公益林补助(%)	中高公益林补助(%)	高公益林补助(%)	占比合计(样本个数)	均值(元)
西北地区	18.29	13.41	12.20	15.85	19.52	20.73	100(82)	720.78
南方地区	28.57	21.80	19.55	16.54	10.53	3.01	100(133)	168.76
西南地区	10.64	14.88	13.48	20.57	18.44	21.99	100(141)	449.91
全国	20.69	16.45	15.12	17.51	15.64	14.59	100(377)	406.93

（3）林业经营投入增加的农户，其林业相关经营的收入也相对提高

考察林农林业经营投入水平对其经营收入的影响，如表5-50所示，在高林业经营收入范围内，投入变化递减的农户在高林业经营收入下的占比分别为25%、4.36%、2.34%、0和0，呈依次下降趋势；与此对应，表示无林业经营投入的农户，林业投入大幅度增加的农户比重为75%，同时低于投入没有变化、有所减少和大幅度减少的农户占比。可见，林业经营投入增加的农户，其林业相关经营的收入也相对提高，林业投入在一定程度上影响了林农的林业经营性收入。

表5-50　不同经营投入变化农户的林业经营收入　　　　（单位：个，%）

投入变化	无林业经营收入	低林业经营收入	中低林业经营收入	中等林业经营收入	中高林业经营收入	高林业经营收入	合计
大幅度增加	75	0	0	0	0	25	100(4)
有所增加	69.75	1.45	13.04	8.70	2.90	4.36	100(69)
没有变化	87.88	2.33	2.34	2.77	2.34	2.34	100(685)
有所减少	95.83	4.17	0	0	0	0	100(24)
大幅度减少	100	0	0	0	0	0	100(8)

（4）中老年林农的林业经营收入相对较高

分析不同年龄段的林农林业经营收入状况，如表5-51所示，在有效样本中，50—59岁年龄段的林农，其林业经营年收入均值最高，为2110.55元；其次为30岁以下林农的林业经营收入，均值为1722.61元；40—49岁林农这一均值是1694.53元；同时，6.25%的50—59岁林农获得了中高林业经营收入和高林业经营收入，这一占比在各分组中最高。由此可见，中老年林农的林业经营收入相对较高。

表 5-51　不同年龄农民林业相关经营收入

年龄分组	无林业经营收入（%）	低林业经营收入（%）	中低林业经营收入（%）	中等林业经营收入（%）	中高林业经营收入（%）	高林业经营收入（%）	占比合计（样本个数）	均值（元）
30 岁以下	69.57	13.04	4.35	8.70	0	4.34	100(23)	1722.61
30—39 岁	89.39	0	3.03	6.06	1.52	0	100(66)	378.79
40—49 岁	87.71	1.69	2.54	2.54	2.97	2.55	100(236)	1694.53
50—59 岁	87.08	1.67	2.50	2.50	2.50	3.75	100(240)	2110.55
60 岁以上	86.48	2.87	4.10	2.87	2.05	1.63	100(244)	762.25

（5）文化水平越高的林农其林业相关经营收入越高

教育水平对于农民林业相关经营收入存在一定的影响。如表 5-52 所示，比较不同学历林农林业相关经营收入的均值状况，文化水平为文盲、小学、初中、高中的林农其林业相关经营收入均值分别为 226.47 元、993.21 元、1411.15 元和 3598.35 元，呈依次上升趋势；与此同时，比较各教育水平分组中拥有高林业经营收入的林农占比，从文盲至大专及以上学历各分组的农户比重分别为 0、0.93%、3.28%、6% 和 8.33%，占比随学历水平增高而不断增加。这在一定程度上可以说明，农民文化水平越高，其林业相关经营收入越高。

表 5-52　不同教育水平农民的林业相关经营收入

教育水平分组	无林业经营收入（%）	低林业经营收入（%）	中低林业经营收入（%）	中等林业经营收入（%）	中高林业经营收入（%）	高林业经营收入（%）	占比合计（样本个数）	均值（元）
文盲	95.59	0	1.47	1.47	1.47	0	100(68)	226.47
小学	88.20	3.11	4.04	2.17	1.55	0.93	100(322)	993.21
初中	86.23	1.64	1.97	4.26	2.62	3.28	100(305)	1411.15
高中	79	2	4	4	5	6	100(100)	3598.35
大专及以上	75	8.34	8.33	0	0	8.33	100(12)	2633.33

（6）南方地区与西南地区林农林业经营收入相对较高

如表 5-53 所示，在 809 个有效样本中，南方地区林农的林业经营相关收入均值最高，达到了 1904.76 元；西南地区林农林业经营相关收入均值次之，为 1331.06 元；与此相比，西北地区和华北地区这一均值较低，分别是 570.80 元和 535.49 元。

进一步比较不同地区林农收入分段情况可以发现,有9.25%的西南地区林农林业经营收入在中等水平以上,这一占比在各地区分组中最高;南方地区则有9.11%的林农林业经营收入在中等水平之上。由此可见,西南地区和南方地区林农的林业经营收入相对全国其他地区要高。

表5-53 不同地区农民林业经营收入状况

地区分组	无林业经营收入(%)	低林业经营收入(%)	中低林业经营收入(%)	中等林业经营收入(%)	中高林业经营收入(%)	高林业经营收入(%)	占比合计(样本个数)	均值(元)
东北地区	100	0	0	0	0	0	100(3)	0
华北地区	94.37	1.41	0	1.41	1.41	1.40	100(71)	535.49
西北地区	89.38	0	7.09	1.77	0.88	0.88	100(113)	570.80
南方地区	86.84	2.53	1.52	2.78	3.04	3.29	100(395)	1904.76
西南地区	82.82	3.08	4.85	4.85	2.20	2.20	100(227)	1331.06
全国	86.77	2.23	3.09	3.09	2.35	2.47	100(809)	1430.22

(7) 以"按人均分,承包到户"方式进行林改确权的林农林业经营收入较低

如表5-54所示,在有效样本中,以"联户承包"方式进行确权的林农,其林业经营收入均值最高,为2936.17元;采取"分股不分山"方式进行确权的林农林业经营收入为2428.57元;以"按人均分,承包到户"方式进行林改确权的农户这一均值最低,为1323.99元;同时,还有87.23%的以"按人均分,承包到户"方式确权的农户"无林业经营收入"。可以看到,以"按人均分,承包到户"方式进行林改确权的农户目前林业经营收入相对较低。

表5-54 不同确权方式农民的林业经营收入

林改确权方式	无林业经营收入(%)	低林业经营收入(%)	中低林业经营收入(%)	中等林业经营收入(%)	中高林业经营收入(%)	高林业经营收入(%)	占比合计(样本个数)	均值(元)
分股不分山	50	7.14	21.43	0	21.43	0	100(14)	2428.57
联户承包	89.35	0	0	2.13	4.26	4.26	100(47)	2936.17
按人均分,承包到户	87.23	2.28	2.96	3.23	1.88	2.42	100(744)	1323.99

（8）拥有林地片数越多的农户，其林业相关经营收入越高

拥有不同林地片数的林农的林业经营收入存在一定差别。如表 5-55 所示，拥有不同片数（1 片至 6 片以上）的林农的林业经营收入均值依次为 560.85 元、1670.98 元、3240.81 元和 2690.26 元，整体上呈不断上升趋势；在无林业经营收入的范围中，不同片数林农的占比分别为 90.45%、85.91%、78.78% 和 79.49%，整体上随着林地片数的增加而降低。也就是说，随着林地片数的增加，农户获得的林业相关经营收入也越多。

表 5-55 拥有不同林地片数农民的林业经营收入

片数分组	无林业经营收入（%）	低林业经营收入（%）	中低林业经营收入（%）	中等林业经营收入（%）	中高林业经营收入（%）	高林业经营收入（%）	占比合计（样本个数）	均值（元）
1 片	90.45	1.97	3.09	2.81	0.56	1.12	100(356)	560.85
2—3 片	85.91	1.72	3.09	2.75	4.12	2.41	100(291)	1670.98
4—5 片	78.78	3.54	2.65	4.42	4.42	6.19	100(113)	3240.81
6 片以上	79.49	5.13	5.13	5.12	0	5.13	100(39)	2690.26

（9）经营人工单一林的林农的林业经营收入相对较高

林农所经营林地类型对于农户林业相关经营收入产生了一定影响。如表 5-56 所示，在 495 个有效样本中，经营人工单一林的林农，其林业经营收入均值最高，为 3109.37 元，分别高出经营人工混合林林农和经营天然混合林林农的林业经营收入 1050.60 元和 2002.50 元；此外，在高林业经营收入段和中高林业经营收入段内，经营人工单一林的农户占比（10.42%）同时高于人工混合林和天然混合林的经营农户比重。可见，经营人工单一林的林农林业经营收入相较于经营人工混合林和天然混合林的林农更高。

表 5-56 不同林地类型农民的林业经营收入

林地类型	无林业经营收入（%）	低林业经营收入（%）	中低林业经营收入（%）	中等林业经营收入（%）	中高林业经营收入（%）	高林业经营收入（%）	占比合计（样本个数）	均值（元）
人工单一林	79.69	0.52	3.12	6.25	3.65	6.77	100(192)	3109.37
人工混合林	76.82	4.64	7.95	5.96	3.31	1.32	100(151)	2058.77
天然混合林	88.82	5.26	0.66	0.65	1.32	3.29	100(152)	1106.87

（10）林产品为经济林产品的林农林业经营收入相对更高

林农所经营的林产品类型对于林农的林业经营收益产生了一定影响。在表5-57和图5-23中，以经济林产品为主要林产品的林农，其2013年的林业经营收入均值为5823.62元，远远超过以林下经营产品和木材为主要林产品类型的林农收入均值；以林下经营产品和木材为主要林产品类型的林农2013年经营收入均值为610元和417.08元；同时，在高林业经营收入阶段，以经济林产品为产品类型的农户占比也最高（11.41%）。可见，以经济林产品为主要林产品的林农，其林业经营收入相对较高；但同时也可以看到，无论经营哪种林产品，仍有过半数的林农无林业经营收入。

表5-57 拥有不同林产品的农民林业经营收入状况

主要林产品	无林业经营收入（%）	低林业经营收入（%）	中低林业经营收入（%）	中等林业经营收入（%）	中高林业经营收入（%）	高林业经营收入（%）	占比合计（样本个数）	均值（元）
木材	95.59	2.31	0.42	0.84	0.21	0.63	100(476)	417.08
经济林产品	57.05	3.36	8.05	11.41	8.72	11.41	100(149)	5823.62
林下经营产品	60	10	20	10	0	0	100(10)	610.00

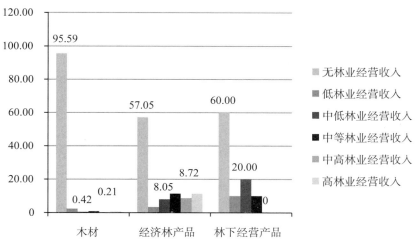

图5-23 拥有不同林产品的农民林业经营收入状况（单位：%）

（11）超八成林农表示林地确权后林业相关经营收入未发生变化

分析林改确权后林农林业相关收入的变化情况，如表5-58和图5-24所示，在937个受访林农中，有81.54%的林农表示林改之后，自家林业相关经营收入未发生变化;有11.31%的农户表示其林业相关收入有所增加;表示林业经营收入有大幅度增加的农户占比0.53%,比重相对较小;此外,还有3.31%的农户表示林权改革后,自家的林业经营收入减少了(有所减少和大幅度减少)。总体来看,超八成林农在林改之后相关收入并未变化,但相比较而言,林业经营收入增加的农户要多于林业经营收入减少的林农,林改对于林农相关林业收入的增加起到了较为平稳乃至较积极的作用。

表5-58 林地确权后农户林业相关收入变化 （单位：个，%）

林业相关收入变化	样本数	占比
大幅度增加	5	0.53
有所增加	106	11.31
没有变化	764	81.54
有所减少	16	1.71
大幅度减少	15	1.60
没有关心	31	3.31
合计	937	100

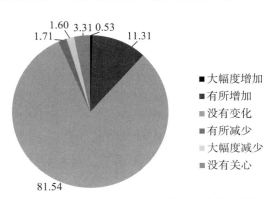

图5-24 林地确权后农户林业相关收入变化（单位：%）

（12）林地确权之后,老年林农的林业相关收入增加较为显著

分析林地确权之后不同年龄段林农的林业相关收入变化情况,如表5-59所示,分别有15.77%和0.34%的60岁以上林农表示林改之后,自家的林业经营收入有所增加和大幅度增加,二者占比加总为16.11%,为各年龄段比重最高;表示林业相关经营收入大幅度减少和有所减少的农户中,60岁以上农户在二者中的比重分别为0.34%和0.67%,均为较低占比。这在一定程度上表明,林改之后,老年林农

相较其他年龄段林农,在林业相关经营收入上出现较为明显的增加。

表 5-59 林地确权后不同年龄段农民的林业相关经营收入变化 (单位:个,%)

年龄分组	大幅度增加	有所增加	没有变化	有所减少	大幅度减少	没有关心	合计
30 岁以下	0	12	80	0	4	4	100(25)
30—39 岁	1.45	5.80	78.26	7.24	4.35	2.90	100(69)
40—49 岁	0.76	9.13	82.51	1.14	1.90	4.56	100(263)
50—59 岁	0.35	9.93	82.98	2.13	1.77	2.84	100(282)
60 岁以上	0.34	15.77	80.20	0.67	0.34	2.68	100(298)

（13）林地确权后,农村管理者林业相关经营收入增长相对较多

林地确权后,不同职业的林农的林业相关经营收入变化有所差异。如表 5-60 所示,在有效样本中,分别有 26.47% 和 1.47% 的农村管理者表示林地确权之后其林业相关收入有所增加和大幅度增加,这两项占比在各职业分组中均为最高;与此同时,表示林业相关经营收入没有变化的农户中,农村管理者的这一占比为 67.65%,在各职业类型中的比重相对比较低。由此可见,林地确权后,农村管理者的林业相关经营收入增长更为显著。

表 5-60 林地确权后不同职业农民的林业相关经营收入变化 (单位:个,%)

职业分组	大幅度增加	有所增加	没有变化	有所减少	大幅度减少	没有关心	合计
务农	0.58	10.66	82.48	1.90	1.90	2.48	100(685)
务工	0	1.75	91.23	0	1.75	5.27	100(57)
教师	0	8.33	66.67	8.33	0	16.67	100(12)
个体户与私营企业主	0	4.84	87.10	1.61	0	6.45	100(62)
农村管理者	1.47	26.47	67.65	1.47	1.47	1.47	100(68)
其他	0	18.87	73.58	0	0	7.55	100(53)

（14）林地确权对于提升西北地区林农林业相关收入影响较大

分析不同地区林农在林地确权后的林业相关经营收入变化情况,如表 5-61 所示,西北地区有 75.59% 的林农表示林地确权之后的林业经营收入没有变化,占比为各地区中最低;同时,有 19.69% 的西北地区林农表示林地确权后,林业相关收入有所增加,南方地区、西南地区林农中这一占比分别是 10.16% 和 11.54%,东北地区与华北地区的这一比重更低,分别为 6.25% 和 3.08%。这在一定程度上反映出,

林地确权对于西北地区林农的林业经营收入影响较大,林地确权后,更多的西北地区林农的林业相关经营收入出现增长。

表 5-61 林地确权后,不同地区农民林业相关收入变化 (单位:个,%)

地区分组	大幅度增加	有所增加	没有变化	有所减少	大幅度减少	没有关心	合计
东北地区	0	6.25	93.75	0	0	0	100(16)
华北地区	0	3.08	93.85	1.54	0	1.53	100(65)
西北地区	0	19.69	75.59	0	0	4.72	100(127)
南方地区	0.90	10.16	84.42	0.90	0.23	3.39	100(443)
西南地区	0.35	11.54	76.22	3.85	4.90	3.14	100(286)
全国	0.53	11.31	81.54	1.71	1.60	3.31	100(937)

(15) 以"联户承包"方式确权的林农在林改后林业经营收入减少情况较普遍

分析不同林改确权方式对农民林业经营收入变化的影响,如表 5-62 所示,有 2% 的采取"联户承包"方式进行确权的林农表示其林业相关经营收入有所减少,有 12% 采取此种方式进行确权的林农表示确权之后林业收入大幅度减少,二者均高于其他确权方式林农的同一占比。由此可见,采取"联户承包"方式确权的林农,其林改之后的林业经营收入出现减少的情况较为普遍,目前以"联户承包"的方式进行林地确权,在一定程度上导致了林农相关利益受损。

表 5-62 林地确权后不同确权方式农民的林业经营收入变化 (单位:个,%)

林改确权方式	大幅度增加	有所增加	没有变化	有所减少	大幅度减少	没有关心	合计
分股不分山	0	13.70	83.56	1.37	0	1.37	100(73)
联户承包	0	10	74	2	12	2	100(50)
按人均分,承包到户	0.62	11.23	81.85	1.73	1.11	3.46	100(810)

(16) 林地确权后经营天然混合林的林农的林业经营收入变化不大

分析林地确权后,经营不同林地类型的林农林业相关经营收入变化情况。如表 5-63 所示,在经营人工混合林的林农中,分别有 18.06% 和 1.94% 的林农表示其林业相关经营收入"有所增加"及"大幅度增加";此外,经营人工单一林的农户中,表示收入大幅度增加和有所增加的比重分别为 0.52% 和 15.63%;比较而言,经营天然混合林的林农表示林业经营收入增加的比重为 3.01%,远低于经营其他林地类型的农户占比。由此可见,林地确权后经营天然混合林的林农,其林业经营收入变化不大。

表 5-63 林地确权后不同林地类型的林农林业经营收入变化 （单位：个,%）

林地类型	大幅度增加	有所增加	没有变化	有所减少	大幅度减少	没有关心	合计
人工单一林	0.52	15.63	76.56	3.13	3.13	1.03	100(192)
人工混合林	1.94	18.06	67.10	3.87	3.87	5.16	100(155)
天然混合林	0.60	2.41	94.58	0.60	0.60	1.21	100(166)

（17）林产品为"林下经营产品"的农户，其林业经营收入增加较大

如表 5-64 所示，在 645 个有效样本中，有 81.82% 的以木材为主要林产品的林农表示林业相关经营收入没有变化，这一占比最高；以经济林产品为主要林产品的林农同一占比为 77.48%；以林下经营产品为主的林农这一占比最低，为 60%；此外，有 40% 的经营林下经营产品的农户，其林业经营收入"有所增加"，远高于其他类型林产品农户占比。可见，林产品为"林下经营产品"的农户，其林业经营收入增加较大。

表 5-64 林地确权后拥有不同林产品农民的林业经营收入变化 （单位：个,%）

林产品	大幅度增加	有所增加	没有变化	有所减少	大幅度减少	没有关心	合计
木材	0.62	10.12	81.82	2.48	2.69	2.27	100(484)
经济林产品	1.32	15.89	77.48	0.66	0	4.65	100(151)
林下经营产品	0	40	60	0	0	0	100(10)

第五节 结论与建议

集体林权改革作为促进我国林业发展、调整及合理规划利用林业资源和保障林农经营权益的重要行为，对全国范围内林业、林地、林权等内容的配置做了重新调整。稳定林权、协调资源、保障权益是推进集体林权改革的重要目标和方向。从当前来看，我国集体林权改革后的林业经营和林农投入收益情况基本如下。

我国集体林权改革确权方式集中在"按人均分，承包到户""分股不分山"和"联户承包"三类，其中，"按人均分，承包到户"是实际中最为普遍采用的确权方式，即林地的使用权多数直接确定给农户个人。数据显示，在进行了集体林权改革的村庄，其中 63.11% 是以"按人均分，承包到户"方式进行确权的，华北地区采取此

种方式确权的村庄达到了 77.78%;在受访林农中,85.54% 的农户表示集体林权改革确权方式为"按人均分,承包到户",华北地区以此方式确权的林农也达到了 97.18%。

确权方式直接决定了林地的经营性质。从全国总体情况看,村庄单户经营林地面积与联户经营林地面积均值分别为 8137.82 亩和 835.66 亩,单户经营林地面积远大于联户经营林地面积。就村集体统一经营管理的林地面积与农户个人或联户经营的林地面积比较而言,前者的全国均值为 2284.12 亩,后者为 4933.66 亩,村集体统一经营管理的林地面积远小于农户个人或联户经营的林地面积。

林权证的颁证率目前偏低。作为确认农户林权的法律凭证,当前集体林权改革过程中的林权证颁证率还较低,多数村庄还未保障确权即颁证。就单户经营林权证本数来说,全国未发证的村庄占到 34.38%,还有 33.33% 的村庄颁证数量在 200 本以下;全国范围内未进行联户经营林权证颁发的村庄接近了七成(69.66%)。

林农林地经营规模相对较小且缺乏服务进一步限制了林地经营成效。就农户拥有的林地面积而言,全国林地面积平均值为 2.95 亩,且 25.55% 的农户处于少林地面积状况;就生态公益林来说,农户的户平均量为 1.11 亩,商品林的户均拥有量为 1.87 亩,且林地片数在 4 片及以上的农户接近两成(19.67%),呈较明显的碎片化状态。而在农户进行林地经营的过程中,林地经营服务机构的缺失和集体林权改革后林地确权界线的不清晰进一步限制了林农的林地经营效益。具体来看,全国 53.62% 的林农表示当地尚未配备林业经营服务机构;还有超过一成农户表示集体林权改革后面临着界线不清楚或仍存争议等问题;同时,缺乏抚育技术和资金投入成为林农在当前林地经营过程中面临的最主要困难。

林农林业经营投入增幅尚小,林业经营增效未凸显。林农的林业经营投入与效益是集体林权改革后的重要关注内容。数据显示,在林农的林业经营投入上,表示集体林权改革后林业投入没有变化的农户占到 87.37%;表示投入有增加(大幅度增加和有所增加)的林农仅占 8.78%,不足一成;西南地区在集体林权改革后,表示林业经营投入减少的农户达到 9.79%,接近一成;而对比林业经营相关服务享受与否对林农经营投入的影响发现,享受了林业服务的农户更愿意增加林业经营投入,比未享受过林业经营相关服务的农户高出 8.15 个百分点。就林农的经营效益来说,全国仍有 24.61% 的农户未享受到林业的分红收益;生态公益林的补助也有超过两成(20.69%)的农户未得到;还有超过八成的林农表示在集体林权改革后自家的林业相关经营收入没有发生变化。

为进一步推动农村集体林权改革后农户的林地经营效益,建议从以下几个方面寻找突破。

（1）因地制宜，改善林业发展经营规划。根据我国不同地区林情差异大的特点，对不同林区的林业资源、林农经营方式等进行整体规划与调整，通过实行差别化的配置，以实现因"林"制宜。

一方面，针对商品林较多的地区，可进一步鼓励林农合理发展林下经营产品，为林农增收提供保障。其一，稳步推动林地流转，实现林地经营权的合理集中，最大限度地调动林农生产积极性。其二，尊重林农的自主经营权，适度放开采伐限额管理制度，对于林农经营的商品林，制定专门的适应市场调节的经营制度，实现林农效益与林地资源可持续发展。其三，鼓励发展多种林产品，实现林农的多元化经营。调查显示，经营经济林产品的林农更容易增加林业收入，在此基础上，可进一步推进木材、林下经营产品的发展，通过多种林产品的经营，保障商品林经营农户的多渠道增收。

另一方面，在生态公益林面积较大的地区，例如西北、东北等地区的部分林区，则需综合考量当地的林业资源特点，以实现资源平衡、生态效益和林农经济收益的多向平衡。首先，可进一步完善生态公益林经营的补偿机制，确立区域补偿制度和行业补偿标准，加大国家和地方对生态公益林经营林农的政策、资金扶持力度，完善林业补偿规范。其次，需实行严格的生态公益林采伐管理制度，保障生态公益林与商品林在经营比重、更新数量等方面的平衡。

再者，针对林地面积相对较少、林农经营林地类型单一和农户林地经营积极性不高的地区，需进一步综合规划、整体布局，建立完善的林地经营促进保障体系。一是鼓励根据地方林地特色、环境资源和人力特点等，开发经营具有地方性特色的林产品。如南方地区可依靠气候条件，发展花卉、苗圃等具有高附加值的林产品，西南地区则可因地制宜发展中药材种植等林下经营产品，通过多样化经营带动林农增值，提高其林业经营的积极性。二是拓展公共服务范围，增强公共服务力度，通过提供种植技术、经营指导、打通销售渠道、规范市场交易秩序等服务，为林农的林地经营提供后盾支持，同时保障各项支持政策的落实到位。三是建立规范的林权抵押贷款制度，深化实现林业产权的市场化运作，为农户的林业经营投入提供畅通的融资途径，进一步释放农户的林业经营投入活力。

（2）打造平台，提升林业规模经营水平。调查显示，我国目前的林地经营还存在着较明显的碎片化状况，这一方面影响了林地经营的方式和产出质量，另一方面也不利于林农的规模化经营，影响林农的经营收益。通过打造服务平台来提升林业的规模化经营水平至关重要。

首先，搭建林地流转平台，打好规模化经营基础。建立林地流转平台，可以主要从以下方面入手：一是尽快完善林地流转法律法规等各项制度，在明确所有权、稳定承包权、保护收益权、尊重处分权的基础上,进一步扩大林地使用权的流转范围,为农户的规模化经营提供制度条件;二是需要加强对林地使用权流转的规范化管理,建立流转前后的监督、修正机制,保障流转能够落地;三是充分发挥市场对生产要素的基础性配置作用,鼓励和引导林农进行以林木、林地投资、出租、出让、折股或通过林地和林木资源有偿流转、开发特色林产品以及发展规模和集约经营、股份制改造、股份合作经营等不同运营方式的资本运作,实现林木资产的存量重组,进一步优化规模化资源配置,激活发展潜力。

其次,建立政策宣传服务平台,营造规模化经营氛围。林权改革是一项影响深远的农村体制变革,其目的一方面是要合理规划林地资源的开发利用,另一方面则落脚在林农权益的维护上。因此,如何调动农户的参与积极性,保护林农的经营热情,成为实现林业经营规模化的一个重要条件。在实践中,要实现农户的积极参与,必须先让农民了解改革、认清改革。一方面,可成立专门的林业政策宣传机构,逐步加大对林地所有权、经营权、林木收益权和利润分配机制等的宣传力度,针对不同文化水平、年龄结构等特征的林农,进一步深化林地产权的商品化宣传,加大对其林业投资收益及风险的正确引导,使林业投资更趋于务实。另一方面,可多渠道组织开展林业经营培训,提高林农对林地流转方面法律、政策的认识,以有效引导其规避当前不规范的林地流转行为,保障农户的合法权益。

最后,搭建市场信息网络平台,方便规模化经营运行。健全完善的林业市场信息服务是促进农户增加林业经营投入的有效动力。加强林业市场信息网络平台的建设,为地方林业合作社和林农及时提供市场信息,依靠林业市场信息平台提高农户和其他林业经营主体(林业合作社、林业企业等)的市场分析预期、林产品营销和综合管理水平等,能够最大限度地为林地的规模化经营提供基础信息保障。

(3)多元经营,加强林业服务体系建设。调查数据显示,林农的林业经营投入力度越大,其林业相关经营的收入也越多。同时,保障林农经营权益、增加林农经营效益,也同样是林权改革的一个重要着力点。建立完善的公共服务体系,是扩大农户林业增收渠道、提高农户经营直接收入的关键要素。

其一,强化各级林业部门服务意识,细化服务内容。建立健全完善的监督问责机制,提高各级林业部门的服务意识,同时依靠细化梳理,明确具体的服务项目。一方面需为林农提供更为方便、直接和优质的行政服务,同时增加市场化、信息化服务的内容,为农户了解市场需求、拓展林业经营内容提供可靠的信息来源,促进其将新的林业技术、林业经营产品转化为林业收入。另一方面可加强林下经营、种苗培育、造林营林、病虫害防治、林产品加工等方面的公共服务,全面提升林业质量效益。

其二,推动林业合作社科学发展。林业合作社对提高农户的林业经营投入与收入有着积极影响,但从目前来看,其在推进农户林业经营方面的作用还比较有限。因此,各级政府要进一步加大对林业合作社的支持力度。一方面需积极扶持、着力规范和培植林业合作社的成功典型,切实加大典型示范力度,吸引林农自觉加入林业合作组织,引导合作社通过引入新型林业产品、提供技术服务、进行产品深加工和市场销售等来提高农民收入。另一方面,对于当前林权分散这一现象,还需强化合作经济组织的建设力度,牵引林业发展向规模化经营转轨,推动分散林业进行自主联合,通过创建股份制林场或家庭林场来扩大经营规模。

其三,引导建立林产品产业链,实现林业与市场的进一步对接。各级政府和林业部门可牵引联系林业企业,以资金、技术等为轴线,同时尝试利用多样化的经营发展模式,带动林农积极创建林产品产业链,从而实现林业的一体化经营和林农的增收。

第六章　农民的消费压力：住房、医疗与教育*

按满足人们需要的层次,有生存资料(如衣、食、住、用方面的基本消费品)、发展资料(如发展体力、智力、体育、文化等用品)和享受资料(如保健品、艺术珍藏等)之分。这三种需要层次对人们生活水平的要求是逐级增高的,相应的,带给家庭的绝对消费压力也逐渐增高。近年来,农民收入水平不断提高,同时伴随着物价上涨等,消费压力也不断上升,尤其是住房、医疗与教育方面的消费已成为各方关注的焦点。本章在全国范围内的问卷调查与深度访谈的基础上,对农民在住房、医疗、教育三方面的消费情况进行介绍和分析,通过考察农民在住房、医疗与教育方面消费的水平、影响因素、结构等,分析农民当前的消费压力,考察农民的生活满意度和压力,从而为进一步改善农民消费结构、减轻农民消费压力提供具有针对性、科学性的建议。

第一节　农民的住房消费

住房是农民的基本生活需求。本节以农户居住类的生存资料消费为主体,以该类支出中的建造或改造房屋支出为着眼点,描述受访农户家庭2013年的住房消费,从地区、家庭类型、家庭收入水平、家庭兼业化程度等方面来考察对其住房消费压力的影响,同时考察村民在外村购房的情况与外迁意愿。

一、农村住房

(一)房屋数量

从样本农户住房拥有情况看,如表6-1、图6-1所示,全国拥有1处、2处、3处

---

* 本章作者:李晓群、刘燕、张海霞、赵铁成、李彦辰、李渊、彭礴。

及以上住房的农户比例分别为 83.52%、13.46% 和 2.54%。从不同区域比较来看,东、中、西部的农户在房屋自有率上差距不大,但在拥有房屋的数量上存在一定差异。其中,中部地区 85.19% 和西部地区 85.94% 的农户拥有 1 处住房,比例高于全国平均水平。17.21% 的东部农户拥有 2 处住房,高于中部地区的 12.85% 和西部地区的 10.82%。中部地区拥有 3 处及以上房屋的农户占 1.55%,在三个地区中比例最低。西部地区拥有 3 处及以上房屋的农户占比与全国平均水平接近,为 2.53%。东部地区最高,占 4%。

表 6-1　不同地区农户房屋数量　　　　　　　　（单位:%,个）

地区分组	房屋数量				合计
	0	1 处	2 处	3 处及以上	
东部	0.34	78.45	17.21	4	100(1174)
中部	0.41	85.19	12.85	1.55	100(1728)
西部	0.71	85.94	10.82	2.53	100(1266)
全国	0.48	83.52	13.46	2.54	100(4168)

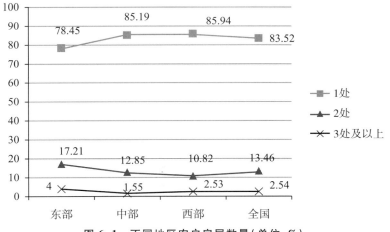

图 6-1　不同地区农户房屋数量(单位:%)

不同职业农户拥有的房屋数量有明显差异。职业为教师的农户中,没有房屋的占比为 0,拥有 2 处房屋的为 17.91%。务农农户中,0.30% 的农户没有房屋,86.02% 的农户有 1 处房屋,11.48% 的有 2 处房屋,拥有 3 处及以上的占比为 2.20%。务工农户中,86.93% 的农户拥有 1 处房屋,比例高于其他农户;拥有 3 处及以上房屋的占 1.04%,与其他职业相比比例最低。个体户与私营企业主农户在房屋拥有上差距比较大,0.88%的农户没有住房,"其他"项占比1.73%;拥有1处住房的占70.55%,低于其他职业的农户;拥有3处及以上房屋的农户占比为4.08%。农村管理者中,0.37%的农户没有住房,拥有1处、2处、3处及以上住房的分别为76.53%、18.05%和5.05%。(见表6-2、图6-2)

表6-2　不同职业农户房屋数量　　　　　　　　　　(单位:%,个)

职业分组	房屋数量				
	0	1处	2处	3处及以上	合计
务农	0.30	86.02	11.48	2.20	100(2640)
务工	0.41	86.93	11.62	1.04	100(482)
教师	0	79.10	17.91	2.99	100(67)
个体户与私营企业主	0.88	70.55	24.49	4.08	100(343)
农村管理者	0.37	76.53	18.05	5.05	100(277)
其他	1.73	78.96	15.56	3.75	100(347)

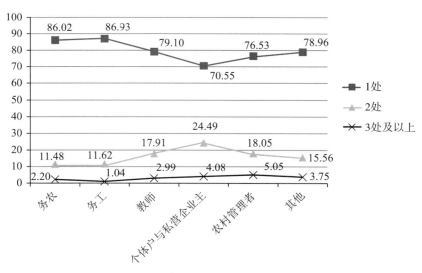

图6-2　不同职业农户房屋数量(单位:%,个)

由表6-3、图6-3可知,不同收入家庭在房屋的拥有量上存在明显差异。将收入进行五等分,从没有房屋的情况在同一收入分组农户中的比重来看,低收入户的占比最高,达到0.83%;中等收入户和高收入户的比重最低,不超过0.24%。低收入户中92.45%的农户拥有1处住房,与其他农户相比,这一比例明显偏高。低收入户拥有 2 处房屋的占比为 4.72%,中低收入户、中等收入户、中高收入户、高收入户的比例则分别为 9.93%、13.43%、15.40% 和 23.83%。从低到高五等收入农户中拥有 3 处及以上住房的占比分别为 2%、1.23%、1.32%、2.65% 和 5.54%。可见,绝大多数农户拥有 1 处住房,拥有 2 处及以上住房的农户占比随着收入的增加而增加。

表 6-3　不同家庭收入农户房屋数量　　　　　　　　（单位:%,个）

收入分组	房屋数量				
	0	1 处	2 处	3 处及以上	合计
低收入户	0.83	92.45	4.72	2	100(848)
中低收入户	0.60	88.24	9.93	1.23	100(816)
中等收入户	0.24	85.01	13.43	1.32	100(834)
中高收入户	0.48	81.47	15.40	2.65	100(831)
高收入户	0.23	70.40	23.83	5.54	100(831)

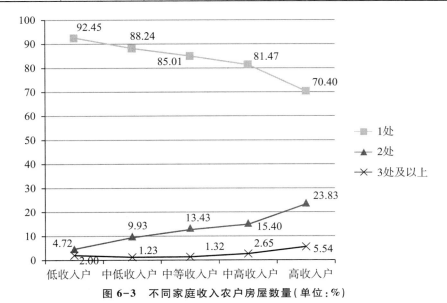

图 6-3　不同家庭收入农户房屋数量(单位:%)

(二) 房屋结构

从房屋结构看,如表 6-4、图 6-4 所示,样本农户中 18.77% 的住房是砖木结构,54.56% 的是砖混结构,18.92% 的是钢筋混凝土结构,7.75% 的为其他结构。东、中、西部农户在房屋结构上也存在明显差异。东部农户中钢筋混凝土结构的住房比例达 24.91%,高于中部地区的 16.80% 和西部地区的 16.21%。中部地区砖混结构的住房比重较高,达到 61.22%,高于东、西部地区的 58.11% 和 42.09%。西部地区砖木结构的住房占比为 23.88%,高于全国平均水平,东部地区和中部地区这一比例分别为 15.87% 和 17.03%。

表 6-4　不同区域农户房屋结构　　　　　　　　　　　（单位:%,个）

地区分组	房屋结构				合计
	砖木结构	砖混结构	钢筋混凝土结构	其他	
东部	15.87	58.11	24.91	1.11	100(1172)
中部	17.03	61.22	16.80	4.95	100(1720)
西部	23.88	42.09	16.21	17.82	100(1252)
全国	18.77	54.56	18.92	7.75	100(4144)

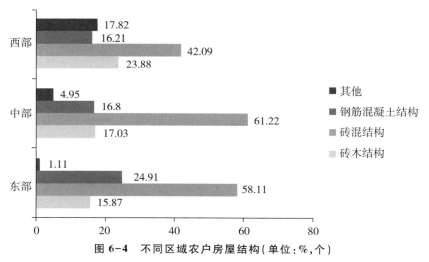

图 6-4　不同区域农户房屋结构(单位:%,个)

不同职业农户的住房在结构上有明显差异。21.30% 的务农农户房屋为砖木结构,务工、教师、个体户与私营企业主、农村管理者及其他农户这一比例分别为 11.85%、23.88%、8.24%、14.13% 和 22.38%。个体户与私营企业主中砖混结构住房占 64.12%;务工、教师和农村管理者中砖混结构住房的比例接近,分别为 59.46%、59.70% 和 59.42%;务农和其他职业的农户这一比例为 52.10% 和 52.91%。务工农户中钢筋混凝土结构的住房占 25.16%,高于其他职业的农户;教师职业的农户住房为钢筋混凝土结构的占比最低,为 14.93%。(见表 6-5)

表 6-5　不同职业农户房屋结构　　　　　　　　　　　（单位：%，个）

职业分组	房屋结构				合计
	砖木结构	砖混结构	钢筋混凝土结构	其他	
务农	21.30	52.10	16.62	9.98	100(2624)
务工	11.85	59.46	25.16	3.53	100(481)
教师	23.88	59.70	14.93	1.49	100(67)
个体户与私营企业主	8.24	64.12	22.35	5.29	100(340)
农村管理者	14.13	59.42	22.83	3.62	100(276)
其他	22.38	52.91	20.93	3.78	100(344)

如表6-6所示，从低到高五等分的家庭收入农户住房中砖木结构的占比分别为32.66%、20%、16.55%、14.99%和9.41%，呈现下降趋势；相对应的钢筋混凝土结构住房的占比分别为9.86%、16.42%、16.55%、22.13%和29.91%，呈上升趋势。可见，不同收入水平的农户在住房砖木结构和钢筋混凝土结构的选择上有所差异，但砖混结构的房屋依然占多数。从低到高五等收入家庭中砖混结构的比重则分别达到了45.13%、51.23%、60.51%、58.41%和57.54%。其他结构的住房总体偏少，低收入和中低收入户中各有12.35%的农户住房是其他结构的，中等收入、中高收入和高收入中其他结构的住房占比分别为6.39%、4.47%和3.14%。

表 6-6　不同家庭收入农户房屋结构　　　　　　　　　（单位：%，个）

收入分组	房屋结构				合计
	砖木结构	砖混结构	钢筋混凝土结构	其他	
低收入户	32.66	45.13	9.86	12.35	100(842)
中低收入户	20	51.23	16.42	12.35	100(810)
中等收入户	16.55	60.51	16.55	6.39	100(828)
中高收入户	14.99	58.41	22.13	4.47	100(827)
高收入户	9.41	57.54	29.91	3.14	100(829)

（三）房屋类型

从房屋类型来看，如表6-7所示，样本农户中1.91%的是窑洞，21.61%的是瓦房，31.72%的是平房，44.18%的是楼房。东部农户住房中没有窑洞，瓦房、平房、楼房的占比分别为 18.12%、35.47%、45.38%;中部农户窑洞、瓦房、平房、楼房的占比分别为 1.28%、18.52%、28.60%、51.25%。西部农户窑洞、瓦房、平房、楼房的占比分别为 4.57%、29.13%、32.50%、33.31%。相对而言,东部平房多,中部楼房多,西部瓦房多。

表 6-7 不同区域农户房屋类型 （单位:%,个）

地区分组	房屋类型					合计
	窑洞	瓦房	平房	楼房	其他	
东部	0	18.12	35.47	45.38	1.03	100(1170)
中部	1.28	18.52	28.60	51.25	0.35	100(1717)
西部	4.57	29.13	32.50	33.31	0.49	100(1246)
全国	1.91	21.61	31.72	44.18	0.58	100(4133)

不同职业农户房屋类型存在显著差异。务农农户瓦房类型占 25.74%,高于其他职业的农户;其平房和楼房的占比则分别为 32.54% 和 39.46%。务工农户中瓦房、平房和楼房的比例则分别为 14.38%、31.46% 和 51.46%。教师职业的农户在瓦房、平房和楼房三种类型的房屋选择中相对平衡,比例分别为 20.90%、38.81% 和 37.31%,楼房的比例小于其他职业的农户。个体户和私营企业主中,楼房的占比超过六成,达到 60.77%,高于其他职业的农户;瓦房和平房的比例分别为 10.32% 和 25.37%,均低于其他职业的农户。农村管理者瓦房、平房和楼房的占比为 14.91%、27.27% 和 54.55%。(见表 6-8、图 6-5)

表 6-8 不同职业农户房屋类型 （单位:%,个）

职业分组	房屋类型					合计
	窑洞	瓦房	平房	楼房	其他	
务农	1.91	25.74	32.54	39.46	0.35	100(2618)
务工	1.88	14.38	31.46	51.46	0.82	100(480)
教师	1.49	20.90	38.81	37.31	1.49	100(67)
个体户与私营企业主	2.36	10.32	25.37	60.77	1.18	100(339)
农村管理者	2.55	14.91	27.27	54.55	0.72	100(275)
其他	1.17	17.54	34.21	45.91	1.17	100(342)

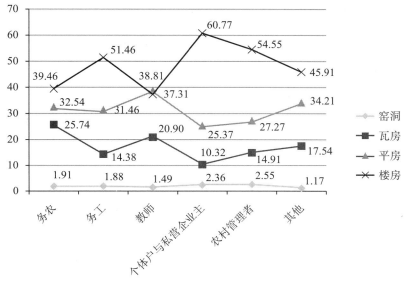

图 6-5　不同职业农户房屋类型（单位:%）

不同家庭收入农户在房屋类型上也存在明显差异。如表 6-9 所示,低收入户中,平房的占比最大,为 36.44%,然后是瓦房和楼房,占比分别为 36.20% 和 22.58%;中低收入户中,楼房占比最大,占比为 35.48%,然后是平房和瓦房,占比分别为 32.88% 和 28.78%;中等收入户、中高收入户和高收入户中,皆以楼房占比最高,分别为 43.61%、54.85% 和 64.13%,然后依次也都是平房和瓦房。整体来看,家庭收入越高的农户,房屋为楼房的占比越大。

表 6-9　不同家庭收入农户房屋类型　　　　　　　　　　（单位:%,个）

收入分组	房屋类型					合计
	窑洞	瓦房	平房	楼房	其他	
低收入户	4.18	36.20	36.44	22.58	0.60	100(837)
中低收入户	2.48	28.78	32.88	35.48	0.38	100(806)
中等收入户	1.93	19.52	34.94	43.61	0	100(830)
中高收入户	0.73	15.05	28.76	54.85	0.61	100(824)
高收入户	0.24	8.45	25.85	64.13	1.33	100(828)

二、农村住房支出

分析 2013 年农户的住房支出,主要是建房或改造支出,从表 6-10 来看,样本农户户均和人均居住类支出分别为 81 119.62 元和 20 278.13 元。从不同地区农户户均和人均同类支出来看,东部最高,分别为 94 632.73 元和 24 472.39 元,分别是全国平均水平的 1.17 倍和 1.21 倍;西部最低,相比东部分别低出 19 404.15 元和 5905.01 元。东部农户的户均和人均居住类支出高于全国平均水平,中部和西部农户则均低于平均水平。

表 6-10　不同区域农户住房支出　　　　　　　　　　(单位:元,个)

地区分组	户均建房及装修支出	人均建房及装修支出	样本数
东部	94 632.73	24 472.39	953
中部	76 271.41	18 692.22	1446
西部	75 228.58	18 567.38	996
全国	81 119.62	20 278.13	3395

注:此处建造或改造支出是针对最近一次建房和装修的农户的支出,以下类同

表 6-11、图 6-6 所示为不同家庭类型农户的户均和人均住房支出,从中不难发现,户均居住类支出最大的是扩大家庭,户均支出额为 112 988.04 元,最小的是空巢家庭,支出额为 45 970.41 元。人均居住类支出从低到高依次是扩大家庭、主干家庭、核心家庭和空巢家庭,支出额分别为 17 175.01 元、17 373.49 元、22 934.84 元和 23 142.79 元。可见,扩大家庭虽然户均居住类支出多,但家庭人口基数大,人均居住类支出就相对较少,即人口多的家庭住房类成本压力较大,人均压力相对较小。

表 6-11　不同家庭类型农户住房支出　　　　　　　　(单位:元,个)

家庭类型	户均建房及装修支出	人均建房及装修支出	样本数
核心家庭	81 970.81	22 934.84	1361
主干家庭	87 443.07	17 373.49	1238
扩大家庭	112 988.04	17 175.01	276
空巢家庭	45 970.41	23 142.79	436
其他家庭	60 705.53	18 337.42	72

从不同收入家庭的户均居住类支出和人均住房支出来看,收入的高低与户均和人均居住类支出成正比。在户均支出方面,从低到高五组家庭收入的农户支出分别为 41 216.83 元、60 429.59 元、70 538.69 元、92 771.65 元和 132 446.09 元。人均支出方面,从低到高五组家庭收入的农户则分别为 14 434.68 元、16 139.25 元、

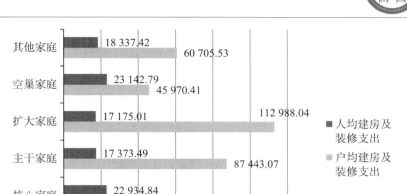

图 6-6　不同家庭类型农户住房支出（单位：元）

17 200.73 元、21 914.51 元和 30 317.14 元。总体而言，农户家庭的收入越高，其在居住方面的支出也越大，相对而言，住房压力较小一些。（见表 6-12、图 6-7）

表 6-12　不同收入水平农户住房支出　　　　　　　　（单位：元，个）

家庭收入分组	户均建房及装修支出	人均建房及装修支出	样本数
低收入户	41 216.83	14 434.68	614
中低收入户	60 429.59	16 139.25	661
中等收入户	70 538.69	17 200.73	681
中高收入户	92 771.65	21 914.51	709
高收入户	132 446.09	30 317.14	722

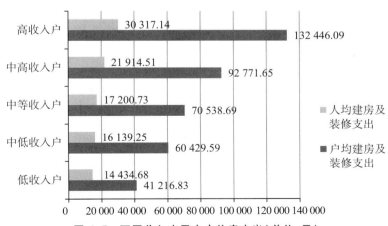

图 6-7　不同收入水平农户住房支出（单位：元）

不同职业农户在住房类支出上存在较大差异。无论是户均还是人均住房支出,最高的是个体户与私营企业主,分别为 153 901.38 元和 39 684.27 元;其次是教师职业的农户,分别为 100 366.07 元和 24 730.87 元。农村管理者户均和人均住房支出仅次于教师农户,为 95 558.68 元和 23 332.19 元。务农农户在住房支出上在所有职业中处于最低,户均支出 68 964.62 元,人均支出为 16 995.29 元。(见表 6-13、图 6-8)

表 6-13　不同职业农户住房支出　　　　　　　　　　(单位:元,个)

职业分组	户均建房及装修支出	人均建房及装修支出	样本数
务农	68 964.62	16 995.29	2136
务工	86 095.02	21 459.90	400
教师	100 366.07	24 730.87	56
个体户与私营企业主	153 901.38	39 684.27	293
农村管理者	95 558.68	23 332.19	233
其他	73 344.19	19 785.58	267

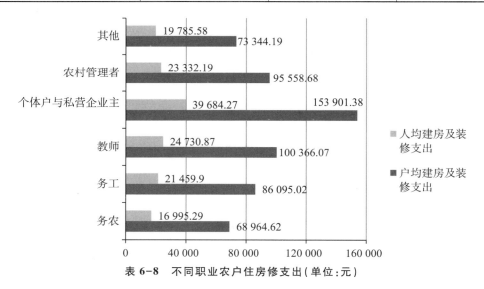

表 6-8　不同职业农户住房修支出(单位:元)

进一步考察农户住房成本的变化,如表 6-14、图 6-9 所示,2011 年至 2013 年,全国农村住房成本的户均支出分别为 71 933.70 元、79 552.43 元和 81 119.62 元;从人均支出来看,三年来人均建房及装修支出分别为 17 935.05 元、19 778.62 元和 20 278.13 元。可见,无论是户均支出还是人均支出,从 2011 年至 2013 年,农户的住房成本呈上升趋势。

表 6-14　不同年份农户住房支出　　　　　　（单位：元，个）

年份	户均建房及装修支出	人均建房及装修支出	样本数
2011 年	71 933.70	17 935.05	2514
2012 年	79 552.43	19 778.62	2911
2013 年	81 119.62	20 278.13	3395

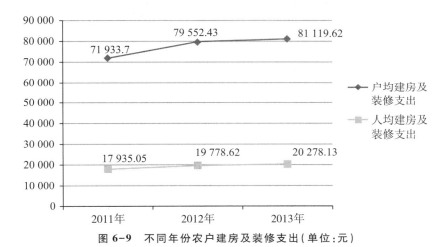

图 6-9　不同年份农户建房及装修支出（单位：元）

三、农民的城镇购房情况及意愿

（一）城镇购房情况

当问及"您在乡镇或县城或其他城市是否有房子"的时候，由表 6-15、图 6-10 可知，有 3833 个受访农户表示在村外的乡镇或者县城或其他城市没有房子，占比达 92.54%；此外，7.46% 的农户在村外拥有住房。从不同地区来看，东部地区在城镇购房的比例最高，达到 9.73%，不到一成。中部地区和西部地区农户在村外拥有住房的比例相近，分别为 6.27% 和 6.97%。由此可见，我国绝大多数农民主要居住于村内，相应的，村民的住房开支绝大多数用于村庄内部住房的建造或者改造上。

表 6-15　不同地区农户城镇购房　　　　　　（单位：%，个）

地区分组	有无在城镇购房		合计
	没有	有	
东部	90.27	9.73	100(1172)
中部	93.73	6.27	100(1707)

续表

地区分组	有无在城镇购房		合计
	没有	有	
西部	93.03	6.97	100(1263)
全国	92.54	7.46	100(4142)

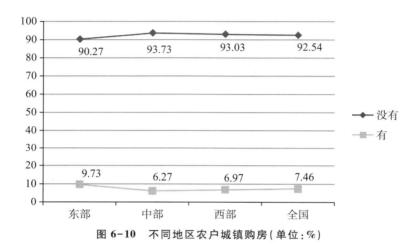

图6-10 不同地区农户城镇购房(单位:%)

从不同收入来看,农户在城镇购房情况存在显著差异。低收入户和中低收入户在城镇购房的比例较小,分别为2.61%和2.71%。中等收入户和中高收入户在城镇购房的比例稳步增长,分别为5.69%和8.71%。高收入户在城镇购房方面有了较大的提升,达到了17.55%。可见,购房占比最高的高收入户比最低的低收入户增长了五倍多。随着收入增加,更多农户选择在城镇购买住房。(见表6-16、图6-11)

表6-16 不同家庭收入农户城镇购房　　　　　　　　　(单位:%,个)

收入分组	有无在城镇购房		合计
	没有	有	
低收入户	97.39	2.61	100(842)
中低收入户	97.29	2.71	100(813)
中等收入户	94.31	5.69	100(826)
中高收入户	91.29	8.71	100(827)
高收入户	82.45	17.55	100(826)

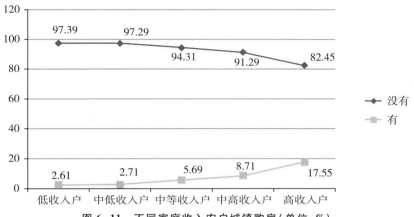

图 6-11　不同家庭收入农户城镇购房(单位:%)

从不同年份来看,农户在城镇购房的比例有所上升,从 2011 年至 2013 年,在城镇有住房的农户比重分别为 5.54%、7.61% 和 7.46%,三年间增长了 34.66%。可见,农户在城镇购房的比例在不断上升。(见表 6-17、图 6-12)

表 6-17　不同年份农户城镇购房　　　　　　　　　　　(单位:%,个)

年份	有无在城镇购房		合计
	没有	有	
2011 年	94.46	5.54	100(3648)
2012 年	92.39	7.61	100(2907)
2013 年	92.54	7.46	100(4142)

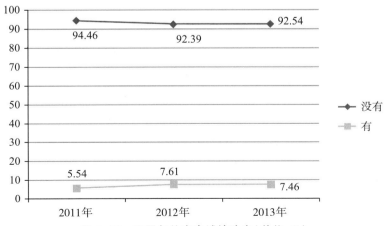

图 6-12　不同年份农户城镇购房(单位:%)

(二)村民外迁意愿

在问到"如果条件允许,是否愿意到城镇居住"的问题时,有 2255 个受访农户表示愿意去城镇居住,占比达 54.55%;1483 个受访者不愿意迁居城镇居住,比例为 35.87%;396 个农户意愿不明显,选择"说不清",占比是 9.58%。由上述分析可知,城镇化背景下的社会大繁荣与大发展,除了吸引原本固守农村"一亩二分地"的农民外出务工谋生外,也吸引了部分农民迁居城镇。同时,新农村建设持续进行,使得许多农村面貌焕然一新,城乡二元格局的逐步打破和城乡一体化的逐渐形成,使得超三成农民留在家乡居住,不愿外迁。(见表 6-18、图 6-13)

表 6-18 是否愿意去城镇居住　　　　　　　　　(单位:%,个)

外迁意愿	占比	样本数
愿意	54.55	2255
不愿意	35.87	1483
说不清	9.58	396
合计	100	4134

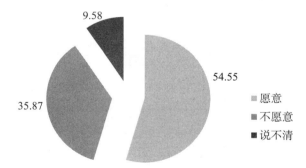

图 6-13 是否愿意去城镇居住(单位:%)

从不同地区来看,东部地区农户表示"愿意"迁到城镇居住的占比达到 55.29%,超过一半;明确表示"不愿意"的占 37.29%;另外有 7.42% 的表示"说不清"。中部地区表示"愿意"到城镇居住的占 53.28%,表示"不愿意"和"说不清"的则分别占到 36.87% 和 9.85%。西部地区在外迁的问题上表示"愿意""不愿意"和"说不清"的则分别占到 55.57%、33.20% 和 11.23%。可见,无论哪个地区的农户,愿意到城镇居住的均超过五成,当然还有部分农户在此事上态度比较模糊。(见表 6-19、图 6-14)

表 6-19　不同区域农户外迁意愿　　　　　　　　（单位:%,个）

地区分组	是否愿意到城镇居住			合计
	愿意	不愿意	说不清	
东部地区	55.29	37.29	7.42	100(1172)
中部地区	53.28	36.87	9.85	100(1706)
西部地区	55.57	33.20	11.23	100(1256)

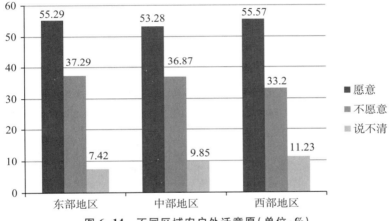

图 6-14　不同区域农户外迁意愿(单位:%)

考察不同收入农户外迁意愿,如表 6-20 所示,收入从低到高五组农户表示"愿意"到城镇居住的比重呈"倒 U"趋势,分别为 49.82%、55.50%、57.07%、55.57%、54.68%。表示"不愿意"到城镇居住的低收入户占 39.71%,比例高于其他收入的农户。中低收入和中等收入户"不愿意"外迁的农户比重相对较小,分别为 33.87% 和 33.49%。另外 35.35% 的中高收入户和 36.94% 的高收入农户"不愿意"外迁。从低到高五组收入农户在迁到城镇居住问题上态度比较模糊选择"说不清"的比例则分别为 10.46%、10.63%、9.44%、9.08% 和 8.38%。可见,农户到城镇居住的意愿并非跟收入情况成正比,受环境等因素影响,高收入农户对农村住房也有更高的兴趣。

表 6-20　不同收入农户外迁意愿　　　　　　　　（单位:%,个）

收入分组	是否愿意到城镇居住			合计
	愿意	不愿意	说不清	
低收入户	49.82	39.71	10.46	100(841)
中低收入户	55.50	33.87	10.63	100(809)

续表

收入分组	是否愿意到城镇居住			合计
	愿意	不愿意	说不清	
中等收入户	57.07	33.49	9.44	100(827)
中高收入户	55.57	35.35	9.08	100(826)
高收入户	54.68	36.94	8.38	100(823)

第二节 农民的医疗消费

改革开放以来我国经济高速发展,然而居民医疗服务的公平性问题越来越突出,受到人们的广泛关注。据第三次全国卫生服务调查,目前医疗卫生支出已成为我国居民继食品、教育支出后的第三大消费支出。本节以农民的医疗消费为内容,通过对4000多个农户的考察,从地区、家庭类型、职业、年龄、老人数量等角度,分析农民看病总费用以及看大病的费用水平,分析农民合作医疗报销水平,考察"新农合"对农民医疗消费压力的缓解程度。

一、农民看病总费用

考察农户的医疗总支出,如表6-21、图6-15所示,4162个样本农户户均看病总支出为5512.78元,人均为1475.66元。从不同地区来看,东部地区户均和人均看病总支出分别为5014.81元和1372.14元,低于全国平均水平。中部地区户均和人均看病总支出分别为4808.37元和1303.19元,低于全国平均水平和其他两个地区。西部地区农户的看病支出最高,户均和人均支出分别为6936.55元和1807.20元。

表6-21 不同区域农户医疗支出 (单位:元,个)

地区分组	户均看病总支出	人均看病总支出	样本
东部	5014.81	1372.14	1171
中部	4808.37	1303.19	1727
西部	6936.55	1807.20	1264
全国	5512.78	1475.66	4162

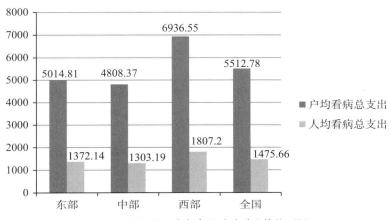

图 6-15 不同区域农户医疗支出（单位：元）

从不同收入农户的医疗支出来看，中高收入户的医疗支出最少，户均和人均总支出分别为 4634.92 元和 1063.77 元。其次是中等收入的农户，户均和人均医疗支出达到 4976.72 元和 1167.92 元。低收入户的户均看病总支出为 5982.54 元，低于最高的中低收入户的 6357.52 元；而在人均医疗支出上，低收入户达到 2150.92 元，在所有农户中处于最高，中低收入户的人均支出则为 1785.04 元。高收入户的户均和人均支出分别为 5658.94 元和 1213.45 元。可见，农户的医疗支出与家庭收入不一定成正比。

表 6-22　不同家庭收入农户医疗支出　　　　　　　　　　（单位：元，个）

收入分组	户均看病总支出	人均看病总支出	样本
低收入户	5982.54	2150.92	845
中低收入户	6357.52	1785.04	816
中等收入户	4976.72	1167.92	830
中高收入户	4634.92	1063.77	830
高收入户	5658.94	1213.45	833

从家庭类型来看，扩大家庭的户均支出为 6713.55 元，在各类家庭中最高。其次是主干家庭，户均支出为 5896.34 元。核心家庭和空巢家庭的户均支出比较接近，分别为 5162.22 元和 5131.29 元。从人均看病总支出来看，扩大家庭的人均支出最低，为 1057.30 元。主干家庭的人均医疗支出为 1148.52 元，处于所有家庭中第二低的位置。人均支出最高的是空巢家庭，为 2542.26 元，是扩大家庭的两倍多。可见，虽然受家庭人数影响，扩大家庭和主干家庭在户均医疗支出上偏高，但

在人均上却偏低。而由于子女不在、老人独居等,空巢家庭的人均医疗支出要高于其他类型的家庭。

表 6-23 不同家庭类型农户医疗支出 （单位:元,个）

家庭类型	户均看病总支出	人均看病总支出	样本
核心家庭	5162.22	1477.42	1635
主干家庭	5896.34	1148.52	1470
扩大家庭	6713.55	1057.30	332
空巢家庭	5131.29	2542.26	599
其他类型	3956.13	1242.66	106

考察家中老人数量对医疗支出的影响,从表 6-24、图 6-16 可知,家中无老人的农户户均和人均看病总支出分别为 4841.34 元和 1330.29 元。家中有 1 个老人的农户家庭户均和人均看病总支出分别为 6051.76 元和 1505.84 元。家中老人数量在"2 个及以上"的农户户均看病支出为 6363.80 元,人均看病总支出为 1726.63 元。可见,随着老人数量的增加,农户家庭医疗支出不断上升,这与老年人身体状况不无关系。

表 6-24 农户家庭老人数与医疗支出 （单位:元,个）

老人数量	户均看病总支出	人均看病总支出	样本
0	4841.34	1330.29	2141
1 个	6051.76	1505.84	868
2 个及以上	6363.80	1726.63	1150

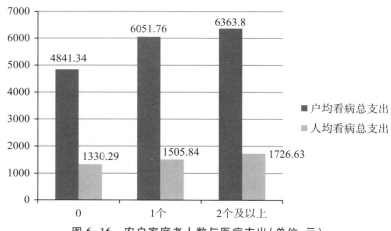

图 6-16 农户家庭老人数与医疗支出(单位:元)

考察是否参加"新农合"对医疗支出的影响,从表6-25、图6-17可知,参加"新农合"的农户看病总费用的均值高出没有参加"新农合"的农户看病费用均值2314.20元,没有参加"新农合"的农户看病费用均值为3265元。没有参加"新农合"的农民人均看病支出为1403.24元,低于参加"新农合"的农户。可见,参加"新农合"能够减轻农户的医疗费用负担。

表6-25 参加"新农合"与否的农户医疗支出　　　　　　(单位:元,个)

是否参加"新农合"	户均看病总支出	人均看病总支出	样本
是	5579.20	1480.43	4048
否	3265	1403.24	102

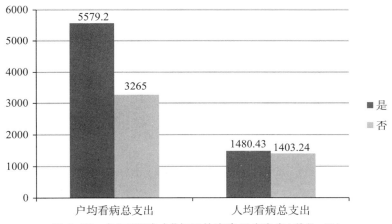

图6-17 参加"新农合"与否的农户医疗支出(单位:元)

二、农民看大病费用

考察农户看大病的支出,从表6-26、图6-18可知,在4049个有效样本中,农户户均看大病支出为3923.28元,人均支出为1025.22元。从不同地区来看,西部地区看大病支出最高,户均和人均支出分别为5388.59元和1372.27元。中部地区农户看大病支出最低,分别为3222.26元和865.31元。从看大病支出占看病总支出的比例来看,样本农户71.17%的看病支出用于看大病。东、中、西部这一比例分别为67.54%、67.01%和77.68%。西部地区明显高于平均水平。可见,西部地区农户在看大病方面的消费压力还是比较大的。

表 6-26　不同地区农户看大病支出

地区分组	户均看大病支出（元）	人均看大病支出（元）	占看病总支出的比例（%）	样本（个）
东部	3387.04	947.78	67.54	1134
中部	3222.26	865.31	67.01	1691
西部	5388.59	1372.27	77.68	1224
全国	3923.28	1025.22	71.17	4049

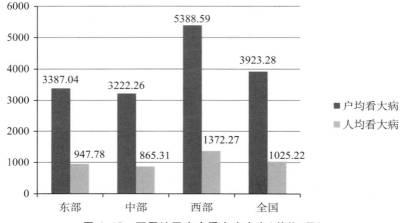

图 6-18　不同地区农户看大病支出（单位：元）

考察不同收入农户看大病情况，从表 6-27、图 6-19 可知，低收入户户均和人均看大病支出分别为 4367.20 元和 1504.57 元，占看病总支出的 73%，高于其他农户。中高收入农户户均和人均看大病支出分别为 3147.55 元和 733.68 元，占看病总支出的 67.91%，在所有农户中最低。中低收入、中等收入和高收入农户中看大病支出占看病总支出的比重分别为 70.32%、72.61% 和 71.49%。

表 6-27　不同家庭收入农户看大病支出

收入分组	户均看大病支出（元）	人均看大病支出（元）	占看病总支出的比例（%）	样本（个）
低收入户	4367.20	1504.57	73	845
中低收入户	4470.64	1257.27	70.32	816
中等收入户	3613.60	806.47	72.61	830
中高收入户	3147.55	733.68	67.91	830
高收入户	4045.71	877.95	71.49	833

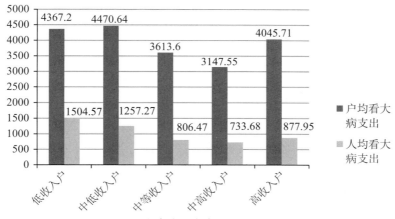

图 6-19 不同家庭收入农户看大病支出（单位：元）

从不同家庭类型来看,从表 6-28 可知,扩大家庭的户均看大病支出最高,为 5174.89 元;其次是主干家庭,为 4027.41 元。人均看大病支出最低的是其他类型的家庭,为 689.70 元。空巢家庭人均看大病支出最高,达到 1697.91 元。核心家庭农户的人均看大病支出也相对较高,为 1088.01 元。从比例来看,扩大家庭的农户 77.08% 的看病支出用于看大病,占比最高。空巢家庭和主干家庭农户看大病支出占看病总支出的比例偏低,分别为 68.22% 和 68.30%。

表 6-28 不同家庭类型农户看大病支出

家庭类型	户均看大病支出（元）	人均看大病支出（元）	占看病总支出的比例（%）	样本（个）
核心家庭	3807.99	1088.01	73.77	1588
主干家庭	4027.41	733.13	68.30	1435
扩大家庭	5174.89	836.89	77.08	321
空巢家庭	3500.62	1697.91	68.22	583
其他类型	2674.27	689.70	67.60	103

据表 6-29、图 6-20 所示,老人数量为"0""1 个""2 个及以上"的农户看大病的户均支出分别为 3265.63 元、4677.40 元和 4573.96 元;人均看大病支出分别为 899.65 元、1146.22 元和 1203.84 元。从看大病支出占看病总支出的比例来看,家中有 1 个老人的家庭占比最高,达 77.29%;没有老人的家庭看大病的占比为 67.45%,比例远低于有老人的家庭。

表 6-29 不同老人数量农户看大病支出

老人数量	户均看大病支出（元）	人均看大病支出（元）	占看病总支出的比例（%）	样本（个）
0	3265.63	899.65	67.45	2074
1个	4677.40	1146.22	77.29	847
2个及以上	4573.96	1203.84	71.87	1125

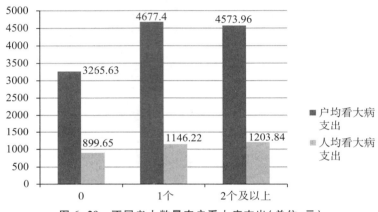

图 6-20 不同老人数量农户看大病支出（单位：元）

如表 6-30、图 6-21 所示，是否参加"新农合"的农户在看大病支出上具有显著差异。参加"新农合"的农户户均看大病支出为 3994.55 元，是没有参加"新农合"的农户的两倍多。同时，参加"新农合"的农户的人均看大病支出为 1048.61 元，比没有参加"新农合"的农户人均高出 432.78 元。从看病费用比例来看，参加"新农合"的农户 71.60% 的支出用于看大病，没有参加"新农合"的这一比例为 46.16%。可见，"新农合"在农户看大病支出上具有较大影响。

表 6-30 是否参加"新农合"与农户看大病支出

是否参加"新农合"	户均看大病支出（元）	人均看大病支出（元）	占看病总支出的比例（%）	样本（个）
是	3994.55	1048.61	71.60	3937
否	1507	615.83	46.16	100

三、农民合作医疗报销

如表 6-31、图 6-22 所示，样本农户合作医疗报销平均为 1907.32 元，西部地区农户平均报销最高，达 2755.63 元。从报销比例来看，样本农户 34.60% 的看病支出

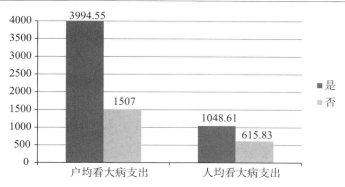

图 6-21 是否参加"新农合"与农户看大病支出(单位:元)

由合作医疗报销,看大病中的 48.62% 报销,接近一半。从不同地区来看,西部地区报销比例最高,占看病总支出和看大病支出的比重分别为 39.73% 和 51.14%,尤其是看大病的报销比例超过 50%。东部地区报销最低,看病总支出和看大病支出的报销比例分别为 30.72% 和 45.48%。中部地区农户看病 31.97% 可报销,看大病的报销占到 47.70%。

表 6-31 不同地区农户合作医疗报销

地区分组	均值(元)	占看病总支出的比例(%)	占看大病支出的比例(%)	样本(个)
东部	1540.55	30.72	45.48	1114
中部	1537	31.97	47.70	1665
西部	2755.63	39.73	51.14	1207
全国	1907.32	34.60	48.62	3986

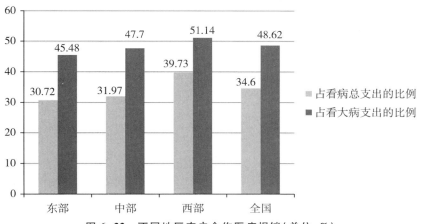

图 6-22 不同地区农户合作医疗报销(单位:%)

如表6-32、图6-23所示,从不同收入来看,低收入户户均报销1886.36元,占看病总支出的31.53%,占看大病支出的43.19%。中等收入户相对报销比例较高,户均报销额度为2032.10元,占看病总支出的40.83%,占看大病支出的56.23%。中高收入户看大病的报销比例也超过一半,达到50.39%。中低收入户和高收入户的看病总支出的报销比例分别为32.88%和34.55%,看大病的报销比例则分别为46.76%和48.32%。

表6-32 不同收入水平农户合作医疗报销

收入分组	均值(元)	占看病总支出的比例(%)	占看大病支出的比例(%)	样本(个)
低收入户	1886.36	31.53	43.19	805
中低收入户	2090.62	32.88	46.76	781
中等收入户	2032.10	40.83	56.23	800
中高收入户	1586.06	34.22	50.39	796
高收入户	1954.99	34.55	48.32	798

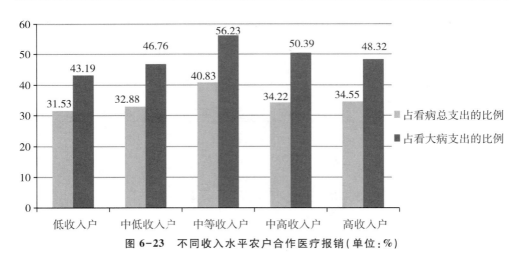

图6-23 不同收入水平农户合作医疗报销(单位:%)

如表6-33所示,从不同家庭类型来看,核心家庭、主干家庭、扩大家庭、空巢家庭农户合作医疗占看病总支出的比例分别为33.03%、37.23%、35.24%和30.38%;占看大病支出的比例分别为44.78%、54.50%、45.54%和44.54%。其中,报销比例最高的是主干家庭农户。

表 6-33　不同家庭类型农户合作医疗报销　　　（单位:元,%,个）

家庭类型	均值	占看病总支出的比例	占看大病支出的比例	样本
核心家庭	1705.08	33.03	44.78	1562
主干家庭	2194.98	37.23	54.50	1416
扩大家庭	2365.88	35.24	45.54	319
空巢家庭	1559.07	30.38	44.54	569
其他类型	1383.47	34.97	51.73	101

从表 6-34、图 6-24 可知,家中老人数量为"0""1 个"和"2 个及以上"的农户家庭,合作医疗报销占看病总支出的比例分别为 32.52%、39.52% 和 33.96%；占看大病支出的比例则分别为 48.21%、51.13% 和 47.25%。可见,家中有 1 个老人的家庭的合作医疗报销的比例相对较高。

表 6-34　不同老人数量农户合作医疗报销

老人数量	均值(元)	占看病总支出的比例(%)	占看大病支出的比例(%)	样本(个)
0	1574.37	32.52	48.21	2044
1 个	2391.51	39.52	51.13	838
2 个及以上	2161.17	33.96	47.25	1101

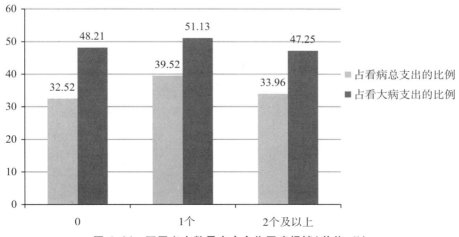

图 6-24　不同老人数量农户合作医疗报销(单位:%)

第三节 农民的教育消费

农民教育一直是各方关注的焦点，近年来政府在教育方面的投入力度不断加大，但由于中国地广人多，经济、文化发展不平衡，地区之间办学条件差异大，群众的生活水平、文化程度和学习要求各不相同等，导致了农民教育消费存在较大差异。本节旨在考察农户的教育消费水平，一方面包括农民用于技能培训等方面的自身教育消费，另一方面是农民用于在读学生的消费支出。以下从地区、年龄、教育水平、职业等角度考察不同农民的教育消费压力。

一、农民自身教育消费

由表6-35、图6-25可知，样本农户用于培训的费用为84.70元，其他费用支出为33.62元。总体来看，农民用于自身教育的开支只占很小的比例，农民自身教育的开支对农民消费的压力并不大。不同地区农民在自身教育上存在一定差异。其中，中部地区农民自身教育支出最多，户均培训费用为113.12元，其他自身教育消费为40.28元。东部地区的农户户均培训费用支出不及中部地区的一半，为56.25元，其他教育消费户均32.15元。西部地区农户自身教育消费低于全国平均水平，其培训费用户均为72.47元，其他教育消费户均为25.85元。由此可见，整体上三个区域农民用于自身教育的支出都处于较低水平。

表6-35 不同地区农民自身教育消费 （单位：元，个）

地区分组	培训费用		其他自身教育	
	均值	样本	均值	样本
东部	56.25	1172	32.15	1162
中部	113.12	1717	40.28	1722
西部	72.47	1263	25.85	1259
全国	84.70	4152	33.62	4143

从表6-36、图6-26所示的不同家庭收入水平农户自身教育消费支出情况可以看出，从农民培训费用支出来看，最高的是中等收入组农户，达140.35元；其次是中低收入的农户，户均培训费用为91.38元；低收入和中高收入的户均培训费用

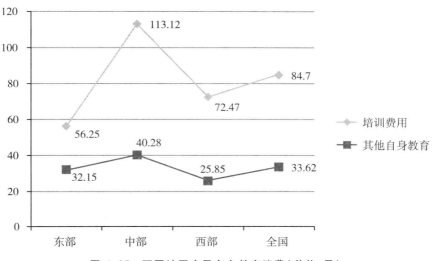

图 6-25　不同地区农民自身教育消费(单位:元)

支出最低,不及中等收入组农户的 50%,分别为 60.92 元和 45.78 元。总体而言,随着家庭收入水平的提高,农户投入到培训的费用并没有明显增加。从农户自身其他教育支出情况来看,最高的是中等收入组农户,达 64.03 元;其次是高收入家庭农户,户均支出为 45.18 元。中低收入和中高收入的户均农民其他自身教育支出相近,分别为较低的 26.67 元和 27.88 元。低收入户在培训外几乎没有其他自身教育消费,户均支出仅为 4.73 元。总体而言,农民自身教育消费与家庭收入水平并不成正比。

表 6-36　不同收入水平农民自身教育消费　　　　　　(单位:元,个)

收入分组	培训费用		其他自身教育	
	均值	样本	均值	样本
低收入户	60.92	845	4.73	845
中低收入户	91.38	814	26.67	810
中等收入户	140.35	829	64.03	827
中高收入户	45.78	830	27.88	827
高收入户	85.44	826	45.18	827

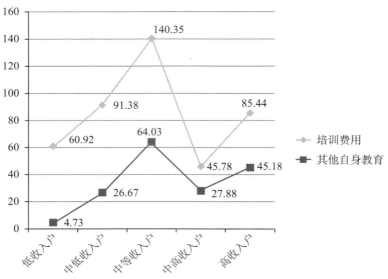

图 6-26　不同收入水平农民自身教育消费（单位：元）

如表 6-37、图 6-27 所示，通过考察不同教育水平的农民在培训费用支出方面的情况可以发现，文化程度是初中水平的农民培训费用支出最高，户均支出为 100.93 元；其次是高中学历的农户，户均培训费用支出为 98.49 元。大专及以上文化水平的农民培训费用支出最低，户均支出为 49.12 元。文盲和小学水平的农户户均培训费用支出分别为 56.42 元和 72.20 元。从农民其他自身教育支出来看，文化程度在大专及以上的农民其他自身教育支出最高，户均支出为 92.54 元；文盲农民其他自身教育支出最低，户均支出为 19.46 元；小学、初中、高中文化水平的农民其他自身教育支出户均分别为 26.04 元、40.68 元和 31.09 元。总体而言，教育水平高的农户用于自身教育的支出高于教育水平低的农户。

表 6-37　不同教育水平农民自身教育消费　　　　（单位：元，个）

教育水平	培训费用		其他自身教育	
	均值	样本	均值	样本
文盲	56.42	413	19.46	411
小学	72.20	1446	26.04	1442
初中	100.93	1626	40.68	1624
高中	98.49	551	31.09	550
大专及以上	49.12	114	92.54	114

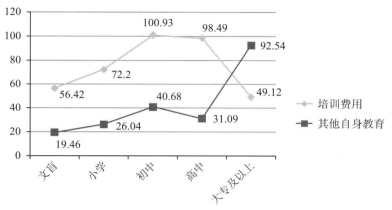

图 6-27 不同教育水平农民自身教育消费（单位：元）

从不同的职业来考察农民自身教育支出情况，由表 6-38 和图 6-28 可知，个体户与私营企业主自身教育支出最高，其培训费用和其他自身教育支出分别为 229.45 元和 89.44 元。其次是农村管理者，其培训费用和其他自身教育支出分别为 135.22 元和 42.25 元。务农和务工职业的农户用于培训的支出较少，分别为 61.70 元和 53.78 元。教师职业的农户用于培训的费用最少，为 11.94 元，但用于其他自身教育的支出远远高于其他职业农户，达到 109.70 元。务工的农户用于自身教育的费用最少，户均支出为 73.66 元，其中培训费用为 53.78 元。务农的农户用于自身教育的费用也偏低，略高于务工农户，其中培训费用和其他自身教育支出分别为 61.70 元和 26.47 元。显然，不同职业的农民，由于其对知识技能的需求不同，对自身教育的投入也不尽相同。

表 6-38　不同职业农民自身教育消费　　　　　　（单位：元，个）

职业分组	培训费用		其他自身教育	
	均值	样本	均值	样本
务农	61.70	2623	26.47	2617
务工	53.78	483	19.88	483
教师	11.94	67	109.70	67
个体户与私营企业主	229.45	343	89.44	341
农村管理者	135.22	277	42.25	276
其他	135.16	347	31.41	347

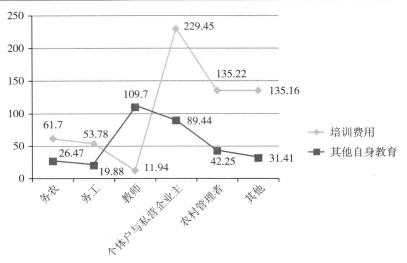

图 6-28　不同职业农民自身教育消费(单位:元)

二、在校学生教育支出

如表 6-39 所示,样本农户在校生教育户均支出为 3703.08 元,其中,户均学费、学杂费、生活费和其他开支的费用分别为 1223.17 元、380.55 元、1962.61 元和 154.72 元。可见,学费和生活费占据在校生教育支出的大头,其中尤以生活费最高。分地区而言,东部地区户均在校生教育支出最低,为 3581.62 元;其学费和学杂费均高于全国平均水平,分别为 1260.72 元和 423.66 元;生活费在三个地区中最低,为 1741.82 元。中部地区农户家庭在校生教育支出户均为 3810.44 元,高于其他两个地区;其学费同样为全国最高,达 1343.45 元;学杂费和生活费均接近于全国平均水平,分别为 379.57 元和 1919.67 元。西部地区在校生教育支出户均 3688.48 元,其中,学费户均 1024.48 元,远低于东部和中部地区;生活费户均 2226.47 元,远高于其他两个地区。可见,不同地区在校生教育支出结构方面存在较大差异。

表 6-39　不同地区农户在校学生教育开支　　　　　(单位:元)

地区	学费	学杂费	生活费	其他开支	在校生教育支出
东部	1260.72	423.66	1741.82	184.47	3581.62
中部	1343.45	379.57	1919.67	168.54	3810.44
西部	1024.48	341.74	2226.47	108.36	3688.48
全国	1223.17	380.55	1962.61	154.72	3703.08

注:由于各项教育支出均值的有效样本数不一致,在校生教育支出均值也与各项教育支出均值之和有出入。

考察不同收入家庭在校生教育户均支出情况,如表6-40、图6-29所示,从低到高收入五组农户家庭户均在校生支出分别为1727.42元、3461.35元、4182.05元、4221.04元和4984.75元。显然,随着收入水平的增加,农户在在校生教育方面的消费也有所增加。低收入农户在学费、学杂费、生活费及其他开支上均低于其他农户,分别为547.22元、199.77元、937.65元和47.52元。中等收入户和中高收入户的户均在校生教育各项支出较为接近。高收入户在校生教育户均生活费为2518.59元,是低收入户的两倍多;同时高收入户在校生教育用于家教、陪读等其他方面的支出也远远高于其他收入的农户,户均达到304.98元。可见,家庭收入的高低在一定程度上影响农户在孩子的教育上的支出。

表 6-40　不同收入水平农户在校学生教育开支　　　　（单位:元）

收入分组	学费	学杂费	生活费	其他开支	在校生教育支出
低收入户	547.22	199.77	937.65	47.52	1727.42
中低收入户	1070.30	351.62	1879.51	170.99	3461.35
中等收入户	1465.08	369.77	2250.53	113.08	4182.05
中高收入户	1441.28	432.67	2259.85	140.69	4221.04
高收入户	1612.99	554.61	2518.59	304.98	4984.75

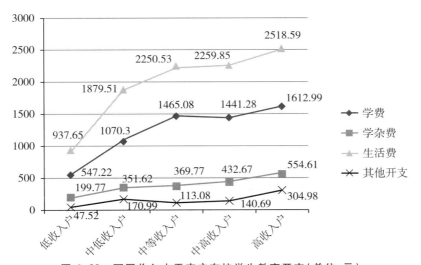

图 6-29　不同收入水平农户在校学生教育开支(单位:元)

第四节 农民的生活评价

衡量农民生活质量除了客观的消费开支外,主观的生活评价也是重要的指标。它反映农民在主观上对生活的满意程度,以及所感受到的生活压力等,与客观的消费支出一起构成完整的生活质量体系。

一、生活满意度

如表6-41、图6-30所示,通过对4165个农民进行生活满意度的调查发现,占比最高的是"比较满意",达43.51%,表示"非常满意"的占9.08%,可见对生活总体满意度较高的占比达到52.59%。表示对目前生活"不太满意"的农户占比为12.58%,另有2.11%的农户表示对目前生活"很不满意",也就是对目前生活评价总体比较消极的占到14.69%。另外,32.72%的农户表示目前的生活"一般",态度比较模糊。由此可知,随着我国经济的快速发展,农民的生活水平得到了极大的提高,其生活满意度整体较高。

表6-41 农民对目前生活的满意度　　　　　　　　　　(单位:个,%)

满意度	样本	占比
非常满意	378	9.08
比较满意	1812	43.51
一般	1363	32.72
不太满意	524	12.58
很不满意	88	2.11
合计	4165	100

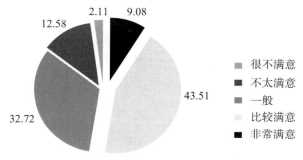

图6-30 农民对目前生活的满意度(单位:%)

由表 6-42 可知,东部地区农户对目前生活感到"非常满意"(9.13%)和"比较满意"(47.87%)的占比之和为 57%,比中部地区和西部地区分别高出 7% 和 4.98%。西部地区农户感到"不太满意"(15.04%)和"很不满意"(2.53%)的占比之和为 17.57%,比东部地区和中部地区分别高出 4.35% 和 3.98%。由此可知,东、中、西部地区由于经济发展水平的不同,各区域农民的生活水平及生活质量有着巨大的差异,由此导致各区域农民的生活满意度存在较大的差异,东部地区的满意度最高,西部地区的不满意度最高。

表 6-42　不同区域农民对目前生活的满意度　　　（单位:个,%）

地区分组	非常满意	比较满意	一般	不太满意	很不满意	合计
东部地区	9.13	47.87	29.78	11.60	1.62	100(1172)
中部地区	7.51	42.49	36.41	11.45	2.14	100(1730)
西部地区	11.16	40.86	30.41	15.04	2.53	100(1263)

如表 6-43、图 6-31 所示,通过对不同年龄段农民进行生活满意度的调查后发现,随着年龄的增加农民对生活的满意度呈递增趋势。对目前生活表示满意的占比中,30 岁以下、30—39 岁、40—49 岁、50—59 岁、60 岁以上的占比分别为 37.5%、44.35%、50.23%、54.16% 和 56.48%。对目前生活表示不满意的占比中,30 岁以下的最高,达 25%,60 岁以上的最低,为 11.98%。由此可知,随着年龄的增长,人们的心智越加成熟,社会经历的丰富性也让农民更易对生活产生满足感与自豪感,由此引发对生活更高的满意度。

表 6-43　不同年龄段农民对目前生活的满意度　　　（单位:个,%）

年龄分组	非常满意	比较满意	一般	不太满意	很不满意	合计
30 岁以下	5.77	31.73	37.50	22.12	2.88	100(104)
30—39 岁	5.23	39.12	37.74	15.43	2.48	100(363)
40—49 岁	7.79	42.44	33.48	13.97	2.33	100(1117)
50—59 岁	9.35	44.81	31.47	12.30	2.08	100(1252)
60 岁以上	11.22	45.26	31.55	10.17	1.81	100(1328)

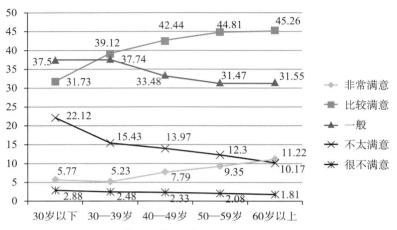

图 6-31 不同年龄段农民对目前生活的满意度(单位:%)

如表 6-44 所示,考察不同职业的农民对目前生活的满意度可知,教师、个体户与私营企业主及农村管理者对目前的生活满意度较高,三者的占比分别为 58.21%、60.53%和 70.29%。其中,务工者生活满意度最低,为 38.02%。务农、务工者则对于目前的生活较为不满意,务农者的不满意占比为 15.69%,务工者的不满意占比为 18.39%。由此可知,由于职业的不同,农民获得的相关待遇及福利相差较大,由此带来了农民对于生活的不同满意度。

表 6-44 不同职业农民对目前生活的满意度 (单位:个,%)

职业分组	非常满意	比较满意	一般	不太满意	很不满意	合计
务农	9.17	43.03	32.11	13.34	2.35	100(2638)
务工	3.72	34.30	43.59	15.91	2.48	100(484)
教师	13.43	44.78	29.85	10.45	1.49	100(67)
个体户与私营企业主	11.70	48.83	30.99	8.19	0.29	100(342)
农村管理者	13.41	56.88	26.09	3.26	0.36	100(276)
其他	8.96	43.93	30.06	13.87	3.18	100(346)

由表 6-45 可知,农民的满意度随着家庭收入水平的提高而呈上升趋势。收入水平五等分从低到高的农户对生活表示满意的占比分别为 45.05%、45.65%、49.34%、54.64%和 68.19%。中低收入者、中等收入者、中高收入者及高收入者的不满意占比则随着收入的上升而呈下降趋势,其占比分别为 21.35%、14.41%、12.07%和 6.24%。另外,除了高收入户以外,其他收入的农户对生活的满意度比较模棱两

可的均占到了三成以上。由此可知,家庭收入水平对家庭的生活满意度影响较大,高收入者易获得更高的满意度。

表 6-45　不同家庭收入水平农民对目前生活的满意度　　（单位:个,%）

收入分组	非常满意	比较满意	一般	不太满意	很不满意	合计
低收入户	8.14	36.91	35.50	15.09	4.36	100(848)
中低收入户	8.10	37.55	33.00	18.53	2.82	100(815)
中等收入户	7.20	42.14	36.25	12.97	1.44	100(833)
中高收入户	6.63	48.01	33.29	10.98	1.09	100(829)
高收入户	15.13	53.06	25.57	5.40	0.84	100(833)

由表 6-46 可知,在住房条件改善消费上不同的农民对生活的满意度存在显著差异。将农户用于房屋改造的消费分成"低、中低、中等、中高、高"五等,房屋改造消费从高到低,农户对生活相对满意的占比分别达到 62.25%、54.55%、53.95%、51.50% 和 47.12%。房屋改造费用最低的农户对生活的不满意度最高,达 17.42%;而改造房屋消费最多的农户生活不满意占比为 9.05%。由此可知,房屋改造费用越高,农民居住条件越好,农民的生活满意度也就越高。

表 6-46　不同房屋改造费用的家庭农民对目前生活的满意度　　（单位:个,%）

房屋改造费用	非常满意	比较满意	一般	不太满意	很不满意	合计
低	7.52	39.60	35.46	14.66	2.76	100(798)
中低	7.33	44.17	31.67	14.83	2.00	100(600)
中等	6.95	47.00	33.65	10.63	1.77	100(734)
中高	10.23	44.32	33.77	10.06	1.62	100(616)
高	12.64	49.61	28.70	7.80	1.25	100(641)

如表 6-47 所示,通过对家庭看病费用不同的农民进行生活满意度的调查后发现,家庭看病总费用分成"低、中等、高"三组,农户对于生活较为满意的占比分别为 55.78%、49.39% 和 37.50%。家庭看病费用从低到高的农户对目前的生活感到不满意的占比则分别为 12.64%、16.52% 和 33.93%,看病费用高的农户对生活的不满意度是看病费用较低的农户的两倍多。由此可知,农民的生活满意度随着家庭看病费用的提高而呈下降趋势。

表 6-47 不同家庭看病总费用的农民对目前生活的满意度 （单位：个,%）

家庭看病总费用	非常满意	比较满意	一般	不太满意	很不满意	合计
低	9.04	46.74	31.58	11.47	1.17	100(2223)
中等	9.06	40.33	34.09	13.59	2.93	100(1877)
高	12.50	25.00	28.57	21.43	12.50	100(56)

二、农民生活压力

根据表 6-48、图 6-32 可知，通过对 4165 个农户进行调查后发现，当前农民的生活面临较大的压力。感觉目前生活"压力很大"和"压力较大"的农户分别为 11.96% 和 27.37%，也就是对目前生活感到较有压力的达到 39.33%，将近四成。表示目前生活"压力很小"的占比为 13.28%。另外，8.64% 的农户对目前生活感到"没有压力"。同时，38.75% 的农户表示当前生活压力"一般"，即有些压力，但并不很大。由此可知，虽说农民的生活水平以及家庭收入随着经济的发展得到了极大的提升，但是农民的当前生活还是面临着较大的压力。

表 6-48 当前农民的生活压力 （单位：个,%）

压力	样本	占比
压力很大	498	11.96
压力较大	1140	27.37
一般	1614	38.75
压力很小	553	13.28
没有压力	360	8.64
合计	4165	100

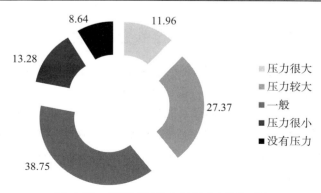

图 6-32 当前农民的生活压力（单位：%）

如表 6-49 所示,从不同区域来看,将回答"压力很大"和"压力较大"视为生活压力相对较大,西部地区面临较大的生活压力,其占比最高,达 45.13%,高于全国平均水平。东部和中部的这一占比分别为 34.99% 和 38.04%。东部地区感觉"压力很小"的占比达 15.36%,高于全国平均水平。中部和西部地区农户感觉"压力很小"占比分别为 12.20% 和 12.83%。另外,东、中、西部各有 8.19%、8.79% 和 8.87% 的农户感觉生活"没有压力"。由此可知,东、西部地区农民不同的生活状况使其面临不同的生活压力,西部地区生活压力大,东部地区农户生活压力差异大。

表 6-49　不同区域农民的生活压力　　　　　　　　　　　（单位:个,%）

地区分组	压力很大	压力较大	一般	压力很小	没有压力	合计
东部地区	10.84	24.15	41.46	15.36	8.19	100(1172)
中部地区	9.31	28.73	40.97	12.20	8.79	100(1730)
西部地区	16.63	28.50	33.17	12.83	8.87	100(1263)

如表 6-50 所示,从不同年龄段来看,30 岁以下的人感觉生活压力较大的占比最大,为 53.85%;其次是 40—49 岁的人,其占比为 50.41%;最低的是 60 岁以上的老人,其占比为 28.31%。30—39 岁、50—59 岁的农户对生活感到压力较大的占比分别为 48.48% 和 37.30%。对生活表示压力最小(即感觉"压力很小"和"没有压力")的是 60 岁以上的老人,其占比为 32.08%;其次是 50—59 岁的农户,其占比为 20.77%;30 岁以下、40—49 岁、30—39 岁的农户感觉相对压力较小的占比则分别为 16.35%、14.41% 和 13.50%。由此可知,30—49 岁年龄段的人由于进入了要抚养小孩和赡养老人的阶段,家庭负担比较重,所以其面临着较大的生活压力。

表 6-50　不同年龄农民的生活压力　　　　　　　　　　　（单位:个,%）

年龄分组	压力很大	压力较大	一般	压力很小	没有压力	合计
30 岁以下	24.04	29.81	29.80	10.58	5.77	100(104)
30—39 岁	19.28	29.20	38.02	11.02	2.48	100(363)
40—49 岁	15.76	34.65	35.18	9.04	5.37	100(1117)
50—59 岁	10.46	26.84	41.93	12.70	8.07	100(1252)
60 岁以上	7.23	21.08	39.61	18.22	13.86	100(1328)

由表 6-51 可知,从不同职业来看,务工者面临较大的生活压力,有 47.21% 以务工为职业的农民认为其生活面临较大的压力;其次是以务农为职业的农民,其占比为 39.67%;教师、个体户与私营企业主及农村管理者中感觉生活压力偏大的占

比则分别为 34.33%、34.21% 和 30.80%。认为生活压力较小的占比最高的是以教师为职业的农民,其占比为 28.36%;其次是个体户与私营企业主及农村管理者,其占比分别是 23.69% 和 26.82%。由此可知,具有稳定收入及正式岗位的农民的生活压力要小于那些工作不稳定、收入来源少的以务工为职业的农民。

表 6-51 不同职业农民的生活压力 (单位:个,%)

职业分组	压力很大	压力较大	一般	压力很小	没有压力	合计
务农	12.39	27.28	38.35	13.53	8.45	100(2639)
务工	14.70	32.51	39.75	8.49	4.55	100(483)
教师	11.94	22.39	37.31	23.88	4.48	100(67)
个体户与私营企业主	8.77	25.44	42.10	14.33	9.36	100(342)
农村管理者	7.97	22.83	42.38	14.86	11.96	100(276)
其他	11.56	26.30	35.26	13.87	13.01	100(346)

如表 6-52 所示,从不同在读学生数量来看,家庭生活压力与在读学生数量呈正比例关系。随着在读学生数量的增加,家庭生活压力呈递增的趋势,在读学生数量为 0、1、2、3 的农户中,认为生活压力较大的占比依次为 32.92%、42.05%、51.87% 和 68.61%。随着在读学生数量的增加,认为生活压力较小的农户比例则呈递减趋势。其中认为生活压力较小占比最高的家庭,在读学生数量为 0,其占比为 25.10%;家中有 3 个在读学生的家庭认为家庭生活压力较小的占比则为 12.79%;家庭在读学生数量为 1 和 2 的这一占比分别为 20.34% 和 15.24%。由此可知,在读学生的学费与生活费给家庭带来了较大的生活压力,在读学生数量越多其家庭生活压力越大。

表 6-52 不同在读学生数量家庭农民的生活压力 (单位:个,%)

学生数量	压力很大	压力较大	一般	压力很小	没有压力	合计
0	8.79	24.13	41.99	15.16	9.94	100(2184)
1	13.86	28.19	37.61	12.03	8.31	100(1263)
2	16.86	35.01	32.90	9.89	5.35	100(617)
3	24.42	44.19	18.60	8.14	4.65	100(86)

第五节 结论与建议

近几年,住房、医疗、教育支出占农民总消费支出的比重不断扩大,成为农民的消费重点,导致农民在其他方面的消费受到一定抑制。更不容忽视的是不少农民还为此产生了强烈的支出预期,形成了平日节衣缩食和难以轻松消费的现象,对整体消费需求产生了较大影响。为此,建议从提高农民收入、改善消费结构、加强保障体系建设方面减轻农民在住房、医疗、教育支出方面的压力。

一、定"支点":提高收入水平

农村居民的收入水平是其消费能力的"支点",促进农村消费压力的缓解,提高收入水平是基础。首先,提高农民收入,让农民"能"买。一是借助推动国家经济的"投资、消费、出口"三驾马车的重要作用,经济政策向农村倾斜,实现产业、企业、资金、技术和人才五下乡,大力发展优质农产品加工工业,拉长产业链,提高其附加值,增加农民农业收入。打破行政区划的地界限制,将单个或多个村庄的优势农产品集中产业化,发展村镇企业,吸纳村民就地就业,企业通过"线上+线下"方式,打通农产品的外销渠道,以企业的发展推进村民经济水平的持续提高,进而促进消费能力的长效发展。二是要助推农民就业的多元化发展,提高农村居民的收入水平,统筹城乡就业制度,消除歧视制度,鼓励农民进入城市就业,增加农民的务工收入;发展私营企业和个体经济,吸纳农村劳动力的转移,带动相关产业发展,增加农民非农产业的收入,增加其消费的绝对支付能力。三是政府加强对通货膨胀的控制,施行适当的货币政策,将其与村民心理预期对接,把通货膨胀控制在村民可接受的范围内。

二、立"杠杆":调整消费结构

农民的消费需求是撬动消费市场的"杠杆",推动消费层次的提升,扩大消费需求是关键。首先,利用"政府引导、新生代村民推动和村庄积极消费人员带动"三重模式,引导农民形成积极的消费观念,让村民"敢"消费。其次,完善农村的水、电、路、网等基础设施建设,通过村内年轻人传播新生代购物方式,同时搭建农村网络购销平台和物流设施建设,使"线上消费"进村入户,实现村民家门口消费。再次,促进居民合理的住房刚性需求和改善型需求;大力发展农村的教育事业,建设义务教育的保障机制;以村庄周边的中心医疗机构为基点,形成"3小时急救圈、8小时互助圈"的辐射范围,促进多项医疗资源的整合利用,并保证辐射圈内村民的医疗报销畅通无阻。最后,刺激除住房、教育和医疗消费之外的其他需求,增加耐用品的"以旧换新""免费升级"等活动,推动村民家电的更新;此外,旅游局增加"村民外出"服务,给予村民外出的规划、优惠等一站式服务,让村民出村,推动其发展性消费水平的提升。

三、下"力道":健全保障体制

农村的消费压力的缓解程度取决于立足提高村民消费水平的"支点"、扩大消费需求的"杠杆"所下的力道,促进农民消费的健康,保障体制是关键。一是建立健全政府保障体制。通过调节财政税收、转移支付等二次分配政策来缩小城乡收入差距,建立健全农村居民社会保障体系,尤其是推进村民的养老保险、医疗保险、住房的改革和教育体制的改革,从过程中控制农村居民在子女教育、未来养老、医疗及住房等多方面的问题,降低不确定性支出导致的刚性储蓄,保障农民的消费能力。二是建立以政府投入为主体、多渠道并存的农村教育、医疗投入体系。积极运用金融、信贷、税收等手段,支持农民及其子女教育、医疗事业的发展,提倡和鼓励社会对农民教育的投入和支持,尤其鼓励一些以农产品开发为主的新兴企业集团和社会组织,向农民领域的科研和教育进行投资,要鼓励企业、个人和社会组织参与农民教育培训事业。三是加强宏观调控,加强药品、建材价格的控制。尤其是新型城镇化过程中农民的住房消费问题,各级主管部门要与有关部门配合,改善征地、协议出让土地最低价等土地价格管理工作;规范住房销售、房地产中介与物业服务收费行为;规范经济适用房价格和廉租住房租金;探索开展住房成本调查工作的有效途径,努力稳定住房价格。要让广大农民买得起房,放心大胆进行其他消费。

第七章 农村借贷与农村金融服务*

目前,我国已进入以城带乡的发展阶段,进入了加快改造传统农业、走中国特色农业现代化道路的关键时期。而要提升农业生产力水平,大力发展农村经济,离不开强有力的资金保障。为此,本章将在全国范围内的问卷调查与深度访谈的基础上,对农村金融情况进行介绍和分析,考察农村金融市场的发展现状,了解农民借贷行为特点,挖掘农村金融服务的困难与问题,并在此全面分析之基础上,为推进农村金融发展提供具有针对性、科学性的政策建议。

第一节 农村借贷①概况

当前中国农村借贷市场规模逐年扩大,特别是在经济比较活跃的农村地区,借贷的发展更是迅猛。本节主要从农民整体借贷规模以及具体的债权与债务三个方面描述农村借贷概况,了解农户借贷的活跃程度、对资金的需求程度,并对比多年的数据进行趋势预测。

一、农民借贷总体情况

(一) 农民借贷率

根据2014年对农户调查的数据可知,在4146个全国有效农户样本中,有41.14%的农户有借贷行为。地区上看,从经济发达的东部沿海地区到相对落后的中、西部地区,农户借贷行为发生率分别为31.35%、35.06%和58.56%。(见表7-1)可见,整体上,我国农民的借贷率不高,比较而言,西部地区农民借贷率最高。

---

* 本章作者:刘思、吴春来、吕进鹏、曹淑君、魏逍、李凤岗。
① 农民借贷包括农民的非正规民间借贷以及正规金融借贷。

表 7-1　2013 年全国及各地区农户借贷行为比较　　（单位:%,个）

地区	是	否	合计
全国	41.14	58.86	100(4146)
东部	31.35	68.65	100(1165)
中部	35.06	64.94	100(1717)
西部	58.56	41.44	100(1264)

从时间变化上看,表 7-2 显示,农民借贷率整体呈先下降后上升的趋势。具体来看,2008 年至 2011 年,农民借贷率从 65.85% 逐年不断下降到 31.38%,2012 年稍有回升,为 31.78%,2013 年继续上升到 41.14%。同时,六年中东部、中部、西部的农民借贷率依次由低到高。具体到各地区变化上,东部占比先从 61.03%（2008 年）逐年下降至 21.65%（2011 年）,2012 年开始回升,到 2013 年为 31.35%,下降近三成。中部占比则在 2010 年降至最低,2011 年回升,2012 年又出现下降,2013 年又回升为 35.06%,也比 2008 年占比低了近三成。西部地区此占比 2008 年至 2012 年逐年下降,共下降 33.92%,2013 年则回升为 58.56%。由上可见,东部、中部、西部农民的借贷率总体呈下降趋势,2013 年均出现回升,其中西部回升幅度最大。

表 7-2　2008 年至 2013 年不同地区农民借贷率　　（单位:%,个）

年份	地区	是	否	合计
2008	东部	61.03	38.97	100(503)
	中部	64.28	35.72	100(795)
	西部	72.00	28.00	100(501)
	全国	65.85	34.15	100(1799)
2009	东部	39.43	60.57	100(842)
	中部	50.15	49.85	100(1011)
	西部	59.66	40.34	100(771)
	全国	49.50	50.50	100(2624)
2010	东部	22.85	77.15	100(1173)
	中部	27.62	72.38	100(1622)
	西部	45.52	54.48	100(1606)
	全国	32.88	67.12	100(4401)

续表

年份	地区	是	否	合计
2011	东部	21.65	78.35	100(1081)
	中部	30.91	69.01	100(1087)
	西部	42.29	57.71	100(1012)
	全国	31.38	68.62	100(3180)
2012	东部	27.66	72.34	100(1117)
	中部	30.08	69.92	100(1619)
	西部	38.08	61.92	100(1166)
	全国	31.78	68.22	100(3902)
2013	东部	31.35	68.65	100(1165)
	中部	35.06	64.94	100(1717)
	西部	58.56	41.44	100(1264)
	全国	41.14	58.86	100(4146)

(二) 农民借贷规模

整体上,2013年全国民间借贷总金额为10 609.18万元,户均①借贷6.31万元。从地区上看,农户借贷总金额由低到高为中部、东部、西部,分别为3241.44万元、3596.08万元和3771.66万元;在户均金额上,东部地区高于中部和西部地区,也高于全国平均水平,为9.93万元。(见表7-3)由此可见,东部地区民间资金流动规模最大。

表7-3 2013年全国及各地区农户借贷总额比较　　　(单位:万元,户)

地区	借贷总额	户均借贷总额	有效样本
全国	10 609.18	6.31	1681
东部	3596.08	9.93	362
中部	3241.44	5.45	595
西部	3771.66	5.21	724

由图7-1可知,样本农户六年的借贷规模整体呈先升后降再升的变化。从借贷总金额来看,2008年至2010年逐年增加,从6095.57万元增至7529.65万元;

---

① 本章中的户均都指发生该行为的样本农户的平均情况。

2011年大幅度下降到4547.24万元;2012年、2013年大幅度上升,分别为7124.55万元、10 609.18万元。从户均借贷金额来看,2008年至2013年的户均借贷金额为5.25万元、5.65万元、5.20万元、4.55万元、5.75万元和6.31万元,波浪式变动。在地区上,如表7-4所示,2008年和2009年,东部地区农户借贷总额均高于中、西部地区,金额分别为2522.18万元和3179.96万元,占借贷总额的47.25%和43.35%;2010年西部地区农户借贷总额最高,为4492.20万元,比重为59.66%;2011年到2012年,中部地区的农户借贷金额均高于东、西部地区,金额分别为1708.19万元和2660.12万元,相应的比重分别为37.57%和37.34%;2013年三个地区的借贷总金额均有较大增长。

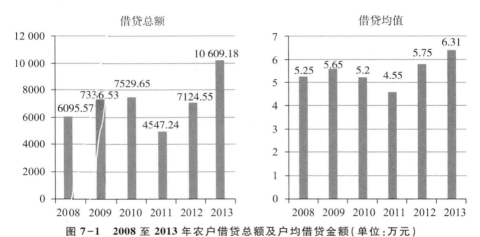

图7-1 2008至2013年农户借贷总额及户均借贷金额(单位:万元)

表7-4 2008年至2013年不同地区农户借贷规模

年份	地区	总金额(万元)	金额占比(%)	有效样本(户)
2008	东部	2522.18	47.25	308
	中部	1978.97	37.07	511
	西部	837.12	15.68	361
2009	东部	3179.96	43.35	332
	中部	1929.59	26.30	507
	西部	2226.98	30.35	460
2010	东部	1065.52	14.15	268
	中部	1971.93	26.19	448
	西部	4492.20	59.66	731

续表

年份	地区	总金额(万元)	金额占比(%)	有效样本(户)
2011	东部	1301.23	28.62	234
	中部	1708.19	37.57	336
	西部	1537.82	33.81	429
2012	东部	2167.87	30.43	309
	中部	2660.12	37.34	487
	西部	2296.56	32.23	444
2013	东部	3596.08	29.73	362
	中部	3241.44	35.90	595
	西部	3771.66	34.37	724

二、农民债务

（一）农民债务现状

表7-5是对2013年农户债务金额情况的考察。具体来看，全国有效样本农户2013年债务总额为8567.27万元，户均5.54万元。东部、中部、西部地区农户总债务分别为2830.30万元、2406.47万元和3330.50万元。在户均债务方面，东部地区农户户均债务为8.74万元，高于全国户均债务水平，中部、西部农户户均债务均低于全国户均水平，均值分别为4.52万元和4.83万元。由此可见，东部地区农户债务水平高于中部和西部。

对债务金额进行分组分析，图7-2数据显示，2013年农户债务金额分组呈"V"字形。具体来看，农户债务金额分组从占比为28.59%的"1万元以下"分组依次下降，"3万—4万元"的降为最低，占比为4.85%，之后又大幅度上升，金额在"5万元以上"的农民占比达22.64%。可见，农户债务主要集中在3万元以下，即农民债务以小额为主。

表7-5 2013年不同地区农户家庭债务规模　　　　　（万元,户）

地区	总金额	均值	有效样本
全国	8567.27	5.54	1546
东部	2830.30	8.74	324
中部	2406.47	4.52	532
西部	3330.50	4.83	690

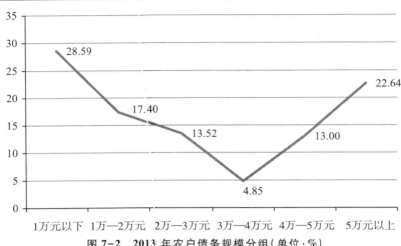

图7-2 2013年农户债务规模分组(单位:%)

（二）农民债务变化趋势

从时间序列上看,农民债务总金额变动呈"N"字形,从2008年的3547.27万元增至2010年的6221.59万元,2011年回落到最低点,2012年和2013年又上升,达8567.27万元。户均债务金额的变动与总金额变动趋势一致,也呈"N"字形,具体的2008年至2013年的户均债务金额分别为3.84万元、4.86万元、5.33万元、4.46万元、5.35万元和5.54万元。（见图7-3）可见,近年来农户债务总金额不稳定,整体上为增加趋势。

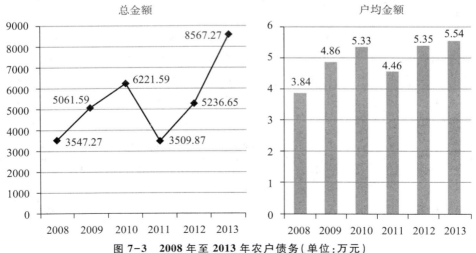

图7-3 2008年至2013年农户债务(单位:万元)

在债务分组上,调查发现,2008年至2011年东、中、西部农户债务金额在"1万元以下"的比率均最高;2012年和2013年中部、西部地区农民债务金额占比最高的仍是在"1万元以下",东部两年则在"5万元以上"的占比最高,具体占比为31.95%和31.80%。(见表7-6)总体上,农户债务以小额规模为主,且集中在西部地区,大规模债务相对集中在东部地区。

表7-6 2008年至2013年不同地区农户债务分组 （单位:%,个）

年份	地区	1万元以下	1万—2万元	2万—3万元	3万—4万元	4万—5万元	5万元以上	合计
2008	东部	46.90	16.82	8.85	6.19	7.08	14.16	100(226)
	中部	46.65	19.08	12.89	5.15	6.44	9.79	100(388)
	西部	53.29	19.38	10.72	6.23	4.50	5.88	100(289)
2009	东部	37.01	23.23	10.24	8.27	3.93	17.32	100(254)
	中部	35.28	21.17	11.43	7.79	7.54	16.79	100(411)
	西部	42.02	18.62	13.56	7.98	6.12	11.70	100(376)
2010	东部	36.06	18.75	10.58	6.73	7.69	20.19	100(208)
	中部	36.63	17.15	15.12	5.52	7.85	17.73	100(344)
	西部	36.91	22.11	14.80	6.99	7.32	11.87	100(615)
2011	东部	30.90	17.48	14.02	11.24	5.06	21.30	100(178)
	中部	26.67	20.78	15.29	4.31	9.12	23.83	100(255)
	西部	38.42	19.78	11.30	5.93	7.34	17.23	100(354)
2012	东部	22.41	19.50	9.13	8.30	8.71	31.95	100(241)
	中部	26.88	17.20	10.22	10.22	10.75	24.73	100(372)
	西部	28.49	15.62	18.08	7.12	10.42	20.27	100(365)
2013	东部	24.38	17.59	12.65	3.70	9.88	31.80	100(324)
	中部	35.34	15.60	12.59	4.41	9.77	22.29	100(532)
	西部	25.36	18.70	14.64	5.94	16.96	18.40	100(690)

三、农民债权

（一）农民债权现状

如图7-4所示,2013年全国285户有债权的有效样本农户,债权总金额为2090.90万元,户均7.34万元。其中,中部农户债权总金额为840.98万元,高于东部的795.76万元和西部的454.16万元;户均金额方面,东部地区最高,且高于全国水平,具体为12.63万元,中部和西部户均金额均低于全国平均水平。

对2013年农户债权金额进行分组分析发现,债权金额分组整体上呈"V"字形,先下降后上升。具体来看,借出金额在"1万元以下"的农户比率最高,占比为35.79%;其次是"5万元以上",占比为21.75%;借出金额在"3万—4万元"的比重最低,占比为2.46%。(见表7-7)可见,农户债权以小额债权为主。

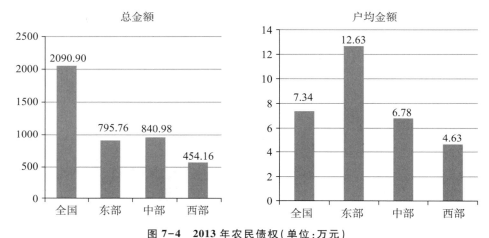

图7-4 2013年农民债权(单位:万元)

表7-7 2013年农户债权金额分组 (单位:户,%)

借入金额	样本	占比
1万元以下	102	35.79
1万—2万元	51	17.89
2万—3万元	41	14.39
3万—4万元	7	2.46
4万—5万元	22	7.72
5万元以上	62	21.75
合计	285	100

(二)债权变化趋势

从时间上看,农户债权总金额呈先降后升态势,2008年到2011年,从2641.07万元降至1037.77万元;2012年开始回升,至2013年达2090.90万元。户均金额变化趋势与总额变化趋势整体一致,变化节点上有所差别。具体来看户均借出金额,2008年至2010年逐年下降,从5.99万元下降到3.38万元;2011年至2013年逐年

上升,从 3.64 万元升至 7.34 万元。(见图 7-5)

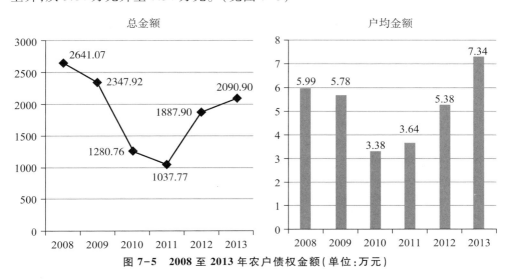

图 7-5　2008 至 2013 年农户债权金额(单位:万元)

考察不同地区农户借出金额分组情况,2009 年、2010 年、2011 年、2013 年的卡方值大于 0.05,说明这四年各地区之间的农户借出金额分层比率没有显著性差异,同时债权为 1 万元以下农户的占比均为西部地区最高。2008 年和 2012 年则差异明显。具体来看,2008 年,债权金额在 3 万元以下的农民占比东部低于中、西部地区,但在 3 万元以上的分组中东部地区农民占比均为最高,其中 5 万元以上的农户占比为 15.50%。2012 年各地区的分组情况更为复杂,且在 5 万元以上的农户占比最高的为中部地区,达 26.32%。(见表 7-8)综上,农户以小额规模债权为主,并集中在西部地区,大规模金额债权相对集中在东、中部地区。

表 7-8　2008 年至 2013 年不同地区农户债权金额分组　　　(单位:%,个)

年份	地区	1 万元以下	1 万—2 万元	2 万—3 万元	3 万—4 万元	4 万—5 万元	5 万元以上	合计
2008	东部	45.74	18.60	6.20	6.20	7.76	15.50	100(129)
	中部	50.28	15.08	11.17	6.15	3.91	13.41	100(179)
	西部	68.42	12.28	7.02	3.51	1.75	7.02	100(114)
2009	东部	41.94	16.94	8.06	5.65	7.25	20.16	100(124)
	中部	51.97	18.43	9.87	5.26	3.29	11.18	100(152)
	西部	53.08	18.46	6.92	4.62	1.54	15.38	100(130)

续表

年份	地区	1万元以下	1万—2万元	2万—3万元	3万—4万元	4万—5万元	5万元以上	合计
2010	东部	52.00	20.00	7.99	6.67	6.67	6.67	100(75)
	中部	43.66	17.61	9.15	7.75	6.34	15.49	100(142)
	西部	57.02	21.30	8.64	1.20	3.20	8.64	100(162)
2011	东部	35.62	21.92	16.44	5.48	9.58	10.96	100(73)
	中部	40.20	17.65	8.82	7.84	6.86	18.63	100(102)
	西部	49.09	26.37	8.18	4.55	6.36	5.45	100(110)
2012	东部	28.92	21.69	12.04	7.23	7.23	22.89	100(83)
	中部	32.89	15.13	12.50	4.61	8.55	26.32	100(152)
	西部	50.00	13.79	12.07	8.62	6.04	9.48	100(116)
2013	东部	30.16	17.46	20.63	3.18	7.94	20.63	100(63)
	中部	33.06	14.52	16.94	3.23	8.86	23.39	100(124)
	西部	42.86	22.45	7.14	1.02	6.12	20.41	100(98)

第二节 农民金融行为

上节对农村金融状况进行了整体分析,本节从农户的视角出发,基于借款行为与需求两个层面来反映现阶段农村金融活动。从借款途径考察农民金融行为发生对象与行为偏好,并通过发生率、利率、期限、类型、用途等方面对农民向正规金融服务机构贷款的经历进行全面分析,以期对农民的金融行为有充分完整的认知,为完善农村金融服务市场提供参考。

一、借款途径

从图7-6可以看出,农民平时主要从民间渠道借款,此占比达到86.65%,且其中83.64%的农民更愿意从亲戚朋友这一渠道获得资金,选择资金互助合作社、钱会或邀会、放贷者或"地下钱庄"及其他渠道的农民占比很少。还有13.35%的农户以银行、信用社等金融机构为主要的资金借贷渠道。可见,农村的借贷行为仍主要发生在熟人之间。

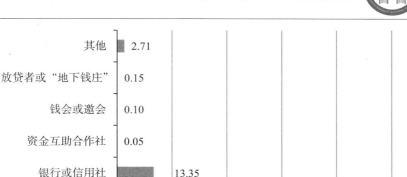

图 7-6　农户资金获取的主要渠道（单位:%）

分析金额需求对渠道选择的影响发现,随着借款规模分组从 1 万元以下增加到 5 万元及以上,以亲戚朋友为主要借入途径的农民占比依次减少,具体从82.61%降至 58.94%;主要从银行或信用社借入的农民占比则整体与之相反,占比从13.96% 增至 37.83%。（见表 7-9）可见,小额度借贷相对集中于亲戚朋友之间,大额度的借贷农民则倾向于银行或信用社。

表 7-9　2013 年农户不同资金借入规模下的主要渠道　　　　　　（单位:%）

借入金额	主要渠道					
	亲戚朋友	银行或信用社	资金互助合作社	钱会或邀会	放贷者或"地下钱庄"	其他
1 万元以下	82.61	13.96	0.00	0.23	0.23	2.97
1 万—2 万元	76.49	20.90	0.00	0.00	0.00	2.61
2 万—3 万元	65.07	33.49	0.00	0.00	0.00	1.44
3 万—4 万元	64.00	33.33	0.00	0.00	0.00	2.67
4 万—5 万元	59.20	37.81	0.50	0.00	0.00	2.49
5 万元以上	58.94	37.83	0.00	0.00	0.88	2.35

从不同途径借款资金的金额来看,如表 7-10 所示,以亲戚朋友为主要借入渠道的农户借款总金额为 4901.74 万元,从银行或信用社借款的总金额为 3370.66 万元,前者高于后者;但在户均借入金额上,后者高出前者 3.50 万元。由上可知,从银行或信用社借入的资金额度相对要高。

表 7-10　2013 年农户不同渠道下的借入金额　　（单位：万元，户）

主要渠道	总金额	户均金额	样本
亲戚朋友	4901.74	4.58	1070
银行或信用社	3370.66	8.08	417
资金合作社	5.00	5.00	1
钱会或邀会	1.00	1.00	1
放贷者或"地下钱庄"	28.30	7.08	4
其他	152.95	4.03	38

二、贷款发生率

考察农户家庭是否有从金融机构贷款的经历，发现农户家庭贷款率不足三成。至 2013 年，在 4044 个全国有效样本农户中，26.53% 的农户从银行或信用社借过款，73.47% 的样本农户则从未发生过此行为。（见图 7-7）数据进一步表明，正规金融机构还未成为农村的主要金融渠道。

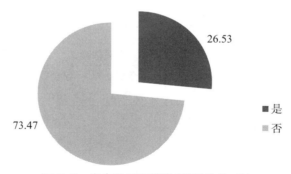

图 7-7　农户是否有借贷经历（单位：%）

就不同地区而言，东部、中部、西部农民家庭有贷款行为的占比依次为 17.89%、19.30% 和 44.55%。（见表 7-11）可见，西部农村家庭贷款率最高，中部次之，东部最低。这可能与不同区域的经济发展情况相关，东部地区经济发达，农村发展势头较好，农户家庭的贷款行为较少，西部地区发展滞后，农村经济发展不足，农户家庭的贷款行为普遍。

表 7-11　不同地区农户家庭是否存在贷款行为　　　　（单位：%）

地区分组	是	否	合计
东部	17.89	82.11	100(1129)
中部	19.30	80.70	100(1694)
西部	44.55	55.45	100(1221)

就不同生产经营类型而言,如图7-8所示,比重均不足三成,且各类家庭贷款发生率差异较小。具体相较而言,兼农业户从金融服务机构贷过款的占比最高,为27.88%;纯农业户次之,占比是27.40%;非农业户占比则最低,为21.68%。从卡方值来看,p值为0.051,大于0.05。由此可见,三类生产经营类型家庭贷款行为发生率无显著性差异。

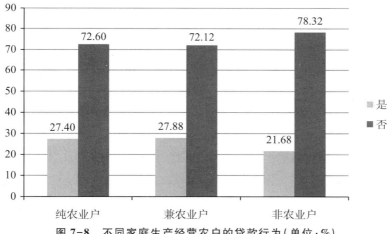

图 7-8　不同家庭生产经营农户的贷款行为(单位：%)

农户家庭人口负担主要以家庭在读学生和老人数来测量,人数越多,表示家庭人口负担越重。从在读学生来看,农户家庭没有在读学生时,贷款的占比为23.57%,在读学生数为1个、2个、3个及以上时,占比分别为26.84%、34.07%和43.53%。在读学生越多,农民贷款率越高。从老人数量来看,负担不同数量老年人家庭的贷款行为发生率呈正"U"形。有3个及以上老人、没有老年人负担的农户家庭贷款比重较高,占比为35%和31.07%;老年人数为1个、2个时,占比相对低,分别为27.72%和24.31%。(见表7-12)综上,农户家庭人口负担越重,农户家庭的贷款倾向性就越强。

表 7-12 不同人口负担家庭的贷款行为   (单位:%,个)

人口负担类型	数量	贷款行为 是	贷款行为 否	合计
学生负担	0	23.57	76.43	100(2113)
	1个	26.84	73.16	100(1237)
	2个	34.07	65.93	100(590)
	3个及以上	43.53	56.47	100(85)
老年人负担	0	31.07	68.93	100(1931)
	1个	27.72	72.28	100(736)
	2个	24.31	75.69	100(765)
	3个及以上	35.00	65.00	100(20)

三、贷款利率

从表 7-13 可以看出,在全国 923 个有效样本中,农户家庭贷款的平均年利率是 4.64%,贷款年利率众数为 9%。表 7-14 显示的则是 2013 年农村家庭贷款利率分组情况。数据显示,农户贷款年利率主要集中在 0.01%—2%,占比为 38.88%;6.01%—8%、8.01%—10%所占比率次高,分别为 19.48%和 16.08%;其他利率分组比率相对较低,均不足一成。由此可见,农户贷款年利率以 0.01%—2%为主,并呈现出中间利率低、两端高的现象。

表 7-13 农户贷款年利率   (单位:户,%)

均值	众数	中值	有效样本
4.64	9	4	923

表 7-14 农户贷款年利率分组   (单位:户,%)

贷款年利率分组	样本	占比
0	43	4.74
0.01%—2%	353	38.88
2.01%—4%	55	6.06
4.01%—6%	65	7.16
6.01%—8%	177	19.48
8.01%—10%	146	16.08
10%以上	89	7.60

在不同地区,年利率为0,即免息贷款时,西部农户的比重最高,占比为4.74%,中部农户次之,东部农户最低;年利率为10%以上时,东、中、西部农户占比呈递减趋势,东部农户的比重最高,占比为10.75%,西部农户最低。(见表7-15)综上可见,西部地区在免息贷款中拥有相对优势,而东部农户高额贷款利息占比高于西部农户。

表7-15 2013年不同地区农户贷款年利率 (单位:%,个)

地区	0	0.01%—2%	2.01%—4%	4.01%—6%	6.01%—8%	8.01%—10%	10%以上	合计
东部	1.69	45.76	7.91	6.78	16.38	10.73	10.75	100(177)
中部	3.35	40.89	8.18	5.20	15.61	18.22	8.55	100(199)
西部	4.74	38.88	6.06	7.16	19.49	16.08	7.59	100(344)

四、贷款期限

表7-16数据显示,在全国1029个有效样本中,样本农户户均贷款期限为2.57年,多数农民的贷款期限为1年,农户贷款时最长还款期限是30年,最短还款期是1年。表7-17为农民贷款期限分组,数据显示,贷款期限为1—2年时,所占比率最高,达50.99%,2—3年、3—4年、4年及以上三个数据段所占比率基本持平,不足两成。可见,农户倾向于短期贷款。

表7-16 农户贷款期限 (单位:年,户)

均值	众数	中值	极小值	极大值	有效样本
2.57	1	1	1	30	1029

表7-17 农户贷款期限分组 (单位:户,%)

贷款期限	样本	占比
1—2年	514	50.99
2—3年	169	16.77
3—4年	166	16.47
4年及以上	159	15.77
合计	1008	100

从不同地区来看,期限为 1—2 年时,东、中部农户占比高于西部,分别为 51.37% 和 55.71%;当期限在 4 年及以上时,占比分别为 21.31% 和 18.57%。西部农户贷款期限为 2—3 年、3—4 年,所占比率最高,分别为 19.02% 和 20.98%,领先东、中部。(见表 7-18)由此可见,东、中部农户偏好短期或者长期贷款,西部地区倾向于中期贷款。

表 7-18　不同地区农户贷款年限情况　　　　　　　　　　（单位:%,个）

地区分组	1—2 年	2—3 年	3—4 年	4 年及以上	合计
东部	51.37	16.94	10.38	21.31	100(183)
中部	55.71	13.02	12.70	18.57	100(315)
西部	46.27	19.02	20.98	13.73	100(510)

从不同贷款规模来看,期限为 1—2 年时,1 万元及以下、1 万—2 万贷款规模数据段比重高于其他贷款金额组,占比分别为 61.23% 和 53.67%;当期限为 2—3 年、3—4 年时,3 万—4 万元所占比率最高,均达 24.39%;5 万元以上贷款规模农户贷款周期较长,期限为 4 年以上的占比为 28.93%,同比高于其他贷款规模组。(见表 7-19)相较而言,小规模贷款倾向于短期贷款,中额贷款易选择中期贷款,大额贷款则偏好长期贷款。

表 7-19　不同贷款金额农户贷款期限　　　　　　　　　　（单位:%,个）

贷款金额分组	1—2 年	2—3 年	3—4 年	4 年及以上	合计
1 万元及以下	61.23	14.77	11.69	12.31	100(325)
1 万—2 万元	53.67	14.12	17.51	14.70	100(177)
2 万—3 万元	43.57	19.29	22.86	14.28	100(140)
3 万—4 万元	34.15	24.39	24.39	17.07	100(41)
4 万—5 万元	50.00	18.67	20.67	10.66	100(150)
5 万元以上	40.88	16.98	13.21	28.93	100(159)

根据表 7-20 可知,期限为 1—2 年时,纯农业户比重最高,达 62.92%;兼农业户贷款周期呈"点面"分布,1—2 年的占比最高,为 47.63%,其余周期组占比整体均衡;非农业户在 2—3 年、4 年及以上贷款周期同比高于纯、兼农业户,分别为 23.08% 和 17.31%。由此可见,纯农业户更倾向于短期贷款,兼农业户贷款周期以短期为主的同时,其他周期选择较为平衡,非农业户则易偏好中期、长期贷款。

表 7-20　不同农业生产经营类型家庭贷款期限　　　　　（单位:%,个）

生产经营类型	1—2 年	2—3 年	3—4 年	4 年及以上	合计
纯农业户	62.92	7.92	15.00	14.16	100(240)
工农兼业户	47.63	18.66	17.68	16.03	100(611)
非农业户	45.51	23.08	14.10	17.31	100(156)

不同收入层次家庭的贷款周期差异不明显,具体来看,期限为 1—2 年、3—4 年,低收入户组比重高于其他收入组,分别为 54.55% 和 20.13%;中等收入户组在贷款周期为 2—4 年时,比重均高于其他收入组;贷款期限为 4 年及以上时,基本随着收入的增加,比重逐渐增加。(见表 7-21)可见,不同收入层次农户贷款周期偏好基本相同,均集中在短期贷款。

表 7-21　2013 年不同收入水平农户贷款期限　　　　　（单位:%,个）

收入分组	1—2 年	2—3 年	3—4 年	4 年及以上	合计
低收入户	54.55	12.34	20.13	12.98	100(154)
中低收入户	54.12	15.98	13.92	15.98	100(134)
中等收入户	47.37	18.95	18.42	15.26	100(190)
中高收入户	46.36	18.64	17.27	17.73	100(220)
高收入户	53.01	16.87	14.06	16.06	100(249)

五、贷款类型

考察农民贷款类型,在 1089 个有效全国样本中,贷款类型为"小额信贷"的农户有 70.43%,"商业贷款"的农户有 16.99%,此外,"财政贴息贷款"和"扶贫贴息贷款"的农户的比重分别为 2.94% 和 4.32%。(见图 7-9)由上可知,小额信贷为农村贷款的主要方式,同时商业贷款行为也较多。

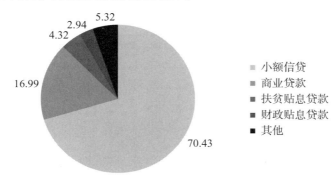

图 7-9　农民的贷款类型(单位:%)

如表 7-22 所示,从地区来看,各地区均以小额信贷及商业信贷为主。对比来看,贷款类型为小额信贷的中部农民占比最高,为 75.22%;在商业贷款上,东部地区占比最高,达 21.67%;扶贫贴息贷款、财政贴息贷款则主要集中在西部地区,占比分别为 6.35% 和 4.72%。由上可知,东部经济水平发达,经济需求量大,商业贷款较多,西部地区经济落后,享受到国家信贷优惠政策较多。

表 7-22　不同地区的贷款类型情况　　　　　　　　　　（单位:%,个）

地区	小额信贷	商业贷款	扶贫贴息贷款	财政贴息贷款	其他	合计
东部	69.46	21.67	1.48	1.48	5.91	100(203)
中部	75.22	16.71	2.69	0.90	4.48	100(335)
西部	67.88	15.43	6.35	4.72	5.62	100(551)

在 1089 个有效样本农户中,如表 7-23 所示,随着家庭收入水平增加,参与小额信贷的农民占比逐渐增加,低、中低收入水平农户均为 69.71%,高收入水平农民此占比最高,为 71.43%。同时,高收入水平农户商业贷款的占比是唯一达到两成以上的,为 20.68%,中高收入水平农户次之,为 17.72%。可见,农户家庭收入水平越高,选择商业贷款和小额信贷的比重越大;农户家庭收入水平越低,选择财政贴息贷款和扶贫贴息贷款比重越大。

表 7-23　不同家庭收入水平的贷款类型情况　　　　　　（单位:%,个）

收入水平	小额信贷	商业贷款	扶贫贴息贷款	财政贴息贷款	其他	合计
低收入户	69.71	12.00	7.43	4.57	6.29	100(175)
中低收入户	69.71	16.83	5.77	1.92	5.77	100(208)
中等收入户	70.15	15.42	5.47	5.47	3.49	100(201)
中高收入户	71.31	17.72	2.53	1.27	7.16	100(237)
高收入户	71.43	20.68	1.50	2.26	4.13	100(266)

家庭经营类型影响着农民的农业生产活动,影响其对资金的需求金额与需求程度。从表 7-24 数据可知,纯农业户和工农兼业户选择小额信贷的比重相对于非农业户要高些,分别为 71.81% 和 71.75%,非农业户为 62.87%。但非农业户选择商业贷款的比重在三类型农户中最高,为 29.34%,分别高出纯农业户、工农兼业户近十五个百分点。这说明,非农业户对商业贷款需求更高。

表 7-24　不同家庭经营类型的贷款类型情况　　（单位：%，个）

家庭经营类型	商业贷款	小额信贷	扶贫贴息贷款	财政贴息贷款	其他	合计
纯农业户	14.67	71.81	6.18	1.54	5.80	100(259)
工农兼业户	14.80	71.75	3.93	4.08	5.43	100(662)
非农业户	29.34	62.87	2.99	0.60	4.20	100(167)

六、贷款用途

调研数据显示，农户获得贷款资金后主要用于"重大家庭支出"和"补贴生活开销"的比重分别为34.60%和4.54%，合计为39.14%；用于发展"农业生产"和"做生意"的占比分别为32.24%和16.08%，共48.32%；此外，还有1.27%的农户贷款用于"还债"。（见图7-10）由此可见，更多的农户将贷款资金用于经济经营活动。

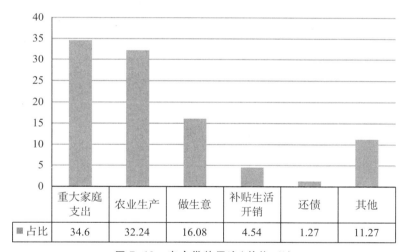

图 7-10　农户贷款用途（单位：%）

从地区来看，东部、西部地区农民贷款用途占比前两位均为"重大家庭支出""农业生产"，分别是34.48%和30.05%及39.64%和28.11%；中部地区农民贷款用途中占比最高的为"农业生产"，"重大家庭支出"次之，分别是40.23%和26.53%。同时，"做生意"为所有地区不少农民贷款用途的选择，占比从低到高分别为10.99%（西部）、19.53%（中部）、24.14%（东部）。（见表7-25）综上可知，经济落后的西部地区农民贷款更多的是用于生活消费，东部、中部地区集中于家庭生产经营。

表 7-25　不同地区的农户贷款用途情况　　　　　　　　（单位：%，个）

地区	重大家庭支出	补贴生活开销	农业生产	做生意	还债	其他	合计
东部	34.48	1.97	30.05	24.14	0.99	8.37	100(203)
中部	26.53	2.62	40.23	19.53	0.87	10.22	100(343)
西部	39.64	6.67	28.11	10.99	1.62	12.97	100(555)

由表 7-26 可知，家庭收入水平与农民贷款用于"重大家庭支出"和"补贴生活开销"的占比基本呈负相关关系，占比最低的均为高收入水平农民，分别为 22.93% 和 3.38%。另一方面，随着生活水平提高，农民贷款"做生意"的占比也越高，即高收入水平户占比最高，为 26.69%，在贷款发展"农业生产"上，高收入水平家庭占比也是最高，为 39.10%，占比和达 65.79%。可见，收入水平越低，农户贷款多用于生活消费，收入水平越高，贷款资金用于生产经营的更多。

表 7-26　不同家庭收入水平农户的贷款用途　　　　　　（单位：%，个）

收入水平	重大家庭支出	补贴生活开销	农业生产	做生意	还债	其他	合计
低收入户	36.67	6.67	32.78	6.67	1.67	15.54	100(180)
中低收入户	40.85	4.69	30.99	8.45	0.94	14.08	100(213)
中等收入户	38.61	3.96	31.19	14.85	1.98	9.41	100(202)
中高收入户	37.39	4.20	26.05	19.33	1.26	11.77	100(238)
高收入户	22.93	3.38	39.10	26.69	0.75	7.15	100(266)

在 1100 个有效贷款农户样本中，完全从事农业生产的农户家庭，51.89% 贷款为发展"农业生产"，分别比工农兼业户、非农业户高出 22.40% 和 39.99%。贷款用于"重大家庭支出"和"补贴生活开销"占比之和最高的为非农业户，达 48.22%，工农兼业户次之，纯农业户最低。贷款"做生意"的农民占比由高至低也依次为非农业户、工农兼业户、纯农业户，占比最高的非农业户为 29.17%，比纯农业户多一成多。（见表 7-27）由上可知，以农业为主要经营方式的农户贷款资金用于发展农业生产，非农业户则主要用于重大家庭支出和做生意。

表 7-27　不同家庭经营方式的农户贷款用途情况　　　　（单位：%，个）

生产方式	重大家庭支出	补贴生活开销	农业生产	做生意	还债	其他	合计
纯农业户	20.83	6.06	51.89	8.71	1.14	11.37	100(264)
工农兼业户	38.62	3.14	29.49	15.72	1.20	11.83	100(668)
非农业户	40.48	7.74	11.90	29.17	1.79	8.92	100(168)

七、贷款意愿

调查显示,在 4104 个有效农户样本中,47.45% 的农户表示对贷款"没有需要",占比最高;选择"不太需要"的比重次之,为 24.34%,两者占比和达 71.79%;8.94% 的农户表示需求"一般";表示"非常需要""比较需要"的农民占比分别为 5.97% 和 13.30%,两者之和为 19.27%。(见表 7-28)数据表明,不到两成农民有向金融机构借款的需求。

表 7-28 农户的贷款需求   （单位:%,个）

贷款需求	样本	占比
非常需要	245	5.97
比较需要	546	13.30
一般	367	8.94
不太需要	999	24.34
没有需要	1947	47.45

农户贷款需求随东、中、西部地区依次上升。具体从表 7-29 可看出,西部地区选择"非常需要""比较需要"的占比分别为 12.11% 和 16.59%,均高于东、中部地区;选择"不太需要""没有需要"的西部地区农户所占比重则均为最低,分别为 20.16% 和 40.08%。由此可见,贷款需求高低按地区排列依次为西部地区最高,中部地区次之,东部地区最低。

表 7-29 不同地区的农户贷款需求   （单位:%,个）

地区	非常需要	比较需要	一般	不太需要	没有需要	合计
东部	2.85	9.76	8.55	27.55	51.29	100(1158)
中部	3.67	13.34	7.69	25.17	50.13	100(1716)
西部	12.11	16.59	11.06	20.16	40.08	100(1230)

如表 7-30 所示,在 4097 个有效样本中,家庭收入处于不同水平的农户对贷款"非常需要"和"比较需要"的占比之和均在两成左右,且相差不大。其中占比最高的为高收入户(21.33%),占比最低的是低收入户(18.15%),两者相差 3.18%。同时,卡方检验结果 p 值为 0.469,大于 0.05。数据表明,不同收入水平家庭对贷款的

需求没有显著性差异。

表 7-30 不同家庭收入水平的农户贷款需求情况 （单位:%,个）

家庭收入水平	非常需要	比较需要	一般	不太需要	没有需要	合计
低收入户	5.65	12.50	9.25	21.75	50.85	100(832)
中低收入户	6.23	13.09	10.22	24.44	46.02	100(802)
中等收入户	6.37	12.25	8.70	23.65	49.03	100(816)
中高收入户	5.11	13.63	8.88	26.64	45.74	100(822)
高收入户	6.42	14.91	7.76	25.21	45.70	100(825)

考察家庭生产经营方式对农户贷款需求的影响,在 4075 个有效样本中,选择"非常需要"和"比较需要"的农户,纯农业户所占比重均为最高,分别是 6.58% 和 14.94%,占比和为 21.52%,分别比工农兼业户、非农业户此占比和高出 2.07% 和 4.93%。同时,对贷款完全"没有需要"的非农业户占比达到 54.80%,比占比最低的纯农业户高出 11.77%。(见表 7-31)因而,非农业户贷款需求低于纯农业户和工农兼业户。

表 7-31 不同家庭经营类型的农户贷款需求 （单位:%,个）

家庭经营类型	非常需要	比较需要	一般	不太需要	没有需要	合计
纯农业户	6.58	14.94	11.27	24.18	43.03	100(790)
工农兼业户	5.76	13.69	8.93	25.14	46.48	100(2586)
非农业户	6.29	10.30	6.58	22.03	54.80	100(699)

考察家庭人口压力与贷款需求的关系,分别选取家庭中的"老人人口数"和"学生人口数"作为计量考核指标。就老人数量来说,由卡方值为 0.127,大于 0.05 可知,老人人口数对农民的贷款需求影响很小。就家庭学生数量来说,随着家庭学生数从 0、1 个、2 个增加至 3 个及以上,对贷款表示"非常需要"的农户比重依次是 4.28%、5.64%、11.64% 和 11.49%;表示"比较需要"的农户占比同此趋势,最高的为有 2 个在读子女农户,为 16.72%。(见表 7-32)由以上分析可得,家庭学生人口与贷款需要整体呈正相关关系。

表 7-32　不同家庭人口的农户贷款需求情况　　　　（单位:%,个）

	人口数	非常需要	比较需要	一般	不太需要	没有需要	合计
老人数	0	6.77	15.20	10.09	24.10	43.84	100(2112)
	1个	6.12	13.19	8.24	25.32	47.13	100(849)
	2个	6.04	12.58	7.80	25.78	47.80	100(795)
	3个及以上	4.76	14.29	9.52	4.76	66.67	100(21)
	合计	6.46	14.19	9.19	24.62	45.54	100(3777)
学生数	0	4.28	10.93	8.37	24.28	52.14	100(2150)
	1个	5.64	15.54	9.34	25.68	43.80	100(1242)
	2个	11.64	16.72	10.33	21.15	40.16	100(610)
	3个及以上	11.49	16.09	9.20	27.59	35.63	100(87)
	合计	5.94	13.30	8.98	24.31	47.47	100(4089)

第三节　金融机构服务

农村金融服务既是体现农民金融需求的一个方面,同时也是考察农民借贷行为的一个外在标准。同时,由上节分析可知,金融机构还未成为农民借贷的主要选择,但农村仍有大量金融资金来自金融机构。为此,本节从农村金融服务机构建设、农村金融服务问题所在、农民对金融服务评价三方面来分析农村金融机构发展的困难。

一、农村金融服务机构建设

农村金融设施的服务状况如何,可以通过农户与最近的金融服务机构的距离反映出来。在对 4091 个有效样本的调查中发现,农户与最近的银行或信用社的距离在"2 公里以内"的比重为 38.50%,距离在"2—4 公里""4—6 公里""6—8 公里"的比重分别为 20%、14.98% 和 8.43%,还有 18.09% 的农户与最近的银行或信用社的距离在"8 公里以上"。(见图 7-11)可见,近六成农民与最近的金融服务机构的距离不超过 4 公里,金融机构对农民提供服务较为便利。

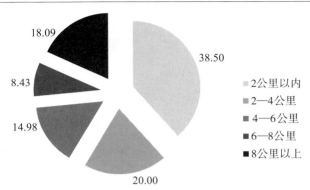

图 7-11 农户与最近的金融机构的距离(单位:%)

同时,从对农户的具体采访发现,目前农民对于在金融机构办业务便利度的认可水平比较高。具体如表 7-33 所示,在全国 4116 个有效样本中,认为在银行或信用社办理业务"非常方便""比较方便"的占比分别为 22.31% 和 45.64%,占比和为 67.95%;认为从银行或信用社存取款"不太方便"和"很不方便"的比重和为 15.51%。可见,近七成农民认可金融机构办业务的便利性。

表 7-33　农民对银行或信用社存取款的方便度评价　　(单位:户,%)

方便程度	有效样本数	占比
非常方便	932	22.31
比较方便	1890	45.64
一般	691	16.54
不太方便	489	12.28
很不方便	114	3.23
合计	4116	100

二、农民金融服务困难

如图 7-12 所示,在 3758 个有效样本中,897 户农民认为农村贷款存在的最大困难是"手续太复杂",所占比重最高,占比为 21.72%;第二大困难是"没有资产抵押",占比为 18.91%;困难为"利息太高""金融机构不贷""贷款金额不够用"的占比分别为 16.48%、13.98% 和 5.64%;还有 12.96% 的农民表示"不存在困难"。由此可见,农村贷款存在多重困难,最主要的困难在于手续办理方面。

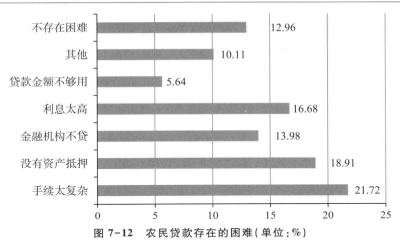

图 7-12 农民贷款存在的困难（单位：%）

根据表 7-34 可知，对于东部、中部农民来说，"手续太复杂"是其贷款的主要困难，占比分别为 27.13% 和 26.27%，主要困难为"没有资产抵押"的占比次之，分别是 21.89% 和 20.72%；西部地区农民贷款中遇到最多的困难为"没有资产抵押"，其次是"利息太高"，具体分别为 20.62% 和 20.28%。可见，西部地区农民相对贫困，贷款困难更多的是缺少资产以及承担不起过高的利息，东部、中部则为手续服务以及贷款资产。

表 7-34　不同地区农民的贷款困难　　　　　　　　　　（单位：%，个）

地区	哪些困难							合计
	手续太复杂	没有资产抵押	金融机构不贷	利息太高	贷款金额不够用	其他	不存在困难	
东部	27.13	21.89	13.10	13.38	1.59	9.44	13.47	100(1069)
中部	26.27	20.72	17.97	11.57	2.35	12.88	8.24	100(1530)
西部	17.69	20.62	14.58	20.28	4.23	10	12.60	100(1159)

从表 7-35 可知，卡方值小于 0.05，即收入水平与农民认为的贷款困难的相关性显著。具体而言，"手续太复杂"基本是所有不同收入农户家庭贷款的最主要困难，占比都在两成以上。困难为"没有资产抵押""金融机构不贷"的农民主要集中于收入水平偏低家庭，其中收入水平为"中等""中低"的农户两大困难占比和分别为 37.55% 和 37.10%，均比"高"收入水平家庭高 7 个百分点。同时表示贷款"不够用"的"高"收入水平家庭占比最高，为 4.53%，其他家庭均不足 3 个百分点，且 15.01% 的"高"收入水平农户贷款"不存在困难"，占比也是最高的。总体而言，家

庭经济基础差的农户贷款中的困难更多的是"贷不到"及"贷不起"。

表 7-35 不同家庭收入水平农民的贷款困难 （单位:%,个）

家庭收 入水平	哪些困难							合计
	手续 太复杂	没有资产 抵押	金融机 构不贷	利息 太高	贷款金额 不够用	其他	不存在 困难	
低收入户	21.90	22.86	17.41	13.33	2.04	13.48	8.98	100(735)
中低收入户	21.51	19.76	17.34	15.99	2.15	12.77	10.48	100(744)
中等收入户	25.03	20.59	16.96	14.13	2.56	10.64	10.09	100(743)
中高收入户	24.54	22.43	15.30	15.17	2.24	9.63	10.69	100(758)
高收入户	26.13	19.40	11.00	15.14	4.53	8.79	15.01	100(773)

从横向比较来看,务农的农民认为"手续太复杂"是贷款存在的最大困难,占比为23.41%,务工的农民认为"没有资产抵押"是农村贷款存在的最大困难,占比为24.38%。纵向比较可知,认为"金融机构不贷"是贷款困难的考察中,务农的农民所占比重最高,为17.11%,务工的农民所占比重次高,为15.44%。（见表7-36）可见,务工农民对没有资产抵押就贷不了款表示出很大的担忧。

表 7-36 不同职业农民的贷款困难 （单位:%）

职业	哪些困难							合计
	手续 太复杂	没有资产 抵押	金融机 构不贷	利息 太高	贷款金额 不够用	其他	不存在 困难	
务农	23.41	21.04	17.11	14.62	2.58	10.86	10.38	100(2367)
务工	21.03	24.38	15.44	13.87	2.91	9.62	12.75	100(447)
教师	25.42	18.64	3.39	16.95	0.00	16.95	18.65	100(59)
个体户及私 营企业主	30.19	16.67	11.64	16.98	4.72	11.32	8.48	100(318)
管理者	28.69	23.11	10.76	15.94	2.79	13.15	5.56	100(251)
其他	21.57	19.28	14.05	13.40	1.96	11.76	17.98	100(306)

三、农民对金融机构服务的评价

调查数据显示,在3808个全国有效样本中,农民对于银行或信用社服务表示"比较满意"的比重为39.63%,占比最高;表示"非常满意"的占比为8.35%,两者占比和为 47.98%;对此表示"很不满意""不太满意"的占比和也有 16.86%;另外,还有 35.16% 的农民认为银行和信用社的存取款服务"一般"。(见图 7-13)可见,农民对银行和信用社的服务评价不高。

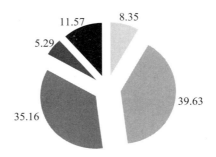

图 7-13 农民对银行或信用社服务的满意度(单位:%)

从地区来看,西部农民对农村金融机构表示"非常满意""比较满意"的比重分别为 11.73% 和 40.39%,共计 52.12%,分别比东部和中部农民高出 0.46% 和 8.45%。明确表示"不太满意""很不满意"的农户占比,最高的均为中部地区农民,占比和为 13.95%。(见表 7-37)数据分析表明,西部农民对金融机构的满意度更高。

表 7-37 不同地区农民对金融机构服务的满意度　　　　（单位:%,个）

地区	满意程度					合计
	非常满意	比较满意	一般	不太满意	很不满意	
东部	7.20	44.46	36.07	10.52	1.75	100(1084)
中部	5.88	37.79	42.38	11.11	2.84	100(1548)
西部	11.73	40.39	35.88	9.69	2.31	100(1176)

贷款类型不一样,对金融服务机构的评价也不同。从表 7-38 可以看出,获得扶贫贴息贷款的农民对金融机构服务表示"非常满意""比较满意"的比重分别为 6.38% 和 61.70%,占比和高达 68.08%;财政贴息贷款、商业贷款的农民此占比分别为最低和次低,具体为 46.88% 和 49.46%。同时,财政贴息贷款的农民表示"不太满意""很不满意"的占比和为最高,为 21.88%,商业贷款农民次之。可见,获得扶贫贴息贷款的农民对农村金融机构满意度最高,获得财政贴息贷款、商业贷款的农民满意度低。

表 7-38　选择不同贷款类型的农民对农村金融机构的满意程度　（单位:%,个）

贷款类型	满意程度					合计
	非常满意	比较满意	一般	不太满意	很不满意	
商业贷款	10.33	39.13	37.50	11.41	1.63	100(184)
小额信贷	12.27	48.04	27.02	11.10	1.57	100(766)
财政贴息贷款	12.50	34.38	31.24	9.38	12.50	100(32)
扶贫贴息贷款	6.38	61.70	25.54	6.38	0.00	100(47)
其他	10.29	45.59	35.30	5.88	2.94	100(68)

通过对 3798 个有效样本的考察发现,对农村金融机构的服务表示"非常满意"和"比较满意"的农民中,职业为"农村管理者"的农民的比重均为最高,分别有 12.99% 和 48.43%。对此表示"不太满意"和"很不满意"的农民中,"务工"农民有 14.09%,占比和最高。（见表 7-39）由上可知,农村管理者对农村金融机构的满意度最高,务工农民满意度最低。

表 7-39　不同职业的农民对农村金融机构的满意度　（单位:%,个）

职业	满意程度					合计
	非常满意	比较满意	一般	不太满意	很不满意	
务农	8.19	38.49	39.89	10.89	2.54	100(2406)
务工	6.49	45.64	33.78	12.30	1.79	100(447)
教师	4.84	46.77	37.10	6.45	4.84	100(62)
个体户及私营企业主	6.85	40.81	40.19	10.90	1.25	100(321)
农村管理者	12.99	48.43	28.74	6.69	3.15	100(254)
其他	7.14	40.58	42.54	7.79	1.95	100(308)

四、农民对金融机构服务的改善期盼

在 3744 个有效样本农户对贷款改善方面的作答中,1327 个农民认为最需要改善的是"放宽贷款条件",所占比重为 35.76%；其次,28.32% 的农民要求"降低贷款利率"；认为需要"加强贷款监管""缩减贷款手续""延长还款时间"的比重分别为 4.59%、16.42% 和 3.90%。（见表 7-40）根据数据分析可知,降低贷款门槛、降低贷款利率是农民最期待改善的内容。

表 7-40　农户对银行贷款的改善期盼　　　　　　　　　（单位:%,个）

改善方面	有效样本数	占比
放宽贷款条件	1327	35.76
降低贷款利率	1058	28.32
缩减贷款手续	678	16.42
延长还款时间	163	3.90
加强贷款监管	58	4.59
其他	460	11.01
合计	3744	100

从地区来看,东部、中部地区的农民均最需"放宽贷款条件",所占的比重分别为32.71%和39.44%。在西部地区的农民看来,目前贷款方面最需要的是"降低贷款利率",所占比重为33.13%,期盼"放宽贷款条件"的占比也达到32.70%。同时,在最需要"缩减贷款手续"方面,东部地区的占比最高,为20.65%,中部次之,西部最低。(见表7-41)不同地区的农户对改善银行贷款服务的需求不一。

表 7-41　不同地区的农民对银行贷款的期盼　　　　　　　（单位:%,个）

地区	改善方面						合计
	放宽贷款条件	降低贷款利率	缩减贷款手续	延长还款时间	加强贷款监管	其他	
东部	32.71	28.97	20.65	4.11	1.50	12.06	100(1070)
中部	39.44	24.08	18.64	3.41	1.38	13.05	100(1524)
西部	32.70	33.13	15.04	5.83	1.83	11.47	100(1150)

正如表7-42所示,选择不同贷款类型的农民,对金融机构贷款改善的需求有同有异。相同方面,所有贷款类型的农民都最希望"降低贷款利率",在所有需要改善的措施中,占比都为最高,均在三成以上。不同方面,期待"放宽贷款条件"的"商业贷款"农民所占比重均低于其他贷款类型,占比为23.46%,而其他类型的占比均高于三成,但在"缩减贷款手续"上,占比最高,为25.70%。可见,不同贷款类型的农民,对贷款改善的需求不一样。

表 7-42　不同贷款类型的农民对银行贷款改善的期盼　　　　　　（单位:%）

贷款类型	改善方面						合计
	放宽贷款条件	降低贷款利率	缩减贷款手续	延长还款时间	加强贷款监管	其他	
商业贷款	23.46	37.43	25.70	6.15	1.12	6.14	100(179)
小额信贷	32.46	32.98	17.28	8.12	1.05	8.11	100(764)
财政贷款	34.38	34.38	21.88	3.13	3.13	3.10	100(32)
扶贫贷款	30.43	39.13	6.52	6.52	0	17.40	100(46)
其他	34.33	35.37	20.90	4.48	1.49	13.43	100(67)

针对 3734 个有效样本的调查发现,农民职业与期许改善贷款的认知之间的相关性不显著,卡方值为 0.134,大于 0.05。具体分析,职业为"务农""务工""个体户及私营企业主"以及"农村管理者"的农民均认为目前贷款方面最需要"放宽贷款条件",所占比重均为三成多;其次是需要"降低贷款利率",占比分别为 28.38%、28.70%、27.85% 和 28.63%,其中,务农和务工的占比最为接近。(见表 7-43)可见,农民职业对期望改善贷款的影响甚小。

表 7-43　不同职业农民对银行贷款的改善期盼　　　　　　（单位:%）

职业	改善方面						合计
	放宽贷款条件	降低贷款利率	缩减贷款手续	延长还款时间	加强贷款监管	其他	
务农	35.66	28.38	18.21	4.36	1.52	11.87	100(2361)
务工	35.87	28.70	16.82	3.81	1.57	13.23	100(446)
教师	23.73	37.29	23.73	1.69	1.69	11.87	100(59)
个体户及私营企业主	39.56	27.85	18.04	3.16	0.63	10.76	100(316)
农村管理者	32.26	28.63	22.98	5.65	2.02	8.46	100(248)
其他	33.88	25.66	14.80	5.92	1.97	17.77	100(304)

第四节 结论及建议

目前,农村正规金融渠道单一、服务有限,无法满足农民的金融需求。而且在法律约束缺乏和监管不力的情况下,非法的民间借贷行为冲击着金融市场秩序。为此,应当通过扶持农村内生性金融需求、完善外部的金融服务功能以及加强立法和监管,引导民间金融借贷的规范化,推动农村金融有序发展。

一、合理引导,激活农村市场内生金融需求

(1)激发农村内生金融需求。一是摸清农村金融市场的需求。通过定期调查、归档整理来收集农户需求信息,了解农民金融需求真实情况。二是集中整合农民零散的内生金融需求,可按照生产类和非生产类来划分农户内生金融需求,并加以整合,实现需求市场的规范化。三是通过信息公开手段,使农民内部金融需求实现公开透明,促其转向正规的金融借贷渠道。

(2)发挥国家财政补贴的推动作用。大力提升农村内生性发展动力,真正释放农村真实有效的信贷需求。在继续实行惠农政策的同时,要有针对性地鼓励劳动力转移和土地相对集中经营,稳步提高农业综合生产能力及可持续发展能力。同时,在农村发展方式转变上,国家财政应更加偏重于对农村社会经济发展目标的调整,辅之以一系列增加农民收入的产业发展、市场支持、技术援助等相关政策的配套跟进,从而实现金融与经济配合运行和相互促进的联合发展。

(3)适当引导民间非正规金融组织。培育农村基于本土环境的金融力量,发挥其辅助作用,是有效解决民间借贷需求的途径。一是对于条件不够成熟的地区,可以扶持可信度高、业务熟练的民间借贷中间人,鼓励其转向专业化的农村资金互助组。二是认可多种形式的非正规金融组织形式,如农村合作基金会、资金互助组、农村借贷帮扶小组,甚至是股份制的农村金融机构等。三是鼓励非正规金融组织整合优势资源,充分利用非正规金融组织所拥有的信息、对抵押物的可接受性等优势,成立中介公司,提供信用担保、贷款服务等工作。

二、完善服务,推动农村金融市场加速发展

(1)丰富产品服务,满足农村多元需求。针对农村资金需求日益多样化的实际,需要提供多种类型的金融产品和服务。首先,丰富金融产品,可通过"农民住房贷款""土地承包经营权抵押贷款""村级产业发展互助基金担保+农业信贷+政府贴息"等方式,解决农民贷款难和银行难放贷的问题。其次,完善金融服务的担保

机制,可引入商业性保险提供贷款保证,通过"信贷+保险"模式将新型农业经营主体的生产活动向保险公司投保。最后,开拓定向借贷业务,定期对农户需求进行分类,并根据农民不同需求层次,进行不同的业务分类。

(2)健全功能服务,提升金融服务水平。其一,扩大农村金融服务网点的覆盖面积。农村信用社可立足于城郊结合部,合理安排农村金融服务网点密度。在适合条件的农村,银行可将部分借贷业务委托给村级便民服务中心,或者在每村指定委托人专做村内借贷业务。其二,借力信息技术。利用信息技术将需要到网点办理的业务转移到手机和电脑上,减少业务办理的中间渠道,方便农户选择和办理金融借贷业务。其三,服务方式多元灵活。加快结算渠道和通汇能力建设,按照实际情况选择灵活办公的方式,对于无条件设置营业机构的地区,在春耕和收购等农忙时节,可以与当地村委会联系,到乡村现场办公。

三、加强监管,保障农村金融市场有序发展

(1)完善法律。当前,有关农村金融借贷的法律主要分散在《民法通则》《合同法》以及《最高人民法院关于人民法院审理借贷案件的若干意见》等法律条文中,不能够适应当前农村金融借贷的发展需要,制定适应其规范发展的农村民间借贷法显得尤为重要。在法律制定中需明确民间借贷主体双方的权利义务、交易方式、契约要件、利率管制、税务征收、违约责任和权益保障等各项要求。以法律形式保护借贷双方的合法权益,引导民间借贷向规范、安全、守信、健康的方向发展。

(2)落实监督。加强对民间借贷的监管,着力在由谁监管和如何监管两方面。首先,解决民间借贷监管缺位的问题,可将监管落实到乡镇职能部门上,实行责任制监管。并可由乡镇职能部门作为借贷中间人,在协调借贷利率、双方还贷款方式等方面给予指导。其次,创新有效的监管方式。可参考金融机构的业务标准,从业务的登记受理,到审查批复,再到归档保存,形成完整的业务监管流程。还可建立客户信用风险识别、评价和处置机制,统一的农村资金互助社管理信息系统,将监管规定嵌入信息管理系统中,以此管控违规风险。

(3)严处非法。对于民间借贷行为,应当一分为二看待,既要肯定合法的民间借贷,同时应当严厉打击非法民间借贷。在严厉打击高利贷等非法民间借贷行为时,不能盲目一刀切,不能使合法的民间借贷受到影响。在操作中,一要严格按照法律标准来判定借贷行为是否违法,并通过法律公示和宣传来加强对农民的借贷相关法律的扫盲,以减少不知情的违法借贷行为。二是应当尊重农民的借贷需求,教育多于严惩,对于非主动犯罪的非法民间借贷,在情节不严重的情况下,应当注重警示和教育。三是严厉打击高利贷行为,严惩涉及刑事犯罪的人员。

调查报告

第八章 家庭农场发展的喜与忧*

——基于河南省舞钢市家庭农场的实地调查

2013年中央一号文件《关于加快发展现代农业 进一步增强农村发展活力的若干意见》提出，鼓励和支持承包土地向专业大户、家庭农场、农民合作社等新型经营主体流转。"家庭农场"这一概念首次出现在中央一号文件中。河南是全国的农业大省，也是第一粮食生产大省。近年来，河南省农业发展面临着农民种粮积极性不高、老龄化、土地利用效率低、抗风险能力差等突出问题。事实上，早在家庭农场这一说法明确提出之前，河南省为了化解现实中出现的人地矛盾，许多地区早已零星出现了种植大户、养殖大户等多种形式的家庭农场的"雏形"，舞钢市便是河南省最早的尝试者之一。

舞钢市位于河南省中南部，地处伏牛山东部余脉和黄淮平原交汇处，总面积645.7平方公里。地形地貌可分为平原、丘陵和山地三种基本类型：其中平原面积201.4平方公里，占总面积的31.2%；丘陵岗地面积370.6平方公里，占总面积的57.4%；山地面积73.6平方公里，占总面积的11.4%。舞钢素有"六山一水三分田"之称。全市人均占有耕地1.5亩，每户耕地面积则小到五六分，大到七八亩不等，土地细碎化严重。2006年，舞钢市在全国率先推行土地流转政策，出台了"集中连片流转土地500亩的市财政给予补贴扶持"的"招商种地"政策。并于2009年8月提出了"农民向城镇集中、土地向经营大户集中"的"两集中"战略举措。这些措施的实施，不仅为农业规模化和集约化经营提供了必要的土地资源，也为农村种植大户的茁壮成长提供了坚实基础，种植大户纷纷涌现。现今，在中央一号文件和河南三号文件《中共河南省委、河南省人民政府关于加快发展现代农业 进一步增强农村发展活力的实施意见》关于建立家庭农场等新型农业生产主体的政策支持下，河南省舞钢市进行了更加深入的探索和实践，在家庭农场方面已经进入了初步发展

---

* 本章作者为张茜、魏晨，华中师范大学中国农村研究院博士研究生。

阶段。然而,舞钢在取得了一定成效的同时,也面临一系列亟待破解的问题。

第一节 舞钢市家庭农场发展现状

舞钢市家庭农场发展时间虽然不长,但有长期推动土地流转和培育种植大户的基础。同时,众多在城市中已发家致富的农民以返乡创业的模式重新走上农业经营的道路,也构成了家庭农场发展过程中的一道奇特风景。因此,舞钢在家庭农场的发展过程中并没有囿于一种形式,不仅类型多样、规模各异,特点更是鲜明。

一、家庭农场的类型

当前舞钢市家庭农场的类型按照经营业务来划分,包括种植型、养殖型、种养结合型和服务型四类;按照运作模式来划分则包括个人独资型、股份合作型、农业公司带动型三类。下面选取其中发展相对成熟的若干个农场进行列举。

(1)按照经营业务来划分

种植型家庭农场是指专门从事农作物种植的家庭农场。若再细分,则种植型农场又可分为粮食作物种植型、经济作物种植型和粮食作物与经济作物复合种植型。18个农场中,田园家庭农场单纯以种植粮食作物为主,其流转的510亩土地,每年种植一季小麦和一季玉米,属于典型的粮食种植型家庭农场;朝阳家庭农场则单纯以种植经济作物(果树)为主,其流转的560亩土地,全部种植果树,属于典型的经济作物种植型家庭农场。富民、田甜、丰瑞源、世纪丰禾和神兴家庭农场则属于典型的粮经复合型家庭农场。(见表8-1)

表8-1 2012年舞钢市粮经复合型家庭农场种植结构　　　　(单位:亩)

家庭农场	小麦	玉米	烟叶	红薯	葡萄	蔬菜	葛根
富民家庭农场	250	250	850	0	0	0	0
田甜家庭农场	430	430	0	0	0	80	0
丰瑞源家庭农场	192	192	0	0	128	0	0
世纪丰禾家庭农场	100	50	0	0	0	0	60
神兴家庭农场	140	70	0	67	33	0	0

考虑到专门从事养殖的家庭农场会对环境产生较大影响,舞钢市对这类家庭农场的注册持谨慎态度,严格的环评手续是注册家庭农场的第一道门槛。因此,目前已经注册的家庭农场以种植型为主。对于接下来家庭农场的发展,舞钢市也准

备将专门从事养殖的农场列入扶持鼓励的范围。许多大型养殖户早已跃跃欲试,如润农养殖专业合作社作为舞钢市下一步要注册的养殖型家庭农场之一,目前共流转土地30亩,流转堰塘80亩,建有700头繁育羊养殖规模的大型羊舍和80亩鱼塘,专门从事繁育羊和食用鱼的养殖,其环评手续正在办理当中。

种养结合型家庭农场是指同时以农作物种植和少量养殖为主的家庭农场,这类农场大部分采取的是生态立体种养结合的经营模式,如在果林下养殖鸭子、鹅,以家禽粪便作为果林的天然肥料;再如在藕塘中套养泥鳅,既充分利用空间又提高了收益。海润宝联合家庭农场、缘景园家庭农场和颐心园家庭农场均为种养结合型家庭农场的典型。(见表8-2)

表8-2 2012年舞钢市种养结合型家庭农场种养结构

海润宝联合家庭农场	小麦	玉米	花生	晚秋黄梨	核桃	烟叶	小白瓜	猪	鹅
	100亩	100亩	140亩	100亩	80亩	260亩	20亩	360头	500只
颐心园家庭农场	玉米	红薯	大豆	国槐	白蜡	百日红	泡桐	葡萄	鱼塘
	40亩	30亩	80亩	50亩	30亩	5亩	15亩	20亩	30亩
缘景园家庭农场	杨树	核桃树	柏树	桐树	米来香	血参	蛇干	莲藕	泥鳅(莲藕池养殖)
	210亩	30亩	10亩	120亩	50亩	20亩	50亩	20亩	20亩

服务型家庭农场是指有偿提供农机具、农业技术指导服务和生态旅游休闲服务的家庭农场,主要有三家:誉森农机专业合作社属于舞钢市农办下一步要注册成立的家庭农场之一,目前拥有大中小型农机具80多台套,拥有丰富的葡萄种植管理经验和先进的技术,以有偿提供农机具服务和葡萄种植指导服务为主,属于农机和农业技术服务型家庭农场;丰瑞源家庭农场采取"公司+家庭农场"的运作模式,在河南丰瑞农业公司的带领下,正朝着葡萄采摘型的生态观光农业方向发展;神兴家庭农场建有占地3亩的草莓采摘园和占地33亩的果园,属于典型的生态旅游服务型家庭农场。

表8-3 舞钢市部分家庭农场按照经营业务来划分

种植型家庭农场			养殖型家庭农场	种养结合型家庭农场	服务型家庭农场
粮食作物	经济作物	粮经复合	润农	海润宝、缘景园、颐心园	誉森、神兴、丰瑞源
田园	朝阳	富民、田甜、世纪丰禾等			

(2) 按照运作模式来划分

舞钢市家庭农场按照运作模式来划分,主要有个人独资型、股份合作型和企业带动型三种。

个人独资型家庭农场是指完全由农场主个人独立投资经营的农场。如海润宝、田园、富民、田甜、缘景园、朝阳、世纪丰禾和神兴等均为个人独资型家庭农场,该农场的所有资金投入均由农场主个人单独筹措。

股份合作型家庭农场是指农场资金投入由多个农户共同承担的农场,属于"一场多主"类型。颐心园和润农即属于股份合作型家庭农场。其中,颐心园家庭农场由2位股东按照5∶5的比例共同投资,润农家庭农场由3位股东按照股本等量的比例投资。

农业公司带动型家庭农场,主要采用农业公司通过其辐射效应带动家庭农场经营的模式,家庭农场负责初级生产,按照与农业公司的协议进行经营、生产、管理,同时可以利用农业公司的新技术,以及仓储、销售平台;农业公司则负责加工销售、打出品牌,以及对家庭农场专业生产的指导、服务等。丰瑞源家庭农场是这类农场的典型,它是在河南丰瑞农业公司的带动下,由农场主提供土地和劳动力,公司提供葡萄种苗、技术、资金和其他服务,合作双方按照一定的比例分享利润。

表 8-4 舞钢市部分家庭农场按照运作模式来划分

个人独资型家庭农场	股份合作型家庭农场	农业公司带动型家庭农场
海润宝、田园、富民、田甜、缘景园、朝阳、世纪丰禾、神兴	颐心园、润农	丰瑞源

二、家庭农场的规模

(1) 家庭农场流转土地面积

舞钢市现注册的18个农场流转土地平均规模为685亩,其中200亩以下的1家,占比5.56%;201—500亩的有2家,占比11.11%;500亩以上的有15家,占比83.33%。18家家庭农场共流转土地1.2331万亩,占舞钢市耕地总面积(33.2万亩)的3.71%。(见表8-5和图8-1)

表 8-5 舞钢市18家家庭农场流转土地面积分组　　　　　(单位:个,%)

流转土地面积	频数	占比
200亩及以下	1	5.56
201—500亩	2	11.11

续表

流转土地面积	频数	占比
501—1000 亩	9	50
1000 亩以上	6	33.33
合计	18	100

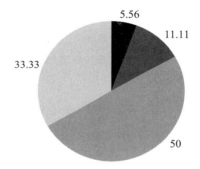

图 8-1　舞钢市 18 家家庭农场流转土地面积分组（单位：%）

（2）家庭农场注册资金

舞钢市已经注册的 18 家家庭农场中，注册资金在 50 万元以下的为 0，51 万—100 万元的有 8 家，占比为 44.44%；101 万—200 万元的有 5 家，占比为 27.78%；201 万—500 万元的为 2 家，占比为 11.11%；500 万元以上的为 3 家，占比为 16.67%。（见表 8-6 和图 8-2）

表 8-6　舞钢市 18 家家庭农场注册资金分组　　　　（单位：个，%）

注册资金	频数	占比
50 万元及以下	0	0
51 万—100 万元	8	44.44
101 万—200 万元	5	27.78
201 万—500 万元	2	11.11
500 万元以上	3	16.67
合计	18	100

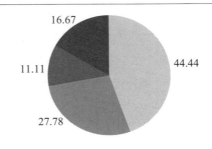

图 8-2 舞钢市 18 家家庭农场注册资金分组(单位:%)

（3）家庭农场常年雇工人数和季节性雇工人数

舞钢市已经注册的 18 家家庭农场中,常年雇工人数在 5 人及以下的为 7 家,在 6—10 人的为 5 家,在 11—15 人的为 3 家,在 15 人以上的为 3 家。常年雇工人数最多的为 27 人。季节性雇工,除富民家庭农场(种植了 850 亩烟叶,需要大量雇工)和誉森家庭农场(发展葡萄种植,雇工人数较多)一天的雇工人数达到 50 人以上外,其余家庭农场都在 15 人左右。(见表 8-7)

表 8-7　舞钢市部分家庭农场常年和季节性雇工(1 天内)人数　(单位:个,%)

常年雇工	频数	占比	季节性雇工	频数	占比
5 人及以下	7	38.89	5 人及以下	1	5.56
6—10 人	5	27.78	6—10 人	2	11.11
11—15 人	3	16.67	11—15 人	4	22.22
15 人以上	3	16.66	15 人以上	11	61.11
合计	18	100	合计	18	100

（4）家庭农场基础设施投入和农业机械投入

舞钢市已经注册的 18 家家庭农场中,基础设施投入在 10 万元及以下的为 4 家,在 11 万—50 万元的为 5 家,在 51 万—100 万元的 6 家,在 100 万元以上的为 3 家,基础设施投入基本维持在 100 万元以内。农业机械投入在 10 万元以下的为 5 家,在 11 万—50 万元的为 10 家,在 51 万—100 万元的为 2 家,在 100 万元以上的为 1 家,农业机械投入基本维持在 50 万元以内。

表 8-8　舞钢市部分家庭农场基础设施投入和农业机械投入　　（单位：个，%）

基础设施投入	频数	占比	农业机械投入	频数	占比
10 万元及以下	4	22.22	10 万元及以下	5	27.78
11 万—50 万元	5	27.78	11 万—50 万元	10	55.56
51 万—100 万元	6	33.33	51 万—100 万元	2	11.11
100 万元以上	3	16.67	100 万元以上	1	5.55
合计	18	100	合计	18	100

三、家庭农场的特点

（1）人员专业化

相对于分散农户种粮兼业化，家庭农场已经实现了种粮专业化。调查得知，家庭农场的经营和管理大部分是采用"以家庭成员为主，短期雇工为辅"的模式。在调查的 18 个家庭农场中，91.30% 的家庭劳动力主要参与农场的经营和管理。此外，在受访的 18 位家庭农场主中，年龄在 30—39 岁、40—49 岁、50—59 岁、60 岁以上的比例分别为 26.09%、52.17%、13.04% 和 8.70%，受教育水平依次为初中（39.13%）、高中中专及职业学校（52.17%）、大专及以上（8.70%）；政治面貌依次为群众（60.87%）、共产党员（34.78%）、其他（4.35%）。由此可见，家庭农场的出现不仅改变了分散农户种田兼业化、老龄化的现状，且大部分农场主具有较高的文化程度，一部分人做过村干部、懂管理、会经营。尚店镇的一位家庭农场主，说服读大学的儿子回村里开办家庭农场，他的儿子通过电视、网络、书刊等渠道获得了农药技术、养殖技术、病虫防治等技术，将农业科学技术灵活地运用到了家庭农场中，并在套种、养殖方面取得了可观的收益。

（2）经营规模化

舞钢市家庭农场的经营规模普遍较大，已经登记注册的 18 个家庭农场中，种植面积均在 200 亩以上，种植面积在 200—500 亩的有 5 家，占比 27.78%，种植面积在 500 亩以上的有 13 家，占比 72.22%。由于经营规模较大，家庭农场大多有 3—5 个长期雇工，农忙时候还会雇一些季节性的临时工，雇员的工资有技术工人和普通工人的差别。一般而言，长期雇工的工资平均为 1200 元/月，临时性普通雇工的费用平均为 40 元/天，技术工人的费用为 100 元/天。家庭农场的经营规模较大，经营范围也随之扩大，包括粮食作物、经济作物、经济林木、畜牧养殖等。据尚店镇一位家庭农场主介绍，相对于分散的农户而言，家庭农场种植粮食的最大优势在于实现了土地资源的集中整合,缓解了劳动力不足的压力,便于进行精耕细作,同时有利于充分发挥土地的生产效益,实现规模效益。

(3) 管理科学化

通过适度的土地流转,实现了集中连片种植和规模化经营。从舞钢的实践看,家庭农场在规模化种植的基础上,大大地提高了科学化种植水平。为了支持家庭农场的发展,舞钢市农业局定期组织专门的技术人员到田间地头进行农业科技指导,并对农场主进行农业科技培训,传授培育优质高产良种、科学播种、科学施肥、病虫害统防统治等种田的关键技术。舞钢市家庭农场的发展还处于探索阶段,但是农场主对于农场的科学管理已经达成一种共识。尹集镇的一位农场主介绍说,计划利用现代科学技术打造有机农业,利用互联网、物流、电子商务等现代科学技术实现产品销售渠道的多元化。这说明,规模化经营的同时,科学化管理成为一种必然的发展趋势。

(4) 交易市场化

家庭农场在一定程度上可以说是以专业批发市场为载体的,舞钢市家庭农场目前主要采用"市场+农户""农业公司+农户"的发展模式。在这种模式中,农业公司或市场经纪人一头连着市场,一头连着农户。这种模式的特点是,农场完全按照市场的供求状况来安排农业生产,由市场来确定产品交易价格。单个农场既可以直接将农产品销售给市场上的农业公司,也可以通过市场直接销售给经纪人,然后由农业公司或经纪人再销售给市场上的用户。农场与农业公司或经纪人之间的交易完全按市场价格进行,农场按市场供求生产,销售农产品给农业公司或经纪人。以专业市场或专业农业公司为依托,可以拓宽农产品流通和销售的渠道。分散的农户生产带有很大的随机性和盲目性,市场风险较大,交易成本也较高。因此,家庭农场的交易市场化在一定程度上也保障了农场的稳定收益。

第二节 家庭农场的潜在优势

家庭农场是目前中国农业发展过程中的必然选择。从调查的情况来看,家庭农场在规模效益、用工、经营方式、收益途径等多方面具有潜在优势,这不仅能有效促进农业经济的发展,也能有效推动农业商品化的发展。

一、规模效益优

家庭农场与种植大户、农业专业合作社以及农业公司都属于规模经营,只是规模大小不同。与小农户相比,家庭农场的规模效益主要体现在亩均生产成本低,商品化程度高,更注重农产品质量安全,高收益。

(1)亩均生产成本低

家庭农场相比于小农户,亩均生产成本投入较低。以海润宝联合家庭农场为例,小麦种植生产资料成本,家庭农场要比普通农户节省10元/亩(见表8-9和图8-3)。其中,农场主WDH讲到节省缘由:"一是因为经营规模大,属于大客户,是种子、化肥、农药等多种农业生产资料销售商竞争的对象,价格方面有主动减让,均可享受批发价格。二是大规模地使用机械,方便顺畅的操作,避免了小户之间的'照地标'麻烦等,能做到省事、省时、省油,机械主也喜欢这样的客户。"又如,朝阳家庭农场管理者WDX介绍说,因跟机械主关系较熟,又是老主顾,旋耕两遍加播种费用50元/亩,比普通农户可节省30元/亩。再看以"公司+家庭农场"模式经营的丰瑞源家庭农场,公司以葡萄苗和技术估价入股:按照传统方法培育的葡萄种苗,以10元/株作价入股;最新方法培育出来的种苗,以成本价45元/株入股(而市场单价80元/株,种苗一株成本可省35元)。可见,家庭农场相比较于小农,亩均生产成本有所减少。

表8-9 亩均小麦生产成本对比　　　　　　　　　　　　　　　　(单位:元)

	犁地加播种	机收	化肥	种子	农药	合计
农场费用	60	40	135	55	10	300
小农费用	70	60	165	60	12	367
农场节省	10	20	30	5	2	67

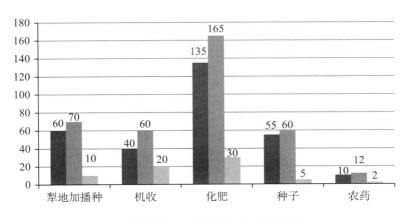

图8-3 亩均小麦生产成本对比(单位:元)

(2) 农产品商品化程度高

小农户的农产品有相当一部分是用于自家消费,若有剩余再以零散方式销售。而家庭农场能够大规模产出农产品,有批发商等直接上门收购,还提供相应的免费服务,作为市场主体,在市场中竞争,去追求更大的利润,商品化程度自然相应提高。

以富民、缘景园和朝阳三个家庭农场的部分产品为例(见表8-10),农产品的大规模生产本身追求商品化,即进入批发市场交易,而非小农户的"高自身消费占有"。家庭农场得益于大规模的种养经营模式,农产品的商品率得到大大的提高,转化而来的货币收入随之增加。

表8-10 三个家庭农场的部分农产品商品化情况

家庭农场	农产品	种养规模(亩)	销售总量(斤)	销售单价(元)
富民家庭农场	小麦	250	175 000	1.05
	玉米	250	200 000	1.1
缘景园家庭农场	泥鳅	20	110 000	18
	莲藕	20	100 000	1.6
朝阳家庭农场	桃子	40	84 000	2
	梨子	250—260	454 545	2.2—2.3

(3) 注重农产品质量安全

规模化带来商品化,商品化促进品牌化。家庭农场为了获取更多的利润,给自己的农产品增加更多的附加值以占有更多的市场份额,在农产品实现商品化之后,紧接着就考虑如何实现品牌化,所以尤其重视产品质量。在这一方面,舞钢的各个农场主可谓是"八仙过海,各显神通",将自己的产品定位在"有机""无公害"等比普通小农种植作物更高的档次上。

在"无公害、可视化"方面,田甜家庭农场可谓是走在了舞钢市家庭农场的前列:农场主WDW种植大棚蔬菜,在前期高薪聘请民间技术人员,在培育、加工和销售有机食品"无添加、无公害、全程可视"模式的基础上,又引进互联网等监测技术,并结合电子商务和物流运输等现代化营销手段,远销上海、浙江等地,整个交易快捷方便。"这么大规模的交易,产品安全上不敢有什么差错,否则出问题,承担责任大;更重要的是打出自己品牌,得到消费者的认可。"丰瑞源家庭农场,种植新培育的有机葡萄新品种,采用的是现代新型的嫁接技术,不仅头一年就直接结果(一般葡萄苗第一年不结果),重要的是产品质量高于一般葡萄品种,更加适合酿造葡萄酒等高端加工升级。由此可见,家庭农场相对小农,开始转战有机食品,既追求规模利润,又增加了产品质量安全附加效益。

二、用工效率高

家庭农场与农业公司、合作社的用工区别在于,家庭农场通常采用"雇工+自用工",即长期雇工+季节性雇工+亲戚帮工等灵活多样的方式,既节约了劳动成本,又自家干自家的活儿,"肥水不流外人田",激励家庭成员对家庭农场的劳动投入。

(1) 自家劳力多

正在办理农场注册手续的WJC,有兄弟6个,妻子有姊妹兄弟5个,都在本村和邻村。"技术是自己学习,'半侉子'水平,有亲戚协助,有时候也去舞钢市请教专家。"农场主对农场帮工的亲戚"也不客气","累活重活都让干,出于情感因素一般是不开工资,只管顿中午饭,或者干脆各自回家吃饭"。像妻子的小妹(做会计工作)免费帮忙记录农场收支。可见,家庭农场传承了家庭经营的优良传统,生产劳作投入了大量不计成本的自家劳动力,相对节约一部分雇工费用。合作社和个体经营到一定规模后,基本上是雇工做活,自己升格为管理者,脱离了一线的初级做工。

对比之下,家庭农场的家庭成员都参与劳动,甚至"扩大家庭"中的亲戚也会帮工,相对会节约一些雇工费用(大概相当于6个长期工,每个长期工要1200—3000元/月)。此外,由于是自家财产,对农场的感情不一样,劳动的态度也不一样。一位农场主在生产中发现,家庭成员作为农业生产所得的享有者,比仅赚取日工资的雇员工作更有动力,劳动效率相对要高得多。(见表8-11、表8-12、表8-13)

表8-11 扩大家庭劳力参与农场劳作情况 (单位:人)

家庭农场	投入农场家庭劳力及分工	总计人数
富民家庭农场	农场主ZLC,全权负责 儿子和外甥在外负责修路工程 老婆、女儿和儿媳三人主要负责做饭 女婿和女儿公爹负责监工	8
海润宝联合家庭农场	农场主WDH,主掌一切 妻子负责财务 儿子主要负责外联 儿媳做饭,看孩子 妻子的两个弟弟监工和领工(1600元/月)	6

表 8-12 合作社雇员分工情况　　　　　　　　　　（单位：人）

合作社	管理和雇工人员	总计人数
润农养殖专业合作社	董事长 1 名 3 人合股（GYK、另一兄弟和叔叔） 4 个饲养员（每人负责喂 200 头羊，1200 元/月） 1 个兽医（3000 元/月） 1 个畜牧师（4000 元/月） 1 个看大门的（1200 元/月） 1 个做饭的（1200 元/月）	12
云辉农业合作社	董事长 1 名 副理事长兼监事长 3 人 长期工 9 人 专业管理人员 5 人 短期雇工 16 人	34

表 8-13 个人经营雇员分工情况　　　　　　　　　　（单位：人）

个人经营	管理和雇工人员	总计人数
恒超养猪场	夫妻 2 人经营 2 个技工，4000 元/月/人，年底有 1000 元奖金 4 个防疫工，3000 元/月/人 10 个干杂活的普通工，2000 元/月/人	18

（2）用工较灵活

结合以上列举的家庭农场与合作社、农业公司等用工对比状况可知，合作社和公司用工，基本上是"长期工和散户自己劳动"模式，长期工要按月发放工资，不分闲忙季，较死板，做工时间和工作量也较松散些，很难量劳定酬。而农场用工非常灵活，除了长期雇工，还有亲戚帮工，此外农忙季节，还要雇大量的短期工，一般是周围村里的，年纪在 50—60 岁，但要求严格：一天要做多少工量，我才给你这些工酬。颐心园家庭农场主 LCS 介绍："招工前，自己要先体验下农活劳作，在人的劳力承受下，定工量，定工资。"正在办理农场注册手续的 WJC，栽桃苗的时候，请 2 人打地眼，50 元/人/天，用时 10 天；再请 6 人栽苗，40 元/人/天，用时 2 天。种韭菜 20 亩，除草"春一茬秋一茬"加上收割，总计用 200 多个工。朝阳家庭农场，摘梨，260 亩，临时雇工 14 人（50 元/天/人），加上 13 个长期工，摘 8 天。富民家庭农场主 ZLC 介绍临时雇工情况："烟叶除草（人工加机械），用人工 3—4 人，临时工 50—

80元/天。打杈(掐掉多余的烟叶杈),一般招女工,用手较男工灵活,3天一次,时长为6月到8—9月份,用工少则20—30人,多则70—80人。收获、烧烟叶,属于重活、脏活,一般用男工,2元/一杆烟。上炕一般4人共做;出炕,4个人工;烧炕4人。工资3000元/月/人,时长两个半月到三个月。捡烟、分等级,工作较烦琐,需要'坐功',一般就是女工,下杆0.2元/杆,一炕好烟,11—12人一天分完;一炕杂烟,需要14—15个人,一天都'够呛'分完。卖烟,请2个男工装车,60—70元/天/人。"(见表8-14)总体而言,家庭农场普遍能够根据自己种植的作物,结合农忙与农闲的时间差异灵活选择雇工人员的数量、时间、年龄、性别、地域、技术熟练程度等,充分体现了雇工的灵活多样。

表8-14 部分农场用工情况

家庭农场	种植作物	种植规模	短期工	长期工	用时
WJC农场	栽桃苗	16亩	2人(打地眼)	0	10天
			6人(栽苗)	0	2天
朝阳农场	韭菜	20亩	200人(总计)	0	
	摘梨	260亩	14人	13人	8天
富民农场	烟叶	850亩	4人(除草)	0	
			50个女工(掐烟杈)	0	25次
			男工(上杆)	0	
			4个男工(上炕、烧坑、出炕)	0	75-90天
			12个女工捡一炕好烟	0	1天
			15个女工捡一炕杂烟	0	1天

三、经营方式活

专业合作社和农业公司,通常主要经营一种农作物,较单一,如遇灾情或对市场变化把握不准等情况,很容易"一亏到底"且短时间内很难实现经营转轨;而家庭农场相对具有"船小好调头"的优势,一种农作物经营不下去,可迅速调整经营对象,改换利润较高的其他作物,开展多元的种养结合和树下套种等"立体化"经营活动。

云辉农业合作社,专业种植有机红薯,目前经营规模1700亩(无偿发苗的规模),带动周围散户经营规模40000亩。又如,河南丰瑞农业有限公司流转土地面积2982亩,培育种植葡萄,另外栽种了几百亩的果树,未来的发展规划是,建设养老院、休闲会所等,打造休闲旅游。润农养殖专业合作社,之前养牛,因货源市场缺乏亏损;后养殖1000多只羊,带动17户散户,要打造并主动掌握舞钢市繁育羊市场;此外还有70多亩鱼塘。(见表8-15)这样的种养规模和前期的大量投入,在面临产品市场萎缩或致命性天灾人祸的情况下,合作社和农业公司不可能在短时间内实现经营内容和模式的变轨。

再看家庭农场。朝阳家庭农场经营560亩地,种有桃树、梨树、绿化树、小麦/玉米等,还养鸡近2000只。世纪丰禾家庭农场,2012年种植100亩小麦、100亩大豆、60亩葛根、50亩玉米、20亩西瓜等。海润宝家庭农场,开发460亩地,种有小麦/玉米、黄梨、核桃、花生、烟叶等,养猪360头,养鹅500只。颐心园家庭农场,经营310亩地,种植玉米、大豆、红薯、葡萄等,还从事绿化苗木培育,主要品种有国槐、白蜡、法国梧桐等,此外开发了鱼塘30亩,养鸡(柴鸡)10 000多只,养鸭20 000多只,养鹅2000多只。(见表8-16)家庭农场,多样化的种养结合,经营方式灵活,适应市场性强,且容易根据市场动态及时调整。相对于农业公司和专业合作社较单一的大规模经营,家庭农场规模相对较小,"船小好调头",同时开展多元化种植经营,种粮亏损可以用种植经济作物的收益来弥补。此外多元化的种养结合,产品多样,适应市场性强。

表8-15 农业合作社和农业公司的单一经营

农业经营方式	种植养殖	经营规模	带动散户
云辉农业合作社	有机红薯	1700亩	40 000亩
河南丰瑞农业有限公司	培育葡萄 桃子等果树	3亩 400亩	300亩
润农养殖专业合作社	羊 鱼塘	1000只 70亩	17户

表8-16 家庭农场的经营点总规模与分项经营规模

家庭农场	总规模	分项经营
朝阳农场	560亩	桃树40亩 大梨树260亩 小梨树60亩 绿化树70亩 小麦/玉米60亩 黄豆6亩 养鸡2000只

续表

家庭农场	总规模	分项经营
世纪丰禾农场	200亩	小麦/大豆100亩(两季,种小麦后种大豆) 玉米50亩 葛根60亩 西瓜20亩
海润宝农场	460亩	小麦/玉米100亩 晚秋黄梨100亩 核桃80亩 花生140亩(果木下套种) 小白瓜20亩(果木下套种) 烟叶260亩 养猪360头 养鹅500只
颐心园农场	310亩	玉米40亩 大豆80亩 红薯30亩 果木110亩 葡萄20亩 鱼塘30亩 养鸡10 000只 养鸭20 000只 养鹅2000只

四、收益途径多

相较于农业公司、专业合作社等,家庭农场沿承了家庭联产承包责任制的家庭经营主体的传统,保护农民真正享受到政策之惠。家庭农场能够通过"规模+多元化"的经营方式实现增收,而将土地流转给家庭农场的农户也相应拓宽了增收渠道:租金+农场务工+外出务工。

(1) 家庭经营保障农民收益

舞钢市现已注册的家庭农场主,多是由外出务工或经商的农民转化而来的:如海润宝家庭农场主 WDH,之前除种地外还做"废钢"生意;缘景园家庭农场主 CWT,1995年开始在福建做建筑工,继而做包工头,后回家包工。而他们之所以回乡"再创业",原因在于:"年轻的时候还能出去跑跑,现在岁数越来越大,在外面也跑累了，最终还是要回到家乡跟家人在一起，咱的根还是在农村么！自己也积累了一定的管理技术和人脉，虽然现在处于初始阶段，但相信只要用心经营，前景会越来越好，不会比在外面赚的少！"可见，家庭农场的诞生为返乡创业的农民提供了一条新的路径：不离土、不离乡。同时保持了家庭经营的连续性，保障了农民利益，提高了农民收入。

而合作社是几人合作经营，超越了家庭单位，形成了小的利益共同体。如，誉森生态农业合作社，就是几人合作，主要牵头者是个大老板；云辉现代农业专业合作社，有30多个理事，由ZJH大户牵头，散户重在参与；丰瑞农业公司，STQ与同学等三人合股，做房地产生意的同学占大股，实行经理部门制，下设种植部门、技术部、养殖部、财务、办公室、销售部，各个部门的管理者，不论血缘，要看能力素质是否适合这个位置。

因此，相较于合作社、农业公司，家庭农场由农民自己做主，独自享受并支配农场收益，转变为农场主身份使得农民收益增加，保障了农民真正享受到国家改革政策之惠。

（2）流转土地的农户收益增加

流转土地后农户的收入增加。颐心园家庭农场，土地租金700元/亩，雇长期工8—10人，年轻人工资相对较高，为2000元/月，而养鸡、放鹅、喂鱼的三个六七十岁的工人1500元/月；季节雇工30—40人，重活130元/天，轻活闲活，10—20元/天。再如海润宝家庭农场，土地租金分为两种，岗地（之前农民的荒坡）350元/亩，平地500元/亩。长期工5个，两个小舅子工资1600元/月/人，猪饲养员1个、岗哨2个，1200元/月/人。像烤烟工作，烤烟师傅2个，3000元/月/人；5人装炕，1500元/月/人，2个月完成。捡烟、分等级12名妇女，40元/天/人，40—45天干完。WDH形象地介绍："烤烟给了留守妇女一片天。"农忙时的农机手，100元/天/人，还管吃喝。借用一位捡烟、分等级的大妈总结："长期工年收入近18 000元；短期工里捡烟、分等级的女工40多天可得1600元，技术活更高些，像农机手10天农忙时间可挣得1000元。"（见表8-17）

流转土地前后的农户总收益变化明显。如，一个四口之家，拥有土地约合5亩，小麦、玉米亩产一般按1000斤计算，考虑到舞钢市山地、丘陵和平原三分天下的土地格局，亩产量为400—1000斤，亩产均值为700斤。流转土地前，按照今年价格小麦1.05元/斤，玉米1.04元/斤，总计净收入3590元；流转土地后，农户取得的收入达到6100元，比流转之前多出2510元。（见表8-18、表8-19）

家庭农场雇工，除了考虑家人和亲戚朋友等熟悉信任的人做监督等主要工作外，外聘部分长期工和季节工，一般会优先选择流转土地的农户。而有务工意愿且有闲暇时间的劳动力,做活快、灵、巧、好,会更加受欢迎。土地流转使劳动力从土地上解放了出来,除了可以外出务工,还可在农场务工,通过"土地租金+农场务工+外出务工"的模式,使流转土地农户家庭收入大幅提升。

表 8-17　农民务工和租金收入简表

家庭农场	土地租金(元/亩)	长期工(元/月)	短期工(元/天)
颐心园农场	700	1500,2000(不等)	重活 130 轻活 20
海润宝农场	岗地 350 平地 500	1200,1500,1600,3000(不等)	捡烟妇女 40 农机手 100

表 8-18　流转前农户亩均土地收益情况

作物	生产资料总投入 (元/亩)	生产资料分项投入 (元/亩)	每户毛收入(元)	粮食补贴(元/亩)	净收益(元)
小麦	425	化肥 160 种子 75 耕地(犁加耙各一遍)90 播种 40 机收 40 农药 20	735	100	410
玉米	420	化肥 130 种子 45—50 耕地 45 播种 40—45 农药 20 机收 120 粉碎秸秆 20	728	0	308
总计	845	845	1463	100	718

表 8-19　流转后农户土地收益情况

土地租金收入	粮食补贴	闲散劳力收益	夏秋两季农忙 返乡机会成本	总净收益
均价 500 元/亩 (根据地质,土地租金为 350—700 元/亩)	100 元/亩	一个闲在家里的 妇女,作为捡烟、 分等级的女工 40 多天可得 1600 元	一个外出务工劳力按 150 元/天,10 天可得 1500 元	6100 元

五、市场主体独立性强

与小农、种植大户、专业合作社和农业公司相比较,家庭农场赋予农民独立的市场主体身份,直接参与市场竞争,让其自负盈亏、自由抉择,也进一步培育了农民的市场主体意识和自主性。

(1) 跟小农、种植大户相比

小农的规模太小,精耕细作,不适宜先进技术和大型机械的运用,况且自身消费占比高,商品化程度低,易随市场波动。种植大户,有一定的专业种植技术和市场基础,小规模种植,灵活度高,但没有工商注册,不具备市场主体身份,生产效率不高,市场信息不充分,竞争力较弱,抵御市场风险能力弱。

虽然家庭农场延续了家庭经营的模式,但家庭农场规模较大,小农几亩地,农场几百亩,是小农规模的数十倍甚至上百倍,但比小农市场主体性强。相比种植大户,规模更大些,市场信息度较高,关键是家庭农场进行了工商注册,有市场主体身份。

(2) 与合作社、农业公司相比

合作社和农业公司,虽有市场主体身份,市场竞争力强,但合作社需要明晰产权和完善利润分配制度,管理较困难;农业公司可能出现资本掠夺现象,侵犯农民权益。如,云辉农业合作社,以资金入股为基础,目前有理事成员36人。监事长3人,分别管财务、销售和生产,这三人同时又是副理事长,职务重叠,难做到监督。况且理事长占有90%股份,重大决议虽有表决,但理事长最后拍板。理事长讲:"都是老头老婆,我不把持住就乱了。"农天薯业现代农业公司,从事粉条和薯片有机食品的加工和销售,给少林寺、双汇和特产店供货(红薯片是知名特产)。利用合作社发展周围农户种植有机红薯,亩产5000—7000斤,单价4元/斤,销售与双汇集团对接;并带动周边乡镇的农户种植普通红薯,亩产8000—10 000斤,单价1.5元/斤。在合作社和农业公司的荫护下,小农经营减少了市场风险,在一定程度上提高了有限的收入。但农民在合作社和农业公司中缺乏独立性和自主性,有时难免要个体服从小共同体的利益。此外,农户卖给公司、合作社的只是最初级的农产品,而农产品加工之后的一系列附加值农民几乎得不到,利益难免受资本的侵蚀。

再看家庭农场,富民家庭农场主ZLC说自己总领一切,除了一万以下的支出,家人花钱要跟他打报告。海润宝农场主WHD说:"大事小事都要听我的,有时候也要听听家里人意见,还是我拍板,农场种养什么产品,自己当家。"朝阳家庭农场的受聘场主WDX说,"农场种什么、怎么管理,自己说了算,去年把李子、杏树都出了,栽小梨树,之前养猪,现在养鸡","种几亩黄豆,自己工人吃,可以换豆腐吃等",等等。这些体现了家庭农场独立自主的经营。此外,朝阳家庭农场,种桃树,近40亩,2013年毛收入16.8万元,8天卖完,批发商过来自己采摘,农场工人负责过秤,批发价2元/斤(市场零售价3—4元/斤),以独立的市场主体身份进入批发市场或者超市等零售市场。海润宝家庭农场养的猪,走批发市场,头批200头,二批100头。缘景园家庭农场,养殖泥鳅和种植莲藕,泥鳅走批发市场,每斤售价为17元到18元,莲藕每斤1.2元、1.3元、2元不等,也做市场零售,3元/斤。家庭农场经营赋予了家庭独立的经营身份,自主性高,能够独立面对市场,又有能力采用先进生产技术和设备,提高生产效率和商品化水平,市场信息度较高,不同于小农和种植大户面对市场的脆弱性。

在政策和环境的公平下,要真正给予家庭经营公平的市场主体地位,让其自负盈亏,自由抉择,培育农民的市场主体意识和自主性。在其提高自我保护意识、寻找共同体保护的同时,可能进一步刺激社会组织发展,对营造良好基层民主氛围起重要作用。

第三节 家庭农场的发展局限

家庭农场在具有先天发展优势的同时,其存在的缺陷也是较为明显的。无论是在结构、服务、管理、经营等方面,还是在产业链条上,家庭农场都有着不可逾越的缺陷。特别是与其他经营主体相比,其发展劣势仍然较为突出。

一、结构:构成单一,运作粗放

我们在调研中发现,舞钢家庭农场的主要构成人员是家庭成员,而运作模式基本上就是从农产品生产到粮食收购站、农贸市场、粮食加工厂的简单路线。

而农民专业合作社则是在农村家庭承包经营的基础上,由同类农产品的生产经营者或者农业生产经营服务的提供者、利用者,自愿联合、民主管理的互助性经济组织,相较于家庭农场以家庭成员为主,合作社成员构成不仅仅局限在家庭内。在运作方面,合作社可以在农村流通领域撮合成交或直接组织农产品交易,在农业公司与农户之间搭建桥梁,利用规模优势提升农产品在市场中的竞争力。

农业公司的成员构成则更开放,相较于前两者,农业公司组成人员并不以农业生产经营者为主,只要是可以投入生产要素的社会成员都可以成为公司成员。在运作模式上,农业公司可以整合下游的生产环节,也可以根据市场需求对农产品进行深加工。(见表8-20)

表 8-20　不同经营主体结构

经营主体	家庭农场	合作社	农业公司
人员构成	家庭成员	同类农产品的生产经营者或者农业生产经营服务的提供者、利用者	可以投入生产要素的社会成员
运作模式	从生产到初级产品销售	组织农产品销售，搭建农户与农业公司、农村与城市的桥梁	整合生产环节，针对市场需求加工

二、服务：有社会化但无组织化的服务

（1）家庭农场仅实现了农业服务的初步分离

就目前的情况来看，舞钢市家庭农场在资金、技术、生产、种植、收割、用工、销售等方面都由农场主自己负责，仅在用工、种植、收割这几个环节可以享受到初级的农业服务，其他环节中相对完善的服务体系还远远没有建立。例如，富民家庭农场在烟叶生产过程中，种烟、打杆、上炕、烧炕、捡烟、卖烟等每个环节都有专门的一批人协助完成。但上述服务却不成体系：一是没有组织提供整套服务，农场主享受服务较零散；二是没有专业的中介机构，农场主在需要农业服务时一般是找附近村上的联络人，联络人在整个过程中不收取任何费用。与此相对，无论是合作社还是农业公司都更具服务组织化的优势。

（2）合作社以"六统一"缩短链条，带动农业服务发展

这"六统一"是指统一地号、统一品种、统一播种、统一管理、统一收获、统一整地。例如，云辉农业合作社，加入的农户可通过合作社享受整套的服务。首先，合作社为农户提供免费的有机红薯苗，这种红薯苗经过培育，一般农户种植的产量可达到每亩 7000 斤，最高亩产可达到 10 000 斤以上，而据调查舞钢市其他红薯种植者的亩产基本不超过 5000 斤，低至 2000 斤的也有。其次，合作社还为农户提供完善的生产服务，如机械化服务、技术培训、管理指导等。最后，合作社与农民签订销售合同，在舞钢市普通的红薯一般每斤的售价在 1.2 元至 1.4 元，而合作社推广的品种如商薯 19、徐薯 18、徐薯 22、北京 553、166-7 等则能卖到 2.5 元以上，对于示范户的收购价甚至可以达到 4.6 元。等于在整个农业经营环节中，合作社都参与其中，从生产到销售，农户所有的后顾之忧都被消除了。像云辉这样的合作社在舞钢还有不少，如润农养殖专业合作社。加入合作社的养殖户只需为每头羊缴纳 10 元指导费，合作社就会为农户提供防疫指导，合作社还教授农户调配营养、配种等技能。为了更好地提供农业服务，润农甚至为每头羊都建立了档案。

（3）农业公司则以技术管理引领农业服务业发展

以丰瑞农业公司为例,其以技术和管理的优势有效地为加盟家庭农场提供了高质量的农业服务。一方面,公司和上海技术团队合作,利用牵插技术使葡萄可以在2年内达到盛果期,而普通葡萄苗从种植到盛果期一般要4年。在获得技术之后,又进一步将技术转移给下游的加盟农场,并指导其完成生产。另一方面,其下一步计划是将公司的管理方式向加盟的家庭农场推广:设立独立的管理机构监督加盟农场,农场主下个月计划做什么要以书面材料的形式经过公司的批准,公司管理者对其计划进行补充和修改之后监督其执行。(见表8-21)

同时,家庭农场与小农和种植大户相比,兼具了农业生产所不具备的功能,那就是它们经过工商注册,有法人代表,具有市场主体地位。然而,相较于合作社、农业公司,家庭农场本身较单一,还未能实现组织化。相应地,它们接受政府服务、中介服务、制度性金融服务、合作平台等社会服务的能力较弱,这制约了家庭农场进一步走向市场、趋向社会化。

表8-21 服务的不同模式

家庭农场	合作社	农业公司
促进"耕种收"的初步分离	提供整套农业服务	技术转移和先进管理模式

三、管理:现代化管理程度低

就舞钢市的调研情况来看,相较于小农,农场主的理念较为超前,但相较于合作社和农业公司,由于家庭农场主个人精力和能力有限,管理缺乏系统性和紧随时代、市场动向的意识性,还没有走向管理理念的正规化。随着经营面积的增加,农场主的经营难度也在与日俱增,多数家庭农场的管理呈现混合性、混杂性,使得农场处于"乱麻式"的状态,相对较为粗放。部分舞钢市家庭农场实际经营面积要小于流转面积,同时家庭农场还存在着被偷盗的现象,这很大程度上是由家庭农场管理不善造成的。就调研的情况来看,家庭农场主的管理水平有限主要表现在:一方面是账目的混乱。受访的多数家庭农场主都没有明确的账目,对于投入多少,生产成本多少,利润多少,他们只能做到心中有数,清楚大概是多少,甚至有些农场主请了专业会计做账却形同虚设起不到作用。另一方面是农场缺乏科学规划。家庭农场主一般没有经营计划、管理细则,家庭成员之间的分工也不是十分明确,管理者随意性较大。

合作社或者农业公司则管理更科学,表现在权责分明、分工明确、合理规划、账目明晰等方面。舞钢丰瑞现代农业公司管理上就相对完善和合理。例如,丰瑞农业公司就采取了一种"公司+家庭农场"的模式,由于加盟家庭农场相对粗犷的管理,公司在家庭农场中试种的葡萄几乎绝收,这与公司自己管理的葡萄的高产形成了鲜明的对比。目前公司设有种植部门、技术部、养殖部、财务、办公室、销售部,各部门分工明确。公司平时的管理章程也设置得十分明确和细致,公司每个部门都必须编制周计划、月计划、年计划,且必须按计划执行并及时反馈。(见表8-22)

家庭农场主虽然较之小农思想有所进步,但依然没有彻底摆脱小农时期生产管理的模式,管理方面依然有许多欠妥当、不科学、不合理的地方,这与现代农业的要求还相差甚远。面对农业转型的重要时机,家庭农场的管理水平直接制约着农业的发展。

表 8-22 管理的不同模式

家庭农场	合作社、农业公司
账目混乱	账目规范明晰
无经营目标	合理规划
分工不明	分工明确
无管理细则	权责分明

四、经营:无传统经营优势和经营风险较高

(1)家庭农场和小农比,部分丧失对传统农业优势的继承

一方面,精耕难,粮食再处理难。由于种植面积的增加,在种植的过程中难以精耕细作、适应各种地情,同时在收获的过程中由于缺乏基础设施,粮食很难进行再处理,还承受压价的风险。单就舞钢玉米来说,一般农户家庭拥有土地面积不超过 10 亩,玉米的亩产丰收年份在 1000 斤左右,晾晒粮食相对容易。而家庭农场的种植面积则较大,一般在 200 亩以上,面积大的甚至可以达到 1000 亩,粮食收获的数量相对一般农户来说十分庞大。因为缺少必要的基础设施如晒谷场等,家庭农场收获的玉米面临着被压价的情况,部分受访家庭农场的收购价较一般农户每斤要低 3 分至 5 分钱。

另一方面,家庭农场的经营规模突破了原有小农经营的边界,家庭农场主与周边摩擦也不断增加。随着家庭农场经营面积的增加,家庭农场主与周边农户的关系也越来越紧密,随之也衍生出许多问题。其中最大的问题就是土地,一是土地租金在农场主固定资产投入中占比较大,土地租金又呈现不断上涨的趋势(见

表8-25)。二是农民传统观念较重,法律意识不强,失地激发了农民的自保情绪,且部分农民存在土地被迫流转的问题,致使农场主面临着如土地纠纷和粮食被农民哄抢的问题。我们在走访土地流转办公室的时候,见到了四个种植大户,他们就遇到了粮食遭哄抢的问题,其中一位大户就表示:在每年的秋收时节,总会遭遇村民的群体哄抢,没有办法杜绝,一百亩地就可以有500多个人去抢,基本收成损失殆尽,资金流转不过来,自己也无法投资基础设施建设,这样导致了恶性循环。

(2) 与合作社和农业公司比较,风险承担能力相对较弱

一是家庭农场主所拥有的资源有限,主要表现在:资本少,技术低,销售渠道窄,市场掌舵能力低。与合作社和农业公司相比较,犹如进入牛群的一只羊。二是困扰农户的最重要的就是资金的问题,随时可能出现因资金链中断而得不到相应的社会化服务机制的帮扶而破产的状况。例如,富民农场的农场主之前开办的养殖场,养殖了200头猪,所投资金大多来自信用社贷款。但由于下大雪,阻塞了交通,运输不畅,饲料全靠人背,饲料跟不上,同时资金出现困难,造成了亏损。当初在贷款时政府有帮扶政策,但后来出现困难,信用社却不管不问,不落实政策,这直接造成了其资金链条的断裂。

而与此相对,合作社与农业公司无论在资金、技术还是销售渠道等方面都有明显优势。从舞钢的实际情况来看,家庭农场注册资金大多不超过150万元(见表8-24);农业技术也相对不发达,主要是传统的种植技术;销售产品也基本上以初级产品为主。例如,农天薯业农业公司的注册资金就达到了1200万元,远远超过了家庭农场投入的资金量,技术方面也实力雄厚,既有省级和市级技术特派员的技术支持,也有和"甘薯加工研究室首席专家"木泰华教授团队的合作,同时公司还准备引进台湾高级有机肥。就销售方面,红薯被收购到企业之后,40%加工成粉条,30%加工成薯片,其余卖给超市和其他粉条加工厂;加工后的成品再销售给双汇、少林寺和一些特产店;经过加工,粉条的利润一般能达到3块钱,而红薯片的利润则能达到20—25元。农天薯业使红薯的附加值被进一步提高,市场反响好、销路较宽广,盈利也较高。

目前,赚钱的家庭农场也不在多数,据舞钢相关部门粗略统计,赚钱的家庭农场只有20%。无论和小农相比较,还是和合作社以及农业公司相比较,家庭农场都有着不可忽视的经营风险,如何规避风险、提高抗击风险能力是家庭农场主面临的一个难题。

表 8-23　农业经营的不同模式

小农	家庭农场	合作社、农业公司
精耕细作	机械化、规模化种植	农业生产环节剥离
作物收获后再处理	资金较少	资金雄厚
	技术原始	研发能力强
	销售渠道窄	产品深加工
		产品销路广

表 8-24　舞钢市部分家庭农场、合作社、农业公司的注册资金　（单位：万元）

经营主体	名称	注册资金
家庭农场	朝阳家庭农场	120
	富民家庭农场	150
	海润宝家庭农场	150
	田园家庭农场	100
合作社	润农养殖专业合作社	400
农业公司	农天薯业公司	1200
	豫田食品公司	500

表 8-25　舞钢市部分家庭农场土地租金占比

家庭农场名称	土地流转面积（亩）	土地年租金合计（元）	固定资产投入（元）	土地租金占比（%）
颐心园	276	95 500	645 500	14.79
海润宝	1000	462 500	1 178 300	39.25
缘景园	1060	409 400	965 250	42.41
富民	1100	550 000	877 200	62.69
田园	510	306 000	389 000	78.66
朝阳	560	246 500	272 200	90.56

注：固定资产投入包括土地租金、机械投入、厂房建设及其他投入

五、产业链条：无积聚效应和产业链的纵深

一方面，家庭农场处于整个产业链条的低端。也就是说，家庭农场目前的经营

范围还仅仅局限在生产环节,仅比小农多了规模优势。而与此相比,合作社则能为农户在产和销之间搭起桥梁,完成生产与市场的对接。农业公司则更是处于整个产业链条的最高端,其参与从生产、加工到销售的整个过程。

另一方面,家庭农场各自为战,集聚优势难。相较于合作社、农业公司,家庭农场多单打独斗,交流少,没有合作和配合,难以脱离小户经营的闭塞传统,依然如同一盘散沙,形不成积聚效应或者产业链的纵深优势。调研中发现,舞钢市多家家庭农场在生产、管理、销售各个环节上基本处于单干的状态,多数农场主亲自负责生产、管理、寻找市场,缺乏纵向的合作或联合,农场难以聚合以形成产业规模、积累经营优势。

与家庭农场相比,合作社和农业公司除了吸收劳动力以外,还能为周边农户提供良种、饲料、化肥、农药、技术指导甚至资金,同时也能通过提高产品附加值、建立品牌效应、规模效益等方式,进一步增加农户收益。例如,农天薯业公司、丰瑞农业公司等,都能够通过自身辐射效应带动周边农户从而集聚产业优势。同时,"公司+农户"和"合作社+农户"的模式,也完善了生产、加工、销售的产业链条,农户负责生产环节,而加工和销售的环节则由合作社或者农业公司负责。

第四节 发展家庭农场需要重视的若干问题

家庭农场虽然是中国农业发展的必然选择,然而如何引导家庭农场健康发展,使其走上蓬勃发展的康庄大道,依然是需要进一步探讨和研究的问题。对限制舞钢家庭农场发展的因素及问题的分析,不仅对舞钢家庭农场的壮大具有现实意义,也对全国各地家庭农场的发展具有借鉴价值。

一、家庭农场呈现"非粮化"倾向

"民以食为天。"粮食作为一种特殊商品,是国家安全战略的重要组成部分。扶持和引导家庭农场的发展,正是在"农业对外依存度明显提高,保障国家粮食安全和重要农产品有效供给任务艰巨"①的背景下提出的。舞钢市家庭农场呈数量多、占地广的发展态势,目前已注册的 18 家农场平均流转土地规模为 685 亩,共流转土地 1.2331 万亩,占舞钢市耕地总面积的 3.71%。预计到 2015 年,全市家庭农场流转土地面积将超过 13 万亩,占全市耕地总面积的 41% 以上。然而在调研中我

---

① 《中共中央、国务院关于加快发展现代农业 进一步增强农村发展活力的若干意见》(2013 年中央一号文件)。

们发现,占有如此规模耕地的家庭农场却大多不愿种粮:18 家中仅 4 家农场全部经营粮食作物,其余 14 家农场则是"粮经"兼种或单独经营经济作物。其原因主要有两个:一是与经济作物相比,粮食作物抵抗自然灾害能力较差,经济效益低;二是家庭农场种粮能力有限。

二、耕地不合理利用现象频现

耕地是土地的精华,是农业最基本的生产资料,一旦破坏,很难恢复。在舞钢市现有的家庭农场中,存在一些过度利用耕地、随意改变土地用途的现象,给土地可持续发展带来一定影响。家庭农场对耕地不合理利用的现象主要有以下两个方面:

一是耕地过度利用。耕地和其附着物土壤虽属可再生资源,但也并非取之不尽用之不竭。要实现耕地的可持续发展,理想的使用模式是采取休种、轮种的方式来保持土壤肥力。在舞钢市,一些家庭农场为在土地流转合同期内"充分挖掘"土壤潜力、实现自身收益的最大化,常常出现过度利用耕地的现象。以某家庭农场为例,该农场以 110 亩土地兼植苗木,亩均栽种树苗 300 株。售出时,为了保持树苗移栽的成活率,苗木根部的土壤(直径为 70—80 厘米,厚度为 30—40 厘米)往往和树苗一起被挖走。其他种植苗木的农场也存在类似现象。另外,以套种方式经营土地的农场,各种作物往往会将土壤中的肥力消耗殆尽。

二是随意改变耕地用途。由于我国现有的农田保护法律不完善,加上一些地方政府在农地保护方面监督能力有限,家庭农场中存在随意改变土地用途的现象。一些本来适宜种植粮食作物的农耕地被开挖成鱼塘,或者被改为林地、瓜果园等。还有一些农场主在流转的土地上乱建基础设施,如建设大规模连片蔬菜大棚、养殖圈舍等,使本来用来种植粮食作物的农耕地改变了用途。

三、土地流转暗藏"玄机"

村集体是一种以血缘宗亲关系为纽带、以共同利益为凝聚基础的共同体。这就决定了在市场交易中,这个共同体中的个体很可能团结起来"一致对外",与交易方博弈。那些土地流转数量多、经营规模大(流转土地数量通常达到 400 亩以上)的农场往往需要流转几个村子的土地。由于对一些村庄情况不尽了解,加上村庄存在着"共同体利益",在土地流转环节中出现了流出土地村庄"忽悠"外村农场主的现象——以平原、土质好、基础设施优良的土地为"样本",合同上流转的却是土质差、基础设施缺乏的土地。

一位自 2011 年开始进行土地流转的种植大户就遇到了这种情况。因实际经营土地与"样本"土地耕作条件相差甚远,加上基础设施建设极不完善,村庄又不退订金,只好硬着头皮种下去,导致第一年收成惨淡,收益为负,也就无法偿付下一年流转土地租金;村民见他收成不好无法偿付租金,就硬是要求不付租金不能收庄稼,更加"理直气壮"地去地里哄抢。当时其农场还未正式注册。而类似事件还发生在来舞钢市流转土地的外地种植大户身上,是其他外村农场主和今后有经营家庭农场打算的外地农户需引以为鉴的。

四、流出土地农户生存状况亟待关注

家庭农场因大规模机械作业、连片土地集中经营的要求,通常需要流转一个村或是几个村的土地。这些成片土地的原农户中不乏年老体弱的农户,以及出于个人情感而不愿流转土地的农户。但在考虑全村整体利益的基础上和种种压力下,他们往往也不得不把自家土地流转出去。家庭农场的出现,对于那些还有外出打工能力和意愿的青壮年来说,使他们既能收获土地租金,又能出去打工赚得收入。而对于那些已经失去打工能力的老年人以及那些不愿将土地流转出去的农民来说,土地存在的意义不仅是生活收入来源,更是家庭日常口粮的保障和情感的寄托。有土地在就不至于挨饿,心里就有安全感。这也体现出了农民的"恋地"。

在访谈中,枣林镇马王村一位60多岁的老奶奶也说:"俺不想把咱家的地流转出去,人家别人在外有抓头,能挣钱,俺们就不行了,岁数大了,也出不去打工,在家种点儿地好歹还有吃哩!"另外还有一些农民不愿意把土地流转出去,是出于淳朴的家族观念:"俺家的地里有俺家的祖坟,等俺有'那一天',俺自己还想埋在那哩!公墓那么贵,俺咋'住'哩起呀!流转土地怎么能把祖宗都卖了呢?俺才不会把地租给他们!"

五、村庄治理面临新的挑战

素有"六山一水三分田"之称的舞钢丘陵山地较多。对于这样的土地,中华人民共和国成立之后的土改"分地"时往往采取"一片归几家"的划分方式,没有划出户与户之间的具体界线;两种地形又因土质较差、耕种难度较高,往往遭到农户弃种,时间一长自然搞不清哪块地是谁家的。家庭农场通过投资整改,将这些"弃地"开发了出来,荒山也值钱了,原来的农户看到土地升值,总感觉自己家的地要占得多一些,纷纷跑到地里"划界",严重时争执不休甚至大打出手。

可见,无论是因土地流转带来的农户与农户间的纠纷,还是因土地流转暗藏"玄机"导致的农场主与土地流转村庄之间的纠纷,以及家庭农场遭偷盗现象和工伤事故带来的农户与农场主之间的纠纷,乃至若干年后因土地流转带来的"隐形"

问题,都在不同程度上给农场所在村的农村治理提出了新的挑战,如果这些问题不能得到及时合理的化解,将会给村庄的社会治安和社会稳定带来威胁。

第五节 结论与建议

我国国土面积广大,地区间差异明显。地形地貌、人员流动、城镇化水平参差不齐等因素的存在,使得我国在实现农业现代化的道路上不可能搞"大锅饭""一刀切",而是要充分考虑各地实际情况,因地制宜地实现农业产业发展,对农业公司、农业合作社、种植大户和家庭农场都给予充分的发展空间,"大农、中农、小农"并存。家庭农场作为新型农业经营主体,在创新农业经营体制、盘活农村土地资源方面具有独特优势和不可替代的作用,对于其在发展过程中可能会产生的一些问题,应积极规避、平和应对,具体建议如下。

一、完善种粮补贴制度

当前的粮食补贴犹如"撒胡椒面",并没有起到刺激分散农户种粮积极性的作用,因此,建立新型农业生产主体的同时需要改进粮食补贴方式。一是改进补贴分配标准。实现与农民实际种植面积、出售粮食数量挂钩的补贴方式,并尝试按照种植规模和产量对种粮大户或家庭农场进行额外奖励或补贴。这就意味着粮食种植面积越大,产量越高,获得的补贴越多,可以刺激种植大户或农场主提高种粮积极性,从而使得国家的粮食安全更有保障。二是进一步提高直补标准。种粮补贴标准要能够保障粮农的平均收益,确保粮农基本收益,以调动家庭农场种粮积极性,保障农民增产增收。三是设立农业补贴基金。建议设立专门针对种粮大户或家庭农场等新型农业生产主体的农业补贴基金。同时,可以把农资综合补贴、良种补贴、粮食直接补贴合并为一种粮农综合补贴,这样可以减少机构的运作成本,给粮农带来更多的福利,又可以在一定程度上保障家庭农场或种粮大户的利益。

二、加强基础设施建设

一是加强水利设施的建设。政府尤其要加大对小型农田水利设施建设的支撑补贴力度,采取以奖代补等多种形式,鼓励农民投工投劳兴办小型水利事业。完善桥、涵、闸、堤、站等基础设施配套,减轻缺水对粮食生产的不利影响,改变一些地区靠天吃饭的局面。同时健全和完善农田排灌系统,加强大江大河大湖和重点中小河流的治理,落实病险水库除险加固资金投入,增强粮农抵抗自然风险的能力,保证粮食产量。二是充分发挥水利工程灌溉效益,提升农田水利设施服务功能,恢复和扩大有效灌溉面积。同时加大耕地整治和中低产田改造的投入。加强耕地的保护和土壤的改良,改变大量土地地势低洼渍涝、抗灾能力差的局面。提高有限土地资源的长远生产能力,以此实现农业的可持续发展,增强农民种粮丰收的保证系数。三是大力发展节水灌溉,对节水灌溉机具和设备给予补贴,提高水资源的利用效率和经济效益。

三、推进农业科技运用

一是建立以政府为主体的多元化的技术推广体系。继续增加政府的财政投入,增加对新型农业生产主体技术培训经费的支出。特别是加大对农业生产条件相对较差地区的科技投入力度,如粮食高产技术、节水灌溉技术、化肥使用技术、新农作物品种栽培技术、培养地力的施肥配肥技术等,使农民掌握新的技术,促进粮食单产的提高,充分发挥粮食主产区维护粮食安全的主导作用。二是由政府引导,建立农业教育科研机构与农户有效联系的体系。鼓励农业技术人员、科技推广人员与农民合作,使双方成为利益连带的整体,科研需要农民,农民需要科技,真正使科研成果和实践效应都落到实处。三是扩大对农机的补贴范围。如将购买大型排灌设备纳入补贴范围,以此充分调动粮农科技种粮的积极性,提高技术利用率,降低农民的粮食生产成本,提高生产效率。

四、规范土地流转程序

要规范农村土地流转程序。调研发现,现今农村土地承包经营权流转主要存在以下问题:流转操作程序缺乏规范性,大部分农户采用"口头协议"形式;流转渠道不畅;流转规模小,集中程度不高,难以形成适度规模经营;基层干部对农村土地流转不重视等。这就需要规范农村土地流转,提高法律规范化水平。一方面,加大对土地流转的宣传力度,通过干部入户走访等形式让群众深入了解农村土地流转政策及相关法律法规。另一方面,各地区应根据自身实际情况确立土地使用权流转的具体范围、原则,严格规范土地流转的形式,明确土地流转的具体操作程序,确保流转规范有序。同时,要加强对土地流转过程的有效监督,确保土地流转的顺利进行,对缺乏规范性的土地流转应建立严格的惩处机制,起到警示作用,保证规范流转的正面效应。

五、促进各主体优势互补

家庭农场既是对承包责任制的有效继承发展,也是对现代农业经营方式的有益补充。条件成熟的地方,政府应当借助大环境予以适度引导,如舞钢以农村社区建设为依托,以"两集中"的土地流转为背景,创造积极的外在条件,使真正有能力有技术的农民从事家庭农场经营。同时,政府要跟进对农场的配套服务,理清土地产权归属,加大对资金、技术、用地、税收等方面的扶持力度,并切实保护农产品价格和完善失地农民社会保障制度等。需要注意的是,在现代农业的发展中,着力发挥家庭农场比较优势的同时,也应当注重农业组织形式多样化,推动各种经营主体优势互补,各取所长,以形成有活力、多元、合作的农业经营组织体系。

第九章　习惯与法律：确权后的土地之争*
——基于湖北省建始县老村的个案调查

土地从古至今就是人类生存和栖居的基础，英国古典经济学创始人威廉·配第就曾以"劳动是财富之父，土地是财富之母"来肯定土地的价值，而人类围绕着土地的博弈和斗争也一直是人类政治、经济、社会和文化冲突的焦点之一。在以农业生产为主的中国，土地是最根本的生产资料，是农民维持生存和发展的物质资料，土地所有权更是社会结构的根基和政治权力的基础，土地和农民的关系密不可分，牵一发而动全身。

在市场经济不断发展、社会体制逐渐转型的过程中，国家一直在对农村土地制度进行改革和完善，不断地将土地"还权于民"，以期实现土地资源的市场配置，进而发挥农业在整个国民经济中的基础和保障作用。1982 年中共中央明确了家庭联产承包经营形式的格局，并在 1984 年中央一号文件《关于一九八四年农村工作的通知》中规定了 15 年的土地承包期限。随着承包期限将至，1993 年《中共中央、国务院关于当前农业和农村经济发展的若干政策措施》又将土地承包期限延长至 30 年。2007 年国家颁布的《中华人民共和国物权法》中明确农户的土地承包关系，到了 2008 年党的十七届三中全会中明确表示要保持现有的土地承包关系且维持其长久不变。国家更于 2013 年开始全面开展农村土地确权登记颁证工作。可见，农村土地承包权从"15 年""30 年""物权法"，直至"长久不变"，一步一步实行着渐进变革。在农村社会，随着税费改革的启动，农民的土地负担大量减轻，因此而引发的社会冲突已经减少。然而，在国家不断扩大农民土地权利并给予保障的同时，围绕着土地权属的争议不断增多，农民对土地权利的抗争不断加剧。中央不断"还权于民"，积极推进土地法权建设，何以在此背景下农村的土地纠纷频发？这

---

* 本章作者为陈钰垚，华中师范大学中国农村研究院硕士研究生。

正是本章主要回应的问题。

本章以鄂西南山区北部的一个村庄为个案,通过对该村为期两年的调研了解到,在农村,土地关系所反映出的不单单是人与地的关系,更是一种社会关系。深受农村场域和惯习的影响以及前期制度形态的塑造,农民有自己的土地认知方式和地方性表达逻辑,而这种认知和逻辑不免与新产权的规定发生冲突。笔者将土地纠纷作为考察对象进行分析,试图了解农民自身的土地认知观念,探索其背后深层的逻辑,以期理解特定背景下"地权冲突"的发生机制,从而进一步认识中国土地产权。

第一节 土地确权

自中华人民共和国成立,农业不断发展,农村制度也经历了多次变革,每一次变革都以土地制度的变迁为先导。如何更好地建设农村土地产权制度已然成为当前研究中国土地问题讨论的核心。无论是以保护农民的权利为出发点而坚持清晰产权的观点,还是坚持农村产权集体所有制以强调其社会保障功能优势的观点,在研究视角上,两者基本上都是从宏观角度出发,认为国家的制度安排是地权问题的关键所在。其实,在农民土地权利问题上,国家一直是予以保护的态度,并努力使土地成为一种准私有财产。在国家土地政策的不断调整过程中,国家逻辑与乡村治理逻辑之间究竟怎样互动,是本章所要讨论的主题。

一、确权确地:变革的土地制度

(一)从二轮延包到税费改革

中共中央、国务院在1993年发布的《关于当前农业和农村经济发展的若干政策措施》中明确指出:"为了稳定土地承包关系,鼓励农民增加投入,提高土地的生产率,在原定的耕地承包期到期之后,再延长三十年不变。"1996年,湖北省政府贯彻国家的政策,出台了《关于做好延长土地承包期工作的通知》,并下发到各市(州)县人民政府,要求做好二轮延包工作。1997年,省政府再次出台了《关于切实抓好延长土地承包期工作的通知》,其中要求到1998年,全省要结束这项工作,各地在今年秋播之前,要把已到期的土地承包合同的延期工作全部做好。接连不断的文件下达不久就在全省范围内掀起了开展二轮延包运动的高潮。

当时正值农民负担的高峰期,沉重的农业负担极大地压抑了农户土地经营的热情,整个农业形势都处在低迷之中。土地延包实际上只是作为上面的任务布置给村干部的。

时任老村村主任的马大爷回忆说:"我们当时真的是没得么子办法,只能对那些不愿意延包的村民进行威胁,凶他们,说这个地,你是种也得种,不种也得种!农民不种地那还叫么子农民!"

当时也有人丝毫不示弱:"种田哪里搞得到钱,我不种地搞别的钱那倒是挣得更多!"

当时大多数农户对多出的田都是避而远之的。马大爷坦言,当时之所以那么拼命到处做工作,只是为了完成上面布置的任务,都是应付着上面的检查,这种态度下做的工作,当然很不上心,很多工作也做得并不细致。当时很多土地并没有妥当的签字确认,更多的是走了"过场"。农户对于土地压根儿没有积极性,很多农户对于土地的权属问题既没有了解,也毫不关心。

2003年,税费改革开始在老村启动,税费项目中的"三提五统"和"共同生产费"被剔除,所有的收费项目都统一合并为税,即农业税和农业特产税。农民每亩田的负担直线下降,老村当时亩平为33.69元,相对于2001年减少了11.55元。农户对土地的态度也随着形势的不断变化而逐渐发生变化,越来越多的农户开始对土地有了"好感",也开始重视土地的经营。

(二)稳定权属的土地确权

2004年,湖北省人民政府在国家政策的引导下,相继出台了《关于积极稳妥解决当前农村土地承包纠纷的意见》和《关于依法完善农村土地二轮延包工作的若干意见》两个文件,确立了依法完善土地二轮延包的指导思想,在农村开展土地的确权登记工作,依法保障农民土地承包经营的各项权利,并彻底地稳定土地承包关系。规定每宗土地的产权都需要经过土地登记、申请、地籍调查、权属审核、登记注册、颁发土地证书等土地登记程序,才能得到最后的确认。这次的土地确权运动相比于二轮承包时期,得到了各级政府的空前重视,土地确权因此也成为2004年到2005年三里乡政府的中心工作。对比二轮承包时期的"走过场"形式和权属混乱的结果,这次土地确权的每一项工作,政府都制定了详细的指标,也进行了更为细致的推进。

然而,随着各种与土地有关的涉农补贴稳步增长、农民工的"返乡潮"导致的土地需求增加以及二轮延包时一系列问题的存在,随着土地确权的进行,土地纠纷开始涌现,农地纠纷高潮频现。土地逐渐凸显的自身价值成了产权建设的利益基础,而国家也希望通过土地权属的彻底稳定来重建土地制度,切实有效地保护农民权利。然而自上而下由行政力量推动的这场土地确权运动给基层组织带来了实实在在的压力,此时的村委,既要认真贯彻执行上面的各项政策,又要妥善处理下面的种种矛盾,无疑是乡村最敏感和脆弱的时期。

二、土地从"被抛荒"到"香饽饽"

(一)无可奈何的抛荒地

20世纪90年代国家大力推动土地二轮承包的时候,农民的积极性并不高。当时沉重的农业负担极大地压抑了农户经营土地的热情,整个农业形势也处在低迷之中。

> 村民MSH表示:"那时候我自己就算过一笔账,假如当时的亩产量1000至1300斤的情况,提留就要100至200元一亩,税费大概两百多元一亩,再除去生产成本和基本口粮,根本就没得钱剩下来。"

对于农民来说,耕地不仅是解决温饱问题的途径,更是农民重要的经济来源,农民也希望从中获得更多的利益。但从当时来看,种地需要的成本投入太大而收益过低,土地种得越多反而负担越重。为了躲避过重的种田负担,农民都只打理家庭基本的口粮田,根本不愿多种地,土地抛荒的现象逐渐出现。

> "那时候不像现在,田种得越多那越是吃亏的事!不仅是出劳动力,倘若遇到收成不好的时候那还要倒贴一笔钱!那时候费用是要按人头算的,多一亩田,纯粹是多一个负担!"

而在当时,村里那些思想比较"前卫"的年轻人率先出村到东南沿海地区打工,没几年就迅速富裕起来,回来还在村庄里盖起了漂亮的小洋楼。这一下子就挑动了更多人想赚钱的神经,纷纷开始仿效。越来越多的农民开始抛弃传统的生活方式,离开土地外出"刨食",走上打工的道路。一时村中绝大多数的青壮年劳动力都离家务工,留守的全是老人、妇女和小孩,种田水平和能力较低,仅仅只是负责口粮田的耕种,原先由出门打工的优质劳动力承担的田地被迫抛荒。

进城务工农民的土地一般是不会轻易抛弃的,土地对于他们而言既是一种乡土情结,更是一条生存退路。他们大都将土地转交给居住较近的亲戚朋友代为耕种,自己依然保留着土地的承包经营权。而那些找不到理想的代耕者的农户,他们通常会与需要土地的农户直接进行土地过户,这种私人之间的土地调整在那段时期是平常的事情。还有部分全家一起外出的农户,他们对于土地没有自己的打算,有的甚至直接丢弃不管,一走了之,这部分抛荒的土地自然由村委会进行重新发包,通常是让村中想要承包土地的农民进行抓阄来分配这些土地。因此,在那段时期,一块土地不止一次变动其权属,土地承包权也频繁变动。而为了解决土地抛荒问题,村委会实际上也介入到土地转包中来。在二轮延包的时候,农民并没有过多关心这部分土地的权属问题,由于土地抛荒导致的土地权属混乱也成为以后大量土地纠纷的导火索。

(二)农地成为"香饽饽"

2004年中央一号文件《关于促进农民增加收入若干政策的意见》中提出继续推进农村税费改革,有条件的地方,可以进一步降低农业税税率或免征农业税,并在2004年政府工作报告中明确全国用五年的时间逐步取消农业税。建始县到2005年,全面取消了农业税。过去种地要负担"三提五统"等税费,现在被取消了,在村里引起了巨大的反响。农民虽然惊喜欢愉,但对政策的持续性和长久性还是心存疑虑。当时很多人都想着政策是随形势而变化的,日后形势变了,那这个政策还能不能延续,取消的税收是不是还要交?会不会到时候变得更复杂?对于土地,大家普遍存在一种复杂且微妙的心态。

然而也有胆大心细、先知先觉的人,时任老村会计的向继柏很熟悉国家政策,且看准了形势,在绝大多数农户还没有意识到土地的价值的时候,他已经开始着手将村中抛荒地确立到自己名下,土地扩大到十几亩。

> "当时就是看国家政策好,想着土地价值应该会逐渐增加。当然我那时候也是咨询过一个在大学当老师的远亲侄子,搞踏实了才开始张罗的。"

随后,不仅农业税取消,国家实施农业补贴政策,并不断加大补贴力度,扩大补贴范围,向会计至今谈起这事都掩饰不住得意的神情,仍然佩服当时自己明智的决定。

种地渐渐随着国家政策的调整而变成了农民的一项福利,且随着国家对种粮农民进行直接补贴等一系列惠农政策的出台,土地的"含金量"大增,越来越多的农户开始重视土地的经营权属,土地变成了农民争抢的"香饽饽"。

> 村民自己也算起了现在和过去种地的这本"差别账":以前种一亩地,怎么算也要几百块钱,各种税费要缴,还有买种子、化肥、农药等种地基本的成本投入。当然如果再算上种地所需的劳动投入,种地的成本就更高了。就算收成好,一亩地也赚不了多少钱,只能说是保生存。更别提天气反常等收成不好的年月了,有时候甚至连留点口粮都是问题。
>
> 国家实行惠农政策,种子、化肥、农药等还有补贴费,种一亩地至少能获得一百多。再加上税费改革,以前要交的各种税费也不用交了,成本就

减少了。不算各种劳动成本的话,一亩地怎么也能净赚五六百,和以前的情况相比,简直就是"天上地下"的区别。如果种些更赚钱的经济作物,一亩田的收入还可以更高。

土地价值的增高,让农民开始越来越重视土地,土地变得比以往任何时候都珍贵了,那些过去不愿种地的、甚至撂荒的、租出去的,都纷纷想把地要回来,一些没地的人也迫切要求重新分到地。不少在外务工的农民也都忙着要回自己的土地。这部分人更是找到了一条新的思路:毕竟种田其实就集中在农忙这一段时期,这时间就可以请假回来收种,平时请亲戚朋友适当照看,互不耽误还多挣钱。土地确权就是将农户的土地承包权彻底固定,并直接给这些没有争议的土地颁发土地经营权证。而农民对土地权属的认真和重视程度远超以往任何时期。

"这次确权之后土地就真正的三十年不变了,确定下来了,就算地不种,也要为下一代留着当保障,当然是极其重要的!"

(三)情与法的冲突:增多的土地纠纷

随着社会发展、土地的经济价值开始提高,土地行情逆转,农民逐渐重视土地的承包经营权,土地权属的争议也随之日益凸显。从 1984 年分田到户到 2004 年,这段时期老村的土地发生了频繁的变动,部分土地已经经历了两个、三个甚至多个经营者。上级政府对于土地确权虽然有以 1998 年二轮延包时的土地经营状况为依据的明确要求,然而,二轮延包的混乱情况使得村干部在土地确权时缺少直接的操作依据,"一田多主"的农地耕种状况给当时的土地确权带来了巨大的困难。更重要的是,二轮延包草草收场形成的混乱承包经营格局并没有得到农户认可。在"确权确地"进行的过程中,各种矛盾开始显现,确权运动遇到阻碍,概括起来,主要有两种情况:一种是土地在农民之间"私底下过户"后引起的权属矛盾,另一种是村委会与农户之间对于抛荒地处理产生的争议。其实从根本上来说,就是部分农民对于土地增长的利益的争夺。这部分农民在税收沉重时期放弃了土地承包权,如今看到土地的税收减免,还有惠农政策各种补贴后,又希望重新得到承包权。由于当时土地委托耕种仅仅是口头协议,或者压根儿就没有任何具有法律意义的协议,这部分农民实质上想借着"漏洞"争取更多的利益。然而在其他村民看来,抛荒者当初选择放弃土地那一刻就已经与土地没有丝毫关系了,现在再想把土地要回去是毫无理由的,无论在做人道德上还是做事道理上都是说不通的。然而,土地的最终归属并不一定是按照村民的主观看法而确定的。

当地村民普遍对那些当初自己选择抛弃土地,现在看到利益又想讨回土地的人持轻蔑的态度。"怎么可能有这样的道理,当初的税费高时他觉得不划算,就甩给别人了,别人把地辛辛苦苦种了这些年,他现在看到土地又有利可图了,就又想着要回去,这做人也太缺德了点儿,再说世上哪有这么便宜的事!"

尽管要田的农户会找各种博同情的理由,比如一时大意、贫困无奈、家庭负担重等,村庄的舆论大都是不支持要地这一方的。

对于这种情况,国家有过相关政策,湖北省在《关于依法完善农村土地二轮延包工作的若干意见》中对代耕问题有明确规定:"关于自行委托代耕、自找对象转包农户的确权确地问题。对前些年自行委托代耕、自找对象转包,当时既无协议又未签订流转合同,现在又想要回承包地的农户,乡、村组织要做好工作,恢复原承包户的承包经营权,引导其继续流转,签订规范的流转合同。"而《关于积极稳妥解决当前农村土地承包纠纷的意见》中也有对抛荒者的土地确权的指导意见:"处理拣种抛荒地发生的纠纷,要以二轮延包为依据,在确权、确地的基础上,明确原承包关系。代耕代种的,原承包户可依法收回土地承包经营权。农户相互转包土地,要签订规范的书面合同。"由此可见,国家政策与农民的认知存在一定的差距。国家以合同等具备法律性质的文件作为根据来确认土地的权属,而在农民看来则更认定乡土情理。

可见,面对此种情况,土地确权更像是一场"法"与"理"的博弈。究竟是按照政策来强制执行,还是偏向于村民普遍认定的"理"?

村干部坦言:"我们也是见机行事,并不是都按统一的规则进行,不同的人,不同的事,说法也是不同的,采取的方法也就不一样,结果当然也就有差异了。"

在村干部看来,随着国家关于土地的政策越来越好,治理的难度也越来越大,自己反而才是真正的"弱势群体"。农民的土地权利意识开始逐渐形成,也开始敢于积极主动捍卫自己的利益,争取自己的土地权利。诚然,他们是以利益为行动导向的,有自己的诉求和表达逻辑,但他们的理由也具有相当的合理性,而这种合理性恰恰就来自于长期的乡土实践。在老村众多的土地纠纷中,很多农户都秉持着几种权利话语——祖业权、生存权和公平权,被激活的权利主张成为土地纠纷升级的一个重要力量。

第二节　祖业权——乡土社会的产权形态

自中华人民共和国成立以来,我国农村先后进行了土地改革、土地集体化、土地家庭联产承包责任制等一系列土地制度改革,农民占有和支配土地的实际形态也随之不断发生变化。虽然传统时期的土地权利已经被打破,但农民一直以来的土地产权观念仍然保持了某种程度的稳定性,农民对土地产权的认知并没有随着改革而实时更新。在老村调研过程中,笔者发现,相对于通过国家法律界定的土地产权,村中存在着大量以村庄习惯法为保障的另一种形式的"非正式产权",最突出的是他们普遍存在的"祖业观",即"这块地是祖上留下来的,是我们家的祖业"的看法。

一、土地是家产:祖业地的"维权"

在老村村民的观念里,祖业权一直都是村中公认的产权规矩,用来界定某些土地的权属。这部分土地通常都是土地改革时祖辈获得的或者是土地改革之前祖辈就已经拥有的土地。特别是一些国家和集体当时没有确认权利的荒地荒坡,在当时来看,这种土地大多离聚集居住区比较远,土地也比较荒芜,很少有人开发耕种,除了砍柴,几乎没有什么经济价值,于是按照老村村民遵循的规矩,是谁的祖辈置办的就属于那家的后人。村民们普遍认为,那些在土地改革之初没有被分配到户、纳入集体的祖业地,既然在形式上不属于国家和集体,那就应该属于土地原本归属的家庭中的人,所以在老村即使是这部分荒地也是有明确的主人的。村民会告知自家的孩子有关家里"祖业"的位置和信息,不断强调自家对于这部分土地的"所有权"。村庄中也流传着一条世代认同的道理,即"哪怕不能创业,至少不能失业",意思是就算没有能力拥有更多的土地,积累更多的家产,但至少已经到手的"祖业"是不能丢的。可见,尽管在法律上农村的一切土地都归集体所有,但事实上农户的土地归国家和集体所有的法律意识并不清晰。老村范围内有不少山地,历次土地权属变动较多的都是耕地和林地,位置偏远的山地因缺少利用价值,不少成为国家权力未覆盖的"空白地带",村民便自动认定其为"祖业地"。正是存在这样的背景,老村就发生了一起有关"祖业地"的纠纷事件。

> 崔家有一块位于后山的荒地,是在集体化实行联动大开荒的时期被开垦出来的。后来分田到户,这块地被分给了居住距离较近的开荒者之一的严家耕种。2013 年,建始县三里乡开始实施城乡统筹生态示范区建

设,老村准备修建二级公路,这块地要被征用。对于征地所得,崔家和严家起了争议。

崔家多次找到村干部,扬言这块地是他们家的"祖业地",征地款应该是他们家所得。崔家对此理直气壮:"这地本来就是我们崔家的,虽然是他们开荒的,也种了这么多年,对于他们耕种所得我们当然不好要得,但是现在这块地要被征用,等于说是把这个东西卖出去,那我们作为主人,钱肯定是我们的。"

严家对此也毫不示弱:"这块地确实是他们老祖宗留下的,这点我们承认,但是当初是集体分给我们家种的,我们家也种了这么多年,各种费用也是我们交的,他们家只是占了个名头,实质上这块地就应该算是我们家的了。现在地要被征用,我们家肯定也不能吃亏。"

当然,这件事也引发了村民的讨论:"是人家崔家的产业那自然该人家得利益了,这还用说!""地虽是崔家的产业,毕竟是人家严家人种着的,一下要收回了,怕是也不甘心。"

这场纠纷从实质上来说就是对于被征的这块地的利益分割,双方都希望能够从中得到利益,很显然的是,对于这块地的权属问题,无论是崔家、严家还是村中其他看热闹的村民,都承认这块地是属于崔家的"祖业"。可见,"祖业"是作为这个地方的一种共识存在的。

二、村民未消退的祖业观念

虽然土地已被法律宣布为集体所有,土地利益格局彻底被打破,但"祖业地"的观念却一直存在,祖业意识也一直隐藏在农户意识之中。农户们代代相传,对于自己的祖业保有清晰的记忆。

农民对祖业地的占有和使用权利的这种认定并不是按照国家土地承包的法律法规来的,而是以这个人与建立"祖业"的祖先之间的血缘关系来认定他的占有和使用资格的。这种非正式的乡土产权并不是物权法意义上的私人财产,而是一种家族的共同所有产权,实质上是一种产权复合体。祖先是产权所有者,"我"是当下使用权的主体,子孙后代则享有未来的使用权。所谓祖业,并不是某一个人独自拥有的,它是家族共同所有的,是"祖先的",也是"我"的,更是"子孙"的,每一个当下的拥有者所拥有的其实只是当下的支配权。因此,对农民而言,祖业是不能轻易丢掉的,这既对不起祖先,也是愧对子孙后代的事情。每一个人继承了祖先的产业,是希望为子孙置办更多的恒产,留下更多的家业,至少是不能丢了祖先的产业。

因此，从某种程度上来说，"绝不能将产权混同于拥有的物品……产权并非物质对象，而是一些在社会中受到广泛尊重的权利和义务"。① 所以对于农民来说，祖业是极其珍贵的，不仅仅是一种物品，更是蕴含了深刻的文化内涵，除了经济属性之外，还具有社会属性和文化属性。

这种祖业观念实际上与国家构造的产权安排和结构存在很大的不一致，甚至存在矛盾和冲突。它却构成了老村的一种"普遍性共识"，这种共存的意识根深蒂固，且具有一定的"合法性"。当事情涉及土地问题时，农民对于他们赖以生存的土地的认知自然地遵循着这种习俗产权的逻辑。每一种观念的生成都来自于其存在的社会结构，祖业权成为一种地方性的共识正是得益于乡土社会自己的逻辑。杨懋春就认为："人与土地构成中国农业家族的两根支柱。"② 人与土地的关系实际上是建立在人和人的关系基础上的，以血缘为纽带的乡土社会形成了以血缘绵延性为基础的生命观，而这种"绵延性"也投射到对于土地的认识上，土地来自"祖先"，现在由"我"占有，以后也将为"子孙"所有。滋贺秀三曾这样评价财产与家族之间的关系："树干和木质化的树枝等等是死去的祖先，在这些上面萌发出的绿色的新芽是现在的家族群，而财产可以比喻为由树干输送到树枝的树液。芽蕴藏着不久变成枝进一步生出无数个芽的可能性，没有树干就不会生芽，而如果没有芽的机能树就会枯死。"③ 足见土地是关系家族荣辱兴衰的象征性文化所在，土地产权中的祖业观实际上是中国的"伦理本位"和"差序格局"的延伸，使得这种非正式的产权在村庄的形成有其自身的逻辑，祖业权也形成了一种蕴含深刻文化的因子，直接或间接地保存在农民的观念里，在一系列的制度变迁中残留了下来，并且在当下的农村社会中依然呈现出多种形式的表达。

三、村委会象征性的土地支配权

崔严两家就征地款问题纠结了一些时日，在此期间也都分别找过村委会干部寻求帮助，干部们采取的对策也仅仅是"劝完东家劝西家"，丝毫没有偏袒一方的意思，更没有断定是非的做法。

村委会对此事表现得比较为难，虽然站在村民的角度来看，这块地确实是崔家的祖业地，但如果是顺从崔家，这就意味着承认了村民对土地的祖业权，这是与国家政策相违背的，以后在类似问题的处理上就更

---

① 柯武刚、史漫飞：《制度经济学——社会秩序与公共政策》，商务印书馆2000年版，第212页。
② 杨懋春：《一个中国村庄：山东台头》，江苏人民出版社2001年版，第34页。
③ 〔日〕滋贺秀三：《中国家族法原理》，张建国、李力译，法律出版社2003年版，第42—43页。

加复杂。

如何对待这种祖业权问题,村干部大都是"宁可少一事,不可多一事"的态度。虽然干部们表面上不承认祖业权,但实际中也是"睁一只眼,闭一只眼"。对于这类纠纷的处理,村干部表示:"对于这种没有确立清楚的土地,村里是不好怎么处理的,否则纠纷更多,问题更复杂。"在村庄里普遍的祖业观念面前,村干部是保持谨慎和沉默的。

最后还是严家主动找崔家协商,两家私下达成了征地费用一家一半的协议,这场祖业地的纠纷才宣告完结。

其实在法律上,农村的一切土地都是属于集体所有的,象征集体所有权利的村委会对于集体土地是享有支配权的。就国家政策而言,这块引起纠纷的土地大开荒时期已经分给了严家,就应该算是严家所有,村委会也有足够的理由和法律依据判定土地的归属。但就该村实际情况来看,对于祖业地,村委会的土地支配权却只是象征性的。

从历史的发展来看,祖业观是中国传统社会的一种常见的土地配置形式,但随着产权的逐渐清晰化,这种土地配置形式已经随着时代发展而逐渐被淘汰,仅仅成为一种社会记忆。但是制度改革一旦牵动利益格局,这种记忆又会被激发出来,成为获取利益的一种依据。其实,老村村民的这种祖业观念并不是一种对于国家产权界定的否定和对抗,它恰恰是对国家和集体的这部分没有被明确产权的土地的界定,是一种"空白"的补充,是长期存在于农民意识中的一种固有记忆。就中国社会而言,土地制度的改革是与国家政治的变革紧密联系的,土地制度是国家最看重且着力建构的重要一环,而在远离"政治中心"的小村庄,这样一种祖业地交易的存在与国家提倡的土地流转有逻辑上的不同,它是地方社会在国家土地制度上的一种"变通",完全是一种地方性的土地制度实践。在乡土社会中,这种土地制度的实践并非是国家单方面的力量所能干预的,也不是法律和政策能完全覆盖的,地方社会的地理、经济、文化以及基层治理状况等各方面因素影响着土地制度的实践形态,是国家力量与乡土社会的制度、习俗等力量博弈的结果。

国家推动着土地制度的改革,使土地从作为负担的存在到其自身利益的凸显,土地的支配也从村集体到农民承包关系的物权化。要让农民享受到土地的利益就必须为土地权利提供有效的保障,而乡村干部对土地的调控一直被视为潜在地侵害农民的土地权益,因此国家实行土地制度变革的思路被看作约束乡村干部,彰显农民自身土地权利的过程。削弱集体对土地的处置权,打破乡村集体组织调控土地的权力格局,将土地权利交给农民,正是国家土地政策的一个重要倾向。经历过土地确权以后,村组所代表的"集体"在土地的承包经营权变更上逐渐丧失了基本的处置权,农民自身的土地产权意识也开始清晰,农村的地权秩序因此呈现出与以往不同的特点。虽然村组作为土地所有权的代理人,仍然没有退出村庄土地收益的舞台,但可以肯定的是,村组在土地承包权的实现上作用已经降到最低。

第三节 生存伦理——土地需求的意识根源

中国农民常常会把"土地是命根子"挂在嘴边,在他们的土地认知中,土地是关乎生存的,这是一种谁也无法否认的事实。中国传统农民通过耕种土地获得生存资料和经济来源,农民与土地是紧密相连的。随着社会发展,土地的价值逐渐增长,但对于农民而言,是不会将土地视为一般商品进行自由交易的,它承载了更多的道德和社会伦理内容。虽然土地已不是农民唯一的生活来源,但土地所承载的一种生存伦理始终存在于农民的思想观念之中。农民对于权属模糊的土地诉诸祖业权来维护自身土地利益,在一些无法证明合法性身份甚至已经放弃权属的土地上,农民则以生存权作为自己根本的权利话语来建立有利于自己的新的权属关系。

一、土地是命根:抛荒地的"索求"

20世纪90年代以来,随着中国打工潮的兴起,老村中的大部分青壮年村民也在几个打工致富的年轻人的带动下纷纷外出务工。这股务工潮流不仅释放了束缚在农业生产中的劳动力,也使得土地不再是村民维持生存的核心要素。打工成为农民除农业生产之外的另一个选择,吃苦多且赚钱少的种田显然不再受到青壮年劳动力的"青睐",大量的劳动力退出了耕地的行业,这就导致了一种在传统农业社会中很难想象的行为——土地抛荒现象的出现。并不是导致土地荒芜的行为才是抛荒,这种放弃耕种的行为也是抛荒的一种。再加上税费和集体提留的压力,这段时期,农民普遍不太愿意耕种土地。

一个想要自由外出务工或从事其他非农经营的农民是需要妥善处理他的土地的,最佳的办法就是为自己的土地找到新的主人。如果双方达成了某种协议,到村民组长那里打过招呼,就算变更了土地承包关系。当然也存在那种"一声不吭"就弃田的农民,这种状况常常让村组干部措手不及,村组干部就要承担起土地转包的责任。这个时期的土地权属变动往往不止一次,土地承包权发生频繁的变动,农户和土地之间是一种高度不稳定的暂时性关系。而此时村委会和乡镇政府等权力也会介入到土地转包中来。农户不愿意种的土地,乡村干部就将土地重新进行处置,以避免出现土地抛荒并充分发挥土地的经济效益。

当时为了完成上级下达的发展农村多种经营的行政任务,各个村委会都开始集体利用本村抛荒地发展各种村办农业。随着国家土地政策的不断改革,这类土地的权属问题开始凸显,老村就发生了这样一起土地纠纷。

1994年,老村村委为了防止土地抛荒收归了村里将近400亩旱地开始集体经营李子园。当时村委会与贡献土地的农户达成了协议,以后李子的收成村委会与农户之间五五分成,但是土地的税费仍然由农户分摊。虽然李子园的建立各项管理种植投资支出了十几万元,但可能是由于气候,加上技术管理不到位,结出的李子个儿小,味道也一般,根本卖不出去。连续几年的尝试,情况越发不理想,李子园的建设宣告失败。村委会没有办法和精力再进行管理,农民面对着较重的农业负担也没有多管这片土地。到2001年,当时村主任的一个外地的亲戚杨某想要承包这片土地,村委会就以每亩60元的价格承包了出去。村委会当时是一致通过了这项协议的,杨某还特地去了公证部门进行了公证。2004年,湖北省开始了以"确权确地"为内容的土地确权运动,杨某取得了这块地的经营权。随着国家各种惠农政策的实施,杨某在这块地上获得了各种补贴,且随着国家补贴力度的逐年增加,杨某获得的补贴也在增长。当年贡献土地的农户开始动心并找到杨某要求归还自己的那份土地。

杨某当然表示拒绝,他认为这块土地当时是和村委会签订了正式的承包合同的,已经不属于农户的承包田了。他让来要地的村民自己去找村委会:"你们去找村干部,地是当时村干部承包给我的,有问题是他们的事儿,找他们解决。"

村委会对于农户要回土地的要求是不支持的。当时村集体建设李子园是农民们自己同意划拨出地的,与杨某的协议进行过公证,也已经开始履行合同条款内容,是具有法律效力的,况且如果村委会违约,是必须支付一笔违约金给杨某的,农户总不能因为土地现在有了更多的利益就想要不顾一切地把土地拿回去。

就农户而言,相关的政策和法律并不明确,而且土地是农民生存的基础和关键,不能因为一时糊涂而轻易地丢失了。

"我们是靠土地吃饭的,村集体当年把地拿去了又没给我们饭吃,我们当然也不是怪罪,但是总是要把土地还给我们吧,土地可是我们的命根子,没有的话我们怎么活!"

二、村民为之抗争的生存权

中国传统文化中的"居者有其屋,耕者有其田"的表述就是农民的心声和基本心愿,农民争取土地的根本就是生存权的获得,对于大多数中国农民而言,土地是其获得的最低生存条件,是生存的底线。自古中国人均耕地面积就不多,在这种情况下,土地的生存意义更为重要。"人人有权依靠土地生存"作为基本的生存伦理被塑造出来,经历过集体化时期的平均主义思想后更加深入人心。正如斯科特早前所认为的,在人均农地资源禀赋较小的小农经济中,农民的理性原则是以生存安全为第一,追求较低的风险分配与较高的生存保障,道义经济的核心在于强调穷人的生存权利。① 虽然土地分田到户已经几十年,但土地的意义在农民脑海中是根深蒂固的,且其影响是延续的,就如同"口粮田"的意义对于农民来说是不言而喻的。而这种人人都深刻理解和持有的观念就成了一种强大的地方性共识,甚至可以与法律进行"对抗"。

实际上老村的农民并没有到"不给饭就饿肚子"的紧迫状态,土地的生存意义也远没有想象中那么重大。这些要地的农民家青壮年劳动力都外出务工,几乎家家都盖起了小洋楼,生活条件也很不错,至少并不是非要靠要回土地才能生活。这部分被集体转包出去的土地都是几十年前农民们主动让出的,在当时就算是多余的,根本没有关乎生死,否则怎会如此轻易放弃,何况现在的条件。从这个角度来看,之所以坚持要回这些土地,其实就是想获得土地的增值。没有这部分经济利益其实根本就不会对这部分农民造成任何生存上的问题,农民以生存权为抗争工具是完全不符合实际情况的,他们只是把生存权作为一种抗议的策略和手段。其实,这种土地认知方式是有其深厚的社会基础和心理基础的。中国自古以来的小农耕作方式,有一种与生俱来的自我保护和抵御风险的能力,生存权和"安全第一"的原则意识无处不在。在土地面积较少的社会约束环境中,这种生存伦理的规范被塑造出来和高度重视,农民以这种伦理来保护自己并以这种潜在的规则与周围的人和谐相处,这就逐渐形成了村庄特有的一种互助模式和自行分配原则。正如李丹所认为的:"这种道义的观点假定,人们塑造出来的制度用以保护穷苦的村民免受生存危机的影响,提供集体福利消除生存危机,以及确保每位村民的最低福利标准。"② 在生存条件恶劣的时期,生存权的抗争是根本和重大的。而就中国的集体

---

① 参见〔美〕詹姆斯·斯科特:《农民的道义经济学:东南亚的反叛与生存》,程立昱、刘建等译,译林出版社 2001 年版。
② 〔美〕李丹:《理解农民中国——社会科学哲学的案例研究》,张天虹等译,江苏人民出版社 2008 年版,第 33—34 页。

土地制度来看,"耕者有其田"是这种土地制度所倡导的理想和理念,土地对农户个人或家庭而言更多意味着"社会保障和租用含义,而不是财产权含义"①。在农民的认知里,土地依然是维持生存的底线和根本,"手中有地,心中不急",只有手中握有"口粮田",才能安心地出去打工挣钱,土地也是他们最后的生存手段和退路。

三、村委会无奈的妥协

对于村民们要地的要求,村委会迟迟没有解决问题的动向。村民们甚至打出了"给农民一条活路"的标语,筹划着集合起来到县政府上访。得知消息的村委会,迫于平息农户上访的压力,只好开始采取积极行动,招呼杨某和要地农民开会协商。本着大家都退一步的精神,最终达成了协议:继续维持原来合同的主体内容,但承包方杨某需将一半的承包费分给当初贡献土地的农户。

其实在当时的背景下,口粮田是农民的根本底线,除此之外的土地更像是一种生存"包袱",既然村委会积极想要,农民当然迫不及待地"扔"了过去。当时的农民对于土地承包权是没有形成一种明确的权利意识的,法律上也没有赋予这种承包权重要的地位。农户将土地交给村委会时,与村委会签订了合作协议,这实际上就意味着农民彻底放弃了土地的承包经营资格,土地就已经成了完全由村委会支配的集体机动地。可见当年农户并没有珍视自己的土地承包权利,是作为负担和包袱扔掉不管的,而村组为了解决抛荒问题,将这部分土地收归为集体机动地,虽然当时的李子园没有盈利反而亏损,但也并没有给农民造成"不可挽回"的损失,农民现在却出尔反尔,拿出"生存权"作为依据,反倒成了"受害者"和"维权者"。不管事实如何,农民塑造的这种形象足以获得最强有力的道义支持。

在这件事情上村委会的土地承包行为完全是有理有据、正当可行的,也符合法律规定,是能寻求到政策上的支持的,在道理上也能完全压倒要地的村民。可是面对关乎农民生存的问题,法律和政策的力量就略显微弱了,任何事情的处理都是"总要让人活命的"。从这个角度来看,要地农民的理由侧重的并不是法律和政策的"肯定",更重要的是要地背后的生存伦理。不管要回土地是否合法,是否有足够的理由,哪怕要回土地的理由仅仅是吃饭活命和生存,然而生存权是不需要任何理由的。

---

① 张静:《现代公共规则与乡村社会》,上海书店出版社2006年版,第225页。

村干部提起此事时充满无奈:"这些村民说是懂法吧,又不全懂;说是不懂法吧,又还晓得一点儿,确实难得搞!他们这么一闹,我们自然是没有办法了。"

政策上对于种田大户和原有承包农户之间的土地争议也是存在问题的,从湖北省《关于积极稳妥解决当前农村土地承包纠纷的意见》的规定来看:"对发生在种田大户与原承包户之间纠纷的处理,既要尊重原承包农户要求继续耕种的意愿,又要充分肯定和注意保护种田大户的积极性。通过民主协商,在村组集体、种田大户和原承包户达成共识的前提下,确定双方均可接受的合理解决办法。但一定要防止哄毁设施、作物的现象发生。"国家对此的态度是模糊的,并没有严格要求回复到原来的状态。从村委角度来看,农民要回这部分土地不仅没有法律上的正当性,在道德上也是不正确的。然而最后还是各方都有所退让,最终达成了协议。

由此事不难看出,虽然村委会在当时转包土地的做法是无可厚非的,转包的过程也是符合政策法规的,签订的各项合同也得到了确认,这件事情从根本上来说是合情合理的,但是村委会没有考虑到的是,土地对于农民的意义不仅仅是作为经济来源这么简单,它更承载着强烈的生存和道德内涵,土地并非可以如同西方一样作为农民的一般财产,遵循市场原则进行自由交易的。土地被视为最根本的生存资源,这种类似于"饭碗"的生存工具是不会被允许随便拿出去进行交易买卖的,只有在满足生存保障的前提下,农民才可能实现其土地的流动。何况,农民向来都有对于村社组织的角色期待,任何土地的收益都应该合理分配。农民并没有参与李子园承包,也没有享受到丝毫利益的分配。因此,要回土地就具有了超越一切的正当性。正因为农民的这种认知方式的存在,即使杨某有法律的依据,也难免会遭遇农民的"毁约",杨某受法律保护的权利也就难以与这种生存意识进行抗争。从现实情况来看,农民要回土地的愿望不太可能实现,但这种强烈的土地生存意识某种程度上对于杨某这样的承包大户来说也是一种威胁。

第四节 公平意识——土地划分的评价起点

在老村,土地对于农户最重要的意义之一就是生存保障作用,农户之间有过的土地流转都是少量的、自发性的,一般都采用代耕代种的非正式形式,这种流转大都发生在亲戚和邻居之间,一般都没有签订书面的协议,仅仅以口头协议为主,以乡土社会特有的人情和面子作为保障。土地转出者的目的并不在于租金(一般都无须租金),而是为了保障土地耕种和自己的土地承包权;而土地流入者接收的这些多出来的土地也并不能极大地增加自己收入,在20世纪90年代更是一种负担。二轮延包时,大都依据"村规民约"将土地确权到了当时的实际耕种者,没料到之后连续几年,国家不仅减免税费,还不断加大粮食的补贴力度。即使不耕种土地,也能得到一笔额外收入,因而,代耕地的讨要纠纷也随之增多。

一、土地是财富:流转地的"讨要"

代耕地的纠纷让村干部面临着两难的局面,一方面是现有耕种土地的农户的土地权利保护,另一方面是原有耕地农户对土地权利的再伸张。面对国家政策和自身治理需要及乡村社会的情理,村干部的处理显现出"灵活变通"的一面,处理结果也各不相同。

> 周某,原来家中四口人,全家共有6亩地。2000年,周某父亲过世,他自己也不想在家继续种田,之前是因为老父亲身体不好,一直在家方便照顾,现在更希望趁年轻外出打工挣更多钱。于是和邻居黄某家商量,将家里的4.2亩承包田转让给黄家,自己则去了广州务工。当时两家达成的协议是:周某保证以后不会找理由把转包的这块田要回去,但是这块田所要交的一切费用都由黄家全权承担。为了事情更妥帖放心,黄某还要求周某写了保证书。然而,2004年,土地开始确权时,周某却出人意料的特地请假从广州赶回村里,并找到黄家表示很后悔当初的决定,希望黄家能归还他的农田。黄家当然不同意,他们认为这些年这块田地的税费负担都是他们承担的,当初也是周自己找过来硬要把地"塞"给他们家的,保证书都还保存着,实在没有道理有了好处就要回去。还提出如果周实在坚持要田,就必须按照当时每亩200元的平均负担水平,支付5年的价格补偿。双方发生了几次争执,村委会也进行了调解。后来,周某自觉理亏,又顾及自己家在村中的颜面以及两家的邻里关系,最终还是放弃了索要土地。

由于周某遵守了"村规民约",最终没有产生大的纠纷事件。然而并非所有的农户都如周某这样,也有农户完全不顾及村庄情面,利用对自己有利的国家政策,成功要回了土地。

> 罗大爷和老伴儿早年很辛苦地供养家里三个女儿读书,直到2001年最小的女儿也大学毕业找到工作,两老总算可以安心享清福了。大女儿已经在深圳安家落户,还给两老买了房子,两老决定去深圳养老,就把5亩地都丢给了村委会。去了几年,两老始终不适应城里的生活方式和陌

生的生活环境,还是决定回村里居住,这时他们又想把地给要回来。村干部表示地已经确认给别人了,而且二老年纪也大了,又有女儿支持生活,实在没必要再把土地要回来。罗大爷是个很固执的人,要地的决心也很强烈,竟然带着老伴儿不管不顾地找到了县里。村里赶紧把人给接了回来,最终给了两老3亩"口粮田",才平息了这件事。村干部表示:"原以为不是个大事,劝几句就能打消念头的,没想到老人竟然悄无声息地跑到县里去了,确实难对付!"

二、村规民约的"理"与"法"

在那一时期,土地的承包关系发生着频繁的变动。弃田的农户想重新种田的话,随时可以从村里那些不愿意种田的农户手中接到田种,这就直接使得那些准备弃田的农户打消了以后没田种的后顾之忧,土地易主的情况时常发生。而且随着村里打工潮流的兴起,大部分青壮年外出务工的家庭多出来的土地多采取私人之间的转包方式处理,当时村里土地流转情况更加普遍,那段时期,很多土地的承包主体和土地的实际耕种者并不一致。

那时候,一般的情况是,土地流入方享受土地上的一切权益,也承担有关土地的一切支出,但需要向土地流出方每年支付每亩一百到两百元不等的"租金"。如果双方是亲戚或者朋友关系,就无须支付任何费用,纯粹是帮忙耕种,不使田地荒芜。当年有一部分村民全家外出务工在外面站稳了脚跟,不打算再回村居住,那他们就会干脆把村里的房屋和田地一起卖给别人,这部分人毕竟是极少数。对于大部分人来说,村中的土地实际上是作为退路预留的,虽然已经在城市中生活,村中的土地仍然是不会轻易放弃的。特别是随着土地的增值,这部分人便"急着"回村确定"自己的"土地产权。

对于这一部分人,村民是没什么"好脸色",甚至是充满意见的。在村民看来,税费负担较重的时候不去自己承担,有了好处的时候还妄想过来"分一杯羹",这对于那些当初扛起了负担,现在却享受不到利益的种田人来说实在是没有公平可言。村民强调的公平观念正是源于长期普遍存在的朴素的村庄公正观念。当然,如同上述案例中的老夫妇,曾经放弃了土地的农民后来又想要重新要回,这种情况就更会被指责为"霸道"和"无赖"。政策规定土地确权要严格依据1998年"二轮延包"时的土地经营状况进行确认,这也就意味着,在1998年时这块地是谁的,谁就是这块土地应该确权的法律主体。因而,周某完全有理由要回自己的那几亩田地,但是这种做法是得不到村庄村民的舆论支持的,站在乡村社会伦理的角度,将土地从耕种者手里归还到土地原来承包者手里是不符合情理的。

> 农民们都认为,"交税费时你嫌负担重不种田,把地甩给了别人,如今有好处了又想着抢回去,天下哪有这种便宜事,还都给你占尽了"。

面对村里强大的舆论压力,周某还是接受了一种并不符合"政策精神"但充满乡村伦理的安排,周某谈到这件事时有些无奈:

> "我要是坚持按照政策是可以要回土地的,但是这样搞的话面子上和道理上都是站不住脚的,以后在村里乡里乡亲的面前就不好做人了,何况黄家就住隔壁,关系搞僵了总是不好的。我们家也不是缺那几亩地的补贴费,想想还是算了。"

费孝通曾用"差序格局"概括中国乡土社会基层结构,他认为:"那是一个一根根私人联系所构成的网络,这个格局不是一捆一捆扎清的柴,而是好像把一块石头丢在水面所发生的一圈圈推出去的波纹,每个人都是他社会影响所推出去的圈子的中心,被圈子的波纹所推及的就发生联系……每个人的网络同时与其他人的网络交杂在一起,构成了地域性的社会关系网络。"[①]因此,在这种定居在一个地域且大家都是熟人(多数是亲人)的农业社会里,形成的共同的社会规则——伦理道德的载体村规民约,对于每一个居住者而言具有不言而喻的权威。在周黄两家土地事件中,村民们是存在着一种类似投资规则的认知的,即村民们认为土地应该遵循"谁投资,谁受益"的原则,谁付出了就应该谁享受。黄家这些年在这块土地上付出了劳动,承担了税费,现在理所当然应该获得土地的补贴,也应该由他们家继续耕种这块土地。何况,周某还曾经写过保证书给黄家,在村民们看来,这种保证书实质上就是一种契约,是具备法律效力的。一旦一方援引合同规则来主张地权,是必须遵守的。周某正是迫于"村规民约"的压力而放弃了自己的权利。

与此对应,罗大爷则是利用国家的刚性政策法规来驳斥村中的这种公正伦理。对于罗大爷来说,如果要不回土地,不仅失去了经济收益,对种了一辈子田的老两口而言,在生活上和精神上也没了着落。如果不做最后的抗争,土地的经营权是不可能要回来的,所以不管用什么方法,都必须试着进行争取。

> "当时就是脑壳发热,没管那么多,哪晓得完全在城里住不惯,种了一辈子田,没田种是不行的!再说我们身体都还行,还能种几年,总不能伸手等着姑娘给钱用吧,还是要自己劳动。"

---

① 费孝通:《乡土中国 生育制度》,北京大学出版社1998年版,第25页。

由此可见,老村的"村规民约"并不能为部分利益受损的村民接受,正如罗大爷将上访作为武器依据国家刚性政策争取权利便是最佳的路径,争回了自己的利益。

三、村委会的"平衡术"

站在乡村社会伦理角度来看,周某要求将土地从实际耕种者手中归还给原来耕种者是不符合情理的。在这种条件下,作为国家政策的具体执行者的村干部,一方面需要贯彻国家政策,另一方面又要尽可能地照顾乡村社会的实际以及基本的道义原则,当二者并没有发生直接冲突时,村干部在解决土地纠纷中是偏向后者的,尽可能地尊重"村规民约",从而维持土地经营现状。在老村,对于一般的转包行为,如果双方没有发生争议的话,村干部肯定不会介入其中,这是典型的"没事找事"。而一旦发生争议,村干部也不是简单地依据政策进行判断,有更多的灵活处理方式。那些能拿出书面证明或者有过口头约定的土地流转行为,村干部一般并不是按照政策执行的,而是按照"村规民约"确权给当时的实际耕种者。村干部将这种做法称为遵守"村规民约",在村民自治的制度框架下,将自己没有按政策办事的做法诉诸村规民约无疑是在寻求另一种国家承认,也是一种表述的策略。

但是"村规民约"却并非总是有效的。一旦事情引起乡镇干部的"注意"而介入土地纠纷,村干部不得不尽快寻求各种办法,最终往往以一种妥协的方式来执行国家的确权政策。从上述的两个土地纠纷案例来看,当国家政策和村庄约定产生冲突时,村民都会寻找适合自己抗争的政策规定。然而不同的情况,不同能力和不同个性的村民在争取利益过程中的表现是各不相同的,最终形成的利益分配格局也各异。明显的是,在争取利益的过程中,能"惹事"、最"闹腾"的村民往往更能获取自己的利益,所谓"会哭的孩子有奶吃",罗大爷的上访自然成了解决问题的关键所在。当年罗大爷处事草率,如今不得不在现实状况下讨要自己的地。处理问题的干部们也清楚,如果老人不能得到一定面积的"口粮田"的话,绝不会善罢甘休。由此可见,通过对土地的重新分配来安抚、稳定处于土地纠纷中的农户也成了一种基本手段。

在村干部看来,要地的村民一般分为两种:懂政策的和完全不知道政策的。那些不太知道政策的村民一般会自己去找之前的代耕者商量,这类情况对于村干部来说是比较省心的,这时,村干部往往采取"多一事不如少一事"的态度,任由双方自己商量决定。而那种懂政策的村民是一定会找村干部定夺的,这时,村干部会当面支持要地的村民,再根据事态的发展做出进一步的反应。当然,村干部也会去找

代耕者,劝其将土地归还给要地者,往往代耕者一方是不甘心轻易退让的,在他们看来:

"有税费负担的时候是我承担的,现在免税了又要回去,没有这种不合情理的事情,况且我也不想吃了这么大亏。"

遇到这种情况,村干部也会反过来与要地的人做工作:

"当初谁让你不想好后路抛的?虽然政策是中央制定的,但是在我们基层执行的。乡里乡亲的,也不好太强迫,那我们也是没有办法的事。"

可以看出,在现实实践中,村干部并不是一定严格按照政策规定办事的,他们更多的是抱着"不得罪任何一方"的态度,尽量兼顾两边,但也往往采取"哪方工作好做,就尽力做好哪边"的策略,某种意义上来说更多的是采取一种平衡策略。村干部正是运用这种"打太极"的方式,以求在抛荒者和代耕者之间保持一种平衡。当然在具体的工作过程中,村干部也是"看人下菜",并不是按照统一的规则、运用统一的方法进行的。因此,对于不同的事情、不同的人,他们的工作也会存在差异,最后的土地确权结果也就大相径庭了。

综合上述两起老村流转土地的案例可以看出,能否要回土地基本上取决于两个因素:一是在二轮延包中是否获得了承包经营权;二是农户个体的行动能力。第一个因素可以通过第二个因素发挥更大的作用,第二个因素能否成功又在于第一个因素是否存在。两个条件的结合就形成了一个重要的力量,从而冲击了基层的这种权力实践。其实,在乡村社会农民的权利意识不断觉醒、维权知识不断增加的背景下,越来越多的农民是懂得拿起法律武器抗争,敢于置乡村社会的情面不顾来捍卫自己的经济利益的。对于当初弃田的农民来说,保持沉默就意味着接受"村规民约"的不利安排,而要国家政策得到落实就必须将事情闹大,突破村庄的情理和脸面。这样,在老村,土地确权就具有两种方式,即村内部基于乡村自身情理道德的土地确权以及严格以国家政策为依据的确权。后一种确权模式的出现正表明:基层政权对于土地已经不能再保持一种完整的处置权。

第五节 土地确权的背后

无论是在传统的以农耕为主的农业时代,还是在工业发达的现代社会,"土地是生存之本,是财富之母"已经成为人类普遍的信条。土地作为人类生存发展的基础和源泉始终不变,而土地制度也成为一个社会财产制度的基础。人类社会一直在不断探索以求最优的土地配置方式,从而更好地发挥土地自身的生产功能,创造更多的社会物质财富。面对人多地少、人均资源相对稀缺的现实环境,国家也致力于找到最佳路径以提高农村土地利用率,促进农村发展。在不触动土地根本权属的前提下,通过提升土地价值、延长土地承包期限等一系列措施来不断进行土地制度改革。从国家改革的期望来看,本应是一个减少权力性因素而增加经济因素的过程,然而,改革却增加了基层社会的冲突与矛盾。

一、国家法与习惯法的博弈

上述个案村庄的案例并不能完全囊括中国所有农民对于土地的认知情况,但也能从一个侧面反映出农民对于土地认知方式的多元化和立体性。可以看出,并非一定是由"权力"对"权利"的侵害而使土地矛盾丛生,纠纷频发,其中更蕴含了深刻的社会制度性原因。

自农村税费改革及国家惠农政策实施以来,农村土地价值开始上涨,农民围绕土地的纠纷也逐渐增多。土地权属的确定更直接关系着农民的眼前利益以及家庭的长远发展,争得土地的权属成了农民纠纷的直接行动诉求,其根本出发点在于获得土地产生的利益。然而,经历了几十年的各种土地制度塑造和实践后,农民的某种特有的土地意识已经形成并被强化,他们自身也秉持了一整套关于土地的认知和观念。它以土地产权的历史延续性、土地关乎生存、土地占有的公平性等诸多社会伦理为内容,无论是受传统乡土社会影响的祖业观念,还是带有制度烙印的生存伦理及公平意识,都是农民对于土地产权的地方性共识,是农民自身关于农地产权的认识逻辑。这并非是产权作为"一束权利"的概念所能涵盖的,这种地方性知识的表达,具有内生的合法性,在实践中是极具地方化以及高度的适应性和特殊性的。它是由之前既有的产权结构产生的,并代替了现有的土地法权理念。

改革开放以前,国家通过统一的意识形态和密集的组织结构来管理社会的各个方面,农村社会是高度依附于国家的。随着社会的发展和国家权力的逐渐收缩,大量的社会自主型的活动也随着国家对社会控制机制的弱化得以出现,农民的权利意识也普遍觉醒。国家推动土地变革过程中促使土地各项利益凸显,土地所有者、土地承包者、土地经营者等围绕土地的各个主体也开始进行利益角逐,使得原有主体之间的平衡关系被打破。在不断扩大农户地权的政策背景下,农户更产生了"土地即将私有化"的想象,这导致了他们对土地权利的实现在空间和时间上延伸,更出现了"土地维权"的呼声。费孝通先生是这样论述乡村中国转型的:

现代都市社会讲个人权利,权利是不能侵犯的。国家保护这些权利,所以定下了许多法律。一个法官并不考虑道德问题、伦理观念,他并不在教化人。刑罚的用意已经不复"以儆效尤",而是在保护个人的权利和社会的安全。尤其是在民法的范围内,他并不是在分辨是非,而是在厘定权利……在乡间普通人还是怕打官司的,但是新的司法制度却已推行下乡了。那些不同于乡土伦理的人物从此找到了一种新的保障。①

在制度转型过程中,总会出现像罗大爷一样敢于打破乡村传统伦理规范,运用国家刚性政策维护自己权利的个体,他们与国家的新规范遥相呼应,成为推动制度变迁的生动力量。国家希望建设以个人为土地权利主体的制度形态,实现农民自我的权利主张。然而,国家、基层政权以及利益主体之间缺少默契和共识,无论是在历史时期,还是在当下的农村社会,基层政权从不能作为土地产权的保卫者形象出现。作为基层社会两大利益主体之一的基层政权,由于其自身的利益需求和现实治理需要,更决定了它与农户的地权主张往往发生严重的错位。农户与基层政权的行动逻辑和互动方式共同构成了基层社会的治理内容,在缺少基本共识的前提下,农户凭借力量的角逐来影响基层政权的决策,而为了解决问题,基层干部又不得不以"和稀泥"的方式来平息问题,这在解决问题时无法给出一个明确的是非标准,往往是以引起更多的问题为代价的。

其实在新的地权秩序形成过程中也激发了大量原有秩序的制度因子的复活,这些旧有因子不同程度地影响着新的制度变迁。在中国农村,土地经历了一系列制度变革,从小块土地私有制,到农业合作化与人民公社体制下的土地集体所有制,再到分田单干后所形成的统分结合的双层经营体制,不同时期不同形态的土地制度尽管在实质内容上发生了巨大的变化,但各个阶段的土地制度在意识形态上却保持着一致性和延续性。而这些积淀下来并保存在农民土地记忆中的意识形态在当前制度变革时期成了当下农户地权行动所诉诸的强大的话语资源。新的地权秩序的生成必须面对这一复杂的土地与社会制度所形成的"路径依赖"。而新的地权实现必须深深地嵌入基层社会的治理环境之中,既要面对农民所秉持的传统土地认知方式,又要面对如今地权政策的再次塑造。当国家产权逻辑植入乡土社会逻辑中时,两种不同的逻辑发生碰撞,从而产生了话语的错乱与现实的权属争议,基层社会陷入了一场利益争夺的博弈之中。

---

① 费孝通:《乡土中国 生育制度》,北京大学出版社1998年版,第57页。

二、土地权属的建构

正如同世界上不会有两片完全相同的树叶,也不会有两个完全相同的村庄,每个村庄都有其独特的发展历史、社会环境、亲属制度以及经济活动方式。国家土地制度的实行,必然会遭遇不同的村庄现实从而发生不同程度的调整和适应。正如周其仁所认为的:"中国农村新产权的保护机制不是依托'个人—市民公共领域'制衡国家,而是依托'家庭—村庄社区—地方政府'的联盟与国家之间正式和大量非正式的交易。"①可见,产权的实行是以复杂的合约形式存在于国家与地方之间的,而不仅是国家的上层制度设计,其也会受到"地域"社会的影响,从而生成相适应的合约形式。如果说土地权属的国家建构是一种自上而下的制度安排,那么这种由于不同的村庄"场域"而发生某种程度的改变和适应的现象就可以称为土地权属的地方建构。土地权属绝不是仅仅依靠国家单方面就能决定的,还会受到基层社会的治理结构以及村庄的乡土逻辑的影响。村委会的"变通"的灵活策略和农民自身援引有利政策争取利益最大化等个体行为,其实就是一种地方建构和国家建构的互动。每一个参与主体都会通过自己的方式完成对土地权属的认知和再解读,他们不仅是制度的接受者,更是制度的建构者。从这个角度来说,国家的制度设计必定会受到地方规范的影响,与地方文化传统相遇,完成与农民自身的对接。

中国土地产权的观念塑形与村落的社会结构之间有着自洽的逻辑,祖业权是嵌入以血缘为主要纽带的乡土社会之中的,生存权和公平权的主张也是旧有制度塑形的延续。所以在土地纠纷中我们看到"宁失荒山不失业"的坚持,看到"口粮田"所具有的道义支持,也看到村民观念中的公平公正对于土地权属问题的影响,也正是这些观念汇集形成的"村规民约"使得土地权属变得异常复杂和不确定。张小军曾提出"象征性地权有赖人们的观念认同、文化习俗、社会关系以及政治权力,是一种象征资本的产权形式"②。正是一个地方多年的这种观念认同、文化习俗、社会关系以及政治权力相互交织,形成了地权实现的乡土土壤。在老村"确权确地"的实践中,"村规民约"成了重要的影响因素,在很大程度上影响了农民判断

---

① 周其仁:《中国农村改革:国家和所有权关系的变化——一个经济制度变迁的回顾(下)》,《中国社会科学季刊》1995年第6期。
② 张小军:《象征地权与文化经济——福建阳村的历史地权个案研究》,《中国社会科学》2004年第3期。

土地权属的认知,权属的确定可以"不合法",但不能"不合理"。"口头协议"也可以被当作一种具有"法律效力"的依据,作为国家代理人的村干部在面对政策与"规矩"时也会左右为难,甚至"睁一只眼,闭一只眼",难以绕开"村规民约"来强制执行一种制度的安排。

可见,在国家不断"还权于民"的过程中,农民也并非只是被动的接受者,他们在乡土逻辑的影响下也在不断地进行制度的"再解读"和"变通",从而争取自身利益最大化。从这个意义上看,土地权属其实是国家和地方的一种相互建构。

第六节　总结与建议

随着国家法律和政策对于农民土地权属的保护,并逐步推进农村税费的改革、惠农政策的实施以及确权确地的进行,基层社会中原有的地权秩序被打破,但一种新的、稳态的地权秩序却还没有完全生成。正是在这个过程中,利益重新洗牌,必然引发土地的冲突与纠纷。本章关注的是在国家还权于民的"土地新政"下,农民、基层政权以及国家三者间的互动及其对土地制度实践形态的再次塑造,可以得出以下结论:第一,随着国家政策效应的累积,土地的"村社权利"在向"个体权利"转换,围绕地权的行政权力被压缩,农民的土地权利意识被唤醒。第二,土地权属不仅在于国家建构,地权建设更与地方的经济、文化以及基层治理有关。要兼顾基层社会行为主体的行动特征,农民并非是被动的接受者,更是制度的"变通者"和"改造者"。第三,地权转型常常是伴随着社会冲突的,能否顺利完成取决于新的地权合约对于社会系统的合理嵌入。

农村税费改革之前,农民因为沉重的种田负担而不珍视土地承包权利,村社所代表的行政权力全面进入农地承包实践。在农业税费的取消、国家惠农政策的实行、土地确权的完成等综合因素的作用下,农民享有的土地权利不断增长,其产权观念也不断被塑造出来,"个体"的权利开始张扬,最终压倒了"集体"的一面。现代意义上的产权观念进入村庄,农民对于自身土地权利强烈的保护与伸张意识不断增长。无论是传统乡土社会遗留的祖业观念,还是打上制度烙印的生存伦理和公平意识,都是农民对地权的地方性诉求。上述所有案例虽然不能囊括地权纠纷的所有形态,但从选取的这些典型个案中,可以明显地看出地权归属的影响因子,并且,诸如祖业观、生存伦理和公平意识等因子还普遍存在于乡土社会,它们作为一种"潜在话语",隐形地介入到地权纠纷中,影响着地权的归属问题。

当今社会经历过多重土地制度的更迭,形成了以权力作为土地配置的惯性力量的格局。在这种情况下,当基层的利益主体不甘心国家给定的地权秩序时,种种历史的制度遗产就复活了,从而与新的制度生成相纠缠。如何厘清农户的传统土地认知方式与新的地权秩序的关系,又如何在国家与个人互相塑造的过程之中形成一种制度化、法治化的利益沟通机制,进而在新的历史基点上达成关于地权的共识,这是今后农村土地制度变革面临的根本性难题。从这个意义上说,尊重历史背景,注重产权变革和社会制度之间的互动性,才能积极稳妥地推进土地制度变革。

第十章　农民工流动背后的行为逻辑*

——基于江西省梅林村三代农民工的研究

随着经济社会的快速发展和改革的深入，一批又一批的农民摆脱土地束缚，离开农业和农村，开始了自由流动，并逐步向城市集聚。他们或务工或经商，或就业或创业，对改变农村面貌、加快工业化和城镇化进程做出了历史性的重大贡献。正如费孝通指出的："中国发展的根本出路是将亿万农民从土地的束缚中解放出来，其具体途径就是乡村工业化。"①随着时间推移，农民外出流动经历了"不离土不离乡，离土不离乡，离土又离乡"三个阶段，并形成了三代农民工群体。②邓大才以时间为分割点划分"三代农民打工者"：第一代农民工是指改革开放后，于20世纪80—90年代分田到户后外出并进入非农产业就业的打工者，他们具备传统农民的特征；第二代农民工是指20世纪90年代后期开始进入城市打工的农民工；第三代打工者即新生代农民工，是指2000年以后外出的打工者。由于出生年代和成长的家庭与社会环境不同，老中青三代农民工表现出不同的人格特征，他们的价值观念不再具有高度同质性，在观念、文化和行为上呈现显著差别，同时在择业状况、务工逻辑上也出现了代际差异。按邓大才建构的框架③，1990年是区分前两代农民工的时间分割点，第二代务工者普遍缺乏务农经验，因为他们大多数是中小学毕业或中途辍学后直接进城务工，而不像他们的父辈经过几年务农才进入城市；而新生代农民工与以往的农村劳动者也有所不同，他们受教育程度较高，务工前在城市已有几年生活经验，对城市充满了向往，渴望融入城市享受现代城市的文明，大学或中

---

* 本章作者为王坤，华中师范大学中国农村研究院硕士研究生。
① 《费孝通选集》，天津人民出版社1988年版，第158页。
② 邓大才：《农民打工：动机与行为逻辑》，《社会科学战线》2008年第9期。
③ 同上。

专毕业后直接留在城市务工,他们的思维方式和行为方式以城市为坐标,更渴望依靠智力而不是体力在城市生存。

徐勇在《农民理性的扩张:"中国奇迹"的创造主体分析》一文中阐释了"农民理性"的扩张,由生存理性扩展为发展理性,将会释放出传统农业社会和现代工商业社会都未有的巨大能量,产生"叠加优势",从而成就"中国奇迹"。① 目前农民外出务工出现了一种新趋势,即由"为温饱而打工""为用钱而打工"转向"为离开农村而打工"。打工逻辑从"饥饿逻辑""货币逻辑"转为"前途逻辑"。那么在新时期意识形态背景下,农民工的流动和发展是怎样变化的? 在这一过程中哪些因素影响了农民工行为逻辑及变化趋势? 这些因素作用大小、程度深浅如何? 在目前变化趋势下,农民工的行为逻辑还将怎样发展?

基于对以上问题的探索,本章选取了能较好反映三代农民工务工逻辑动态变化的梅林村作为研究样本。从改革开放至今,梅林村三代农民工的演变恰恰反映了农民工从初期"出来挣钱,看世界"的内在驱动,到后期逐渐转变为一种新的生活体验的逻辑变化。外出农民工在社会化的过程中不断更新自己的价值观念和行为模式,务工逻辑经历了"生存理性——市场理性——发展理性"三个阶段。笔者将梅林村农民务工逻辑变化作为动态的研究个案,对黄平的《寻求生存——当代中国农村外出人口的社会学研究》②进行素材的补充和进一步分析,并试图从社会学和历史学的视角对当今中国农民外出打工的动机与行为做合理的解释。这对深入认识农民迁移的动因有所裨益,也许能为国家城镇化进程与现代化发展提供决策启示。

第一节 "穷则思变":生存理性的推动

1978 年改革开放的一声炮响,唤醒了贫瘠而闭塞的梅林村人,一些具有经济意识底蕴的农民,开始在土地之外寻找致富契机。面对人地矛盾日益突出、农产品价格降低、农业比较利益下降、地区贫富差距进一步拉大的状况,出于生存需要,农民暂时离开农村陆续走向城市。在社会流动的初级阶段,农民外出务工主要是基于"穷则思变"的变革激情和对美好生活的追求与向往,是在生存压力下做出的理性选择。正如文军所说:"农民外出就业是理性行动的表现。"③本节的研究触角主

---

① 徐勇:《农民理性的扩张:"中国奇迹"的创造主体分析》,《中国社会科学》2010 年第 1 期。
② 黄平主编:《寻求生存——当代中国农村外出人口的社会学研究》,云南人民出版社 1997 年版。
③ 文军:《从生存理性到社会理性选择:当代中国农民外出就业动因的社会学分析》,《社会学研究》2001 年第 6 期。

要是实行家庭联产承包责任制后至1990年的这一阶段梅林村第一代农民工的流动状况。

一、"真是穷啊"

（一）勒紧了腰带过日子

"80年代，我们家真是穷到揭不开锅了。为什么呢？我丈夫是过继的孩子，家里什么都没有，房子是兄弟姐妹给盖的，刚结婚那会儿，丈夫父亲就生病了，家里为了给老人家治病，借遍了所有亲戚，欠下了四五千元的债，每天都是勒紧裤腰带过日子。"在追溯自己务工前的生活时，村民熊大姐这样展开她的回忆。

XHL，现年43岁，小学文化水平，至今有10年的农民工工龄，现在村委会负责后勤工作，她在家里排行老四，目前是两个孩子的母亲，大儿子今年19岁，已经读大学了，小女儿8岁，马上要读小学一年级。说起她的第一次务工经历，熊大姐满怀兴奋地告诉我，要追溯到1985年她十五六岁的时候。

我："你是怎么想到出去务工的呢？"

XHL："我爸爸那个时候弄了鱼塘，我没事就去帮忙，他每天都听收音机，我在那里听到收音机说改革开放怎么好，深圳那边在开发，怎么发达。心里就想着要出去看看，小学毕业在家也没事干，那个时候村庄在修路，我就在工地给别人看材料也赚不到钱。于是我们四个女孩子，就商量着去最近的南昌碰运气，要闯一番事业回来，都不准和自己的父母说。早上起来我拜了菩萨，中午就和我父母说去放牛，她们说去上厕所，都是偷着出去的，家里人不知道。后来有两个女孩被家人找回去了，就我和另一个女孩子到了南昌。"

我："那你们是怎么到南昌的呢？"

XHL："每人带10块钱，4.5元坐了车，路上什么都不敢吃，下车就到处问哪里能找到事做，最后去到南昌钟鼓楼劳务市场。快到晚上，一个福建的老板娘过来问：'你是不是过来找事做的，去不去卖面包？'我说：'去！'就这样我们就在南昌待下来了，和我一起出来的那个女生就在商场卖衣服。"

我："那你当时出去是抱着什么样的心态呢？"

XHL："想过好日子，想买件新衣服，那个时候没什么大的想法，家里实在是没有钱，做女孩子也没有钱，在家里给别人做事1块钱一天，赚不到什么钱,我们都不愿意做。听着收音机说外面怎么好,我很早就有个心愿,就想出去打工,就跑去南昌。"

我:"那你怎么想到去南昌呢?"

XHL:"刚开始也不知道远点地方是哪里,听说有人在南昌那边做事,觉得还不错,就想着跑到南昌去。在那边做了两个月后,因为很想家就回来了,回来后就不让出去了,再出去就是结婚以后了。"

XHL 在此提到的"结婚以后",就是 1989 年因给丈夫的父亲治病,导致家里一贫如洗,最后不得不外出务工赚钱还债。在此首先要对熊大姐当时的生活情况做一个简单的回顾。

我:"那说说你和丈夫结婚后的事吧?"

XHL:"我和丈夫的婚事是由家里人指定的,那个时候经常会请帮工,我丈夫到我家做了一年多,我父亲看他人勤快、能吃苦,这个孩子挺可怜的,过继的孩子什么都没有,就想着把我嫁给他。一开始我不同意的,后面父亲决定,我也没办法。1989 年我们结婚,房子都是两方亲戚凑钱给盖的,基本没存下什么钱,日子过得就挺辛苦。下半年他父亲脑血栓发作,挺严重的,拉去好几个地方看都看不好,后面送到市里医院住院。为了给丈夫父亲治病,借遍所有的亲戚,欠了三四千的债。家里就他一个儿子,那个时候家里真的是日子没法过了,每天就只是喝稀饭,勒着裤腰带过日子,最穷的时候家里只有五块钱,到处给人做事。"

说到这里 XHL 的眼眶略微红了,情绪也有些波动。我微微点着头,想着说几句安慰的话,但是又不知道从何说起,只有顺着她的话说下去。

我:"你那个时候不种田吗?"

XHL:"种田根本赚不到钱,分田到户以后,我家 5 口人分到 4 亩 8 分,一年早晚两季稻,早稻 800 斤,晚稻 1000 斤,这样一亩下来 1800 斤左右,4.8 亩一起是八千多斤,当时收购价 12 元/百斤,累死累活一年下来只有一千多块钱,还要交各种税,成本就要 300—400 元,最后剩下来收入不到 600 元,我家 5 口人就靠 600 元养活,怎么够啊,还欠了几千块钱的债,日子过得真苦啊。"

XHL 的话为我们勾勒出了梅林村 20 世纪 80 年代末农民种田的实际情景。十一届三中全会后,党和国家的工作重心转向经济建设,全国各地实行大规模城镇工业化建设,伴随着大量工厂、房屋、桥梁和铁路等基础配套设施的修建,国家财政投入日益增多,致使本来就很紧张的财政更加捉襟见肘,而如此大的财政支出被转嫁到农村,以农村的缓慢发展为代价。

"有限的农业产出和农民收入实在难以支撑一个需要雄厚财力支撑的现代化体系。"①重工业轻农业的发展模式,导致全国粮食总产量增长减缓,农药、化肥、农机等农资产品价格大幅上涨,而粮食的价格持续下跌,农民种田效益不高,增收困难,这在一定程度上挫伤了农民的种田积极性,而沉重的税费又成为压垮农民的最后一根稻草,许多不甘现状的农民想方设法另谋他路。梅林村的村民离土进城多是受生活所迫,为生存的内在纯经济因素所驱动。

(二) 借钱买棉种

> 曾经在梅林村担任生产队副队长的YPF说:"在生产队上,干一天活赚10个工分,一年下来三千多工分,一个工作日开支7.5分钱,一年下来两三百块钱收入,加上爱人,她一年赚两千个工分,当时10分是0.75元,两个人一年能赚500块钱,另外,生产队分油100多斤,还有一些杂粮(小麦、红薯、玉米等),还能养家糊口的,分田后就都没有了。"

谈起当年集体化时期的生活时,杨大叔还是有些怀念,在此补充杨大叔的务工履历。YPF,汉族,1956年生于梅林村。20世纪70年代担任梅林村第二组生产队副队长,80年代开始外出务工,先后去过广东、浙江、福建、湖南,干过木匠、建筑工、鞋厂工人,后做保安。2006年回村,至今已有17年的打工工龄。目前儿子和女儿都在外打工,妻子在梅林镇斯米克陶瓷厂做工。

> 我:"谈谈实行家庭联产承包制后的生活吧?"
>
> YPF:"那个时候有什么,早前什么都没有,全家10亩地,我5个兄弟2个妹妹,再加上父母,家里九口人,靠着六千多斤粮食度日。1984年的时候,几个哥哥都分家了,我结婚很晚,1987年结婚,我和父母一起住,最后留下4亩多地,那个时候生活水平低,种田一年就几百块钱,政府还要收各种各样的费,只够自己吃的,农村穷啊。"
>
> 我:"有没有想过做点别的事情?"
>
> YPF:"农村有什么事做,工资又那么低,都是自己干自己的,1988年的时候我学人搞甲鱼养殖,把家里的积蓄全投进去了,后来效益不好,赔了一大半。到第二年开春的时候,家里都拿不出买棉花种子的钱,还是找邻居借钱买的棉种子,那个时候我小孩子才三岁,现在说起来还记忆深刻。"

---

① 徐勇:《积极推进农村税费改革的理论研究》,《财政与发展》2004年第3期。

我们看到,在 XHL 和 YPF 的讲述中都多次提到税费,那我们就来回顾一下 1988 年梅林村的征税项目。其征税项目包括农业税、特产税、乡镇统筹和村提留,其中乡镇统筹项目包括计划生育、五保、优抚、植保、医疗、水费、广播、民兵训练等,村提留项目包括公积金、公益金、管理费、村上交。拿到账目,我怔住了:各种税目、品目繁多,而且许多都是数额较大的税费。可想当时农民的生活是如何的不堪重负,难怪提及 80 年代的农业税,农民就一肚子委屈和不情愿。

访谈对象:梅林村村民

问:"那会儿你们每年要交多少税?"

答:"我当时家里有 6 口人,分有 5 亩多田,一年辛苦下来交完提成,自己吃的也就没剩下多少了。"

问:"那个时候感觉压力大吗?"

答:"很大啊,我又干不了什么事,在家里就是种点粮食,交完税,最后种的只够自己吃的,根本卖不了多少钱。村里还要收这税那税的,真是烦人。"

问:"看来,你对征收税费意见很大啊?"

答:"那不是,很多莫名其妙的税,太多了,都不知道哪里来的,我真不愿意交,也交不起啊。而且摊派不公平,村里有很多做生意的有钱人,不干活,把田租给我们,累的苦的是我们,到头来我们交的比他们还多。"

问:"如果村干部来催交钱怎么办?"

答:"反正都是拖着,要是来催得急的话,就交一点。只要听说有人不交,那我就继续拖着不交。"

从上述访谈内容可以看出,当时在农村从事农业生产获得的比较收益极低,且沉重的税收已造成农民诸多的抱怨和不满,实行家庭联产承包责任制后,解放了生产力,然而,处于农村劳动力剩余状态下的农民却很难获得较好的生活,有能力和野心的人也不甘心窝在小村子里,在这样的形势下农民正在被一步步推出农村。但是,我们所熟知的中国农民是"安土重迁"的,正如费孝通先生指出的:"乡土社会是安土重迁的,生于斯、死于斯的社会。"①"直接靠农业来谋生的人是粘着在土地上的","以农为生的人,世代定居是常态,迁移是变态"。② 在传统乡村社会,农民的社会交往和生活意识都限定在家族性和乡土性融为一体的"圈子"内,那么在

---

① 费孝通:《乡土中国 生育制度》,北京大学出版社 1998 年版,第 50 页。

② 同上书,第 7 页。

"生存理性"的驱使下,此时的梅林村农民如何展开谋生手段呢?

二、"怎么办"

包产到户激发了集体化时期被严重抑制的生产热情,一定程度上改善了梅林村村民的生产条件和精神状况。但相对人口总量而言,人均占有土地较少,人地矛盾变得更为突出,此时人口与劳动力过剩现象也愈加明显。不仅如此,随着市场化进程的加快,农民的生产性支出负担日趋增大,土地比较收益日益降低,加之各种税收摊派超出农民的一般承受能力,造成农民种田不赚钱,农业成为弱质产业。此时的梅林村经济和农民收入增长缓慢,进入僵化、停滞状态。换言之,农民拥有了土地,却得不到预期的财富,处于这种尴尬时期的农民纷纷选择流动,走出乡村,离开土地。"据四川、安徽、湖南、湖北、河南、江西6省不完全统计,1982年,外出务工的农民尚不足100万人,1993年猛增到300万人。"①那么在这一背景下,被访者XHL和YPF是怎么选择的呢?

(一) 给人做保姆

"改革开放了嘛,国家说允许办工厂,村子里几个有钱的就到镇上办水泥厂子,村长和几个村干部都带头搞,那个时候有能耐的人都跑到镇上、市里搞事,但是那些都是要有关系才进得去,我和我老公没啥本事,上面(镇上)又没有啥亲戚,就在村子里做事。"村民熊大姐继续展开她的回忆。

我:"那你在村里做什么呢?"

XHL:"我老公在家种田,我给人家做保姆,旁边村子有个富人,是在镇上开厂的,夫妻俩都在外面忙乎,生下孩子在村里,没人照看,就请我去带孩子,给做饭、洗衣服,照顾他们的父母亲,包吃住一个月30块钱。"

我:"那你做了多久?"

XHL:"做了半年不到就没做了。"

我:"你为什么不想做了呢?"

XHL:"我自己的孩子才1岁,我放心不下孩子,在那个人家里管得严,整天都要守着家里做事,很少有时间回来看孩子,我老公一个人在家里,干不来什么,小孩子还是要母亲来照顾,儿子在家里就老生病,我见了心疼。有几次溜回来,被老板(雇主的母亲)发现了,啰啰地讲了我好久,

---

① 中共中央政策研究室农村组:《关于农村劳动力跨区域流动问题的初步研究》,《中国农村经济》1994年第3期。

我心里面难受,感觉挺委屈的,干了半年就回来了。"

我:"这之后还有做别的吗?"

XHL:"在家休息了一个月,到自己村子里找了份事做,照顾别人坐月子,女的是旁边尚庄镇(杨溪村)嫁到这边来的,隔得有点远,男方母亲过世了,女方家里又没来人,放在家里没人照顾,就让我过去照顾一下。早上和中午在那边吃两顿,晚上回家,一个月22块钱。干了两个月,她月子做完我就回来了。"

改革开放的政策目标之一是缩小城乡差距,但事实上农村普遍的经济贫困、原材料的匮乏和剩余产品的短缺阻碍了生产技术从城市向农村传播,城乡两者间的鸿沟反而被拉大了。由于集体化时代的公共福利全部消失,土地成了农民生活中最后的安全保障。然而,土地的分割和自由市场的蓬勃发展暴露了农村就业不充分的严重问题。可以说,处于劳动力剩余状态的梅林村村民,只能在村庄中谋得类似于保姆这种短暂、稳定性较差、收入较低的职业以维持生计。用农民工熊某的话说:"当时不打工,就要被饿死。"

(二)帮人做木匠

据 YPF 讲述,当时实行家庭联产承包制后,梅林村人均可分得的耕种土地大约是 0.9 亩,这样的人均土地占有量低于当时全国人均占有水平(1.2 亩)。可见,尽管可耕地面积能够满足村民最基本的生活需要,但狭小的土地面积却降低了农业生产多样化以及通过集约化生产抗击潜在风险的可能性。另外,由于中国长久以来的平均意识,人们总是试图平均地分配好地和坏地,一块 0.9 亩的土地往往由许多分散的小地块组成。① 这更加降低了土地的利用价值,农民被迫去从事副业以谋生计。

我:"养殖失败后,你做了什么?"

YPF:"种田赚不到钱,我就在村里给人做木匠,以前小的时候,父亲带我去学过几年,我自己会打一些简单家具,那个时候不像今天,农村椅子、桌子、碗柜、床等家具都是木匠做出来的,会一手木匠活在农村还是可以混下去的,养甲鱼亏钱后,我就跟着师傅做工,一个月 60—70 元的工资,农忙的时候回去干一下农活。"

我:"这样挺好的,那你干了多久?"

YPF:"一年多,后面村民对木制家具的要求越来越高,对家具的颜色

---

① 〔爱尔兰〕瑞雪·墨菲:《农民工改变中国农村》,黄涛、王静译,浙江人民出版社 2009 年版,第 39 页。

和款式开始挑剔了。我的手艺一般,做木匠活就没有以前吃香了。到后来,上门来请我做木匠活的人少了,连隔壁吴老师家的儿子结婚都没有请我打家具。"

我:"你当时有没有想过其他方式谋生。"

YPF:"没有,从小父亲就告诉我,只要学会木匠,这辈子就能过活了。我只会木匠,其他都不会,我一直都在坚持,生活过得很困难。"

我:"那你有没有想过重新进行养殖呢?"

YPF:"我想过,也和老婆商量过,但是经济上已经很拮据,没有闲钱,家里老人也要照顾,没有条件再继续。"

在改革开放后,尽管手工艺依然很重要,但各种家具、器皿以及纺织制品的大规模机械化生产,使得手工制造者很难从这项营生中获利。市场化改革给村庄注入了新鲜活力,赋予农民剩余处置权,优化农村资源配置,但在土地资源有限的情况下,随着人口不断增加,处于劳动剩余状态的农民在农村无法通过劳动寻求有效的收益,其结果必然是生存条件日益紧张化,此时外出务工经商就成了他们的唯一选择。

三、"只能闯一闯了"

美国心理学家亚伯拉罕·马斯洛认为:人是有需要的动物,其需要取决于他已经得到了什么,还缺少什么,只有尚未满足的需要能够影响人的行为。每个人在某一时期都有一种需要是主要需要,其他需要则是次要需要。而衣、食、住、行等生理需要是人最基本的需要,一个人只有满足了最基本的生理需要,才会有精力去考虑更高层次的需要。

(一)先走出去吧

20世纪80年代末期,梅林村村民的社会交往圈仍未跳出以亲缘、地缘为主的人际关系网络。从外面回来的村民总是会带几个家里的亲戚走出去,几年后,这些被带出去的人不仅为自己,而且也为他们"关系圈"里的朋友找到了在外长期工作的机会,就像"链条"一样,从城里反馈回来的大量消息通过这根链条传播,从而使外出打工变得更加容易。随着城市制造业的日益膨胀,城市的用工需求越来越大,外出打工的人也越来越多,人们逐渐了解外面的世界哪里有钱赚,此时梅林村的村民也开始跃跃欲试了。

以下是根据YPF的访谈整理的内容。

我:"所以你就出去打工了?"

YPF:"嗯,家里要吃饭啊,父亲母亲要负担,种田赚不到钱,手艺也丢了,村里面工资低,养殖欠的一些钱都没还上,我只能出去闯一闯了。"

我:"你是自己出去的吗?"

YPF:"不是,我的一个玩得好的发小从外面回来,他很早就出去了,也是做木匠,在外面干了几年,干得挺好的。家里生活改善不少。闲聊的时候,他听了我的情况,就问我要不要去广东看一看,那边工厂正缺会手艺的工人,干得好就留下来,不好就回来。想着先走出去吧,抱着试一试的态度,我就跟着他去了。"

我:"你去了就留下来了吗?"

YPF:"先去了广东东莞,在那边家具厂做装配打磨工人,在一个村子里,工作环境不好,住的条件很差,每天工作量很大,工资也一般,赚不到啥钱,干了一个月,后面又跟着另一个工友去了顺德,找了一家电风扇厂做配件,环境还可以的,工资每个月120元,也比东莞高,我就留下来了。"

利用社会关系网络结伴外出务工、依靠亲友介绍工作是前两代农民工初次外出务工或求职的共同特点。其原因主要有两方面:其一,中国传统文化的特殊性。梁漱溟认为,"中国社会是一个关系本位的社会,为人处世永远是将关系放在首位的,也就是从他人与自己的关系出发来决定如何行事"①。在这种关系本位的社会文化系统中,资源的流动、信息的传递都是在一定的社会人际关系网络中进行的,个人要在人际关系网络中才具有社会价值意义。受这种传统文化熏陶形成的"惯习",使得农民比较倾向依赖非正式的个人关系网络寻求外出务工或求职的机会。其二,中国社会结构的特殊性。当代中国处在急剧的社会转型时期,那种依靠国家行政权力分配社会资源的传统方式趋向弱化,而新的以市场交换关系来配置资源的方式又尚未完全建构起来,因此,非正式的社会关系网络就成为建立和维护信任关系、进行交换和寻求支持的基本形式。②

由于多年来实行计划经济,导致城乡壁垒、条块分割,严重割断了地区之间、乡村农民与城市企业间的横向经济联系,使得农民流动就业要依靠人际关系网络来实现。在这样一种背景下,农民可利用的也只剩下异地亲友、同乡这类初级社会关系。通过这类社会资源,农民可以获得外出就业的多方面帮助,如了解外面就业需求信息、中间担保、介绍就业等。在农村隐性失业严重的情况下,掌握外出就业信息就意味着拥有潜在获利的机会,而介绍什么人外出就业则具有利益分配的性质。

---

① 梁漱溟:《梁漱溟全集》(第三卷),山东人民出版社2005年版,第95页。
② 许传新:《农民工的进城方式与职业流动——两代农民工的比较分析》,《青年研究》2010年第3期。

那些掌握外出就业资源者,通常依据与自己关系的亲疏来分配这种就业机会,首先是家族成员,然后是无亲缘关系的朋友、邻里或者其他人。

(二) 干几年,先把债还上

费孝通认为中国传统社会关系的建构以及人际关系的逻辑是围绕"差序格局"运作的,"在差序格局中,社会关系是逐渐从一个个人推出去的,是私人联系的增加,社会范围是一根根私人联系所构成的网络,而所有的道德也只在私人联系中发生意义"①。"从己向外推以构成的社会范围是一根根私人联系,每根绳子被一种道德要素维持着。"②由此可见,中国人的行为逻辑受着传统社会内在结构的影响,"脸与面子渗透到中国人的日常生活中,是中国人人际心理中最基本、最微妙的准则,也是中国人社会互动的最重要的符号"③。

XHL:"实在是逼得没有办法了,我就和丈夫商量着出去打工,月底的时候我姐姐听说义乌那边有厂需要人,带着我和丈夫三个就赶过去,在那边的下付村,做木质工艺品加工。"

我:"第二次出去,会害怕担心吗?"

XHL:"当然害怕,那个时候四点钟到火车站,住旅舍口袋里没有钱,出来时候50块钱路费还是向嫂嫂借的,买了38块的火车票,口袋只剩12块,不敢吃东西,人冻得不行,就拿着带的被子裹着身体,挨到早晨六点,坐在门口一个多小时等老板开门。"

我:"这么辛苦,你当时是怎么想的?"

XHL:"苦点没关系,都是苦过来的,想能赚点钱啊,干个几年,先把债还上,过年的时候来催债,都是亲戚朋友,很不好意思,能把钱还上,这样安稳一点,心里踏实。"

"面子"在传统的乡土社会中具有重要地位,是农民较为重视的方面,传统生活中"面子"是维持人际关系与社会秩序的纽带,农民的许多行为都受"面子"观念的驱使,是碍于情面做出的选择。在上述话语中,XHL 面对庞大的债务压力和严峻的生存环境,基于生存的考虑,被迫选择外出务工。可见,生存作为农民最基础的需要,一直被农民放在首位考虑,正如斯科特和恰亚诺夫认为小农的偏好、行为是追求生存最大化,一切经济活动以生存为目标。农民的逻辑行为正是基于生存

---

① 费孝通:《乡土中国》,江苏文艺出版社 2007 年版,第 32 页。
② 同上书,第 36 页。
③ 翟学伟:《中国人行动的逻辑》,社会科学文献出版社 2001 年版,第 76、81 页。

境况所做的选择,而通常也是谋生的最合理方式。① "农民是理性的,他们能够在非常狭小和极其严酷的环境下做出最优选择。"②

四、城乡二元经济与农民的生存理性

概括地说,梅林村农村劳动力外出既有内部原因,又有外部原因。在这当中经济原因又是最直接、最明显的。经济原因主要表现在:一方面,我国在实行了多年的计划经济体制与城乡分割制度之后,城市现代资本工业与乡村传统农业存在严重失衡,然而随着市场化改革的进程,这一现象不仅依然存在,而且表现得更为突出,逐步形成一种特殊的二元结构。对于中部地区偏远的梅林村来说,在这样的二元经济结构特征的社会中,从事农业活动的劳动边际生产率很低,甚至是零或负数,农产品价格降低,农业比较利益下降,农民收入徘徊甚至出现负增长。另一方面,村庄人口的过快增长,劳动力的无限供给,造成梅林村中出现大量的剩余劳动力,这些收入固定在糊口水平的劳动力被迫向较高利润的城市工业部门流动。正如徐勇、邓大才的社会化小农分析理论所言,农民外流是对家庭剩余劳动力的社会化配置,就像是市场对资源的配置一样。③ 当外部工作机会较多,且务农收益小于务农机会成本时,劳动力就会进行社会化配置。除此以外,"小农家庭劳动力配置还取决于生存压力与货币压力、生存拉力与货币引力的均衡"④。梅林村农民工在这一阶段选择外出务工谋生既有受制于劳动力机会成本的背景,更多的是生存压力和货币压力的均衡因素影响。

此外,如亚当·斯密所说,人是完全理性的"经济人",人的行为动机以自身利益的最大化为目标,以最小的代价获取最大的经济利益。农民自身作为主体,必然有其理性。国内众多学者用实证研究和推理演绎等方法,从理论上肯定了农民理性的存在。实行联产承包制后,温饱已基本保证,农民想的盼的是进一步致富,然而面对人多地少的压力,加上其他自然条件的限制,靠传统农业难以维持日常支出,加之长期的城乡分割和城乡生活水平的差距,使之成为推动农村劳动力外出最直接的原因。"社会化小农是理性的,其理性不表示农户像企业一样追求利润最大化,也不是像单纯消费者一样追求效用最大化。小农最重要的是保证、维持家庭正常运转,其理性表现为追求货币收入最大化,缓解生产和生活的现金支出压力。"⑤

---

① 王飞、任兆昌:《近十年中国农民理性问题研究综述》,《云南农业大学学报》2012 年第 3 期。
② 罗必良:《向农民学习——一种经济学的解释》,《南风窗》2002 年第 4 期。
③ 徐勇、邓大才:《社会化小农:解释当今农户的一种视角》,《学术月刊》2006 年第 7 期。
④ 同上。
⑤ 同上。

梅林村的农民工正是在此背景下选择外出务工的,类似梅林村这种以生存理性为主的务工行为这一时期正在全国各地上演。

第二节 "跟着市场走":市场理性的主导

司马迁曾明言:"天下熙熙,皆为利来;天下攘攘,皆为利往。"①马克思也说过:"人们为之奋斗的一切,都同他们的利益有关。"②由此不难看出,个人的发展离不开个人利益的驱动,个人利益是个人发展的逻辑起点。马克思和恩格斯曾在《神圣家族》中指出:"'思想'一旦离开'利益',就一定会使自己出丑。"③在他们看来,利益是社会联系的纽带,市场经济充分肯定个人利益,追求财富和富裕的生活已经为社会所肯定。西方个人本位价值观念的涌入,使中国人的思想发生了急剧变化,人们更加重视实惠讲究效益。行为主义学家马斯洛把人的需要依次分为五个层次,他认为人的低层次需要得到满足后,会产生新的更高层次的需要。经历了务工流动初期,农民的经济收入有所增加,其生活得到一定满足后,处在流动中期的他们又会产生什么样的需求呢?有学者认为,每个阶层的人因自己利益诉求的不同,所表现出来的逻辑行为是有差异的。同样,农民工对于务工选择所表现出来的态度会因其所处的不同阶段而发生一定的变化。努力获得生存条件是农民流动的最初目的,进而使他们的经济利益也得到一定程度的满足。那么此时的他们是如何利用从外界所获取的资源或行为规范来改造自身的呢?

一、南方有机会就南下

(一)听说广东那边需要人

1996年春节前,与往常一样,常年在外务工的梅林村农民开始陆续返乡过年。腰包渐渐鼓起来的回乡农民工最大的喜好就是聚在一起打牌、搓麻将,侃侃自己在外面的生活。牌场是梅林村村民的固定聚集点。一般的话,你若在村里走上一圈,看到那些大门紧锁的,大部分都是下地了或者是去牌场打牌了,所以,只要去牌场转一转,很容易就可以找到你要找的人。牌场在梅林村很是红火,村里经营小卖部的基本都开有牌场,一般会有三四桌人打牌,围观看的人就更多了。打牌的人也分年龄层次,一般老人不和年轻人一起,他们自己玩一桌,以消遣娱乐为主,而年轻人

---

① 《史记·货殖列传》。
② 《马克思恩格斯全集》第1卷,人民出版社2002年版,第187页。
③ 《马克思恩格斯全集》第2卷,人民出版社1957年版,第103页。

基本上是赌博。牌场就像个梅林村民小社会,聚集了形形色色的人,连接着村庄和外面的世界,是外界信息进入梅林村发布的场所,通常新闻都是从这里首先传播开的。许多外出返乡的年轻人在这里一边打牌一边闲聊,他们聊生活,聊赚钱,聊村里其他务工人员的情况,交流务工的经验以及一些与他们有关的国家政策。比如哪里好,赚了多少钱,哪里又缺人,打工遇到哪些趣事。所以牌场是梅林村的信息集散地,是现代城市文明对梅林村民之影响体现最为真实的场所。受访者 FHB 就告诉我,他是在牌场里听到消息,然后跑去广东的。

> FHB:"我以前是在丰城市的棉纺厂做机械检修工的,一个月四百多块钱,春节回来和他们打牌,桌上有几个从广东回来的,腰包鼓鼓的,出手很阔绰,玩得挺大,他们在牌桌上说,广东那边好赚钱,随便搞点事就是钱,像我这样的检修工在广州那边到处抢着要,那边纺织厂都是做外贸单的,一个月工资就是上千。听着我就挺心动的,就让同乡给我留意下,看看有没有机会也过去做事,后面吴就给我打电话说他们厂需要人,但是,不是检修工,是纺织工,问我和我老婆想不想去,我想着也是个机会,先干干看以后再说,就带着老婆去了。"
>
> 我:"那你去了工资有多少呢?"
>
> FHB:"噢,那还是比内地高,我会修理嘛,除了做生产也让我负责修修机器,所以工资高一点,一个月七百多块,我老婆做纺织,一个月六百多。"
>
> 我:"工作累不累?"
>
> FHB:"过去一天三班倒,有时候要加班,熬夜赶工是常事,不过工资高啊,我和老婆两个人,一个月可以存下千把块钱,辛苦一点,但是生活好一点。"

托达罗的模型理论认为,地区之间存在的绝对收入差距为农民迁移提供了动机。农民是趋利的,从区域发展经济学的角度解释,当迁移能够提高农户收入时,农民就会选择出走。俗话说"人往高处走,水往低处流",正是我国日益扩大的东、中和西部地区之间的收入差距,以及内地与沿海的城市发展不平衡,才促使大量的农民自发地从农村涌入城市、流向沿海工业或者服务业等经济行业,形成"民工潮"。

(二)"温州、武义工资高啊"

"当打工者逐渐在一个地方变得集中,'雪球'就开始分裂,打工者会去新的地方寻求发展。"①FB 是 XHL 的亲侄子,现年 34 岁,他于 20 世纪 90 年代外出务工,跟随 XHL 去了义乌,后面又辗转去了温州、武义、永康等地,在那边打拼了 12 年,从电镀工人、皮革工、模具工,一步步到最后做五金生意发家致富。2008 年回村在镇上开了家五金店。他觉得务工前几年都没赚到钱,后面去温州、武义才开始好起来。

  我:"你是什么时候出去的呢?"
  FB:"那个时候我 19 岁,高中毕业后,在家里没事干,我姑姑(熊大姐)就喊我去义乌做事,那个时候在外面做事很光荣的啊,能赚到钱,回来都很有面子,没本事的才在村子里,所以我答应着就出去了。"
  我:"那你就在义乌,有去别的地方吗?"
  FB:"在义乌和我姑做工艺品加工,就是在那个玻璃杯子上做电镀,做了不到一年就跑去温州那边做皮革,做了三年。又去武义的机械厂做模具,后来和朋友在永康做五金生意,到 2008 年的时候回来的。"
  我:"当初怎么会想到从义乌去温州呢?"
  FB:"温州、武义工资高啊,义乌那边工资很低,再个做电镀久了对身体不好,干了半年就想走,温州那里工业园很多的,很多地方都要人,到处在招工,跟我一起来厂的很多人都跑走了。我前面几年没赚到什么钱,到后面才好起来,好在做模具的那几年攒了点,不然后面都做不起生意。"

  在市场经济条件下,地区间的均衡差别机制由生产要素市场发挥作用,劳动、资本和土地的价格由它们各自的相对稀缺性和供求状况决定,这些生产要素在各个地区具有不同的丰裕程度,表现为它们在不同地区的价格也是不一样的。在亚当·斯密看来,人是具有理性的"经济人",一切经济现象都源于人类的利己主义本性。人类具有趋利的本性,"如果有比较完善的生产要素市场存在,生产要素就要从报酬较低的地区向报酬较高的地区转移,正如劳动力从低收入的农村和内地向收入较高的城市和沿海地区流动一样"②。20 世纪 90 年代,我国市场经济体制已初步形成,此时已经外出打工多年的农民工深受当地社会形态意识的熏陶,慢慢培育起市场经济意识,在市场潮流的驱动下,开始表现出追逐利益的行为,并喊出"跟着市场走"的口号,劳动力的流动开始呈现打工地间横向流动模式。

---

① 〔爱尔兰〕瑞雪·墨菲:《农民工改变中国农村》,黄涛、王静译,浙江人民出版社 2009 年版,第 43 页。
② 蔡昉:《中国流动人口问题》,社会科学文献出版社 2007 年版,第 65 页。

二、没有机会就回乡

(一)"在家里赚的也不少"

笔者于 2013 年 7 月 21 日,走访位于 M 镇梅林村的陶瓷工业园区,作为丰城市五大支柱产业之一,总投资近 60 亿元的陶瓷工业园,于 2007 年规划落成,在当地政府大力引导下,众多全国知名品牌陶瓷企业——上海斯米克、广东东鹏、唯美、蒙娜丽莎等精品陶瓷产业纷纷落户投产。该园区位于梅林村东北部,历经半小时车程,笔者于早晨 7 点半到达工业园门口,得知正好可以赶上 8 点的斯米克陶瓷厂的晚班"下班潮",甚是高兴,这时离晚班下班还有半个小时,于是就和门口保安开始交谈。

我:"这边工资待遇怎么样?"

保安:"看你做什么了,一般的做流水线瓷砖打磨两千多,要做技术的会高一点,三千多,四五千都有。"

我:"来这边打工的都是本地的吧?"

保安:"嗯,外地的少,基本上都是本地或者周边村里来的,外地人一般不来这里,昨天来了一个高安的,过来做一天就走了。"

我:"为什么做一天就走了呢?"

保安:"就算你这边三千多,人家家里两千多,人家还是愿意在那边,离家近呢。为什么这么讲,高安离这里几十公里,人家过来这里,家都丢掉了,人家在家里多方便,这边多赚个几十块钱、几百块钱算什么,再还有这边开支要吃啊,用啊,现在人都会算,谁都有算盘子,算得好精的,好细致。"

我:"你在这里工资多少呢?"

保安:"一千五百多,我们是美达物业的,斯米克给公司一千九,公司扣一点,发给我们手里就这些,有时候还有点补贴,像这个天气会发一点冰糖和绿豆。"

我:"那你觉得怎么样?"

保安:"还可以吧,我年纪大了,外面也不想去了,以前在外面做就想着干几年回来的,现在和外面赚的差不多,离家也近,还可以种种田,我几个孩子都在外面,现在和老伴就赚点自己用。"

可见,农民对土地有着与生俱来的深厚感情,长期以来,中国农民都有着深深的"恋土情结"。20 世纪 90 年代外出务工的二代农民工群体,他们大多不愿意离开土地、离开家,还是觉得在家里安逸、舒适。加之城市里没有户口、较差的工作环境、高房租、高房价、子女上学受到各种限制等不公正的待遇,城市对他们的吸引力正在逐渐降低。当家里与外面收益不那么悬殊时,即使赚少一点,他们也宁愿回家工作。这个时候昨天上晚班的下班了,于是我随机找了一位工人开始了下面的访谈。

我:"阿姨,你这样做一晚上累不累?"

答:"有一点,没办法,这个是计时的,包月,一个月是算工时,你看我下班还要打卡。"

我:"那你这样上一个月多少钱?"

答:"三班倒两千多块钱。"

我:"你为什么选择家里做,不去外面打工呢?"

答:"这里离家里近咯,可以照顾小孩子、照看地里的庄稼。我孩子在上小学,担心一个是车子多,另一个怕他玩水,他又喜欢上网,老人家没那么多精力带,也不会到处去找他。"

我:"那你去过外面打工吗?"

答:"原来在外面,去了好几个地方,先在湖南株洲做了三年,2001年在湘潭,在那边做了两年,2003年后又去郴州做了五年,2008年回来的。"

我:"和外面比,这里工资怎么样?"

答:"差不多,外面轻松一点,好玩一点,但在家里赚的也不少,到这边起码可以住到自己家里,中午还包吃一餐,晚上还有夜宵。在外面的时候也是两千多,还要吃饭、租房子住,菜多贵,一个月赚不了多少钱。"

我:"那你在这里做几年了?"

答:"做了四年。"

我:"想过再出去吗?"

答:"看吧,等孩子长大一点,还要看那时候的工资,要是不比在家里好,我不会出去了。"

(二) 回乡创业,跑运输

自21世纪以来,农民工返乡创业成为普遍现象,一部分进城务工的农民基于外部环境施加的压力和变化所带来的机遇,充分运用其在城市务工过程中所累积下来的资金、信息和人力(技术、管理经验)等多方面资源,返回所在的城镇、乡村创办企业,投资商业性农业活动,发展工商服务业等。农民工从"打工者"嬗变为"创业者",使得农村劳动力长期向城市和发达地区转移的旧局面被打破,开启了农村劳动力双向流动的新局势。特别是 2008 年,受金融危机影响,农民返乡创业步伐进一步加快,回乡创业成为推动我国城镇化、工业化的重要途径。

在斯米克工厂的采访即将结束,准备离开的时候,十几辆大型卡车从我身边川流而过,径直开向工厂厂房,看到有的是外地的牌照,好奇的我走过去看一看,这是一群来厂里拉货的司机。在等待装货的间隙,我与他们攀谈起来。

我:"你是本地人吗?"

答:"是啊,我是魏家的。"(魏家是梅林村几大姓氏中的一个)

我:"那你怎么开外地牌照啊?"

答:"我跟别人合伙的,各自出一部分,所以有的车是挂那边的牌照,有的是我们这边的。"

我:"你这是要把货拉到哪去呢?"

答:"要把货拉到江苏、上海那边去,斯米克的工厂设在这里,它总部在上海那边,我们都是过来运货的,两天拉一回。"

我:"你这样做了几年了?"

答:"这是第四年了。"

我:"那你原来是做什么的呢?"

答:"以前也拉货,在外面给别人跑,一个月工资三千多块,路上跑很辛苦的,晚上要熬夜开车,风霜雨露的都在外面,家里都担心得很,又赚不到什么钱。后面家里这边开了工业园,好多陶瓷厂要拉货,看到缺口大,2009 年我就回来了,以前在外面走认识几个人,就商量几个人合伙跑运输,你看这些人都是我带出去的,大部分是我们村的,也有那边的。"

我:"那你自己做怎么样呢?"

答:"那肯定是要比给别人跑好啊,反正每天都有活,有时候车子都不够,一个月能赚万把块钱,明年还要多买几辆车呢。"

农民工回乡创业并不只是简单的行为选择过程,而是受到结构性因素制约而产生的行为。如布尔迪厄所说:"社会行动者既不是由外部起因决定的物质的粒子,也不是执行一种完全理性的内部行动计划的、只受内部原因引导的单子。社会行动是历史的产物,是整个社会场的历史的产物,是特别的次场内某条通道中积累的体验的历史的产物。"① 在外务工多年的农民受外部环境的熏陶,俨然已成为具

---

① 〔法〕皮埃尔·布尔迪厄:《文化资本与社会炼金术——布尔迪厄访谈录》,包亚明译,上海人民出版社 1997 年版,第 183 页。

有市场意识的经济主体,其追求的是自身综合利益最大化,是否选择回乡创业,取决于回乡创业是否具有比较优势,只有创业活动所带来的预期经济收益相对留城务工来说具有比较优势时,他们才可能选择回乡,而这一优势取决于税费、厂房租金、融资、劳动力、交易周期、基础设施、交通运输、社会治安等其他辅助成本。20世纪90年代后期以来,由于国家经济结构调整,城市就业压力骤然增大,能否同时吸纳和消化大量流入的农村劳动力就业及不断增加的城市下岗工人再就业,成为当时经济发展的困局,面对这种供求空前紧张的状况,迫使政府想尽办法,寻找新的经济增长点。而让农民工回流创业无疑给政府提供了一种较好的就业政策选择,筑巢引凤"回引工程"因而在各地兴起,一大批有能力的农民也逐渐回到家乡。可见,农民的行为选择不仅仅是由于制度性安排的制约或推动,也并非简单的只是个人追求利益最大化的理性选择,而是主体与结构二重化的过程。

三、家里有需要就近处就业

(一)"母亲、妻子需要我"

鉴于现行户籍管理体制、就业政策和农村土地制度约束,农民向城镇与工商服务业的流动转移,呈现为复杂曲折的前进运动,进城农民工迁移到城市定居的,虽有增加趋势,但仍然为少数。2005年前后,部分在外务工的农民开始返回家乡或创业或就业。据有关调查分析,2006年返乡农民工有500万人[①],农民工返乡就业加快了我国农村地区发展,促进了城乡协调统筹,给农村和农业发展带来了生机和活力。上述采访中提到的FB,在谈及回乡就业时告诉了我以下情况。

> 我:"怎么会想到回来,外面不好吗?"
>
> FB:"我也不想回来的,但是2008年我母亲生病了,家里就我一个儿子,这个时候需要我,肯定要回来照顾的,在农村里孝道很重要,邻里间都在看,都会说。"
>
> 我:"你是为了母亲回来的?"
>
> FB:"差不多,妻子也叫我回来,以前我在外面,她一个人在家里带孩子,照顾老人,很辛苦,现在家里开店,我可以照顾他们。"
>
> 我:"有没有想过再出去呢?"
>
> FB:"刚开始想过,现在不想了,男人三十而立,结了婚生了孩子,还在外面漂,不像话,以前我一个人在外面,过年过节的也很孤单,现在既然

---

① 石智雷、谭宇、吴海涛:《返乡农民工创业行为与创业意愿分析》,《中国农村观察》2010年第5期。

回来了,就想着在家里开个店,赚点小钱,过个安稳点的日子。"

我:"那你对现在的生活满意吗?"

FB:"挺好的啊,两个人一起做,踏实点,她在店里做生意,我去外面跑货,偶尔去跑跑业务,晚上都可以回家,也不是很辛苦,小孩子也可以照顾得到。以前两个都经常吵架,现在关系都融洽了,我觉得这样过得挺好的。"

家庭是事业的摇篮,事业是家庭的依靠,家庭和事业是既矛盾又统一的关系。矛盾表现在:由于人的精力有限,在事业上用得多了,家庭上就用得少了。统一表现在:家庭问题处理得好对事业有帮助,事业成功了家庭才能更加幸福。心理学理论认为,和谐家庭能够满足家庭成员的心理需要,为家庭成员提供成长和发展的空间,保持自主与依赖之间的平衡,提供社会化训练及性别角色认同,让家庭中每一个成员都获得高度的自我价值感和幸福感。根据比较优势原理,夫妻二人应该在家庭内有所分工,有人用更多的时间和精力去从事事业,有人用更多的时间和精力去从事家务,这样对双方都有好处。在朴实的农民看来,从恋爱、婚姻到家庭,希望拥有一个温馨的家。正是基于此,才有2005年后农民工纷纷回乡就业的"返乡潮"。

(二)"家里孩子放不下"

他名叫XBQ,36岁,高中文化水平,如今有6年的农民工工龄,他是家里的老二,高中毕业没有考上大学,就回家找了份工作帮人开车,本来想出去,但作为家里唯一的儿子,家庭责任让他放心不下。他现在是两个孩子的父亲,大儿子16岁,已经读高中了,小儿子8岁,还在上小学。媳妇在上海做生意。

1999年23岁的他在朋友的游说下,南下在上海一家制鞋厂找到了第一份务工工作,当时的鞋厂效益不错,每月1200元的工资,对于一个刚来到城市的小伙,已是不错的收入。初到城市,一切都感到很新鲜,灯火霓虹、绚丽灿烂,他被城市的繁华深深地打动,遂决定留下来干一番事业,就这样在上海待了六年。2005年小儿子出生,让他萌生回家念头。半年后,他放弃上海工作回到农村,就再也没有出去了,现在集镇找了一份帮人开车的工作,每天早晨七点出门,晚上七点半回家,每月两三千的收入。

问:"为什么会选择返乡回家?"

XBQ:"老的老,小的小,在家里上有老人,下有小孩,留守儿童、留守老人,孩子读小学无人管,有个小病小痛都没人照顾,我在外面放心不下。"

谈起回乡还有一段小插曲,夫妻双方为谁回家发生过多次争执,XBQ提出一起回家,但妻子不愿回来,觉得家里工作压力大,赚的也没有上海多,生活也不方便,想留下来继续务工。为此多次与妻子争吵后,XBQ最终妥协,由他单独回家照料家人和孩子,妻子留在上海继续务工。

"你想没想过再出去务工?"我继续追问。

XBQ:"想去,等孩子长大吧,要能照顾自己,能自食其力的时候再出去打工,不过好像遥遥无期,小儿子才8岁。"语罢长舒一口气。点上一根烟,吸了一口继续说:"除非,工资高又稳定,最好还能把他们都带过去,会考虑出去。"

我:"那如果不能把他们带过去呢?"

XBQ:"如果不是这样,我就不出去了,等孩子长大吧。"

我:"有没有想过把孩子迁往城市就读,这样你就可以在城市工作了。"

XBQ:"想过,但是城市里稳定不下来,现在费尽心机把孩子搞过去,交了赞助费四五万,再过两年在那里待不下去,又要搞回来,划不来。"

我:"有没有想过留在上海,把户口转到城市去?"

XBQ:"没想过,无所谓,不愿意转为城市户口,农村国家还有补贴,至少还不会没饭吃。以前农村户口要交很多费用,像农业税、特产税、农业开发基金,各种名目繁多,加起来有十几样,现在都没有了,国家还给补贴,农业户口当然比城市户口好。"

四、市场经济体制与农民的市场理性

从宏观层面上,必须考虑外界因素对流动人口行为选择的影响,按照吉登斯的理论,社会是通过人类主体积极的行动创造与再创造出来的。而这个创造过程并非是一个"事件—因果"的过程,而是"行动者—因果"的过程。行动者—因果过程的突出特点是非决定性,行动者总是根据自身行动发生的外界反应和对这些反应的合理化要求不断调整和改变自身行动的。自古以来,我国农民对于市场经济信号反应灵敏,史不绝书,《管子》有云:"市也者,劝也。劝者,所以起。"[1]在其看来,市场是一种激励,而振兴农业就要靠这种激励。"重粟之价,金三百,若是则田野大

---

[1] 《管子·侈靡篇》。

辟,而农夫劝其事矣。"①而《韩非子》则说得更透彻:"夫卖庸而播耕者,主人费家而美食,调布而求易钱者,非爱庸客也……非爱主人也,曰:如是,羹且美,钱布且易云也。"②主人给的"钱布"越多,农夫越能"致力";工价越"易"挣,就越能刺激庸客"疾耕耘"。显然,在商品市场和劳务市场方面均体现了农民对于市场信号的敏感心理反应。

因此,外界因素对流动人口的行为选择具有不可忽视的影响。以20世纪70年代为代表的计划经济年代,人们就业在一定程度上是受到限制的。但是,在市场经济社会,"自由就业、自由职业"成为个人决策权利,农民在基本没有风险的情况下,通过市场途径选择就业机会。大批的农村劳动力,随着市场需求灵活择业,或南下务工,或北上打拼,抑或因家庭需要近处就业,他们的内心逻辑就是跟着市场走,哪里赚钱就去哪里,哪里有需要就去哪里,这也造就了我国八九十年代的"孔雀东南飞",以及21世纪农民工"凤还巢"的大规模迁移的社会经济现象。

从经济学的理性选择来看,社会主义市场经济体制下,农民的乡土观念开始逐渐淡薄,农民在坎坷中摸索、学习,"开放观念、市场观念、竞争观念、信息观念"侵入农民的日常生活和生产,农民变得更具"市场意识"。正如徐勇所说,农民的理性能力虽然有限,但并不意味着他们缺乏理性的意识。从社会学的理性选择视角而言,在外出务工初期,他们之所以会选择别亲离子、背井离乡,从农村到城市,从内陆来到沿海,甚至选择经商或返乡创业等,都是基于一种"穷则思变"的变革激情,以及对美好生活的向往和追求。跟着市场走,不是为了别的,是为了效益最大化,能够赚取更多的金钱,抚养家庭照顾幼儿。而在务工的后期,打工者选择返乡,是因为他们将家乡当成他们可以获得最大限度的经济独立、摆脱沦为城市社会和劳动力市场附属命运的所在,此时的价值取向包括了政治的、社会的、文化的、情感的等众多内容,这是农民工对继续打工和返乡就业的潜在收益权衡之后做出的理性选择。

第三节 "跟着梦想走":发展理性的诉求

市场经济社会更加强调个体的价值、人格的独立、个性的解放及个人利益的实现与保障。西方著名管理学家熊彼特曾指出,只有承认人的自利心,承认人们追逐包括金钱财富等自我权利的合理性,社会才会拥有不断进步的动力。理想是人类

---

① 《管子·轻重篇乙》。
② 《韩非子·外储说左上》。

发展的最高需求,理想是人们在实践中形成的对未来社会和自身发展的向往与追求,是人们的世界观、人生观和价值观在奋斗目标上的集中体现,人在不同的历史发展时期有不同的理性追求。当前,城镇化建设正在全国火热地进行,越来越多的农民走向城镇,特别是21世纪以来,一大批80后、90后的年轻人从经济不发达的农区,流动到改革开放较早、市场经济和工业化最活跃的发达地区务工经商。此时,进城农民工是新的群体——第三代农民工,与前两代农民工不同的是,他们对事业有着更多的追求,向往着生活美满、家庭幸福、功成名就。那么,在这样的时代背景下,梅林村的农民工又是怎样的一番景象呢?在城市的生活情况如何?他们的内心需求以及行为逻辑又是如何变化的呢?这是本节要解决的重点疑问。

一、改变身份,不想做农民

(一)"我不是种田的料"

人的价值是多方面的,其中最根本的价值有两个方面,自我(个人)价值和社会价值。个人的自我价值既表现为个体存在的意义(个体对社会的重要性、责任和贡献)和个体需要的满足,也表现为社会对个体的尊重和满足。人在社会上是一个集合多种角色的存在,由于人的社会角色的多样性及内在自我生命欲求的多样性,从而决定了每个人对自我价值的多样性认识,决定了他们的自我价值会以不同的方式显现出来。在进城务工过程中,广大农民工受到传统文化、时代新理念及城市新文化的冲击,对其人生观、价值观的树立产生着综合的影响,由此造成农民工对其自我价值有着各不相同的认识和表现。"对成人而言,无论一个人所做的事业多么有益于人类社会,只要他还没有被社会认可而成为社会的一个构成部分,他就不可能有稳定的自我同一性并在此基础上获得自我价值感,就难以建立真正的自尊和自信。"①

FDW,29岁,初中文化水平,他是家里的老大,由于家境贫寒,2001年,17岁的FDW初中毕业后,便怀揣800多元钱外出打工。12年间他走南闯北,先后做过普工、餐饮服务员、建筑工、竹艺品设计师等,算起来应该属于第三代农民工群体。4年前,FDW来到湖州安吉一家大型竹制品厂务工,2010年他将高中毕业的弟弟也带了出去,这一次他决定安定下来好好干。兄弟俩一般一年只回家两趟。此次回来主要是处理村庄集体土地转租、补偿款金额的相关事宜。因为年龄相仿,待我说明来意后,他欣然接受了我的访问。

---

① 章志光:《社会心理学》,人民教育出版社2008年版,第48页。

我:"你们出去多久了?"

FDW:"我出去挺久了,2005年初中毕业就出去了,母亲去世很早,家里就只有父亲务农活,弟弟和妹妹还在读书,作为家里的老大,想为家分担一点,索性就出去做事赚点钱。弟弟是2010年我带出去的,他高中毕业后,不想念书了,我就带着他和我一起做。"

我:"当时怎么想着去外面挣钱?家里不好吗?"

FDW:"我在家里种田吗?我不是种田的料,我不会干农活,从小我就不喜欢干农活。以前我父亲经常讲,没本事的以后就在家里种田,有本事的都出去赚钱,所以从小我就想着走出去,我不想做农民。你看现在有几个年轻的在家里,都往外面走,要赚钱肯定要到外面去的。"

我:"走出去,是为改变自己吗?"

FDW:"可以这么说,至少证明我不只是做个农民,村子里很多人出去都混得很好,我想证明我也可以,我有计划自己的人生,我要改变下一代,不能让他们走我的辛苦路,希望带给我的家人更好的生活。"

我:"你是如何做到现在设计师职位的?"

FDW:"在南京做建筑工的时候,看一些工程师常来工地勘察,然后就在纸上画画,工作轻松工资又高,非常羡慕他们的工作,幻想哪天自己也做个设计师。于是,我就报了个培训班学习设计,跟着别人学CAD①,一年半后我跑出来去浙江找工作,然后到了现在安吉这个地方。"

我:"打算就留在外面,不准备回来了吗?"

FDW:"是的,心里是这么想的,我不太想回来,比较喜欢城市里的生活。现在刚开始起步,很多方面都在学习,踏实地干几年,等有稳定的客户源,手里有闲钱了,我就出来自己做。自己在外面做,肯定比给别人做好。"

我:"你在那边工资待遇怎么样?"

FDW:"还行,'安吉'是中国的第一竹乡,这两年名气起来了,市场量比较大,一个月有六七千。"

我:"买房子有压力吗?"

FDW:"有啊,压力大的,因为离杭州比较近,房价还是挺高的,好几十万呢,准备干几年再看吧,干得好就去杭州买房子,城市大,生活和发展会更好一点。"

---

① CAD:专业绘图软件,主要用于工业绘图设计。

人的职业生涯，不仅是一种有着不同时期的人生发展过程，而且也是一种个人如何对待职业的认识发展过程。新生代农民工不仅仅是为了挣钱养家，而更多的是寻求自我发展和立足城市的机会，或者为未来创业发展打基础。罗霞、王春光的研究认为，新生代农民工选择外出务工，一方面是出于赚钱的考虑，另一方面更是将外出务工视为能改善自己生活状态、改变人生道路的一种重要途径，其动机兼具经济性和生活性的特点。① 人在不同年龄阶段、不同职业阅历的条件下，结合自己的主客观条件，在职业选择和生涯调整方面会有不同的心理需求与动机。在大多数情况下，人到成年期特别是而立之年，就变得越来越"现实"了。

（二）"回家没什么前途"

新生代农民工介于"生存者"与"生活者"之间，他们选择外出务工，大多抱着改变命运的初衷，希望通过辛勤工作积攒融入城市的资本，获取与城市人一样的地位、尊严和权利，成为真正意义上的城里人。他们中的相当一部分人，在打工前有在正规学校学习或培训的经历，取得了相关的职业资格证书或学历证书后，经过几年的工作实践，很多人已经成为企业技术骨干，或者企业的高级"白领"。最初那种寻求生存的念头，随着时间推移慢慢淡化，进而变成出于对未来美好生活的追求而选择留在城市。

LLK，今年 24 岁，现在南昌一家银行工作，月薪六千多，说起现在的工作，LLK 表示还算满意，对未来充满希望。在他的身上浓缩了千万农民家庭孩子的影子，80 后、90 后的农村"穷二代"，在大学毕业后选择留在城市打拼，勇敢地选择机遇与挑战，通过自身努力改变贫穷的命运。

我："说说你现在的工作情况吧？"

LLK："我在南昌一家银行工作，2011 年大学毕业后，通过考试进去，先做了两年半柜员工作，现在是客户经理，目前收入是一个月六千多块，行里中午管吃，住宿自理，总体来说还算可以。"

我："谈谈当时找工作的情况？"

LLK："我在南昌上的大学，学的是计算机专业，但是毕业后发现学计算机搞 IT 的根本找不到工作，以前上大学选专业的时候，计算机是热门专业，大家争着一头扎进去，现在毕业了满大街都是学我们这行的，用人单位饱和，去了好几个地方应聘，根本就不待见我们，四处碰壁。没办法，只能改投别的工作，后面投了银行，通过考试录取了。"

---

① 罗霞、王春光：《新生代农村流动人口的外出动因与行动选择》，《浙江社会科学》2003 年第 1 期。

我："有没有想过回乡创业？"

LLK："回家没什么前途，没什么家庭背景，在家里没有发展空间和创业的经济实力，如果我放弃这份工作回家了，就会变成待业青年，只能等毕业季再找工作，要知道高学历在南昌属于爆棚的，找份工作不容易。或者，就像你说的，我可以回家借钱创业，但是要承担巨大风险，并且作为被家人寄予厚望的大学生，这样的创业方式要承受巨大的心理压力。"

我："觉得留在城市能够给你机会实现理想吗？"

LLK："是的，只有在城市里才能有较多的机遇，给我空间做我想做的。那些家庭背景好的，可以少奋斗，少吃苦，像我们这种农村来到大城市的，一切都只能靠自己，只能勤奋努力，才能换来美好明天。我相信凭借我的教育背景和努力能够获得相应的回报。我们老家有个说法，穷不过三代，我是第二代啦，所以我必须加倍努力，才能避免穷三代的悲剧。"

在这其中，可以感受到第三代农民工留城的强烈愿望。他们向往城市，不甘于现状，虽然身份依然是农民，但他们坚信，通过自己的奋斗能够成为城里人，过上城市的现代生活。美国心理学家萨帕认为，"职业性"的发展就是一个人在职业方面"自我"概念的建立和发展，这种自我概念是人们（尤指青年学生）明确地认识自己与外界环境的关系，特别是依据外界对自己的看法而认识自己，这成为人们迈入社会生活和完成社会化的动力与导向。新生代农村流动人口，大多拥有高学历，从小受到城市文化的熏陶，来到城市后，体验到了城市现代化的魅力，感受着市场经济中优胜劣汰、适者生存的竞争现实，他们的行为、就业观念已经相当现代化，职业期望值更高，他们坚信天生我材必有用，敢于和善于积极推销自我、展现自我。他们不再局限于为就业而就业，而是为今后更好地发展而有选择地就业，更看重工作环境和发展前景，为了实现自己的理想而不懈努力。

二、个性化与多元化发展

（一）世博会，偶遇的"机缘"

WPF，现年35岁，高中文化程度，至今在上海务工已有3年，现在是两个孩子的父亲，大儿子7岁，在家里上小学，由爷爷奶奶照顾，小女儿3岁，带在身边生活。得知我是来村庄做调研的，WPF笑着说来得真巧，每年这个时候是双抢季节，家里几个老人干不动，所以每年这个时候就回来帮忙。说到他的打工经历，他连称"很神奇，真没想到"。高中毕业后，WPF在村口租了店面经营小百货生意，日子过得还算舒适，时间一晃9年，来到2010年，世博会——全球瞩目的盛会在上海召开，曾经有外出经历的他,对于大都市繁华有着很深的印象,心中也油然生出去看世博会的念头,于是他上了去世博会的列车,然而这却是一段奇幻的旅程。2010年6月12日,经过10小时的颠簸,终于来到向往的城市,刚下火车的他就被好友带去工地参观,朋友的业务开展得不错,工地承包小有规模,上海的发展程度超过想象,一切对于他来说都令人兴奋。此时,朋友因业务发展正好缺一名运输司机,在朋友的极力劝说下,他决定留下来。"本来是去旅游的,没想到却留下来务工了。"说到这里,他脸上露出了惬意的笑容。

他告诉我,他的工作是把建筑材料运往工地以及把建筑垃圾从城市运往市郊的处理厂,每天工作十几个小时,妻子在上海动物园、长风公园与人合伙卖宠物。

我:"那你在城市生活成本高不高,有没有感到压力?"

答:"不高,没问题,我每个月四五千的工资,我老婆每月有五六千,我们两个人加起来一万多元,算下每月房租700—800元,吃饭每月1500—2000元,每月盈余七八千元。"

可见其生活压力并不大。

我:"那你工作累不累?平时业余生活都怎么过的?"

答:"挺累的,有时候一天都没什么事做,有时候一整天就是来回跑,运材料、运土堆、抢工期,还有时候要加班。不过,如果身体疲乏状态不好,可以请假休息让人替班。"

说到这儿,他脸上再一次露出笑容,似乎他对那段生活还挺满意。不过当我问起他的爱好时,他是这么回答的。

他说:"我很少出去,我空闲下来就去妻子摊位上帮忙,偶尔看看报纸、杂志,玩玩手机就过去了,没什么爱好。"

可见,其在外务工的日子,业余生活比较单调。

当代社会是一个变动的社会,除了国家统一的法律体系是所有社会成员行为的底线之外,整个社会不同阶层、不同个人的行为趋向、价值目标、价值选择呈现多样化的特点。计划经济完全是按照政府的安排进行生产,个人是被动地听从安排的;而在社会主义市场经济下,人们精神境界极大提升,调动人的多方面的需求,发掘人的各种能力,引导出人的多样性发展,从而摆脱市场经济发展过程中的盲目性及无序性,使在市场经济发展中付出的代价最小化。

(二)"从零起点,不凡的网商路"

"创业"对于老一代农民工来说是一种奢望,却是新一代农民工的普遍企盼。

21世纪以来,越来越多的"80后"农民工开始谋划发展自己的人生创业道路。TXH,梅林村80后的创业典范,22岁大学毕业,只身一人来到杭州打拼,开过花店卖花,也曾骑单车给人送快递,在网络公司当过程序员,中途还办过很多网站,创业期间遭遇了许多严重危机,2008年,他在淘宝开设了一家主营男装的网店,短短的几年里,他已经创立了自己的网络直销男装品牌,并且每月的销售额都在呈现翻番式增长。下面我们来看一下梅林村TXH关于创业的自述。

2005年6月,我大学毕业,先后去了上海和杭州的几家网络公司工作,也是因为我本身所学的是设计专业,在校的时候就对网页设计等很感兴趣了。而在网络公司工作期间,我也尝试创办过几个网站,其中一个网站已经达到Alexa①世界排名5万,也因此幻想着或许有一天能够幸运地获得一笔高额的风险投资。通过创办个人网站,我学习和吸收了许多关于营销和网络推广方面的经验。

2008年6月,我开始尝试个人创业,就选择和朋友一起经营一家花店,但是由于店铺所处的地段人流量不足,花店生意一直没有什么进展。于是又萌发了通过注册淘宝店铺来进行网上鲜花速递的想法,而这个网店卖花的经营方式也的确获得了较高的收益,淘宝店铺的销量达到实体店的3倍之多。然而这样的好景并没有持续多久,实体店和淘宝店铺在两个月后因为朋友的离开等先后歇业了。对于朋友的离开和失败的原因,我也进行了思考和总结,关键问题还是在于管理等方面没跟上。我并不甘心就这样轻易放弃,因为我已经看到了蕴藏在淘宝里的巨大商机。

9月份,大学刚毕业的弟弟来杭州找工作,我当时就有个想法,和弟弟一起携手合作,重新振作我的淘宝梦。2008年的时候淘宝已经是一个很好的平台了,交易量直逼沃尔玛,正是发展的黄金时期。于是我试着说服弟弟一起创业:与其等着别人帮助就业,还不如主动出击帮自己和别人就业!就这样,我的淘宝店铺在停开两个半月后重新开张。当时店铺开张就面临着一个最大的难题——货源,这也是做任何生意起步都会面临的一道坎,因为如果没有好的、稳定的货源作为生意基础的话,哪怕宣传做得再好也没用,所以拥有好货源成了所有加入淘宝行列的经营者的核心竞争优势。我就开始到处寻找供货渠道,发现杭州本地著名的专业批

---

① Alexa是亚马逊公司的一家子公司,专注于免费提供网站流量信息。

发市场里衣服的批发价和淘宝上的价格差异不大,有的价格比淘宝售价还高;而去那些大型的服装厂家交涉的结果是它们通常只会接受大额的订单,不愿意与订单少的卖家合作,如此艰难的境况让我倍感无助。这时我突然想到了之前工作中接触到的阿里巴巴中文网站,就尝试在该网站上寻找货源,不得不感叹网络市场的强大,我从中发现了一个优势货源,他们给的批发价还不到专业市场的一半,我的网商之路也由此正式步入正轨了。

慢慢淘宝的销量大了,我也对自己的选择越来越有信心了,那些已经热卖或者我看好的款式,我都敢直接和工厂下订单了,这样大批量生产出来的衣服也就有了价格上的优势,在淘宝上的受欢迎程度也越来越高,销量暴涨。渐渐地,也有许多其他卖家向我批发或成为我的代理,就这样我加入了阿里巴巴个人诚信通开展批发业务。

于是我开始在所有卖的衣服、饰品上贴 ONE-T 字样 LOGO,在网站上专门出售 ONE-T 的系列产品,就像凡客一样。从网店开通的那天开始统计,到现在整个销售额已经超过 80 万元了,2009 年 6 月 1 日,我的网上总交易额已经突破 100 万元了。

若用三个关键词来定位我的品牌,我觉得是"简单、睿智和品质"。对于未来,我的计划是加强实体店建设,期望在全国众多的一线城市中开设 1—2 个实体专柜,通过实体店带动品牌营销,不仅可以展现服装的品质和公司的形象、实力,还可以提升消费者对于本品牌的信任度、忠诚度。

自主创业是农民工就业发展的高级阶段,是农民工追求富裕生活和实现自我价值的具体体现。农民工创业不仅仅实现了自身综合实力和财富的不断积累,更是创造了众多就业机会,形成"输出一个,脱贫一户,带富一村"的良性循环。新时期的第三代农民工群体,由于其整体文化水平较高,具有较大的可塑性,经过工业化、现代化的洗礼,获得开放的观念和学习的本领。随着人力资本、务工经商经验的不断积累提升,及对从事工商服务业的技能、行业知识的不断掌握,一旦创业机遇成熟,这些人将成为自主创业或回乡创业的主力军。目前,我国进城农民工正在发生人力资本和技能的阶段性变化,各级政府鼓励、扶持农民工创业的政策相继出台,农民工创业的渠道变得越来越多,创业的舞台越来越大,创业的环境越来越好,吸引着越来越多的农民工加入自主创业的行列。

三、规划与融入城市

（一）学精技术，稳定工作

现代化的都市生活确实令人向往，尤其是对 80 后、90 后的新生代农民工而言具有相当大的吸引力，然而高昂的城市生活成本让农民工倍感压力，要想真正融入城市，长期在城市中生活，就必须赚取较高的经济收入。而技术性就业是农民工就业发展的新阶段，农民工通过学习、培训或工作实践掌握了一定的专业技术，成为国家或者行业认可的专业技术人员。只要拥有专业技能，就意味着拥有更多的主动权和选择权，并且经济收入会超过普通员工，因此这样的就业方式被众多农民工竞相追求。

梅林村现任村主任平易近人，和群众走得很近，见过许多大场面，也是该村较早致富的人，强势但并不傲气。聊到村中农民外出打工情况时，他告诉我他的侄子现在外面打工，是个很乖的孩子，从小看着长大，感情特别深厚，每次回来都会看望他，在主任的引荐下，遂对他侄子 LGL 进行了电话采访。

我："你现在从事什么职业呢？"

LGL："我现在是在温州一家汽车 4S 店做事，主要是修理汽车，兼做汽车销售顾问。"

我："是怎么想到过去的呢？"

LGL："2009 年的时候，我一个朋友的亲戚在这边开了家租车行，刚开始人手不够，喊我过来帮忙，但是工资不高，这两年融资较难，生意不景气，去年开始我跳槽到现在的 4S 店，我也从原来的修车变成了卖车。"

我："现在工作忙吗？"

LGL："一般是周末比较忙，看车、修车的人很多，平时来的人不多，再个就是节假日后上门保养的会比较多，有时候都忙不过来。"

我："能透露每月赚多少吗？"

LGL："现在收入不固定，原来修车每月四五千，现在兼做着销售，这在工资上有提成，有时候做得好一两万，有时候七八千块。"

我："你下一步的想法是什么呢？"

LGL："目前最大的想法是把技术学精，我是半路出家，以前没有碰过汽车修理，碰到比较难的问题都是师傅带着做，还有很多需要学习的地方，希望把这个修车技术学好，把工作稳定，多赚点钱，娶个老婆成家立业。"

我:"成家以后打算回来吗?"

LGL:"应该会留在这里吧,现在女朋友是这边的,如果工作稳定了,就在这里发展,不打算回去了。"

在与LGL短暂聊天过后,笔者发现梅林村在外务工的年轻人(第三代务工者)多有清晰的未来规划,勤奋踏实地向着目标努力,与前两代人相比变得更加成熟和理性,职业选择理念日趋时尚化,开始关注个人价值的全面实现,比较利益和维权意识有所提高,对公正待遇的诉求比前两代人更为强烈,敢于频繁跳槽,敢于为待遇向企业主"叫板",敢于对恶劣的就业环境说"不"。他们不准备将自己视为一个城市的"临时居住者",相反他们向往城市的生活,坚信通过努力能够创造精彩,在城市站稳脚跟,对将来充满了乐观的情绪。

(二) 挣钱买房,城市扎根

农民工转型的最终目标是实现农民工市民化,然而长期存在的城乡二元经济制度以及其他因素的制约,使得我国的农民工市民化所经历的是先由农民到农民工、再由农民工到市民的"中国路径",而不是像西方国家直接从农民到市民,实现职业、地域和身份同步转变。据《中国城市发展报告(2012)》,我国城镇化率已达52.57%。但实际上,我国城市化并不完全,许多进城农民只是变成了统计意义上的居民,而非真正的市民。许多体制和政策障碍成为阻挡农民工成为真正市民的门槛,在谈及住房及市民化问题时,梅林村80后农民工LLK也是一脸惆怅。

我:"在城市生活感觉如何?"

LLK:"感觉挺喜欢的,这么多年了,已经习惯了城市的生活,最主要我喜欢城市的现代,喜欢城市的繁华,喜欢在城市里的工作氛围,单位里同事间的相处很融洽。"

我:"你未来打算是怎样呢?"

LLK:"首先是在业务上能够有突破,业绩上能够冲进前列,然后是五年之内在城市买房,稳稳地在南昌扎根下来。"

我:"买房子有压力吗?"

LLK:"唉,我父母亲都是农民,家里面没什么存款,基本上靠我自己,现在房价快涨过万了,感觉压力很大,不知道五年能不能攒够一个首付。"

我:"现在的年轻人都往城市里跑,你怎么看?"

LLK:"这是正常的,我们这一代人没抓过锄头,没种过田,从小没吃过啥苦,出来读书了,没有人会想回去,我们都把在外面稳定下来,看作奋斗的目标,这是有能耐的人才能做的事情,在我们村子是很有面子的。"

我:"以前的玩伴在外面的多吗?"

LLK:"小时候玩的大都在外面工作,几个大学毕业进了比较好的单位,没读书的都在上海、广州、深圳打工、做生意。"

我:"你觉得现在农民工市民化困难吗?"

LLK:"我觉得对于我们来说,最大的问题是户籍制度,两种户口实行的是不同的管理和待遇,国家把我们分成两个不同的阶层,农民总被排斥在体制外。打个比方说,在城市买房需要城市户口,农民工子女上学需要城市户口,享受养老保障也需要城市户口。我们农民工想真正成为市民需要走很长的路。"

第三代农民工对未来归宿的意愿和倾向性较之前两代人具有显著的提高,发自内心希望得到与市民同等的待遇,并且希望能够分享经济发展带来的成果。他们中的很多人从学校毕业后就直接进城务工,多数都没有务农的经历,加上从小就随父辈在城市中长大,对农业生产有着强烈的排斥感。与前两代农民工相比,新生代群体的乡土观念则进一步淡化,他们无法体会农耕劳作的艰辛,对农村田地的情感也日渐式微,加上根本没有从事农业生产的技能和经验,他们已经不可能再回到农村。他们对城市生活、城市文明的渴望与渴求日益增强,融入城市的步伐也明显加快。他们希望打破城里人对农民工所设的种种壁垒,真正融入城市的主流社会。

四、农民的职业观与农民的发展理性

自20世纪八九十年代以来,"民工潮"成为描述中国农村劳动力向城镇流动的专用名词,并成为中国改革开放进程中的一种社会常态现象。然而,2003年以来,中国城乡劳动力流动出现了新的现象——"民工荒",并且愈演愈烈,自此,农民工的城镇转移进入了以全面发展为主的新阶段。农民工的城镇转移行为正是新生代农民工对自身发展的需求越来越强烈、对自身主体地位的要求越来越全面的一种间接反映。在这一阶段,随着改革的深化,人的主体地位开始凸显,人的自我意识得到强化。个人在人生道路上积极地探索,力图在社会机遇较多的条件下有目的地设计职业、正确选择选择职业、改善现有职业。

对于各个年龄段和各个职业阶层的人来说,都有职业生涯设计、调整和完善的问题。而新生代农民工的行为特征,不仅表现为生活方式层面的彻底告别农村生活和农民职业与身份,还表现为思维模式上的成熟理性及有规划、有个性的多元化发展。从自身素质要求方面看,新生代农民工多有着较高的文化水平,长期受市场经济熏陶,有着强烈的学习愿望和自主创业意愿,刻苦学习专业技能以提高就业竞争力,希望通过个人努力改变生活,通常能够立足于长远发展。从生活需求来看,生存敏感度较高,生活方式和生活习惯尚未定型,倾向于城市现代生活,追求生活品质,具有较高消费能力。从职业期望来说,新生代群体更有理想、有目标、有"野心",更关心自己的发展前途,更关心自己的梦想能否实现,有的甚至不再满足于给别人打工,期望通过自身积累进行创业。从归属感来看,新生代农民工更倾向于认为"自己是城市中的一员",有着强烈的城市社会认同愿望,追求并靠拢城市生活,渴望得到城市居民的理解和接纳,不再被当作"另类"而遭受偏见和歧视,渴望在城市有"家"的感觉,成为城市社会的一员。

在中国的城乡二元格局限制下,农村新生代剩余劳动力不得不考虑就业生存问题,他们介于"生存者"与"生活者"之间,"在农村无事可干""家里太贫穷"等是他们选择外出的动因,但是这样的驱动因素会随着务工时间的增长、务工经验的积累而逐渐改变,理性的农民在面对外部环境给予的机遇与压力时,会不断反思自己的行动,调整自己的策略,在生存与发展间寻求平衡,当他们发现收益不能体现他们的价值时,他们就开始"用脚投票",寻求能够自我实现的方式。在社会学的理性选择理论中,理性行为是为了达到一定目的通过社会交往或交换所表现出来的社会行为,而由于条件和信息的有限性,人们是无法达到"最优点",而只是"逼近"最优点。因此,在具体的理性选择中,其特点是寻求一个令人满意或足够好的行动程序。根据人们追求目标的不同,理性行为可以分为三个层次,即生存理性、市场理性、发展理性。而在生存理性得到充分表现和发挥的基础下,行动者会根据自身情况进一步做出基于市场理性和发展理性的选择。生存压力是农民外出就业的首要驱动力,但是在"趋利避害""效益最大化"的市场经济下,生存得到保障以后,人们继而会依从市场理性。城市化的加快发展为他们提供了大量可选择的生存和发展机会,而发展理性是理性行为高级化的具体表现。

第四节　结论与讨论

本章以处于我国中部地区的平原村庄为分析单位,以国家、村庄、外出农民工的动态关系为分析框架,从历史及制度变迁角度,对梅林村三代农民外出务工的演变轨迹进行了历史维度的纵向分析和共时性层面的横向对比分析,试图阐释在国家、社会和市场的作用下,梅林村农民外出务工的变迁历程及其变迁路径的内在动因与逻辑,并借此变迁历程从侧面解读我国三代农民工在社会经济特征、务工动机与目的、务工的行为逻辑等方面存在的分化变动,挖掘分析这些差异的显著性和趋势性,并预测在目前的变化趋势下,农民工的行为逻辑的发展方向。

一、农民务工背后的行为逻辑

农村剩余劳动人口的跨区转移是我国最具影响的社会—经济现象,已成为新时期改革开放历史进程中的一个标签,它不仅从根本上改变了城乡格局,而且缩小了城乡收入差距,推动了农村经济长远发展。特别是近年来,大量的外出农民工返乡创业,给农村带来了大量就业机会,开辟了新的生活空间,为我国社会主义新农村建设做出了巨大贡献。那么,在改革初期外出的农民工的行为逻辑究竟是怎样的?他们为何会选择走出农村转移到城市?哪些因素影响了农民工的行为逻辑及其变化趋势?以及这些因素发挥了怎样的作用?

长期以来国外学者对此做了大量研究,开发了许多劳动力转移模型,如著名的刘易斯模型、乔根森模型和托达罗模型,以及较新的"新劳动力迁移模型"等,而我国学者黄平、文军、李培林、蔡昉、徐勇、邓大才等从我国具体国情出发提出了农民工流动或迁移的"中国版本",并建构了相应的理论模型。研究中对决定劳动力迁移的微观、宏观因素进行了深入分析。从微观角度看,农民在农村中的相对贫困状况、城市较好的工作环境和个人发展机会等是影响劳动力迁移决策的相关因素,但主要还是农业与非农就业的收入差距。从宏观方面看,经济增长、产业结构、城镇化及国家政策等多方面因素都影响着城乡居民收入差距和劳动力转移的成本与收益,而正是由于20世纪80年代以来,我国的农业劳动生产率有较大幅度的提高,致使农村剩余劳动力大量涌向城市工业部门。在本章中,笔者试图将农民工作为自变量来重点考察农民流动与行为逻辑的关系,并以梅林村自改革开放以来的三代农民工演变历程为线索,总结出农民工流动的特点,最后将其逻辑顺序总结为三个阶段。

一是生存理性逻辑,农民求生存的冲动是基本的和最直接的外出动机。从梅林村的农民外出务工的情况来看,一方面,由于制度性原因和地域环境造成的土地成本与收益比例下降,使得从事农业活动的劳动边际生产率很低,农民收入徘徊甚至出现负增长。从当时的情况看,梅林村人均占有耕地面积0.95亩,劳均占有耕地1.2亩,可以说是地少人多地区,土地压力相当大;而镇政府近年来征地频繁,致使本就稀少的土地的状况变得更加严峻,可耕面积急剧下滑,靠农业吃饭已变成不可能。另一方面,劳动力的无限供给,造成梅林村中大量的剩余劳动力甚至无业可做,生活徘徊在糊口水平,使得他们只能选择走出农村走向城市。用村民自己的话说就是"种田不挣钱","种田不划算","在城市里拾垃圾也比在农村种地强"。可见,农民外出务工初期,是迫于生计需要,即黄平所言的"生存理性"选择①。

二是市场理性逻辑,个人利益是个人发展的逻辑起点。随着外出时间的拉长和寻求就业次数的增多,农民市场理性逻辑表现得越来越突出,特别在二代和三代农民工群体中,当生存压力减小时,理性的农民会根据资源和技术的约束调节生产以实现要素配置的最优化,从而追求利润和效益的最大化。正如王春光所言:"流动人口的群体特性并不是凝固不变的,而是在不断地建构、解构和重构之中。"②农民工走进城市后经历了适应城市的过程,在就业限制、劳动力市场和户籍制度区隔等结构性环境下,经济上的适应是不断地调整目标,在经济理性的驱动下不断更改策略适应新环境。从梅林村的访谈情况来看,务工者最初只是寄望于"填饱肚子,把债还上",到后来则"希望能赚得更多,哪里有机会就往哪跑,甚至离城返乡自己创业"。可见,在市场意识的驱动下,农民开始表现出追逐利益的行为,这是一种从生存理性到市场理性的跨越转变。

三是发展理性逻辑,市场经济社会强调的是个人价值的实现。自我价值是个体存在的意义,具体表现为社会对个体的尊重和满足。马斯洛理论把人的需要分为五个层次,实现理想是人类发展的最高层次的精神需要,是人们的世界观、人生观和价值观在奋斗目标上的集中体现。当前,城镇化建设正在全国热火朝天地进行,越来越多的农民离开农村走向城镇,特别是 21 世纪以来一大批 80 后、90 后的年轻人,他们大多有着正规的学习或培训经历,拥有较高的文化水平,并且具有不服输的闯劲,他们选择走进城市,不单单是希望获得更高的薪水,而是希望获得人生意义上的成功。从梅林村年轻一代农民工来看,他们对事业有着执着的追求,对未来有清晰的定位,悉心地规划着在城市立足和发展。正如徐勇所言:"农民理性的优质因素与现代工商业社会的优质因素的有机结合,会释放出传统农业社会和现代工商业社会都未有的巨大能量,产生'叠加优势'。"③而理性的中国农民正在用自己的方式,由生存理性扩展为发展理性,不断推动改革巨浪,促进市场经济的全面发展,造就"中国式奇迹"的发生。

综上可见,生存理性对农民流动行为的影响最大,也是程度最深的逻辑因素,处于贫穷状况下的农村男女,生存下来是本能的驱动,在农村客观条件不允许的情况下,外出求生成为唯一出路。从制度变迁的角度看,改革开放使城市出现严重劳动力空缺,城市的外在"拉力",以及农村的内在"推力",让城市就业成为可能,大

---

① 黄平:《寻求生存的冲动:从微观角度看中国农民非农化活动的根源》,《二十一世纪》(香港)1996 年 12 号。
② 王春光:《新生代农村流动人口的社会认同与城乡融合的关系》,《社会学研究》2001 年第 3 期。
③ 徐勇:《农民理性的扩张:"中国奇迹"的创造主体分析》,《中国社会科学》2010 年第 1 期。

批农民进城务工。而随着农村生活水平的提高,城乡收入差距的缩小,以及国家"三农"政策的大力扶持,农村生存环境变好,农民意识也逐渐发生转变,受市场经济的熏染,农村劳动力变得更加理性、成熟,进城务工不单是为了养家糊口,效益最大化成为首要追求,个人发展成为最大诉求。此时,农民外出行为受众多因素的综合推动,不仅表现出市场理性的主导,而且呈现出对于自身发展的需求,走进城市不再是一种被迫的选择而成为一种发展的理性诉求。

二、农民务工逻辑的演变轨迹

当今的中国农村正发生着翻天覆地的变化,改革开放使农村生产力得到显著提高,农民收入水平快速增长,农民所处的社会结构、社会制度及条件决定了其行为属性的根本变化,在家庭承包经营制和土地均分政策下,农民的社会化是必然趋势。农民的社会化是指:"具有自然属性的农民受社会性诸多因素、条件的影响下,转变为具有社会属性的行动者的过程。""小农有可能与社会化生产要素高度融合,在实现农业现代化改造的同时实现自身的社会化改造。"[1]基于我国特殊的历史背景与发展前提,农民的社会化发展呈现出新的变化,逐渐形成了一条独特的发展道路。

从农民的变化过程来看,当前的农民已不再是以家庭为行动单位,而是作为个体行动者融入社会化的体系。受土地集体所有制和均分政策的约束,我国农业生产和农村领域发展困难较大,农民只能寄希望于自身或农村以外的外部社会。而在变化的过程中组织单位上表现为家庭的社会化,或拖家带口来到城市,或在城市中买房置业。特别是后者,在近几年时间里呈现爆发式增长态势。从发展经济学的角度看,农民的社会化过程与城市发展的进程有着直接的联系,当城市发展所需的劳动力在内部得不到满足的时候,它就会向农村扩张。然而,在各种制度约束下,农民所得到的社会化途径是建立在外部社会所能够提供的基础上的。囿于此,农民所能触及和感知的范围相当有限,个体必须通过辛勤劳动才能解决其生存问题,故而无暇顾及农业生产和村庄之外的事物。因此,生存理性就成为他们行为逻辑的出发点。

随着时代的发展,农民生产生活领域发生变化,交往过程、交往的方式也随之发生变化,农民开始学会与形形色色的人打交道。特别是信息技术普及、网络时代发展,农民交往的对象开始虚化,不再受距离、空间、技术等约束。农民的行为已经延伸到村庄之外的世界,并且不再受到地域制约。此时,他们的行为逻辑与范围较

---

[1] 刘金海:《"社会化小农":含义、特征及发展趋势》,《学术月刊》2013年第8期。

之前有了明显不同。诚然,农民是以个体为单位进入社会结构和市场过程的,其必然会受到市场及社会已形成的规则的影响,而自觉适应这些规则是农民理性的首要表现。那么,受市场经济的影响与熏陶,获取生存和生活资料已不再是农民务工行为的最高准则,农民的生存理性转向市场理性,获得货币最大化成为其务工行为的最高准则。

从经验视角看,传统农民处于闭塞状态主要是因为受农业自然经济条件、简陋工具、简单的生产技术等的约束。改革开放以来,我国农业经济水平和生产技术取得长足进步,制度方面也更为灵活,特别是农村各项经济体制改革,束缚农民的枷锁完全被解开,农民置身于一个变革流动的社会中。但城乡二元社会结构使农民生活于城市的成本和就业压力不断上升,迫于此,越来越多的农民不再满足于努力实现个人经济效益的最大化,而是将家庭整体效益最大化放在首位,在城市买房扎根成为最终目标。很明显,农民已经超越了生存阶段,不再为基本的生存问题而行动。此时,农民由过去的生存目标向个体和家庭双重发展的目标迈进,其行为理性不仅仅表现为市场理性,也表现为家庭理性,更表现为发展理性。

总体来看,相较于生存理性和市场理性,农民外出务工的发展理性有着跨时代的革命性意义。因为,生存理性下农民仅是被动接受外部环境所提供的一切,所导致的结果是农业生产的内卷化和长期的停滞不前。同理,市场理性下的农民虽然能够融入市场经济中,但其依然是被动地遵守规则,按市场逻辑办事,且从后果来说,在带来经济收入增长的同时也带来了"三留"人员及农村社会"空心化"等现象。相比较而言,发展理性是将农民的社会化提升到一个相对较高的发展水平,它不仅可以实践农民个体的生存理性和市场理性,而且农民的家庭整体利益也能够得以实现。更为关键的是,农民一旦将发展作为其行动的前提,也就意味着其开始成长为一个真正的"社会人",其自身也就一跃成为社会化的主导因素。

依据农民社会化进程的经验而论,当前我国农民正处于由初级向中级阶段转变的过程之中,所表现出来的行为逻辑有以货币最大化为行为准则,有以个体发展为首要选择,有以家庭效益为最终目标。在不同的历史发展阶段,农民社会化发展也有不同的行为逻辑。在将来的高级阶段,农民则会以个体和家庭的协调发展为最终追求,寻求的是整体的综合效益。

三、农民工社会流动的变化趋势

20世纪80年代,农村改革迅速推进,随着家庭承包责任制在农村普遍推行,农村生产力获得空前解放,农产品产量显著提升,农村剩余劳动力问题开始显性化。受生活所迫,80年代前期,一些拥有传统手艺的能工巧匠和敢于冒险的农村青年率先走出农村寻求生活出路,他们成为最早的农民工。到了80年代中后期,乡镇企业异军突起,吸纳了大量的农村剩余劳动力,开创了"离土不离乡"的农村劳动力转移就业模式。90年代初期,邓小平南方谈话掀起中国经济改革又一次高潮,非国有部门的迅速发展,以及大量国外劳动力密集企业进入中国市场,并主要集中在珠江三角洲地区,吸引了大批内地农民前往务工,形成了具有时代意义的"民工潮",并开创了"离土又离乡"的新模式。自改革开放以来,我国城市化步伐不断加快,城乡间及地区间的社会流动日趋增多,伴随着社会阶层和社会结构转型的不断深入,市场机制的作用范围逐渐扩大,社会流动不仅持续增加,而且出现了合理化的趋势。

趋势一:从被动服从型转向主动选择型

从社会流动主体看,被动服从型向主动选择型的转变是我国社会流动的显著变化趋势。过去,在计划经济体制下,同其他社会资源一样,人力资源是通过国家计划进行调配,而个人的流动意愿、方向及形式处于从属地位。

近年来,随着我国的劳动力人事管理制度逐渐被市场机制取代,以及各地区、各部门的劳动力市场和人才市场的相继建立,人们可以根据自己选择的工作地点,结合自己的意愿选择合适的岗位,人们的就业开始从被动服从型向主动选择型转变。特别地,随着个人认知内容的增加和认知作用的逐渐复杂化,人们开始注意有关职业选择方面的信息,开始进行自我分析,并逐渐考虑自我,思索自我价值与生涯抉择的关系。按照涅菲卡门波和斯列皮察有关生涯认知模式的解释,人们在不同年龄、不同职业阅历下,受教育背景、家庭生活以及个人需求与心理动机的影响,在职业选择和生涯调整方面会有不同的态度与抉择。而当认知水平进入成熟期后,"控制信念"由外部转入内部,个人逐渐相信自我的抉择能力,能够通过自我检视和分析能力,进行适合自身特殊情况的抉择。当前三代农民工群体正在从市场理性向发展理性转变,与此相伴的是择业观也从被动服从向双向选择、自主就业的新模式转变。

趋势二:从消极控制型转为积极吸引型

从社会流动客体看,我国的社会流动正从消极控制型向积极吸引型转变。流入单位希望流入部门所需要的人才,而流出单位则希望流出部门所不需要的人员,在计划经济时代,劳动力人事指标由国家划拨,各企事业单位都将所分配人员视为单位所有财产,并设置重重障碍限制他们流动,致使正常合理的劳动力流动受阻,影响和压抑了人们的劳动积极性、主动性、创造性及才华与特长的发挥,更不用说发挥聪明才智和个人专长进行创新研究。近些年来,随着劳务人事体制改革不断深化及市场经济的推行,为更好地吸引人才、留住人才,国家和各地方政府纷纷出台了相关优惠政策吸引人才,给资金、给待遇、给政策等多项组合,大力实施"引凤还巢"人才工程。通过给予宽松的创业环境和高质量的服务,吸引了一大批外出农民工带着资金、技术、项目回乡创办企业,在为农村创造就业机会的同时,带动了农村相关产业的发展,并为新农村建设注入新活力。政策实施几年来,打破了农村劳动力长期向城市和发达地区转移的旧局面,呈现出"走出劳动力,回来生产力""输出打工者,引回创业者"的可喜局面。

趋势三:从单向型转变为双向型

从社会流动过程看,我国的社会流动正从单向型转向双向型。作为一种社会过程,社会流动应该是有往有来、有出有进、有上有下的双向型流动过程,然而在计划经济体制下,受单位制和身份制的限制,社会流动通常表现为单向型。

一个人的流动通常不仅是工作岗位的变化,而是整个家庭生活环境和条件的变化,这给社会流动增加了困难和障碍。从资源论角度看,当一地的消费和投资需求因人口涌入地的资源、环境实际承受能力等因素的限制趋向饱和时,"人口单向流动"便会出现成本增加、风险增大、流动收入不稳定和没保障等问题。近年来,改革的深化和劳动力人才市场的建立,使单位制和身份制受到了不同程度的冲击并开始改革。一方面,随着各种社会组织的劳动、人事、工资等制度和其内部管理体制改革的深化,以及以建立社会化的社会保障体系为目标的社会保障体制改革的进行,人们开始着手改变这种社会状况。另一方面,随着公务员考试制、竞选制和全民劳动合同制的实行,身份制开始崩溃,人们的就业身份开始走向消亡。"人口双向流动"的出现,不仅缓和了城市压力,也开发了大量的就业岗位,缓和了社会的就业压力,使得一度停滞不前的人口流动再次活跃起来,实现了资源共享,优势互补,并赋予了我国经济发展更加强劲的动力。

四、新时期农民工的问题与治理

21世纪以来,农民工流动进入了新时期,伴随着流动方式和模式的改变,以及务工群体的代际更迭,新生代农民工表现出了新的行为逻辑,而与此同时也出现了新的情况、新的问题。例如富士康的"九连跳"、"90后"相约集体自杀、农民工犯罪等负面新闻,首先,暴露出社会转型期中国社会新阶层管理的新难题。其次,新生代群体的抗压能力和心理健康问题亟待关注。新生代农民工是一个特殊的社会群体,他们身处异地,远离家乡与亲人,他们渴望融入城市与组织,比任何人都更加需要关爱与关注,与前两代务工者相比,他们接受更多的外部信息,更加崇尚个性释放,也更渴望获得社会其他群体的尊重与认同。特别是,他们的父辈世代生活在社会底层,长期遭受身份歧视、制度排斥、隐性隔离等不公平待遇。为此,一旦他们感到为组织或社会中其他成员所排斥,就会产生角色迷失,甚至是自我认知的歪曲,进而产生强烈的"城市失落感",而这很容易使他们的人生观、价值观扭曲,进而出现情绪波动、抑郁等精神问题,甚至铤而走险,踏上犯罪的道路。可见,新生代农民工的问题已经成为当前中国需要面对和解决的严峻问题。

目前的大量现象表明,农民工与用工单位间的信任关系极其脆弱,企业管理过程中缺乏对新生代农民工应有的信任与尊重,比如以苛刻条件随意克扣工资,假借多种名义进行人身羞辱等,企业的这种"压榨"型短期行为也使得新生代农民工身心受到多方面的侵害。当前的八九十年代出生的新生代打工者,有些存在着性格脆弱、意志力不强、经不起生活的磨难等问题,面临如此不公平的待遇很容易让他们产生心理情绪问题。另一方面,农民工合同签约率过低,签约期限普遍较短,且企业为农民工交纳保险情况也并不乐观,很多企业交纳的是最低标准的保费,甚至多数企业未替农民工缴纳保险,致使农民工社会权益无法得到保障,难以享受城市居民同等的医疗待遇,生活上面临着诸多困境。此外,由于城乡二元户籍的限制,致使农民工子女难以进入当地公办学校,而迫使他们将孩子留在家乡,形成留守儿童问题。如此种种,折射出新生代农民工融入城市之困。而处于农民与市民两种不同角色之间的农民工,通常既不认为自己是纯粹的农民,也不认为自己是城市人。这种身份的迷失使得新生代农民工对企业逐渐失去归属感,此时,处于弱者地位的农民用以抗击的武器唯有频繁跳槽,从而保障薪酬的提升,以及自身权利得以实现,如此也给企业用工带来了诸多困难。

前面的分析表明,对农民工这个群体来说,加强自身修养,提高心理素质,增强抗压能力刻不容缓。而对企业来说,改善生产生活环境,减轻工作强度,提高薪资待遇,增加人文关怀是重点。首先,应增强新生代农民工的组织认同感,开展维护情感的聚餐、联谊等活动,让关爱传递到每个员工心中,使他们感受到自己与企业未来的发展密不可分,觉得自己是企业中的一分子。其次,在薪酬层面上消除农民工与城镇职工同工不同酬的情况,避免由于户籍差异导致的福利待遇上的差别对待,在晋升层面上实行公开竞聘制度,让真正有能力者当选,并且根据农民工的职业发展路径,有针对性地开展技能升级培训,让员工看到在企业的发展前景。最后,企业应当给予新生代农民工最基本的信任与尊重,在管理制度和管理方法上,应更加注重人性化和时效化,构建科学合理的绩效考评体系,让农民工自我设定目标,并在此基础上对农民工进行管理,帮助农民工尽快融入社会和组织。改善农民工的生活现状,政府义不容辞,首先应改革户籍制度,破除城乡二元制,推动农民工市民化。其次,加快建立劳动力市场一体化,鼓励民间组织成立多种形式的就业中介,建立跨地区、跨部门的劳动力市场,并推进劳动力市场信息网络建设,加强信息资源沟通,引导农民工流向。此外,加强农民工组织建设,成立维权的工会,扭转农民工在利益博弈中的弱势地位。最后,政府应搞好公共服务,加大医疗卫生的投入力度,免费开展心理咨询,保障农民工老有所养,病有所医。同时,加快保障房、廉租房建设,切实解决农民工住房问题,让农民工在城市能够安居乐业。

纵观历史,农民工是继农村家庭承包责任制和乡镇企业崛起之后,中国农民的又一伟大创造,是解放农村生产力的又一伟大创举。当代农民工已成为消除城乡二元结构的重要力量,成为平衡城乡、工农差别的新兴力量。"输出劳动力,带回生产力",那些在城市中就业开阔了视野的农民适应了现代生产方式的管理模式,他们积累了经验后回乡务工促进了农村人力资本的形成,为农村发展奠定了技术和资金基础。劳动力的双向流动,打破了城乡长期封闭式的阻隔,建立了以市场机制为核心的劳动力资源配置机制,促进了我国劳动力市场的改革,更推动了工业化和城市化的进程,改变着城市的消费规模、消费水平和生活习惯。蔚为壮观的"民工潮"从整体上推动了市场经济的全面发展,增强了整个社会的生机和活力。从当前情况来看,伴随着城镇化的发展,农民工群体将在未来相当长的时间里扮演重要角色,特别是新时代的农民工,他们是城市发展的中坚力量,是城市带动农村的有效载体,为新型城市化发展贡献着智慧。可以这么说,他们正谱写着一个独特的、具有划时代意义的历史篇章。

第十一章 农户融资信贷合作的地方性实践[*]
——以闽中官庄村融资担保基金为例

农村金融制度是农村最重要的资本要素配置制度。其中,国家宏观层面的农村金融制度是导致农户融资担保难的重要因素之一。当前,农户由于缺乏有效的抵押物,难以从银行获得贷款,而银行因为农户缺乏必要的风险保障,不敢轻易放贷,这种矛盾一定程度上造成农村严重"失血",农户资金供需不均衡。基于此,2011年12月经中央农村工作领导小组成员同意,农业部等批复,沙县获批为全国六个之一、福建省唯一的农村金融制度改革试验区。在破解农户担保难题中,沙县地方政府创立的村级融资担保基金是一大亮点。

我结识村级融资担保基金,源自一次偶然的机会。2012年7月,我第一次参加"百村十年观察项目",选择自己的家乡福建省沙县开展"农户政治与经济状况"调研。时隔一年,一如既往选择该点跟踪调研,不同的是增加了一个新型农村社区建设课题的调研点。在沙县民政局范主任的推荐下,选择高桥镇明洋山社区作为此次调研的观察点。初入明洋山社区时,整齐划一的别墅式小洋房让我惊叹,这些三层半的小洋房一点也不亚于县城社区内的小楼房。更让我惊奇的是,立在社区内的一块大宣传牌,上面赫然写着"住房抵押贷款"等字样。难道"生长"于农村集体土地上的住房也能充当农户贷款抵押物?我带着这个疑问走访了几户农户,得知沙县农村金融改革正热火朝天地进行着,并以该农村社区为试点开展农房抵押贷款。同时,也从中获知沙县农村金融改革工作不仅仅局限于农户住房抵押贷款改革,还涉及土地流转贷款、订单农业贷款及农户个人信用贷款等各项改革。其中,依托于农户个人信用贷款建立的村级融资担保基金在官庄村的试点,得到了中央和省委领导的肯定,成为沙县农村金融改革的一个重要代表。这种在全国较早尝

---

[*] 本章作者为陆朝辉,华中师范大学中国农村研究院硕士研究生。

试农户信贷的试点改革深深吸引了我,决定前往官庄村探个究竟。

在高桥镇党政办罗主任的引荐下,我得以顺利进入官庄村调研。第一次进入村庄调研了解村级融资担保基金运行状况,从返乡的外出经营小吃业主"当个占大股的连锁店老板""只要有资金,我什么都不怕"的言语中,能感受到他们对基金的自信;同时,进入村庄,映入眼帘的是一幅辛勤劳作图,主干道的两侧全是大规模连片的苗木花卉,村民干劲十足地在苗木花卉田地里忙活。以"他者"的眼光观察,足以让我肯定的是,苗木花卉种植是当地农民经营的产业之一,但也不禁让我感到疑惑:苗木花卉种植具有前期投入高、经营周期长、经营风险大、投资回收期长等特点,那么农户如此大规模种植,强大的经济支持后盾来自于何处?是单户经营还是合作经营?苗木种植与村级融资担保基金是否有关联?

村级融资担保基金吸引我深入研究,还有一个重要的原因,在于我丰富的感性知识。沙县是我的家乡,我生长于此,将家乡作为研究范本和实践教材是最佳的选择。成长环境决定着思维定式。的确,当在家乡调研闻及"村级融资担保基金"这种新型的融资组织时,我脑海中第一反应便是"标会"二字。因为,打小从长辈口中听到最多的莫过于"标会"。作为传统的民间融资组织,"标会"已不知不觉成为沙县人民生活的重要部分,其发展也有着悠久的历史。不同于标会这一基于农民实践的原创传统融资组织,村级融资担保基金作为一种现代农村融资组织,是新时期地方政府政策创新与扶持并在村庄实践的产物。对于这个"新生儿"是如何"降生"的,以及"模样"又是怎样的非同一般,我充满兴趣。

农村金融制度是农村最重要的资本要素配置制度,"农村金融兴,则农业兴;农村金融活,则农业活"。当前,农户由于缺乏有效的抵押物,难以从银行获得贷款,而银行因为农户缺乏必要的风险保障,不敢轻易放贷,这种矛盾一定程度上造成农户融资担保难,农村资金大量外流导致严重"失血"的状态。对此,虽然国家能够给予地方金融机构适当的政策优惠,但宏观层面的农村金融制度是影响农户借贷的重要因素。与其被动接受国家"输血",不如主动"造血"进行政策变革。县级地方政府作为国家政权的一级行政层级,是国家与社会的连接点,肩负着发展地方经济的使命。新时期,国家对农村社会的关怀主要表现在新农村建设等各项惠农政策的相继出台,从惠农政策的执行过程可以看出,县级地方政府是主要力量,它是自上而下国家政策的贯彻者,也是自下而上农民意志汇聚的代理者。基于此,国家赋予县级地方政府在控制自身政策的变形度方面一定的权力,这为县级地方政府在政策创新与政策变革方面预留了制度空间。

美国学者A.R.科恩指出,"制度变革的成本是非常高昂的,以至于有的国家和地区支付不起制度变革所应该付出的代价"。① 带着一系列疑惑并通过进一步深入调研与观察,我从村书记坚定的话语中得知,村级融资担保基金的建立带给官庄村农户极大的经济效益,外出农户转变小吃经营方式,圆了他们当大老板的梦想;村庄依托丰富的山林资源成立苗木合作社,"留守"农户也因此有了可观的收入。与此同时,沙县县域经济已因经济资本充裕显现出异常活跃之势。可以说,这种以地方政府为主导并以农民为主体的农户信贷合作模式是成功的,这一成功不仅仅体现在金融改革模式创新的经验,还体现在地方政府推动改革的地方性实践经验。如果从农村发展和政策创新与执行的角度来看,以村级融资担保基金为代表的农村金融改革并不仅仅是个经济问题,而且是个政治问题。然而,对于融资需求旺盛的农户而言,在基金尚未成立之前,经济资本是稀缺性资源。那么,在经济资本稀缺的条件下,以政府和市场为主导、农民为主体的地方性金融改革实践,在不同阶段是如何运用不同的资本来推进改革的,其演绎逻辑又是怎样的? 基金经济效应的背后,仅仅依靠地方政府的权威资本能够顺利推进县域农户融资信贷合作模式的变革吗? 于是,以村级融资担保基金为研究范本,考察农户融资信贷合作在乡土社会的实践过程,无疑可以成为眺望当下中国农村金融改革的新窗口。

第一节 政策定调:权威资本主导下地方政府与村庄的互动

众所周知,自上而下的政策目标并不是一个直线的过程,政府话语文本形态的公共政策往往经历政策细化或再规划,才能转化为现实形态的政策目标。② 以沙县政府为主导,依靠乡镇、村庄,并且联合金融等机构,各主体都直接或间接地参与到农村金融改革中。那么,作为沙县首创的村级融资担保基金是如何诞生以及如何"落地"实践的呢? 在此,我将从以县政府、乡镇政府为代表的国家权力行使者与以村庄、农户为代表的公民社会二者间的互动铺叙开来。

一、外力启动:金融改革试验区与政策创新

2011 年,获悉国家正在寻找农村改革试验区,福建银监局三明分局提出申报该项目并获得了沙县政府响应,经过论证后拟定了《沙县农村金融改革试验区建设方案》,希望把金融业打造成为县域的重要支柱产业,实现经济和金融的良性互动。

---

① A.R.科恩:《农业均衡增长的制度及组织结构》,薛彦平译,转引自外国经济学说研究会编:《现代国外经济学论文选》(第 15 辑),商务印书馆 1992 年版,第 225 页。
② 贺东航、孔繁斌:《公共政策执行的中国经验》,《中国社会科学》2011 年第 5 期。

然而,在这场农村金融改革开始之前,沙县已经做了一些基础性工作。如2006年沙县政府大力推动农村土地承包经营权流转,让农村资产"活了",为农村金改创造了条件。又如,2009年底沙县成立了福建省首家为农村土地家庭承包经营权流转提供担保的公司——沃土农业担保公司,沙县财政补贴担保风险金,为想要流转土地、进行规模化经营的农民提供贷款担保。同时,成立了源丰、金茂两家农村土地家庭承包经营权流转信托公司。可以说,政府预先为激活农民闲置资产进行了尝试与突破,"全国农村金融改革试验区"落户沙县也是水到渠成。

(一) 国家权力行使者:县农金办

为了避免同级部门的相互扯皮,让改革政策顺利进入基层乃至原子化的村庄,成立"临时性工作领导小组"是一种极为重要的手段,被视为"具有中国特色的党主导下的公共政策执行机制"。

同样,沙县农村金融改革试验区建设是县委、县政府工作的重中之重,成立"沙县农村金融改革试验工作领导小组"也成为必然,以此来有效对接省、市政府的金融办工作。2012年2月沙县人民政府正式发文,由县政府联系金融工作的领导担任组长,县金融办、县财政局、县人行、县银监办负责人为小组成员,下设"沙县国家农村金融改革试验区工作领导小组办公室",简称"县农金办",又由于与县政府金融办公室合署办公,故"县金融办"与"县农金办"是两块牌子一套人马。工作领导小组人员组成具体如下。

组　　长:袁超洪　　县委副书记、县长
副组长:林昭闹　　县委常委、县纪委书记
　　　　施剑峰　　副县长
　　　　李健生　　人行沙县支行行长
　　　　廖美珍　　三明银监分局沙县办事处主任
农金办:施剑峰同志兼任办公室主任,曹永康同志任办公室常务副主任,黄明极、李健生、廖美珍同志兼任办公室副主任。①

农金办是顺应国家农村金融改革需要而成立的,既是临时的金融协调机构,又是县政府的办事机构,设有综合管理科、规划发展科、监管服务科三个科室。沙县农村金融改革不仅落实专职人员,而且有座"金融服务中心"大楼,县农金办的办公场所即在此。该大楼于2011年重新翻修并投入使用,一楼北侧和东侧为引进的外地商业银行(渝农商村镇银行、三明农商银行),大厅信息发布区有一块显眼的

---

① 袁超洪于2013年12月任沙县县委书记一职;林昭闹于2013年12月任沙县县委副书记、县长一职。

LED，滚动显示沙县民间资本管理股份有限公司的民间资金供需信息，二楼为沙县农村金改成果展示厅，三至八楼除县农金办的办公场所外，沙县部分投资公司、融资担保公司、小额贷款公司及会计事务所等机构均汇聚于此，营造了良好的金融氛围。

但是农村金融改革如何操刀呢？这是一个令县领导发愁的大问题。于是，一方面，县里先后组织农金办人员前往浙江温州、广东云浮、重庆、北京大兴等地学习考察，结合沙县实际，吸取借鉴好的经验和做法；另一方面，聘请省市人行、银监等部门的金融专家作为顾问，帮助指导沙县开展农村金融改革创新工作。最终，县农金办明确了"扶持三农、服务县域、先易后难、突出特色"的工作原则，也确定了"5432"的工作思路，着力解决当前农村存在的融资难、金融服务薄弱、金融总量不足、信用环境不佳等问题。

（二）地方性政策的出台：普惠农户

沙县被确立为全国农村金融改革试验区，源于 2010 年 9 月国家农业部出台了《关于加强新形势下农村改革试验区工作的意见》，文件指出将围绕农村改革的重点领域和关键环节进行探索试验，"建立现代农村金融制度"便是改革目标之一。沙县县委、县政府领导根据县域民间金融长期活跃的特点，再加上沙县小吃这一地方特色产业支撑，经申报最终成功获批成为全国六个试验区之一，由此拉开了沙县农村金融改革的序幕。

如何做到"贷款易"，又能"普惠农户"，使广大村民都能享受国家惠农政策，促进农民创业增收呢？县农金办组织外出考察和聘请专家指导的手段还是非常奏效的。在确立改革工作原则和工作思路的同时，2012 年 4 月，沙县县委、县政府下发《沙县农村金融制度改革试验区 2012 年工作要点》，文件中明确提出"成立 1 家村级融资担保基金"的工作目标，具体描述如下：

> 拟在前期反映较为积极的青州镇（亦可通过调研另选）选择 1 个村财较好的信用村，建立专为村里农户提供贷款担保服务的村级融资担保基金，基金实行政府出资部分、个人捐资部分、村财（或村民）出资部分的"三三制"模式，推荐对接合作银行，根据当地信用和基金实际运营情况相应放大担保倍数，从而以较为完善的信用体系和较为充足的担保基金为依托，推动各金融机构加大对农户贷款的投放，满足村民贷款的有效需求。在此基础上，逐步建立村级融资担保基金。①

---

① 摘自 2012 年 4 月沙县县委、县政府《沙县农村金融制度改革试验区 2012 年工作要点》。

2012年5月,沙县人民政府出台《关于加快金融业发展的实施意见(试行)》,在地方政策上给予其有力保障并明确职责,尤其从组织领导和资金支持层面加以重视。

村级融资担保基金是沙县特有的农村合作金融模式,是该县首创的。那么成立"村级融资担保基金"的初衷又是什么呢?县农金办曹主任参与村级融资担保基金的全过程,从他的一段话中,可以有所了解:

> 针对农村担保难,我们自己首创了村级融资担保基金模式。沙县有个地方特色,就是做小吃的比较多,农民担保、贷款都比较难,所以想把这种金融服务延伸到农村。(金融服务)农村本来就比较薄弱,主要在城市。银行担保都要求公务员来担保,农民去哪里找那么多公务员来担保。同时,低端的产业或贫困地区,可以通过扶贫贷款机制或贴息的手段解决资金问题,而当前大部分(沙县)农户处于创业起步阶段,初期投资资金不足。除开小吃需启动资金外,也包括产业化、规模化的农户,如树苗、水果、花卉种植和养鱼等,他们都需要短期的流动资金。①

由此可见,以村级融资担保基金为代表的沙县农村金融改革,其政策是以农民的普遍需求为出发点而设计的,是一项惠及有所需求的农民的实践政策,用曹主任的话来说可以将其概括为"普惠制",这也成为检验村级担保基金是否合理的重要标准。

二、任务下派:出资模式的角逐

从设立农村金融改革试验工作领导小组到出台地方性政策文件,沙县农村合作金融改革顺势推进,但政策文件并非是推动改革工作的基本手段,所体现的只是一种行政运作的合法性依据。因此,要使农村合作金融改革真正落地,离不开人力推动这一基本手段,即通过上级政府向下级传递压力。

那么,何为沙县开创的"村级融资担保基金"呢?其如何操作呢?要破解这些疑问,还得围绕县农金办、镇政府和村集体这三者对"出资模式"的相互角逐这一线索展开。

(一) 空降的临时会议

对于维持基层行政有效运转的动力机制,吴毅曾形象地归纳为自上而下的压力型体制与自下而上的政绩取向的互动,而这就在于官僚体系内部上级政府对下

---

① 2013年8月22日,访谈沙县农金办曹主任。

级(包括村组织)任免权力和项目资金的掌握,反过来,下级主管通过制造政绩来博取上级主管的关注,从而获得提升机会。① 自上而下的压力型体制在此次农村合作金融改革中,尤其是农民融资担保基金的工作开展中表现得淋漓尽致。

县金融办(农金办)为了加快推进国家农村金融制度改革试验区的建设工作,以电话形式下达临时通知到高桥镇。下面笔者将描述一下林镇长对当时情形的回忆:

> 2012年5月18日,县里打电话来,临时通知说,分管领导及相关金融部门到高桥镇开个会,想在这儿搞个农村合作金融改革试点,要求本月底必须有两个村成立村级融资担保基金。然后,怎么做呢?县里给出一个方案,即由村集体出资一百万,让(乡镇)自己想办法,从而解决农民担保困难的问题。②

对于农村合作金融改革一概不知且概念模糊的乡镇领导干部,面对上级摊派的临时任务,最终只好"临危受命"。而林镇长的话也不免让人产生疑惑:此次临时会议为什么如此突然?县金融办对于该镇成立村级融资担保基金的时间期限(仅10个工作日)为何如此之紧迫?从调研访谈资料得知,沙县村级融资担保基金选择青州镇和高桥镇两个乡镇作为试点,其中青州镇以村集体财力较为雄厚的甬溪村为代表,率先开展试点工作,一个多月后高桥镇才着手进行试点。

出资模式是成立村级融资担保基金的重要因素,但是,如何筹集启动资金,这不仅决定着村级融资担保基金的模式选择,也影响着沙县农村合作金融改革的成效。甬溪村在缺乏参照先例的情况下,尝试以村集体出资作为启动资金成立该村融资担保基金,加入基金的成员主要是村里的少数企业主和大户经营者。这种模式虽然能够在短时间内成立基金,但没有结合当地实际情况,更没有面向大部分农民的需求,未能实现相关政策所提及的普惠制原则。很显然,缺乏调动农民主体积极性的政策与模式是经不起实践检验的,甬溪村的做法也无法达到可复制、易推广的目标,与此同时,县金融办(农金办)又迫于省市级领导干部检查调研成果时间的临近,于是,在缺乏谈判余地之下,县里只好临时通知并命令高桥镇在既定时间内完成试点任务。

(二)镇政府的无奈

基层乡镇领导普遍存在一种矛盾心理,一方面厌烦、无奈于命令式的任务摊

---

① 参阅吴毅:《小镇喧嚣——一个乡镇政治运作的演绎与阐释》,生活·读书·新知三联书店2007年版。
② 2013年8月23日,访谈沙县高桥镇林镇长。

派,另一方面又会自觉地维护并配合这种做法。谈及县里下派的临时任务,高桥镇的领导干部最有发言权。对此,高桥镇夏书记道出了自己的心声:

> 起初我不同意接受,因为年初不是安排给我(镇),五月份突然和我讲要我做,然后过段时间省领导会来(检查),这么短的时间内不太愿意做。当时县分管农村金融改革工作的领导挂点高桥镇,后面领导找我,任务压下来没办法,总之当作一个任务完成,反正得做。①

相对于财力较为雄厚的青州镇而言,高桥镇在县域乡镇经济排名中并未位列前茅,县里之所以选择高桥镇作为试点,主要基于以下几方面考量:其一,该镇明洋山新型社区是省级"造福工程"安置点和第十三批省级村镇住宅小区建设示范点,统规统建的住房,为探索农村住房贷款模式创造了条件;其二,土地流转规模与效益较好,农业项目较多,农业项目贷款是农村金融改革的一个突破方向;其三,地处省道上,交通便利必能为经济发展提供有利条件。可见,高桥镇所拥有的条件为顺利进行农村金融改革提供了可能,村级融资担保基金的摸索任务也顺势落到该镇进行试点。

然而,对于县里提出的所谓"由村集体出资成立村级融资担保基金",即青州镇采取的模式,高桥镇夏书记对此做法并不认同:

> 最初我们的一个观点,认为这种基金如果像青州镇那样,肯定是不能推广,以后不好操作,风险由谁来承担是个问题;不同于青州镇由村集体出资成立,也想过由大户入股出资,他们也表示想做且有积极性,而且马上就能成立,但是总感觉这事不对,既然不能发动群众积极性,还是没什么效果;如果很多大户都想出资成立,给谁贷这又很尴尬,村里关系又如何结算。②

由于各村经济实力不均衡,由村集体出资的模式具有很大的局限性,很难达到普惠全体村民;而夏书记后来又想尝试由大户出资,很快发现还是难以做到普惠村民,最终还是自我否决了。对此,林镇长也认为青州镇的模式弊大于利:

> 当时他们(青州镇)的思路是以村财出资,这是不行的。第一,本镇比较穷,没有能够拿出一百万元的富裕村庄;第二,基金风险很大;第三,管理很难。为什么说风险很大呢?比如说村集体给农民担保贷款,农民

---

① 2014年2月20日,访谈沙县高桥镇夏书记。
② 同上。

很可能不还贷款,而(基金)清场时肯定先从村财出资的一百万扣除。为什么说管理很难呢?假如你是村书记,为什么给一部分农户担保而不给另外一部分农户担保,依据和条件是什么,又没办法评估,这样很难让农民信服,最后做不到普惠制。另外,村庄三年换届一次,村两委是由全村村民投票选举产生,假如选村主任时,你给我去拉票×张,我给你贷款××元,你没选我就不给你借贷等交易行为,会导致农户借贷很随意的现象,村民选举会变成一种诱饵,从而出现的风险大及管理难将是不可避免的。①

不难看出,由村集体出资的模式容易演变成村两委选举时的"诱饵",扰乱正常的选举秩序,使基金面临风险大和管理难的问题。

(三)试点村的担忧

官庄村位于沙县北部,距镇政府4公里、县城20公里,省道沙将公路、福银高速贯穿而过,交通便捷。全村土地面积18 631亩,其中耕地面积3043亩,林地面积1.5万亩,辖管庄、桂口、马山、赤岭、楼前共5个自然村7个村民小组,现有住户576户,总人口2358人。2012年全村工农业总产值3771万元,农民人均收入10 459元,村财收入76万元,先后获得"县新农村建设先进推进村""县文明村"等荣誉称号。再加上,村庄领导班子能力和战斗力强,公平公正,在农民群众中威信高,这也是成为试点村所必备的重要条件,更为村级融资担保基金后续的良性循环确立了有力保障。农村是村级融资担保基金实践的"最后一公里",也是决定基金实施和落实效果的关键点,因此,村庄是该政策和计划的最终归宿,必然成为村级融资担保基金实施的对象之一。

县里给高桥镇下派的任务是成立两个试点村,于是,村庄比较大、人口多且经济较活跃的高桥村和官庄村理所当然地成了试点对象。但高桥村村干部表现出不重视不配合的态度,认为成立该基金风险大且可能无法运行没人贷,最终官庄村只好独揽改革重任。

在从未听闻村级融资担保基金的情况下,村两委干部对基金后期是否能良性运行表示担忧:"它(村级融资担保基金)毕竟是挂靠在我们村委会经济合作社的一个户头上,这必然影响到村集体的利益,因为这牵涉到村里的村财,以及基金运作下去后续的良性循环,万一运作不下去倒掉,就会牵连到村委会。"②

同样,大多数农民对此表现出迟疑与不信任,也提出了各自的疑惑。据夏书记

---

① 2013年8月23日,访谈沙县高桥镇林镇长。
② 2013年8月25日,访谈沙县官庄村徐会计。

回忆:"有部分村民表示疑惑,万一出现风险怎样处理。农民主要担心基金是以村级名义成立,如果出现大面积的村民不还贷款,村一级就完蛋,最后还得村级来承担责任。例如村民出资200万,贷款1000万,还有800万怎么处理,还不是要村来背着。村里就怕这种事,所以有人提出这个问题。"①

毕竟,村级融资担保基金只是一个模糊的"空中概念",怎么运作和实施是从来没有听说过的,成立并加入基金,村民必须共同承担今后的风险。正如徐勇和邓大才所认为的,"货币收入最大化是社会化小农的行为动机"。在这种情况下,作为社会化小农的官庄村村干部和村民会产生担忧与不信任感也是情理之中。

三、协商变通:最终的协议

根据沙县县委、县政府的文件描述,村级融资担保基金是一种由村级发起,以村民出资为主、县乡村注资为辅等多种渠道筹措的为本村加入基金的农户贷款提供担保的新型农村金融组织。然而,村两委干部和农民的不确定性和不信任感正是问题的症结所在。是继续强制动员农户以完成上级分配的任务,还是从农民实际需求出发另辟新模式呢?这是摆在乡镇领导和试点村面前的最为棘手的问题。

(一) 新模式上马

出资模式的选择着实让乡镇领导伤透了脑筋,再加上,县里领导给予高桥镇成立村级融资担保基金的限期已近在眼前。迫在眉睫之时,夏书记的基层工作和生活经验让他有了灵感,认为既然要成立基金,就得考虑启动资金问题,想出具体操作做法。夏书记对传统的民间借贷比较熟悉,如老百姓贷款需求、贷款难度、贷款利率,别的项目贷款(利率)多少,担保基金贷款利率多少,原来的贷款怎样操作等。从访谈得知,当任务交给夏书记后,他也曾考虑过很多方案,从交给任务到最终基金在官庄村成立的间隔不到一个星期的时间。

谈起在一周之内圆满完成上级任务,夏书记表露出了些许自豪感。的确,由农户个人出资筹集村级融资担保基金的启动资金是一项创新尝试,农民迫切需求和借贷利率低的优势有力验证了其可行性,夏书记对此也信心十足。他说:

> 既然对老百姓实用,更主要的是肯定要做成,可能还是要从老百姓个人出资上(入手),这就要让老百姓有积极性。调动其积极性来源于一个消息:某一个下午,与青州镇相关人员打电话了解到,基金有一个利率优惠,才6厘5,镇上或者担保公司贷款利率一般为9厘到1分。既然利率

---

① 2014年2月20日,访谈沙县高桥镇夏书记。

有优惠,老百姓又需要,有这个积极性,应该做得起来,出发点就这个。如果(利率)都与其他担保方式一样,又没有好处,那未必会支持,所以坚定让老百姓出资组成一个担保基金,应该是有办法操作。

想到后,那天晚上就把镇长叫来,相互商量后可以这样搞,连夜打电话给县领导,县领导口头给个承诺,说可以考虑,应该可以操作,只要你做得下来。随后打电话给县信用社理事长钟主任,联系后约定晚上九点钟去找他,相互探讨,然后把相关细节敲定,如召开村民代表大会、理事会、信用等级评定、村级审核领导小组等事务,商量决定第二天上午由他组织县信用社召开会议讨论,由我牵头组织村委会召开村民代表大会。①

由此可见,县领导对政策执行的效果如何也是无法把握的,于是只能默许镇政府摸索尝试创新,同时,沙县农村信用社理事长的信任与支持也是村级融资担保基金成功的重要因素。经过几十年基层工作的历练,夏书记在肯定农户出资成立基金模式的同时,也着重分析了基金运行将带来的风险问题。

因为我经历过80年代末90年代初农村基金会的事情,这次金融改革最大的问题就是防止风险。大概进行测算,每户农户出资金额不要太大,1万—2万,放大3—5倍,即可贷款3万—10万,这些都是人为规定的。其实按照融资担保基金的程序是可以放大10倍,最多可以贷20万,是我们考虑到风险才人为压缩,但有个升级(渠道),通过评星定位,以后可以贷更多。

关于村民代表担心基金风险,我就给他们分析,1000万资金不是同时出去的,是分期分批出去的;再一个,现在这种经济形势,限定在3万—10万的贷款额度,只要村两委控制好信用等级评定,加上相互担保,不太可能出现群体性的风险。②

从夏书记的访谈中,可以看出他的改革胆识与严谨独到的作风,套用他的一句话,"金融改革是不能敷衍的事,步子不要走得太快",从而,村级融资担保基金创建过程中"出资模式"的问题也顺势破解。

(二) 镇政府"借款"

当前,村民代表大会是村庄政治的一种有效形式,而政策要落地必然要走这一过程。作为村级融资担保基金的改革探索者的夏书记,与官庄村两委干部共同召开了多次村民代表大会,但村两委干部依然是半信半疑的态度。

---

① 2013年8月24日,访谈沙县高桥镇夏书记。
② 同上。

如何消除村庄这层疑云呢？处于上风的村庄，已容不得乡镇领导使尽各种"招数"与其进行"较量"了，为完成任务必须与时间赛跑。通过座谈交流，乡镇领导干部充分认识到村庄不愿为启动资金买单，即村集体不愿注资十万元启动资金。那么，何为启动资金呢？从官庄村徐书记的访谈中，可以有所了解：

> 启动资金，也算风险保障金。一旦出现风险，将从村庄基金扣除，如果基金都是农户个体入股的钱，将无法扣除，所以需要启动资金做保障，从而不会损害其他入股农民的利益。由此，如果村财富足，可以充值一两百万，以降低风险。①

据此，政府文件原规定由村集体注资十万元作为启动资金，夏书记只好"对症下药"并决定先由自己"买单"出资十万元，这才让村两委干部点头答应启动成立基金。但是，乡镇这种"买单"形式并非掏自己的腰包，而是镇政府以"借款"的名义支持村庄启动基金。

同时，要让农户出资入股，村干凭借其拥有的号召力，加上对农户入股基金的好处的宣传，于是，村民代表大会的召开获得一次性表决通过。最终，村庄同意了，村民代表大会当场也签字了，基金大方向就这样敲定了。2012年6月6日，沙县高桥镇人民政府下达《关于成立官庄村村级融资担保基金的通知》，通知内容如下：

沙县高桥镇人民政府关于成立官庄村村级融资担保基金的通知
各村委会、各有关单位：
为切实解决农村融资担保难问题，进一步健全强农惠农政策体系，引导更多信贷资金投向"三农"。经研究，决定成立沙县高桥镇官庄村村级融资担保基金。其组成人员通知如下：
主　任：林升江
副主任：徐道杰
成　员：徐邦钛　赖旺源　陈志周　张万炎
　　　　　　　　　　　　　　　　　二〇一二年六月六日②

从这份通知可以看出，在这场农村金融改革中，以村级融资担保基金为代表的改革任务似乎已从县农金办转给乡镇，乡镇政府扮演着组织者角色，能否积极参与政策的改革与执行活动，决定着村级融资担保基金乡村实践的成败。由此可见，国家，尤其是地方政府有关农民融资担保基金的各项任务，最终都要通过乡镇政府落实到村级和各家农户。从对官庄村徐书记的调研得知，高桥镇政府也因"官庄模

---

① 2013年8月23日，访谈沙县官庄村徐书记。
② 2012年6月6日，《沙县高桥镇人民政府关于成立官庄村村级融资担保基金的通知》。

式"的成功,最终将十万元启动资金的"借款"奖励给官庄村,同时县财政也对基金注资十万元,这笔钱属于风险补偿基金,也是出于不损害其他入股农民利益的考虑。

从村级融资担保基金政策推进过程可以看出,"全国金融改革试验区"落户沙县不仅是机遇,更是挑战。对于农民融资需求的问题,沙县地方政府十分重视,为此成立领导小组及农金办、组织外出考察、出台地方性政策文件等等。在"万事俱备,只欠东风"之下,青州镇甬溪村凭借雄厚财力成为第一个试点村,但效果不佳,其村集体出资模式也未能全面推广,于是试点工作转移至高桥镇。由于政策改革初衷要在较短时间内落地村庄进行实践,再加上,以村集体财产做保障存在较大风险,遭遇"村财较不富裕"的试点村村干部的"不信任"也是难以避免的。在政策执行场域中,当地方政府与村庄出现"思想分歧"时,上级重拾权威资本成为必然,这样才能确保政策改革的开展。

最终镇政府与村庄通过协商,确定了"农户个体出资新模式"及"镇政府'借款'",双方的博弈在某种程度上达到了均衡状态。面对作为焦点问题的十万元启动资金,夏书记以政府"出资买单"来博得村庄的"通情达理",这正是我国大多乡镇领导干部做工作的缩影,即理解农民的难处,站在农民的立场说话,但同时又不失政府的权威,让农民配合工作。

不同于高桥镇官庄村的政策执行,青州镇甬溪村为完成上级政府命令式的行政任务而搞起来的村级担保基金模式的试点也值得思考。在这样一种由权威资本主导的自上而下的变革,在地方政府一头热的情况下,不结合当地实际情况与农民的需求意愿,最终可能会事与愿违。所以,农村金融改革中县级地方政府应积极发挥引导作用,与此同时具体改革模式应交给基层干部,乃至村干部和农民自己去搞。

第二节 基金入场:乡村社会资本主导下的农户信贷利益共同体

既然村级融资担保基金的最终归宿是村庄,那么,基金与乡村社会资本相结合将是必然,也就是说,发生在农村社区内的融资担保基金,必然镶嵌在丰富的乡村社会关系纽带中。那么,县级地方政府主导的政策改革,如何与传统乡土社会相适应,从而孕育出本土化的政策?由农户出资入股的这么大笔基金该如何确保安全呢?基于此,我将从建立农户信用档案和筑基金风险闸两方面来予以说明。

一、信用建档:村庄信任传统再激活

源头水活渠自清。根据官庄村融资担保基金业务操作流程①,"先建档、后评级、再授信"是最为重要的原则依据。在这一涉及全县所有农户的建档评级大工程中,农信社、村两委和农户发挥主力作用,预示着以信用为凭据的村级融资担保基金正式在试点村成立。

(一)背包下乡的主力军:农信社与信贷员

要进行农村金融改革,除了地方政府、村庄和农户这些主体加入外,必然也需要相应的金融机构的支持与合作。同样,村级担保基金涉及农户出资和借贷这一存储交易行为,离不开沙县农村信用社这一金融机构主体的参与,其能有效确保基金顺利运转起来。那么,在农行、邮储这类涉农银行机构中,村级融资担保基金为什么偏偏只对农信社"情有独钟"呢?

对此,夏书记解释道:"县农信社是一级法人,只要县信用社开会研究同意就可以做这个模式(农户出资模式),而像农行等大型银行是股份制银行,各级分行的总行在北京,这种金融改革新的措施要经过总行同意,获批时间可能很久,所以没办法和农行合作。"②不难看出,由于市县农行这类机构权限有限,没办法受理改革的新模式。因此,农信社是村级融资担保基金唯一能够选择的对象,二者合作也是一种必然。更重要的一点,农信社可吸存入股农户担保金,按规定至少要存满一年,这笔额外吸存来的收益,也是其动力之一。再加上,国家拨款的专项资金所带来的利率优惠,不仅对农民有吸引力,同时也吸引了农村信用社参与到改革中。县农信社钟主任也表明了真正的利益点:"这样的'蝇头小利'对于大型银行来说,也许无所谓,但对于出省就不具备任何自助交易、跨行结算等一切现代金融手段的农信社来说,是一次难得的机遇,而那些大银行因为大多在乡镇都没有网点,所以都没有参与这次金融改革。邮储有一定的竞争力,但他们目前还没在乡镇以下开辟贷款业务。这次金融改革试验规定的时间只有3年,去年一年就净增贷款农户1000多家。"③

从沙县金融改革方案来看,其中明确提出"实现全县农户信用档案、农户信用评级全覆盖"的目标,这不仅是村级融资担保基金入股农户借贷的依据与凭证,也

---

① 基金业务操作流程主要包括:村民申请→与农信社沟通→担保受理→业务初审→审查决策→反担保→签订合同→收取费用→保后管理→担保终结(代偿和追偿)→归档。
② 2013年8月24日,访谈沙县高桥镇夏书记。
③ 2013年8月25日,访谈沙县农信社钟主任。

是优化农村信用环境的重要手段。不言而喻,建立农户信用档案与开展农户信用评级的重任落到了农信社的肩上,农信社成为农村金融改革的主力军。从高桥镇农信社唯一的信贷员杨世强身上可见,"要么在村里,要么就在去村里的路上"就是其每天工作的真实写照。他说:

> 短短几年中我已同上千位农民打过交道,还跟上百位农民客户成为"知己",不仅熟悉他们的生产发展情况,还了解他们的"家长里短",这不仅有助于农信社了解农户的真实需求,而且还能针对性地开发金融产品,为农户提供更加"贴心"的金融服务。①

由此可见,在本次村级融资担保基金摸索中,沙县农信社与信贷员改被动"等客上门"为主动"背包下乡",深入村组和田间地头,为农户信用档案和信用评级工作的开展提供了更加有力的支撑。

(二) 村庄基金代理人:担保审批小组

为顺应农户信用档案和信用评级工作的推进,不仅农信社派出信贷员深入农村入户调查农户经济情况,而且在村庄一级设立担保审批小组,由农信社和村两委进行联合审核。据调查发现,在基金运行过程中,担保审批小组发挥的作用不容小觑,话语权也越来越大,其在农户信用评级中的重要角色可从县农金办曹主任的访谈里看出:

> 村级融资担保基金是互助式的金融合作组织,管理以村干部为主,即成立担保审批小组。原规定要按照程序选举产生,考虑到人员至少为人要公正,不能偏心,才能公正开展信誉评级,所以从两委班子抽选五个人组成,来把握加入基金村民的条件。②

无规矩不成方圆,因此,规则的制定对于村级融资担保基金尤为重要。针对农户信用评级工作,官庄村制定了担保审批小组议事规则,并严格按照规定执行,确保了村庄农户信用评级工作的质量。以下是《官庄村担保基金审批小组议事规则》的具体内容。

官庄村担保基金审批小组议事规则

为了提高担保审批工作效率,进一步防范和控制担保风险,特制定本议事规则。

---

① 2013 年 8 月 24 日,访谈沙县高桥镇农信社信贷员杨世强。
② 2013 年 8 月 22 日,访谈沙县农金办曹主任。

第一条　审批小组会议制度

（一）审批小组主任委员由村支书担任，村主任、业务人员、会计、出纳等任委员组成审批小组，出纳兼任记录员。审批小组主要是负责审批本村村民贷款担保问题。

审批小组会议由主任委员主持，会议必须有三分之二以上的委员参加方为有效。

（二）审批小组会议每周召开一次，有下列情况的可以随时召开。

1.主任委员认为必要时；

2.拓展担保业务遇特殊情形时。

（三）审批小组会议表决应当遵循"集体审议、明确发表意见、多数同意通过"的原则，全部意见应当记录存档。

（四）审批小组会议应实事求是地发表个人意见，每位委员享有一票表决权，同时应严格遵守会议的保密制度，不得对外泄露审议情况。

第二条　审批小组会议的内容和程序

（一）会议准备与内容。

1.业务人员负责以书面形式向审批小组汇报对申保人担保调查情况。

2.会计负责对业务审查申请材料的审核，审核内容主要围绕各类风险的事前防范与控制。

（二）会议程序。

1.由业务员翔实介绍借款人以及反担保人情况以及调查情况及审批意见。

2.由各委员对申保人资信状况、经济实力、偿债能力、反担保人等情况进行了解并充分讨论。

3.由各委员对申请进行表决，应明确发表个人意见，即"同意""不同意"或"弃权"。各委员表决采取记名投票方式，由会议记录员进行统计，按照多数通过原则，确定审批结果。记录员应当保密各委员投票的表决意见。

4.审批结论。对审批小组最后形成的意见，由业务员形成同意担保意见书。同意担保意见书，写明审批小组人数、赞成票数、反对票数、弃权票数、是否同意，加盖担保基金公章，负责人签字，信用社据此受理业务。

第三条　审批小组会议规范

（一）审批小组会议应对所议事项做详细的会议记录，作为所议事项的正式证明。会议记录应包括：

1. 会议召开的日期、地点、主持人姓名；
2. 出席会议委员的姓名；
3. 贷款申请情况及其他；
4. 委员的表决意见；
5. 每一审批决议的表决结果(表明结果应载明赞成、反对或弃权的票数)；
6. 会议决议的日期。

（二）出席会议的委员和记录员应在会议记录上签名。

（三）业务员按照文书档案管理制度负责保存会议材料和会议记录。

那么，农户信用等级评判的标准又是如何呢？对此，县里出台的相关文件明确规定：按"AAA、AA、A、BBB、BB、B、C"7级分类评级标准，以村为单位，成立由农信社负责人、信贷员、村干部、村民代表组成的农户信用等级评定小组，对农户逐户进行信用等级评定（总分100分），综合得分在95分(含)以上为AAA级，90(含)至95分为AA级，80(含)至90分为A级，75(含)至80分为BBB级，70(含)至75分为BB级，60(含)至70分为B级，60分以下为C级。评定结果按村进行张榜公布，接受群众的监督，确保信用评级的客观、准确、公开、公正。这些工作主要依托于县农信社，其针对农户信用档案和信用评级工作编制了农户信用信息档案，该档案按"一户一册"原则，由个人基本概况信息表、村(居)委会评价表、农户信用等级评分表三大部分构成，其中农户信用等级评分表以赋值法方式对农户资产情况、信用品行情况、偿债能力几方面进行打分，最终依据总分来划分农户信用等级。

（三）农户的规制：依信授贷

申保人，又称入股农户，是指向村级担保基金提出贷款担保申请的农户。根据官庄村融资担保基金的规定，申保人须具备相应基本条件才能提出申请，如必须是本村村民，户口迁出本村的不予担保，年龄在18—60周岁，在村民中口碑好，有偿还贷款的能力，无不良信用记录等。其中，关于申保人的为人及信誉是最为重要的考评标准，如是否有上进心、是否好吃懒做等，毕竟村干部对村民知根知底，对其基本情况、信誉等都比较清楚，以此把握好审核关，这样就保证了加入基金农户的素质。

农村金融改革必须以农户经济档案和信用评级为基准，这是金改的基础，只有信用评级达到A以上才可以加入基金。要加入基金，说明农户有一定的融资需求,也优化了资源。贷款只要在村里办个手续再到农信社提出申请,这为农民外出做小吃提供了便利。①

从县农金办曹主任的访谈中,足以看出本次农村金融改革对农户信誉和信用的重视。那么,入股农户能贷到多少钱呢? 这不仅取决于农户个人信用定级,还和他入股担保基金的钱数有关。作为村级融资担保基金的"设计师",夏书记向笔者讲述了自己的设计想法:

> 经过大概测算,农户出资金额不能太大。每户农户出资1万—2万,借贷3—5倍,这些都是人为规定的,因为我们经历过80年代末90年代初农村基金会的事情。其实,按照融资担保基金的程序是可以贷10倍,最多可以贷20万,是我们考虑到风险才人为压缩,但有个升级(渠道),通过评星定位,可以借贷更多。现在这种模式经过实践检验是可行的,最大的问题就是防止风险。所以后面完善就是风险的问题。②

可见,农户按每户1万—2万元进行基金募集,以出资额为标准,按信用等级给予3—5倍贷款授信,但不得超过10万元,这种以控制单户贷款总额为出发点的保守做法,主要在于夏书记对八九十年代农村基金会失败的历史记忆。的确,贸然且不尊重实际是改革的最大忌讳,正如他所表明的立场,"金融改革是不能敷衍的事,步子不要走得太快"。而作为村级融资担保基金的"实践者",官庄村徐书记对此深有体会:

> 农户来入股,要入股的来加入,但是入股的金额有所限制,股金一万到两万元,不让农民多入。入股金额多了,第一风险大,第二农信社贷款基金总量是问题,如果一个村民入股一百万,放大五倍后,就五百万,农信社的钱全部被一个农户贷走,这样就达不到普惠。目前我们入股一百多户,只有一户入股一万,其他都是入股两万,按照评定的信用等级,放贷两倍、三倍、五倍。③

不难看出,除控制农户入股金额和借贷倍数之外,对"有效需求"的农户提供贷款,而不是"乱撒胡椒粉",这也是基金设计的一个重要考量因素,也显示出机制上设计的一个合理性问题。

---

① 2013年8月22日,访谈沙县农金办曹主任。
② 2013年8月24日,访谈沙县高桥镇夏书记。
③ 2013年8月23日,访谈沙县官庄村徐书记。

二、筑风险闸：正式契约化信任关系构建

其实，村级融资担保基金一"出世"，就穿着启动风险保障金、农户信用等级评定这两件"防护服"，此外，沙县农金办经过调研与座谈，又给基金量身打造了信用动态监管、三户联保与利率杠杆、国寿小额贷款借款人定期寿险三道"防火墙"。有效提高入股农户"主人翁"意识，让农户认识到基金是农户利益的"共同体"，确保基金健康运行，降低风险。

（一）信用动态监管

针对风险防控，县里后期出台了一系列文件，其中提出了要健全基金资金走向监管机制的要求，并将基金资金走向监管工作纳入涉及乡镇或街道的重要工作议程，实行"一季度一摸底一分析一汇报"、村"两委"干部挂钩联系贷款农户制度，加强资金走向跟踪，适时收集农户资金走向新信息、新问题，并及时研究解决出现的新情况。

作为农户借贷重要凭证的信用定级，沙县农金办也有明确的规定，即信用等级有效期为两年，评定小组根据农户经济状况和信用记录的变化情况，及时动态调整信用评定级别。于是，由村两委干部组成的担保审核小组再次负起"重任"，充分利用其村庄社会资本的优势，减少基金运行所产生的成本。

> 村两委是介入这个信用评级的，对此，当时省里有一个业务主管部门领导提出，为什么沙县的金融改革村两委来干涉金融信用评级，村里介入凭什么呢？他们感觉权力被夺走。其实这种信用评级工作，是个动态的东西，一两年可以调整一次，村书记等干部也是为金融部门降低风险，因为他们对全村农民很了解。[①]

林镇长一语道破了村干部作为基金发起者和担保审批小组成员起到的关键作用，以动态监管来保障基金的良性运行，协助农信社监管资金走向。至于农户的信用评级结果又是如何呢？各等级是否有相应比例限定呢？对于这些疑惑，官庄村徐书记给予了回答。

> 由于第一年实行，大部分农户的信誉等级是 2A，3A 的总共才占 10%，是没有比例限制的。基金处于探索阶段，不可能把大家都评那么高的信誉等级。就像银行有这种特点，如果你经常来贷款，信誉等级就会高

---

① 2013 年 8 月 23 日，访谈沙县高桥镇林镇长。

起来;如果是没有来贷款,无论你是否有钱,信誉等级还不一定高。我们也是在把握这一点。

如果农户信誉评级结果为 AAA,但有某些不良恶习,我们建议适当降低信誉等级;对于一些农户信誉评级结果为 AA,但为人很实在,的确想做些事业,我们可建议提高信誉等级为 AAA,尽可能支持他。①

可见,农户信用评级做法具有一定的弹性,体现着"人性化"的一面。基金虽然存在一定风险,但都在可控范围内,其中,尽量预测可能发生的后果,提升防控的水平,把不利因素扼杀在萌芽之中。对此,不仅要加强农户信用动态监管进行及时更新,也要时刻把握对农户信贷资金去向的监管,沙县地方政府在这一过程中做出了监督引导规范的示范。对此,县农金办、县农信社以信用信息系统为基础,加强信用工程建设,及时更新农户信用信息,特别是对设立村级融资担保基金的建制村加强信用和基金运行双考核,考核指标主要包括信用更新、不良贷款率等方面。通过奖惩机制建立基金正向考核标准:(1)连续 2 年达标的,可提高该村村级融资担保基金的入股金额至 3 万元(信用放大倍数不变);(2)连续 3 年达标的,可提高该村村级融资担保基金的信用放大倍数至 A 级 2 倍、AA 级 4 倍、AAA 级 6 倍;(3)连续 4 年达标的,可提高该村村级融资担保基金的信用放大倍数至 A 级 3 倍、AA 级 5 倍、AAA 级 8 倍;(4)连续 5 年达标的,可提高该村村级融资担保基金的信用放大倍数至 A 级 4 倍、AA 级 6 倍、AAA 级 10 倍。同时,对考核达标的村庄在年终评先评优、结对帮扶等方面予以优先考虑,从而为引导农村信贷资金走向产业化、规模化提供了有力保障。

(二) 三户联保与利率杠杆

笔者调研了解到,官庄村在成立基金之时,曾有村干部建议向入股农户收取村级风险补偿金,但并未通过。那么,农信社有农户出资入股资金作为担保,村集体"注资"的资金如何才能有安全的保障呢?

针对个别农户借贷一年到期后未归还借款的违约行为,为了不损害其他入股农户的利益,官庄村对入股的农户开具凭证并签订反担保协议,即入股的农民互相来担保,但不能互保,由此降低了村集体利益受损的风险。2013 年 7 月起,官庄村将"反担保"机制改为"三户联保"机制,即一户需要另外两户担保,且每户最多只能为两户提供反担保,将三人捆绑在一起。

基金风险一般分两大类,一是市场的风险,二是经营的风险。农民出

---

① 2013 年 8 月 23 日,访谈沙县官庄村徐书记。

去做小吃且在经营中,应该说十万元这种风险是在偿债的支付能力范围内。如果是 AAA,万一出现问题这十万元还不了,入股两万元可先还掉,帮助他担保的两个人也可以帮助偿还,三个人加起来就六万,还有四万亲戚朋友凑一下也就够了。①

三户联保更保险更稳点,可降低风险;再一个,本村约好的三个人肯定是要好的朋友或亲戚这种关系,假如说三个人中有一个人出现问题,其他两个人肯定要帮助他,既然是担保,大家要凑在一起相互帮忙还款后再贷。所以,这也是降低基金风险的一个举措和办法。到目前为止,陆陆续续到期还贷的也有四五十户,尚未出现拖欠还贷的,包括每个月的利息都有在还。②

以上两段访谈都表明了三户联保机制的可行性,从而有效防控个体农户出现的风险。同时并不排除基金出现群体性的潜在风险,其中基金运行可能出现的最大风险是"归大堆"行为,即非法归集贷款资金,情况严重甚至会对整个村产生恶性的风险串联,因此被列为村级融资担保基金的"高压线",预防农户动小脑筋。

高桥镇林镇长以举例子的方式阐述了自己对"归大堆"的理解:"信贷资金被经济能人收归融资走,这是非法融资行为。如果基金入股两百多户,被融合 70%—80%,即一百多户,融资规模比较大,从事房地产或其他行业,万一出现资金无法周转没办法归还的风险,只有农户个人承担,不是简单的个体风险,农民也会有抱团的心理,动员其他农民不归还,最后由政府解决,这对整个村产生恶性的风险串联。如果是单个的个体,做小吃亏了可以继续找店开,或者农业受周期性较长的制约,贷十万元一年利息 7800 元,有办法转为个体来承担。"

村级融资担保基金在一定程度上为鼓励农户合理利用信贷资金打开了一条通道,同样,对农户不合理处置信贷资金的做法设置了"警戒线"。对此,沙县农金办联合公安局、农信社共同发布防控"归大堆"风险的工作意见,并做了如下规定:基金担保贷款利率按当期同档基准利率上浮 30% 优惠执行,若不良贷款超过 10%,全村农户贷款利率再上浮 30%;超过 15%,停止发放担保基金贷款,直至授信逾期率小于 10%;贷款逾期 3 个月后仍未收回的,由担保基金代为偿还,并由村组织对借款人及反担保人进行追偿。

优惠的利率与不良贷款产生带来的反差,能有效促动农户处理好个人利益与集体利益的关系,农民会相互监督制约,毕竟农村是个小圈子,"谁敢不还款,害我

---

① 2013 年 8 月 22 日,访谈沙县农金办曹主任。
② 2013 年 8 月 23 日,访谈沙县官庄村徐书记。

利率提高""骂死你都会"也起到了很好的效果,这也是利率杠杆的巧妙之处。但从目前基金运作来看,农民还是比较喜欢以这种模式解决贷款难的问题,相互间也会自觉歧视村里出现不还款现象,营造并树立"好借好还,再借不难"的理念。

(三) 信贷与保险联姻

对于农户不还款的违约行为,县农金办有明确的清产处置方法规定,其先后顺序分别是农户个人入股的股金、反担保人的入股股金、村级风险补偿基金。很多时候,农户不还款的违约行为主要是个人因素造成的,但也存在少部分农户因意外事故等不确定因素造成不还款的违约行为,所以没有保险跟上的金融改革是不完整的,这也必然要求基金风险防控体系要多元化。

面子是中国乡村熟人社会里一种重要的社会资本类型,出现意外本身就雪上加霜了,"再来踩一脚"的理念自然受农民所排斥。可见,面子的约束功能也并不是无限强大的。沙县人民政府通过出台相关政策,鼓励县域相关保险机构创新"三农"发展的保险产品,以此降低村级融资担保基金试验风险。于是,县人寿保险公司与县政府合作,针对村级融资担保基金运行特点,创新设立小额借款人定期寿险业务(以下简称"定期寿险"),定期寿险保险费率为贷款金额的3‰。与此同时,保险公司与借款人双方责任规定如下:被保险的借款人因意外伤害身故或在本合同生效之日起九十日后因疾病身故(按照本公司相关规定续保的,续保的保险期不受九十日的限制),本公司按保险单载明的保险金额给付保险金,本合同终止;若被保险的借款人在本合同生效九十日内因疾病身故,本公司按投保人交付的保险费(不计利息)给付保险金,本合同终止。

2013年5月,县政府发文通知,县财政每年安排30万元专项资金,专门用于村级融资担保基金入股农户定期寿险保险费补助,实行由县财政对入股农户补助2‰,其余1‰由入股农户自行承担的补助标准。官庄村徐书记同样是村级担保基金的入股农户之一,对于国寿农村小额定期寿险赞不绝口:

> 我贷款十万元,一年需要交保险金300元,其中由政府财政承担200元,我个人只要承担余下的100元,这个挺好的。去年是自愿的,但现在是强制必须保。刚推出这项保险业务时,去年我们村就有一例,在上海开小吃店,洗澡时热水器漏电意外身亡,因为是家庭主劳力,没有能力来偿还贷款,然后由保险公司赔偿十万元。所以,从农信社、村级和家庭角度而言都是很好的,这是一个风险防控的环节。①

---

① 2013年8月23日,访谈沙县官庄村徐书记。

不难看出,出于对入股农户和村集体利益的考虑,县农金办将保险业务由自愿原则转为强制原则也在所难免。其中,入股农户意外身亡事件更是促其坚定想法的充分理由。不可否认的是,农户信贷与保险的联姻,为化解农户发生意外事件时的燃眉之急提供有力保障。

传统乡村社会内部的农户人际关系较为简单淳朴,住在一湾子里,一辈子都是邻居,这种相互信任与自觉的机制建构了邻里间的互助合作,也决定着熟人社会中永远无法回避的交往规则。"官庄模式"的精华之处在于,通过农户之间小额资金的积聚来放大融资的倍数。所以,村级融资担保基金不仅是一种担保机构,也是农户互助合作的新模式。同时,大多数农户外出经营小吃业是沙县村庄的一大特色,再加上,农户思想开明,市场观念较强,这是农户较易接受和认可基金的一个重要原因。

信用建档和筑风险闸是村级融资担保基金进入官庄村的两大事务。要建好农村金融改革中村级融资担保基金这座大厦,建立农户信用档案和做好信用评级工作便是最为重要的基础性工程。而在村级融资担保基金成立后,后期运行过程中如何把控风险是最关键的,风险若没把控好,便没有推广的意义,而且金融的风险会对社会稳定造成不良影响。

与此同时,通过启动风险保障金、农户信用等级评定、信用动态监管、三户联保与利率杠杆和国寿小额贷款借款人定期寿险,构筑了村级担保基金的风险闸,从而有效提高入股农户的"主人翁"意识,让农户认识到基金是农户利益的"共同体",确保基金健康运行,降低风险。总体而言,这种利用农户管理农户的机制,把大家的利益捆绑在一起,反过来体现农户互助合作的金融模式,可以适应现实并弥补现代新型社会所欠缺的社会资本。也就是说,在一些商业银行等金融机构无法进行机制创新的情况下,通过农村金融改革来变通思路解决农户的融资需求,当改革能够为农民所接受且适应形势发展需求时,也就证明改革存在一定合理性。

第三节 基金效应:农民致富与改革新局

自沙县承担起为中国县域农村金融探路的任务后,改革红利已然显现。据官庄村提供的数据,目前该村入股基金农户 101 户,募集资金 223 万元,已发放贷款 90 笔共 668 万元。这场改革不仅体现为以"官庄模式"为代表的村级融资担保基金的成功,而且重新焕发了沙县金融体制的活力,向更深领域变革。在农户借贷方便且重信用的前提下,经济资本充裕后的官庄村又呈现怎样的变化呢?沙县农村金改是否会延续呢?待我将调研过程中的所见所闻一一道来。

一、农民致富：产业兴农发展之路

沙县是"中国小吃之乡",每年外出经营小吃业的农民占全县农村劳动力一半以上,小吃业理所当然成为县域经济的一大产业。当庞大的农民大军挺进城市经营小吃业,在这一产业基础上催生了当地浓厚的商业意识,农户对于资金的需求愈发强烈。村级融资担保基金犹如"及时雨",化解了农户融资的困扰,经济资本充裕后的官庄村,无论是外出经营小吃业者,还是"留守"村庄依托山林资源经营者,其收益都是显著的。

（一）规模连锁：小吃产业一路"高歌猛进"

由于小吃业是在沙县民间标会全面倒会的背景下应运而生的,小农意识浓厚必然决定着各家各户小作坊式的经营模式。随着年轻一代纷纷涌进城市经营小吃业,再加上竞争意识的加强,他们已不再像父辈们小农作坊般经营,开始寻求新的经营模式,只有突破才能抢占更多的市场份额。于是,扩大规模和品牌连锁成为他们的新目标。当时部分有想法却无法贷款的农民,资金短缺问题的确使他们一筹莫展。

然而,村级融资担保基金的启动犹如一场"及时雨",让官庄村村民提前享受到了第一笔无抵押低利率的贷款,正如一位在上海经营了十多年小吃店的农户向笔者介绍的：

> 当前农民民间融资,亲戚朋友间借贷要一分五到两分,这算朋友价了;而担保公司三四分都有可能。我个人认为,两分的利息,如果做一般的东西,都没什么好做的了(没有盈利),除非开小吃。那我也有投资小吃股份,在上海和福州各一个。
>
> 我最早到上海的时候,租的是一间不到10平方米的小店铺,开始经营沙县的拌面、扁肉。开小吃店虽然辛苦,但我的店铺位置好,生意好时一天能赚两千元,正打算装修店面扩大规模时,却面临近十万元的资金缺口,在向亲戚朋友借款碰壁后,听村民说起村里成立了融资担保基金,于是抱着试一试的心态,交了2万元担保金,一周内就从农信社贷到6万元。如今,我已经拥有一间数十平方米的大店面,经营的小吃也变得越来越有规模。只要有资金,我什么都不怕。①

---

① 2013年8月24日,访谈沙县官庄村一村民。

在沙县当地,流传着"扁肉就是砖头,面条就是钢筋,经营好小吃就能盖起高楼"的民间话语。现如今,沙县小吃遍布全国各地乃至国外,全县每年能从小吃业经营中带回约50亿元的收入,占全县农民纯收入逾70%,是农民增收的主要依托,也是县域经济发展的重要支柱。官庄村与沙县其他村庄一样,外出经营小吃业的农户占全村六成以上,如此大规模的村民进军城市谋生,也有力地验证了那句"实说实干,敢拼敢上"的沙县精神。与农户访谈结束后,当我问起最大的梦想是什么时,他笑着说道:"当个占大股的沙县小吃店老板,搞规模连锁经营。"的确,有了村级融资担保基金后,农民更加自信了,"连锁规模梦"将不再遥远,这也代表着沙县农民未来的致富路。

(二)苗木合作社:林农互助合作的组织后盾

和其他农民纷纷外出经营小吃业不同,也有部分农民选择了在家乡"留守"。由于官庄村林、地资源丰富,在得天独厚的自然环境支撑下,承包土地、种植苗木便是不少村民的选择。我在官庄村调研时,与种植苗木的大多数村民都有过接触,其中有一个人是不得不提的,那就是万平苗木种植专业合作社理事长,人们都称其为"张总"。

张总可以称得上是名副其实的村庄"经济能人"。2000年,他主要从事承包山场林木的生意,即通过流转承包集体山场林木进行砍伐的买卖。由于抓住了国家政策支持林业的机遇,他通过承包流转山场林木获得收益,这种"冒险吃螃蟹"的勇气让他尝到了林业改革的甜头,也使他成为当地有名的林业经营大户,因此有了较强的经济资本。2003年我国确定在福建、江西和辽宁等省实行新一轮农村集体林改试点工作后,在农村掀起"分山到户"的改革,于是,大多类似张总的林业经营大户纷纷改行,另谋出路。2012年,"到处都在搞市政建设,绿化树的需求量很大"的消息让他投身苗木种植行业。

苗木种植需要高投入,而对于一直想扩大苗木基地规模的张总,一方面土地虽容易承包,但资金缺口是一个大问题;另一方面,苗木投资的周期比较长,借钱并非长久之计,贷款又很不容易。如此好的市场行情他只能干着急。2012年5月村里成立融资担保基金后,他立即申请加入,成为第一批信贷农户,向农信社借贷了十万元。2013年7月,他与村庄其他四位农户共同出资500万元,成立万平苗木种植专业合作社并担任理事长。如今,经营100多亩苗木的张总,成了村庄苗木种植大户。谈及成立专业合作社的初衷,他说道:"现在通过基金贷款从事苗木种植的农户越来越多,带动全体村民走规范化管理才能提高效益。"不难理解,村级融资担保基金让众多农户获得了实惠,手中有了周转资金,心中也就不慌了,从而使村庄产业步入了合作经营的发展之路。

二、改革新局：国家农村金融改革的深化之路

在这场沙县农村金融改革"大戏"中，仅靠农信社"独角清唱"显然不够。于是，一是推动县农村信用合作社改制为农村商业银行，二是引入区外金融机构，吸引民间资本参与，这两方面从一开始便是沙县县委、县政府金融改革的题中之义。如今，内外"两手抓"成效显著。

（一）拓资布点：农信社股份制改革

从调研中了解到，针对村级融资担保基金农户借贷过程中存贷比的问题，县农信社内部下发了一个文件，提出"在农信社账户内，流通资金日均达到两万元的农户，每年可多贷两万元，利率也相应降低至6厘；日均达到五万元的农户，每年可多贷五万元，利率降至5厘5"。从侧面可看出，农户反复借贷行为与信誉等级成正比，也就是说，如果农户每年都按时归还，信誉提高的同时相应提高借贷资金并降低利率，也有利于农信社存款资金的提升。

但是，随着基金在沙县各村庄试点的铺开，收储与借贷的比率不协调所产生的贷款额度不足是一大难题。高桥镇林镇长算过一笔账：以官庄村为例，现在入股一百多户已放贷九百多万元，倘若排除家庭富裕的农户无须加入基金、贫穷的农户没有借贷需求或没办法入股两种情况，有借贷需求的农户占50%—60%，所以官庄村需要的放贷规模将达两千万元，而全县五万多农户若按50%计算，那么有借贷需求的农户将达两万多户。若以一户农户一年借贷六万元为标准，全县资金总量将达十几亿元。基于此，唯有发展壮大才能解决县农信社规模受限的形势压力。

于是，在最低注册资本、资本充足率、不良贷款比例、所有者权益、各项风险准备等五大主要准入指标符合要求的前提下，县政府提出：通过清产核资，明确发展路径，争取省农信社和银监部门的支持，把县农信社改制成资本充足、内控严密、运营安全、服务优质、效益良好、具有创新能力和竞争力的股份制农村商业银行。2013年12月8日，沙县农村商业银行正式成立开业。

沙县农信社改制后，在"点"和"面"上发生了变化。"点"的变化表现在网点遍布，除在农村、小城市占据根据地外，还积极向大城市进军开设网点；"面"的变化表现在地域分布广，以前只能在沙县县域内设网点，现在可以在县域外各地设网点，克服了金融审批的问题，资金调配也比较方便。这对于以外出经营小吃业为主的农户而言，方便存款；对于农信社而言，可避免农户资金外流，从而增加自身储备金，壮大规模。

（二）洼地效应：改革向纵深领域拓展

村级融资担保基金在全县范围内试点推广标志着"官庄模式"的成功。据官方统计数据，沙县已有53个村建立村级融资担保基金，基金规模3534万元，在这仅有25万人口的县城借贷总量已达到150多亿元，如果将区外银行贷款也统计进来，贷款总量或许已达到200多亿元。这份农村金改"成绩单"诱发了众多商业银行的积极性，纷纷准备到沙县设立分支机构，这对于曾经被商业银行冷落的沙县来说，是无法想象的场景。①

除县农信社参与村级融资担保基金外，众多商业银行也毫不懈怠，都看上了沙县农村这片金融"处女地"，希望从中分得一杯羹。中国农业银行沙县支行和中国邮政储蓄银行沙县支行拥有政策、网络和资金的优势，都是参与沙县农村金改的重要成员，如农行复设乡镇一级网点，并根据信用评级，有选择地与各乡镇重点村签订"银村合作"协议。此外，中信银行、海峡银行、招商银行、光大银行等银行均准备入驻沙县。最初，重庆农商行只打算在沙县成立分支机构，但考虑到沙县潜在的机会，遂决定将村镇银行总部设在沙县。

与此同时，沙县目前共成立了20家融资担保公司，其中，5家以"三农"为服务对象，已成为沙县企业融资、发展生产的重要"补充力量"。2013年3月，沙县民间资本管理股份有限公司正式成立，这家全省首创的公司由5家法人企业和4个自然人出资，主要为沙县民间资本提供资本管理、项目投资、投资咨询、资金需求信息和民间融资利率发布等综合服务。在一个月内，这家公司已为县域内10多家企业解决了9500万元的资金需求。这只是沙县农村金改的微观细节，现在已经有相关人士动议：希望在沙县建造一条金融街，以此方便更多银行入驻。②

经高桥镇和官庄村"改造"后的村级融资担保基金，带给村庄和地方经济的成效是显著的。在经济资本充裕的条件下，村庄产业产生的经济效益是无可比拟的，外出经营小吃业的农户通过扩大经营规模和创建连锁品牌成了名副其实的"大老板"，而"留守"村庄的农户在市场化竞争中进行现代化转型，成立苗木合作社。可以说，基金的建立相当于给了农户致富的"金钥匙"，打开了农户实现创业致富梦的大门。从基金进入村庄前后的对比来看，也反映出原有的市场化程度较高的农户在资本变革中能够积极主动融入市场竞争，相反，原有的市场化程度较低的农户在资本变革的冲击下显得更为被动与"措手不及"，这个痛苦隐忍的过程经历或许是短暂的，也可能是长久的。

---

① 韩雪婷等：《农村金改沙县经验》，《经济观察报》2013年1月5日。
② 同上。

村级融资担保基金在官庄村的实践,经中央和省委领导的调研评估受到了一致的肯定与好评,由此被定义为"官庄模式"并在条件成熟的福建省内村庄全面推广。虽然"官庄模式"成功了,但沙县地方政府的农村金融改革并没有因此而结束。在市场化背景下,经济资本寻求盈利。对于金融机构,尤其是农信社而言,沙县农村市场的潜在巨大利益既是机遇又是挑战。在这场经济变革中,沙县农信社化身沙县农商银行以及农村融资担保机构向公司化方向发展,展现出沙县农村金融改革的活跃程度。不可否认的是,村级融资担保基金的建立,是经济资本对地方经济冲击的一个过程,正因如此,沙县金融业的变革是受县域发展的形势所迫,经济资本主导下的这场金融变革也将一直延续。正如沙县农金办曹主任所言,"两年后金融改革也许结束,但我们借这次机遇全力改变农民贷款难的探索,将会一直进行下去,哪怕只剩下我们自己一家。"

第四节 结论与建议

改革开放以来,特别是市场经济向乡土社会的渗透,村庄的农户合作基础受到了极大挑战,农村社区建设与治理也成为国家的建设目标。但在实现这一目标的过程中,不仅要发挥政府权威资本在政策执行中的作用,而且要依靠并利用中国乡土社会资本所蕴含的积极因素,如村庄信任与农户合作。在这两种资本的主导下,一方面为顺利打开地方政府层级性治理①的通道提供了可能性,另一方面为本土化政策的孕育提供了合法性。

纵观村级融资担保基金的实践过程,正是地方政府政策创新与执行的缩影。中央从宏观角度提出"建立现代农村金融制度"的目标,在具体的地方环境中执行,沙县地方政府采取具体化处理,明确并细化地方政策改革目标为"贷款易""普惠农户"。这样一个惠农利农的地方政策,要最终落实进入村庄场域中,必然要根据乡土社会实际情况,尊重历史并充分尊重民意进行最后一次调试,可以说,这种政策创新并非对中央政策精神的背离,更多的是体现出沙县农村金融改革政策所独有的"地方性知识"和"地区性利益"特征。

首先,政治权威资本是农村金融政策供给和创新的根本保证。面对原子化的村庄,作为外源力量的政策创新与扶持是乡村有效治理的手段。各利益主体基于自身利益考虑,围绕着基金出资模式展开了一系列角逐,但最终还是取决于地方政府这一国家力量与村干部和村民群体所蕴含的民间力量相互博弈而形成的合力。

---

① 贺东航、孔繁斌:《公共政策执行的中国经验》,《中国社会科学》2011 年第 5 期。

这一系列行为,折射出地方政府与村庄之间的复杂关联,从中可以捕捉到一些与学术界已有相关研究进行对话的因子。从地方政府的角度看,沙县农金办和镇政府以执行地方政府职责为目标,即在有限时间内让尽可能多的村庄成立村级融资担保基金,从而总结经验,以赢取政绩。然而,试点村庄抱有不同的期望,即在确保村庄集体经济利益不受损的前提下,希望能保证成立基金的质量,为农民办实事,而不是受到民众的唾弃与不信任。在这种矛盾中,试点村庄无疑处于下风。因为在资源配置不均衡的政治市场中,政府、村庄和农民三方博弈能力的强弱,实际上从一开始便已经被既定的制度格局和文化评价机制所嵌格和决定了。自上而下的压力型体制运作过程中,上下级政府之间存在着一种既积极引导又主动追随的双向互动。①

其次,乡村社会资本是推动农村金融改革政策执行的重要资源。基金进入官庄村后所衍生出的一系列产物,如信用、联保、合同、保险等,无不体现着传统村庄信任与现代正式契约相结合的身影。从传统非正式信任关系来看,村庄信任是乡土社会重要的社会资本,其中,人情、面子、血缘、地缘关系网络作为社会资本的重要表现,在信用建档和筑风险闸过程中具有明显影响。沙县官庄村融资担保基金是基于农户之间信任而成立的组织,信用是入股最重要的凭据。除了乡、村两级行政干预这只"看得见的手"对融资担保基金的监督作用外,农村社区内乡村社会资本这道防护网同样起到保险作用。对于入股农户而言,一户贷款则意味着与全村入股农户利益相关,于是一方面借贷农户绝不敢胡花乱用赖本村人的账,另一方面左邻右舍都会盯着入股农户的经营能力、贷款去向、损益情况等方面的变化,无形中增加了入股农户间的保险系数。从正式的契约化信任关系来看,正是适应于村庄的社会化转型和农户的市场化意识大背景,以此规避传统非正式信任关系的制约因素,二者形成互补。因为,乡村社会资本除具有正功能之外,同样也显示出它的负功能。第一,乡村社会资本依赖于较低的社会流动性与较简单的社会网络,沙县农户大多外出经营小吃业,人口流动性强且分布广泛,使得村庄信任较难维持;第二,乡村社会资本一般存在于市场化水平相对较低的区域,市场化程度较高的官庄村必然受到制约;第三,受利益诱惑将借贷资金"归大堆"行为,对出现意外事故无法偿还贷款的农户怀有怜悯和同情心等,人情面子也不得不退居其次。所以,一些正式的契约化信任关系比较容易在一定程度上替代非正式的认同型信任关系。正因如此,签订合同、农户信用动态监管、三户联保制度和国寿小额贷款借款人定期寿险,这些现代契约制度便显现出无可替代的地位,成为乡村社会资本的重

---

① 吴毅:《小镇喧嚣——一个乡镇政治运作的演绎与阐释》,生活·读书·新知三联书店2007年版。

要补充。

最后,经济资本是衡量农村金融改革政策实践的评判标准。沙县农村金融改革的效应已显现,尤其以"官庄模式"为典型。那么,"官庄模式"的经验是什么呢?透过"官庄模式"成功的现象看本质,不难发现,村级融资担保基金具有推广效益,成立的前提条件除农户对融资资金需求较强烈外,还包括所在村庄有一定的支撑产业为基础、农户商业意识较为浓厚。因为,如果村庄没有一定的产业,金融也不会去扶持;如果农户缺乏商业意识就意味着没有第三者的融资需求;同时,如果农民很富有,资金的有效需求就无法体现出来。正因如此,所谓的农村金融改革,村庄一定要有产业支撑,无论大到华西村,小到官庄村,其实都有一个产业,如种水稻所形成的专业合作社,其中最为关键的莫过于地方政府如何去搭一个平台让农民"唱戏"。而沙县农民为什么能把小吃做成一个产业呢?县农金办曹主任曾形象地解释道:"这主要归功于地方政府作为一个无形的推手,把小吃这个平台搭好,让农民上台'唱戏',至于你是唱主角的还是跑龙套的,那各行其色。"① 总而言之,沙县农村金改的经验,就是为中国农村寻找到了可持续、能复制、易推广的现代普惠制农村金融制度。

---

① 2013年8月22日,访谈沙县农金办曹主任。

第十二章 一个种粮大户的烦恼*
——以湖南丰村一位种粮大户 WHL 为例

改革开放以来,我国农村地区所确立的家庭联产承包责任制赋予了农民前所未有的自主权,充分调动了广大农民投身农业生产的积极性,为我国农业发展注入了新的生机,同时也保障了我国的粮食安全。然而,近年来伴随着我国户籍制度的逐渐放开以及工业化、城镇化的迅速推进,越来越多的农民为追求货币收入的最大化相继离开农村,涌入城市,造成农村地区出现了大范围的"抛荒"和"隐性抛荒"现象,家庭联产承包责任制的制度红利正在逐渐消失。基于此,中央及各级地方政府相继出台了一系列惠农政策鼓励农民种粮,扶持新型农业经营主体的发展,推进农业规模化经营以保障粮食安全。

选择种粮大户这一新型农业经营主体作为研究对象,源于本人 2013 年暑假"百村十年观察"项目的调查发现。2013 年 7 月笔者进入位于湖南省衡阳市的丰村进行为期半个月的农村调查,在调研中丰村唯一的种粮大户勾起了我的好奇心,在多次对其进行访谈之后,笔者得知:当地政府为了保障粮食产量,出台了一系列优惠政策培育和扶持新型农业经营主体的发展,然而该村的种粮大户进行了规模化生产(种植 121 亩水稻),并没有获得规模化收益,因而打算在合同结束后另谋出路来规避风险。这一问题引起了笔者的思考。种粮大户进行规模种植的驱动力是什么?种粮大户是怎样生产经营的?种粮大户为什么会陷入规模收益过低的困境?其烦恼是什么,怎样帮助其解除烦恼?带着这些疑问,笔者进行了深入的思考与调查。

---

* 本章作者为段凤桂,华中师范大学中国农村研究院硕士研究生。

第一节 种粮大户的产前准备

根据水稻种植的生产过程的阶段性特点,本章将分产前准备、产中管理和产后销售三个阶段,对种粮大户 WHL 种植早季稻的过程进行历时性描述,以全面展现水稻种植整个过程。本节从流转土地、筹备资金和购买农资三个方面,对水稻种植的产前准备进行全面考察。

一、流转土地

由于 WHL 是外乡人,其在村内流转土地主要是在村支书 CGS 的"积极协助"下完成的。村支书陪同其走访、询问了村内绝大多数农户,尤其是在公路沿线拥有农田的农户成了他们重点关注对象。因为公路沿线的农田被纳入了"双季稻高产示范区",全部种上双季稻是县、镇两级政府分派给村支书的硬性指标,同样对于 WHL 而言,这 70 亩农田与丰村其他的农田相比具有得天独厚的优势(土地成片、地势较平坦、灌溉和运输条件好)。对于他们俩来说,目标一致,只要攻克了这一关,就可以实现双赢。公路沿线的 70 亩农田分属于村内的 31 户农户,其中村支书一家有 4 亩包含在内,剩下的 66 亩由其余的 30 户农户占有,这 30 户农户主要分散在村内的昌塘、冲龙和城塘三个小组,恰好这三个小组的日常事务是由村支书负责处理(丰村 14 个村民小组的日常事务由村支书、村主任、村会计和妇女主任划片负责,其中村支书 CGS 承担 4 个村民小组的日常管理工作),大家平常跟村支书打交道比较多,比较熟悉。在村支书的"引荐"之下,虽然 WHL 耗费了不少时间和农民商谈土地流转的诸多事宜,但整个过程还算比较顺利。在得到了公路沿线的 70 亩良田以后,WHL 觉得 70 亩这个规模太小,前几年他在广东每次都种植 200 多亩水稻,完全具备更大规模种植的经验和能力。在跟村支书表达了这一想法之后,村支书也表示赞同和支持。因此,在村支书的帮助下,他又从村内的赤壁、赤红和新塘 3 个小组的 16 户农户家租了 51 亩农田。

最终,WHL 与村里 6 个小组的 47 户农户达成了土地流转共识,一共流转了 121 亩土地。其中出租土地面积最多的为村支书 CGS,6.5 亩,最少的为 CFS,0.6 亩。流转了土地的农户都与 WHL 签订了书面的土地流转合同,合同标题为"湖南省祁东县农村土地承包经营权流转合同书",合同规定了土地承包经营权流转方式为承租,流转土地用途为种植双季稻,流转的期限为 2 年,起止日期为 2013 年 3 月 10 日至 2015 年 3 月 10 日,流转的价格为每亩每年 200 元,以及合同双方(承包方与受让方)的权利与义务、违约责任等等。另外,在正规的书面流转合同之外,流转了土地的村民都与 WHL 达成了口头协议,即国家每年的粮食直补每亩 13.5 元、农资直补每亩 80.6 元、良种补贴每亩 30 元等一些政策性补贴款由原土地承包方(即村民)所得。在与农民签订完流转合同之后,WHL 支付了第一年的土地租金,总计 24 200 元。

二、筹备资金

传统农户分散经营所需求的资金一般都可以自给自足。而种粮大户经营规模大,在种植过程中资金需求量大且紧迫,没有充足的资金供应,则规模经营难以为继。WHL 种植 121 亩水稻的启动资金大致需要 10 万元,这对于他而言是一笔相当大的支出。据他自己透露,刚来丰村的时候,自身的积蓄为 50 000 元左右,在支付完第一年的土地租金之后还剩下 25 000 元,后期购买化肥、农药、种子及请工等各个方面的成本加起来大概还需要七八万元,甚至更多。因此,其资金缺口为 5 万元左右。

为弥补资金缺口,他首先想到的是银行信贷。为此,他跑到县里的农村信用社和农业银行咨询打听了一番,得到的答复是像他这种规模并不算太大的大户,县里面的银行并没有设立专门的"绿色通道",而是要走常规的银行借贷流程:需要有标的物作为抵押,或者通过中间人担保来完成借贷;只能申请农业小额信贷,贷款额度为两三万元;另外就是从手续完成到资金到位需要耗费两个星期的时间。

烦琐的贷款程序和金融机构有限的资金供给使 WHL 彻底打消了银行信贷的念头,转而把目光投向了传统的民间借贷。而此时单一的社会关系网又成了他筹集资金的最大瓶颈。由于文化程度较低,以及常年务农,WHL 的社会关系网非常简单,平常打交道最多的就是亲戚,几乎没什么朋友。所以,他也把全部希望寄托在自己的几位至亲身上。虽然 5 万元在当今的农民眼里算不上天文数字,但农民的经济实力毕竟有限,能够一次性拿出 5 万元闲钱的农户仍然很少。因此,为了凑齐那 5 万元的缺口资金,他和妻子 ZHY 两人分头行动,硬着头皮去向各自的亲戚借钱,两人加起来跑了七八户亲戚,前后大概耗费了四天的时间终于把 5 万元的资金缺口给填上了。为了不让自己的亲戚吃亏,WHL 夫妇借钱的时候分别都打了欠条,同时也约定了还款期限为一年,利息按银行定期存款的利率 3% 计算,即一年 50 000 元的借款利息为 1500 元。资金到位后,WHL 心中的一块巨石算是落地了,也开始憧憬能在丰村"大展拳脚"。

三、购买农资

在流转完土地和筹集完资金以后,时间也悄然来到了 3 月中旬,再过一小段时间就到了播种的时节了,WHL 也开始做产前准备阶段的最后一道工序了,即购买早稻生产过程中所需要的各种化肥。作为一名"职业种粮大户",WHL 经验丰富,对当地农田的土质情况了解得比较透彻,根据土质情况他把早稻生产过程中所需要的化肥用量做了大致的测算,即每亩农田大致需要三元复合肥 40 公斤、尿素 10 公斤。121 亩农田总计需要 4840 公斤(4.84 吨)复合肥,1210 公斤(1.21 吨)尿素。

由于 WHL 的妻子以前在祁东县双桥镇开过农资店,夫妻双方对于农资产品的市场行情了解得比较透彻,也深知农资产品零售价与批发价之间的差价情况。所以 WHL 从一开始就没把镇上的农资零售店纳入考虑范围,而是打算从厂家直接进货。由于之前有过多次合作,WHL 首先电话联系的厂家就是湖南省衡阳市实达化肥厂(该厂处于衡阳市衡阳县西渡镇,距离丰村大约为 55 公里)。通过咨询得知"船山"牌三元复合肥的批发价为 2875 元/吨,尿素的批发价为 2292 元/吨,运费另付。当时祁东县农资综合商店的复合肥零售价格大致为 159 元/袋(50 公斤),即 3190 元/吨,尿素为 120 元/袋(50 公斤),即 2400 元/吨。复合肥、尿素的批发价分别比零售价便宜 315 元/吨、108 元/吨。考虑到距离、信任度等因素,WHL 并未联系其他地区的化肥生产厂家,在电话联系之后的第二天他就带着进货款来到了衡阳市实达化肥厂。由于购买总量较大,厂方派出了一辆中型货车负责送货上门,而且有专人随车负责装运和卸货,WHL 只需要另外支付每吨 150 元的运费。WHL 一共购买了 4.84 吨"船山"牌三元复合肥和 1.21 吨尿素,加上 150 元/吨的运费,购买化肥一共花费了 17 594 元。平均每亩的化肥成本为 145 元。

第二节 种粮大户的产中经营

产中经营阶段是整个水稻生产过程的"重头戏",经营状况的好坏直接关系到水稻的最终产量。同时,这一阶段与水稻的生长周期相契合,从水稻播种到收获都包含在其中。根据农事的先后顺序,本节将产中经营划分为育秧、插秧、田间管理和收割四个环节。

一、育秧

从惊蛰开始,气温逐渐回升,惊蛰到清明这段时间是湘南地区春耕播种的最佳时节,用农民的话说就是"播种不得过清明"。同样对于 WHL 而言,2013 年的第一个农忙时节也拉开了序幕。育秧是一项比较复杂、系统的工作,尤其是对于大户而言。WHL 采取的育秧形式不是传统的分散育秧,而是政府极力推广的集中育秧。为降低农户的育秧成本,祁东县建立了县、乡、村"三位一体"的财政奖补机制:县财政列支 100 万元对面积在 10 亩以上的集中育秧点每亩补贴 200 元,各乡镇对面积在 4 亩以上的集中育秧点每亩秧田补贴 200 元,各村从转移支付资金中拿出 1000 元专门用于集中育秧。WHL 一共培育了 12 亩秧田,每亩的集中育秧补贴为 400 元,一共得到了 4800 元育秧补贴。据 WHL 透露,每亩秧田各方面成本加起来最少需要 11 000 元。400 元每亩的育秧补贴对于大户而言可谓是杯水车薪。

谈到育秧,WHL 如数家珍一般向笔者介绍说,整个过程主要分为五步:第一步是挑选谷种。他选择的是县乡两级政府在"双季稻高产创建示范片"推荐采用的高产良种——"陆两优 996"①,每亩大田用种量大约为 2.5 公斤,一斤的价格为 12 元,一亩的种子费用需要 60 元。第二步就是准备秧田。一般选择背风向阳、排灌自如、土壤肥沃、管理方便的田块作集中育秧地点,WHL 按照大田与秧田 10∶1 的标准在"洪河公路"沿线挑选了 12 亩基础条件较好的农田作为秧田,并对秧田进行了翻耕平整。第三步是浸种催芽。浸种催芽一般是在播种前两天进行,方法有很多种,WHL 采用的是"温室催芽"的方法,即在装有空调的房间里进行,在保持种子温度的同时还要维持湿度,大概 24 小时之后就可以催芽成功。第四步就是择机播种。播种一般要选择晴好天气,WHL 是选择春分过后的 3 月 24 日进行播种,播种完成后还需要"踏谷盖膜"。最后一步就是秧田管理。秧田管理的难度不大,只需及时管水、除草即可。

二、插秧

把秧苗从育秧田移植到大田里,是种植水稻的重要步骤。秧苗在秧田里生长所需要的时间大概为 30 天,这 30 天秧田的工作量较少,只是在浇灌方面需要细心调节、照料。但这并不代表此时就能闲下来休息,因为在秧苗成长的后期就需要在大田之中为插秧做准备:翻地、耙地、平地和灌溉。这一切工作都需要时间和劳动力。由于种植规模较大,依靠人力在短时间内根本无法完成如此庞杂的工作量,WHL 选择了雇用小型拖拉机为自己翻地和平整土地,自己负责引水灌溉。犁田的发包价格为 110 元/亩(柴油费用不另行支付),121 亩稻田的犁田费用总计为 13 310 元。

WHL 在插秧过程中所采用的依然是传统的插秧技术,效率较低,每人一天大约可插 0.6 亩。当笔者问及为什么不采用抛秧、直播或机插这些新技术时,他的回答是,"一直以来我都是采用请人插秧这种方式,抛秧和直播技术没怎么接触过,自身技术不成熟,风险太大,不敢贸然使用,至于机插技术到目前为止周围好像也没有人采用"。WHL 从丰村内雇了 15 个劳动力负责插秧,其中中年妇女有 7 人,60

---

① 陆两优 996,籼型两系杂交水稻,适宜在福建北部、江西、湖南、浙江中南部的双季稻区作为早稻种植,全生育期平均为 109.7 天。

岁以上的老年人有 4 人,剩余的 4 人为中壮年劳动力。这 15 位"工人"的工资都为 120 元/亩,而且雇方每天需要负责一顿中饭,雇工这项费用支出约为 15 000 元。

由于之前采取的是集中育秧的方式,这一新型育秧方式的一大弊端在插秧期间被充分暴露出来。WHL 的种植规模较大,而且稻田并没有完全集中成片,秧田离稻田的路程较远,运秧过程耗时较长,劳动量增加,一部分时间浪费在了运送秧苗的路上。由于人工插秧的工作效率较低,121 亩水田的插秧耗时相对较长,耗费了将近两个星期的时间。

在插秧过程中还发生了一个小插曲:请来的一位陈大爷一直患有高血压,在插秧的时候突然发病,差点晕倒在田里。这一事件的发生也惊出了 WHL 一身冷汗,幸亏陈大爷经过治疗后并无大碍,要不然 WHL 也难辞其咎。这一事件也凸显出了当前农村优质劳动力的稀缺性。

三、田间管理

从插秧结束到早稻收割大约有 80 天,这期间田间管理的好坏与早稻的收成息息相关。而田间管理最重要的几项任务就是管水、施肥、除草、除虫、日常管理,为了最大限度地降低成本,整个田间管理的过程基本上都是由他单独完成(除去一次请人为水稻喷农药),工作量相对较大。

(一)管水

根据水稻的需水规律,在不同的生长发育阶段进行科学合理的管水,是使水稻高产的重要技术措施。水稻管水也是一件看似简单,做起来却非常费心劳神的事情。根据外部形态和生理特点,水稻可分为幼苗期、分蘖期、长穗期和结实期四个生育时期,在这几个生育期中,水稻对水的需求量存在着很大的差异。

水稻幼苗在移栽后几天就开始进入返青期(四月底到五月初),这期间水稻对水的需求非常旺盛,需要"深水返青"。用 WHL 的话来说就是,"这段时间田里始终要保证有一寸(3—4 厘米)水左右,上下不能相差太多,过多或过少都会影响禾苗返青"。水稻返青期,祁东县恰好处于晴雨相间的天气,降水量有保证,不需要从渠道或者山塘引水灌溉,WHL 只需每天去田边查看"水情",田间积水过深的时候挖开田埂上的"出水口",放出一定量的水就行了。

水稻返青期过完之后就是分蘖期,一般在插秧后 10 天开始分蘖,大致会持续半个月。此时,对管水的要求则是"浅水分蘖",同时要保证"干湿交替"。据 WHL 透露,水稻分蘖期间,第一次灌水大致是返青期水的一半就行了,即半寸(1.5 厘米),然后等稻田的水自然落干后,再蓄同样深度的"新"水,如此反复几次,以促进有效分蘖。早稻分蘖期间(五月中旬到五月下旬),雨水非常多,WHL几乎每天都奔走在田间地头,以防止稻田蓄水过多,阻碍水稻分蘖。

六月上旬到七月初这段时间为水稻的长穗期,这是水稻一生中需水最多的时期,这段时间田间水层厚度需要一直维持在3厘米左右。然而"天公不作美",这期间,祁东县除了六月初和六月下旬分别下了几天雨,其余基本上是晴天或多云天气,甚至从六月底开始出现了连续的高温天气。不利天气也给WHL带来了极大的烦恼,由于丰村的水利设施建设并不理想,基本上还停留在20世纪80年代的水平,村内农田主要依靠堰塘灌溉和传统沟渠引水灌溉。他种植的121亩水田,有70亩在公路沿线靠近渠道,县里"红旗水库"有水过来,放水还比较方便,水源有保障。而另外51亩土地,由于较分散,且地势较高,不得不依靠水泵从附近的堰塘抽水进行灌溉,极大地增加了劳动量和成本。

从七月上旬到七月底这段时间是早稻的结实期,虽然需水量减少,但还是得维持稻田干湿交替,否则会影响结实率。然而,祁东县整个七月份的温度都维持在37度左右,出现了极端干旱天气,连续高温导致稻田水分蒸发很快,缺水严重。为"抗旱保产",这期间的大部分时间WHL都在忙着抽水灌溉。在整个田间管水的过程中,WHL一共抽水3次,总计花费了3000元(电费和抽水机的费用)左右。

(二) 施肥

俗话说,"庄稼一枝花,全靠肥当家",这说明施肥对增加作物的产量起着非常重要的作用。施肥的方法有好几种,而且各地区都有差异,需要因地制宜。WHL所采取的施肥方法是南方早稻种植区普遍采用的"前促—中控—后补法"。在水稻插秧前,耘地(犁田)的同时每亩田施用了30公斤复合肥作为水稻基肥,由于规模太大,WHL在施基肥的时候并未施用有机农家肥;在水稻插秧后5天左右,即水稻的返青期追施了10公斤尿素,用于促进水稻分蘖,增加有效穗;在插秧后半个月左右,WHL追施了最后一次分蘖肥,每亩追施了10公斤复合肥。由于水稻长势不错,同时为了控制成本,WHL在水稻成长后期并未追施穗肥和粒肥。三次施肥都是由WHL单独完成的,施肥一共支出17 594元(即购买化肥的费用)。

(三) 除草

除草是水稻种植过程中必不可少的一项工作,为保证药效,除草的同时还要兼顾管水。WHL在整个早稻生长的过程中,分别在秧田期和本田期进行了三次除草。第一次除草是在播种后3天左右,WHL从县里的农资公司购买了80包"17.2%幼禾葆粉剂"[①](每包净含量30克),每亩秧田用250克"17.2%幼禾葆粉剂"加水

---

① 除草剂的一种,可湿性粉剂。

40—50 公斤进行喷雾以防止杂草吸收秧田的养料趁势疯长。喷药完成后 WHL 排掉了一部分秧田的水,使其保持在一寸的深度一个星期左右。第二次除草是在秧苗二叶期,即播种后十五天左右,由于秧田稗草较多,WHL 买了十几包 50%"杀稗王"①(50 克每包)。为保证除草效果,在喷药前他先排干了秧田的水,每亩用 50 克"杀稗王"加水 40—50 公斤进行喷雾,并在第二天恢复了原来秧田的深水层。最后一次除草是在早稻秧苗移栽后(插秧后)五六天,为了省时省工,WHL 购买的是药效较强、相对高效的一次性除草剂"田草光"②,每亩用除草剂 25 克并加 15 公斤细沙拌匀,均匀撒施在田里。由于三次除草都是在水稻分蘖期前进行的,禾苗较低,喷洒除草剂的过程相对比较轻松,效率也比较高。据 WHL 介绍,由于他除草的次数相对较少,购买除草剂大概只花了 1200 块,平均为 10 元/亩。

(四) 除虫

病虫害防治是影响水稻收成的关键因素。由于 WHL 所种植的早稻在生长过程中并没有出现频繁的、大规模的病虫害,因此从插秧到收割 WHL 只进行了三次"除虫":第一次是在水稻插秧后 20 天左右,即分蘖期,雨水比较多,为了防止水稻大规模暴发"纹枯病",WHL 购买了大量的"5% 井冈霉素"③,每亩用药 100 毫升并加水 50 公斤拌匀喷雾;第二次"杀虫"是在水稻的孕穗、齐穗期,即六月上旬到六月下旬,为了防止"二代二化螟"的出现,WHL 采取了亩用"25% 杀虫双水剂"④ 100 毫升加"BT 乳剂"⑤ 100 毫升兑水 60 千克的方式进行常规喷雾;第三次"除虫"是在七月初的时候,WHL 发现稻田之中出现了数量较多的稻飞虱害虫,因此他及时选药进行了防治,每亩用"30% 扑虱灵可湿性粉剂"⑥ 25 克并兑水 80 千克进行喷洒。由于最后一次除虫的时候水稻已经长到了一定的高度,导致除虫的过程比较辛苦,效率较低,为了保证迅速除掉病虫害,不影响水稻产量,WHL 从村中雇了一位农民为其除虫,价格为 10 元/亩,加上农药一亩 80 元左右的费用,除虫过程一亩田大致需要 90 元,总费用为 10 890 元。

(五) 日常管理

日常料理也是田间管理过程中不可或缺的一环。由于农田布局较分散,最近

---

① 除草剂的一种,可湿性粉剂。
② 主要适用于水稻移栽大田,具有较强的水田杂草防除效果。
③ 低毒杀菌剂,主要用于水稻纹枯病的防治。
④ "杀虫双"是一种有机氮杀虫剂。
⑤ 是一种芽孢杆菌细菌性杀虫剂,属于生物农药。
⑥ "扑虱灵"属非杀生性农药,主要用于水稻叶蝉、飞虱、粉虱和介壳虫等害虫的防治。

的农田离WHL居住的地方也有六七百米,基本上不在其可视范围之内。因此,WHL几乎每天都要背着锄头到田间地头"巡视"一番,掌握水稻的生长情况和田间地头的一切动态。有时候WHL还需要处理一些"突发情况"。

WHL种植的农田大部分处在村民的居住区附近,一些村民家里所饲养的家禽也会经常溜去稻田里"滋事"破坏庄稼,而其主人有时候也是睁一只眼闭一只眼。碰到这种事情WHL也显得很无奈,但又不得不处理,否则稻谷会被鸡、鸭"践踏"得不成样子。外乡人的身份使得他处理这种事情并不轻松。用他的原话说就是:"有些老百姓懂理还好,我跟他打完招呼之后就会把鸡、鸭关起来养,但还是有小部分人不讲理啊,说是一套做起来又是另外一套,等我不在田边的时候,又把鸡、鸭放出来了。"因为这个事情,WHL还跟几位村民发生了小口角,后面得益于村支书出面,这件事情才得到妥善解决。日常管理的另外一项重要工作就是检查农田的田埂是否有渗水、漏水的情况,一旦发现这种现象就必须立刻把渗水的地方用泥巴封好,并及时给漏水严重的农田灌水。

四、收割

在相对闲的田间管理结束后,第二个农忙的时节也要拉开幕了——"双抢"(抢收、抢播)。对于WHL而言,这可能是他一年之中最忙碌的季节,每天都要跟时间赛跑,一不小心就会错过最佳农时。在这短短的十几天时间里,他不仅要把121亩水稻全部收割完毕,而且还要以最快的速度在原有的稻田里完成晚稻的插秧工作。此时,传统的人工收割在规模化面前显得有些无能为力,再加上地形原因,大型农业机械在这里也无法开展工作。因此,WHL退而求其次,从隔壁金桥镇请来了一支收割队,其装备是一台比较小的收割机,并以每亩120元(柴油不另付,雇方负责一顿中饭)的价格全部发包给他们收割,自己只负责管理和协助。收割队每天工作10个小时左右,一天大概能完成60亩的工作量,由于地块比较分散,121亩全部收割完成花了将近三天的时间。

在收割工作展开的同时,稻田里面还活跃着另外一支由6人组成的"机动队伍"——"背谷队"。由于田间的道路建设不完善,收割完的稻谷需要人工搬运到离稻田四百米开外的公路上装运。WHL从村里请了6个劳动力专门负责背谷,价格以袋(装化肥用的蛇皮包装袋)计算,每袋2元,一亩农田所产出的谷子大概可以装到15袋,一亩的费用为30元。加上机收120元/亩的费用,整个收割过程的花费约为18 150元。

收割的这三天,WHL几乎每天都要从早晨5点忙到晚上9点,才能停下来休息。受干旱天气的影响,WHL的早稻出现了比较轻微的减产,平均每亩"湿谷"的产量为 1000 斤左右。在早稻收割结束之后,WHL 紧接着就要投入到晚稻插秧的工作中。由于本章是以 WHL 整个早稻生产周期为研究对象,其晚稻的生产过程就不再赘述。

第三节 种粮大户的产后销售

产后销售是种粮大户整个生产经营过程中最后一个环节,至关重要,直接关系到其规模收益的高低。对于 WHL 而言,产后销售渠道还算比较畅通,不需要其费尽心思去寻找买家。他将 121 亩农田所生产的粮食以"湿谷"(含水分)的形式全部销售给了祁东县白地市镇国有粮库。

一、难以晾晒的粮食

传统农户在水稻收割完成之后都会将其搬运到自家住宅门口的"晒谷坪"①摊开晾晒,去除掉水分和杂质,然后放到自家的简易仓库或柜子里面储存起来等到价钱好的时候再出售。对于种植面积不大的传统小农而言,这种做法可以使他们避开旺季销售,以获得一个相对较好的交易价格。对于种粮大户而言,这种做法同样可以使他们在强大的市场面前争取到更多的主动权,获得更可观的规模收益,但前提是需要足够大的晾晒场所和良好的存储设施。丰村内的晾晒场所有限,大部分村民晾晒粮食都是在自家楼房屋顶或者宅基地前的一小块水泥地上,还有少数"胆大"的村民擅自将双向通行的公路"拦截"一段距离使之成为单向通行,以"充分利用公共资源"。村内土地资源有限,丘陵、小山岗较多,没有"大型的晒谷坪",也没有面积较大的空地。即使村内真有大面积的空地,WHL 也不太可能投入资金将其建为晾晒场所,一是因为资金不足,二是村内老百姓可能会反对。作为外乡人,WHL 在丰村内的住所是村内一户居民闲置的民宅,家中有两个简易仓库,容量都很小,两者加起来大概可以装两三吨的粮食,而 WHL 的总产量是六十吨左右。WHL 曾开玩笑称:"我生产的粮食,出路只有一条,那就是卖湿谷,其余的都是死路呢,一条都不通。"

二、双方的价格博弈

早在收割之前的一个星期,WHL 在隔壁金桥镇种粮大户 XJJ 的帮助下联系上

---

① 农户在自己家门口或村集体在村内开阔地带修建的面积较大的水泥地,用于晾晒谷子、黄豆等农作物。

了祁东县白地市镇国有粮库的工作人员。对于粮库方面而言,种植规模在 100 亩以上的大户绝对称得上是"大客户",他们也表现得非常积极,在双方电话联系后的第二个工作日,粮库方面的工作人员就来到了丰村与 WHL 洽谈生意。WHL 把他们带到了稻田边查看早稻的长势和稻谷的成色。在查看完产品的质量之后,双方就交易价格进行了一番博弈。WHL 首先开出的价格是"湿谷"98 元/百斤。当笔者问及为什么不把报价提高一点时,他的回答是:"早稻谷晒干以后最低可以卖到 132 块一百斤,好点的可以卖到 135 块甚至更高,但是'湿谷'水分含量起码占到 25%,100 斤'湿谷'晒干后大概只剩 75 斤,我报 98 块一百斤算起来比卖'干谷'少赚了一些,但"湿谷"的市场行情就是这样,这个损失我还是可以接受的。"但粮库工作人员则觉得这个报价过高,他们承担不了。他们给出的理由是稻谷的成色并不算特别好,而且湿谷在收回去之后还要进行烘干等一系列加工手段,需要一定的成本支出,按这个价格收回去,他们利润太低,挣不到钱。基于此,粮库方面给出的报价是"湿谷"最多 95 元/百斤。WHL 思来想去之后最终还是答应了这个报价,但他随即又提出了一个附加条件,即收购方必须负责运输。经过一番讨价还价,买卖双方最终达成了一致:成交价格是"湿谷"95 元/百斤,收购方负责运输,销售方即 WHL 负责请人装车。

三、即收即卖的现场销售

在收割当天,白地市镇国有粮库派了四名工作人员和一辆大卡车在稻田附近的公路上等待"收货"。收获的粮食分成了两批次出售,第一批是公路沿线的 70 亩,在收割的同时由"背谷队"直接背到公路旁边由收购方过秤装运。交易双方使用的称重设备是粮库方面带来的一个"磅秤"①。由于 WHL 需要看管田中收割的事务,过秤和计数的工作理所当然地由他妻子 ZHY 来承担。为确保"磅秤"的精确性与公平性,ZHY 也事先准备了一个"杆秤"②以测试"磅秤"是否存在缺斤短两的现象。测试的过程比较简单,将同样一袋谷子分别用"磅秤"和"杆秤"称一次,得出来的结果两者之间相差很小,因此为提高效率,最终使用的是粮库方面的"磅秤"。在过秤的同时,粮库方面也有一名工作人员在旁边负责看秤和计数,起到了相互监督的效果。公路沿线一共有 70 亩农田,机械收割持续了一天半的时间,现场销售同样也持续了一天半。整个销售过程各方分工明确,场面也相当热闹,买卖

---

① 目前农村地区广泛使用的大宗货物(粮食、生姜、香芋、黄豆)称重设备,固定的底座上有承重的托盘或金属板,又叫台秤。

② 以带有星点和维度的木杆为主体,并配有砣、砣绳和秤钩的小型衡器,丰村每家每户都有这种杆秤,称重范围在 100 公斤以下。

双方的合作比较愉快。

剩余51亩由于地块分散、交通不便,粮库方面没有像前次一样等在现场收购,而是叫WHL自己装车送过去,由他们来报销运费。所生产的粮食由"背谷队"先背到WHL在丰村的住所短暂停留,然后在收割全部完成后的当天,WHL请了一辆大型货车将大约25吨的"湿谷"运送到距离丰村二十八公里路程的白地市镇国有粮库,粮库方面再为其报销每吨100元的运费。WHL将早稻生产的"湿谷"一共121 000斤全部销售给了白地市镇国有粮库,价格为95元/百斤,毛收入为114 950元。

第四节　总结与思考

通过对种粮大户WHL整个早稻生产过程的详细剖析可知:虽然中央及地方政府对种粮大户、家庭农场、农业专业合作社等新型农业经营主体的发展给予了较大的政策扶持,但种粮大户WHL的整个生产过程并不顺利,困扰其发展的因素非常多,无论是在产前、产中还是产后都面临着一系列的烦恼。

产前准备阶段,不健全的土地流转市场和农村金融信贷市场成为制约WHL大规模投资生产的主要因素。首先,土地流转的交易成本高昂。丰村存在土地流转行为,但相关的土地流转机制和服务体系仍然缺失。由于不清楚村内哪些农户有流转土地的意愿,信息的不对称使得WHL的土地流转之路异常艰辛,耗费了大量的时间和精力,交易成本高昂。其次,流转土地的稳定性不强。丰村的大部分农户不愿意与WHL签订期限较长的土地流转合同。农民也是理性的,精通"算计",他们都倾向于短期出租。短期的流转合同对于WHL而言无疑是不利的,由于没有长期收益预期,他也缺乏长期投入的动力,尤其是在农田基本建设和固定资产投入上。最后,农村金融信贷市场不健全。农业为低效产业这一自然属性决定了农业信贷的高风险和低收益。为追求利润最大化,地方金融机构逐渐将业务重心转移至风险小、收益高的非农金融领域。像WHL这种属于家庭经营型的种粮大户,要想获得农业贷款,基本途径是向当地农村信用社申请小额信贷,而这种小额信贷一般只能获得两三万元,且申请过程环节繁多、效率较低,有时甚至需要通过找关系才能获得贷款。WHL的种植规模在百亩以上,单纯依靠农村信用社的小额信贷完全满足不了其大额资金需求。

产中经营阶段,农业基础设施陈旧、劳动力成本高昂、机械化水平不高无形之中增加了WHL规模种植的成本。目前丰村的农业水利设施情况不容乐观。村庄内部主要依靠堰塘灌溉和向县里面的红旗水库买水维持农业生产。村内一共有

47口塘,其中有11口已经干涸,15口不能正常供水。另外,村中没有灌溉电排,排灌沟渠都是传统沟渠,没有硬化也不成体系。薄弱的水利设施也给种粮大户WHL带来了极大的困扰,他种植的121亩稻田,有70亩靠近渠道,放水还比较方便,受2013年的极端干旱天气影响较小。而另外51亩土地,由于较分散,且地势较高,不得不通过抽水灌溉,但还是出现了一定程度的减产。其次,劳动力成本高昂。水稻的生长特点决定了种粮大户具有季节性雇工的刚性需求。而丰村大部分青壮年劳动力目前都在外务工经商,劳动力供给市场严重失衡,出现明显的供不应求的现象,尤其是在雇工旺季,这一问题更加凸显。需求的旺盛和供给的不足造成了劳动力价格飙升,这也给WHL造成了极大的困扰,2013年早稻生产期间,WHL的雇工成本占到了整个生产成本的30%左右。最后,机械化水平不高。在整个早稻生产过程中WHL唯有收割阶段采用了机械化作业,其余的生产都是人工完成,生产效率较低。

产后销售阶段,由于粮食晾晒场所和存储设施的匮乏,无奈的卖湿谷行为使他丧失了在农产品交易市场中的主动权和话语权,降低了其规模收益。WHL在收割之后销售粮食的方式是一种非常规的销售模式——"卖湿谷"(含水分),即一边收获一边销售或者收获完之后迅速销售,不需要后续的晾晒处理过程。当笔者问及当初为什么会选择这种销售方式时,他的回答是:"莫得法呀①,我也想把稻谷晒干后储存起来等到行情好的时候再去卖呀,卖湿谷比卖干谷最少损失150块每吨呢,我总产量有60吨左右,前后就要损失差不多9000块呢。但是话又说回来,我的产量太大了,村里又没有那么大的晾晒场所,我又买不起烘干机,一台烘干机起码要十万呢,收割后不抓紧时间把稻谷卖掉,万一发芽变坏了,那我就亏大了,哭都没得用。"由此可以看出,选择这种销售方式只是WHL的无奈之举,是两害相权取其轻的结果。

发展粮食规模经营是我国现阶段粮食安全的重要保障,是由传统农业向现代农业转轨的重要标志,也是农业发展的大势所趋。通过WHL这一案例我们可以看出,发展粮食规模经营不能仅仅停留在简单的土地数量的叠加和土地规模的扩张这一外延形式上,而是需要在农村土地流转市场的培育、农业基础设施的改善、多元扶持政策的制定以及农业市场化与组织化水平的提升这几个方面多下功夫。提升粮食规模经营的"软件"和"硬件"水平,从而为种粮大户、家庭农场、农业生产合作社等新型农业经营主体的发展保驾护航。

---

① 当地方言,意指"没办法或无奈"。

预测报告

第十三章 农村收入差距与基尼系数测算报告*

改革开放以来,我国国民经济水平显著提高,工业化程度不断提高,现代化进程明显加快,产业结构不断合理优化;初步缓解了就业率低的现象,公共服务的供给数量加大、质量加强;国民素质提升,收入不断提高,购买力不断增强,社会各项事业取得较大发展,生活水平有了质的飞跃,造就了一系列举世瞩目的时代成就。在农村地区,国家通过出台一系列支农惠农政策,试图打破"三农"事业发展的种种困局。2006年,国家全面取消农业税,极大降低了农民的生产负担。此外,农村地区大部分农民已享受到新型农村合作医疗保险和新型农村养老保险,农民生活得到充分保障。国家统计局发布的《2013年国民经济和社会发展统计公报》显示,2013年全国实现粮食产量60 194万吨,比2012年增加1236万吨,增产2.1%。农村居民人均纯收入8896元,比2012年增长12.4%,扣除价格因素,实际增长9.3%;农村居民人均纯收入中位数为7907元,增长12.7%。①

但由于我国领土面积辽阔,各地地理情况不同,以致自然资源分配不均衡,加上历史发展水平、人口数量与质量等差异性因素,东、中、西部地区之间的发展水平长期以来并不均衡。尤其农村地区,区域发展差异更为明显。近年来,我国通过实施西部大开发以及扶持少数民族地区等政策,以求逐步缩小城乡差距和地区差距。但目前我国农村居民收入水平差距究竟到达何种程度?如何才能合理缩小农村居民收入差距?各项惠农政策是否如期实现了缩小我国农村收入差距的效果?本报告将利用基尼系数——一种科学的测算指标,来说明当前我国农村地区农民收入的差异程度。

---

* 本章作者:熊彩云、付振奇、郭瑞敏、邓杰。
① 国家统计局:《2013年国民经济和社会发展统计公报》,2014年2月24日。

第一节 测评意义

本课题以农户为基本研究单位,通过对农户家庭收入水平、收入来源与收入结构的测量,从家庭总收入、经营性收入、财产性收入、工资性收入、转移性收入以及农业收入等指标显示2013年我国农村居民的收入现状;此外,以基尼系数的测量显示2013年农村地区的收入差距水平。农村地区基尼系数的测量有助于研究我国现阶段农村地区收入差距程度,不仅具有理论研究意义,同时可以为政府有关部门制定相关决策提供现实依据。本次测评的意义具体如下:

首先,明确农村居民收入差距水平,提供理论研究依据。国家统计局发布的2013年全国居民收入基尼系数为0.473,已经超出国际上通认的0.4收入差距警戒线水平,显示社会潜藏着动荡不安的风险。但目前,我国仍处于较为稳定的状态。这是否说明国际上的基尼系数方法并不适用于中国的国情? 这一问题在我国学术界一直存在争议。城乡差距是现代化进程中出现的普遍现象,也是我国城乡居民收入差距的重要原因之一,然而,解决城乡差距的重心在于如何进一步提升农村的发展水平,提高农民的经济收入。目前,在学术界,对于农民收入差距的研究并不多,各项研究所提供的数据权威性与科学性不足。本报告拟以大样本调查为基础,对农村居民贫富差异程度进行测算,为农村居民收入差距研究提供实证基础,具有推动基尼系数中国化的理论意义。

其次,认清农村收入差距程度,降低社会问题发生概率。基尼系数是体现收入差距水平的一种指标。一般说来,基尼系数过大,即社会收入差距过大会影响到社会的稳定性。从宏观上看,收入差距过大会影响经济的全面发展,使各地区经济发展愈加不平衡;降低社会和谐程度,增加社会不稳定因素,增大社会治理成本。另一方面,收入差距偏大还会影响个人和社会团体的微观行为,英国学者理查德·威尔金森和凯特·皮克特从微观角度进行研究,指出收入差距与人内心的焦虑、精神健康甚至是暴力等一系列社会问题存在关联。① 现阶段,我国大部分农村地区正处于经济发展的起步与上升阶段,良好的经济发展形势需要稳定的社会环境。所以,若想降低社会问题的发生率,需认清农村收入不平衡程度,进而对症下药,为农村经济发展提供一个良好的社会环境。

再者,分析收入差距结构,提供决策依据和政策参考。通过对农村地区基尼系

---

① 〔英〕理查德·威尔金森、凯特·皮克特:《不平等的痛苦——收入差距如何导致社会问题》,安鹏译,新华出版社2010年版。

数的测算及其内在机理的分析,有助于为政府缩小农村地区收入差距提供决策依据和政策参考。农村收入水平相对城市而言,在大部分人想象中是较为平均的。事实是否如此,尚需科学判断,不能凭借主观臆断。我国目前正处于中国特色社会主义初级阶段,建设社会主义和谐社会是开创中国特色社会主义的一项战略任务,其中,社会主义新农村又是构建和谐社会的主要目标之一。社会主义的本质要求是共同富裕,而不是两极分化。所以,收入差距问题必须得到合理妥善解决。课题组通过测量不同地区农村居民收入水平、收入结构和收入差距等不同指标,进行比较研究,即研究农村收入差距的影响因素和内在差异,发掘导致农村收入不均衡的深层原因。具体来说,我们可以发现:现阶段不同地区农村收入的差距程度有多大?什么因素影响了农民收入水平的高低?由此可知,本报告中的农户收入水平和收入结构的对比以及全国农村基尼系数、东中西部地区基尼系数的对比能够为政府制定有效缩小农村地区收入差距的政策提供可靠依据。

第二节 相关研究综述

基尼系数是衡量收入差距的一个重要指标,最早由意大利经济学家基尼于1922年提出,此后迅速被西方主流学界所接受,现已成为国际上通用的综合考察居民内部收入均等情况的重要分析指标。在国外,有关基尼系数的研究不计其数,乔治在1990年和1993年通过对385篇文献进行综合研究,从基尼系数的起源、演化到分组数据的估计、样本特征、分解再到基尼系数的拓展与解释等七个方面进行了详细的归纳总结和述评。

目前,我国研究居民收入通常也以基尼系数衡量其差距程度。国内对于基尼系数的研究主要集中于基尼系数的计算方法与度量,基尼系数在我国的适用性、局限性以及影响因素等方面。国内最早研究基尼系数的学者为杨小凯,其在1982年于《武汉大学学报》上发表了一篇论文,全面地介绍了基尼系数。

目前,国内的学者争议较多的是基尼系数的适用性与局限性,主要分为定性研究和定量研究两个方面。其中,定性分析占多数,傅红春等[1]在论述中指出基尼系数具有两方面的缺陷,一是只能反映以货币形式度量的收入水平差距,并不能体现出居民的实际生活水平差距;二是基尼系数只能反映居民间经济收入的差距,无法反映非经济因素造成的差距。在定量分析方面,封建强提出了用满意度曲线来替

---

[1] 傅红春、罗文英:《对基尼系数的重新思考》,《经济学动态》2004年第5期。

代绝对平均线的方法,以提高其适用性。① 无独有偶,苍玉权指出对洛伦兹曲线进行修正在一定程度上可以克服基尼系数的局限性,更好地体现出基尼系数对收入差距的测量优度。② 易刚等针对基尼系数对于不同地区收入的可比性问题提出了基于购买力平价的基尼系数。③

综上所述,国内外对于收入差距与基尼系数的研究已经非常成熟。诸多收入差距理论为研究社会收入差距和计算基尼系数提供了理论基础。此外,针对基尼系数局限性的研究也是层出不穷,互相印证,体现了理论研究的科学与严谨。再者,在基尼系数的计算方面,学者们采用各式各样的公式和算法,为本研究计算中国农村基尼系数提供了算法依据。但是在诸多基尼系数研究中,对农村地区基尼系数的研究还不够,现阶段农村地区收入差距程度如何并没有太多研究予以关注。所以,本研究在诸多基尼系数研究基础之上,运用较为成熟的公式和方法,计算了2013年中国农村地区收入差距水平和农村基尼系数。

第三节 测评对象、指标及方法

(一)测评对象

本报告数据依托华中师范大学中国农村研究院"百村观察"平台调查系统采集完成。2014年7月和8月,"百村观察"平台组织调查员在28个省(自治区、直辖市)进行调查,涉及261个村庄,共4172户。课题组首先对样本按家庭总收入进行升序排列,对其中的12户零收入样本农户进行了剔除;为提高样本有效性,课题组又对人均收入最低、最高的各1%样本农户进行了剔除处理;最后初步得到4076个相对有效的样本。为确保测算样本的科学性,课题组对处理后的4076个样本再一次进行了奇异值分析,即按 $\mu-3\sigma < x < \mu+3\sigma$ 标准保留数据(μ代表均值,σ代表标准差),超出该范围的数据作为奇异值剔除。通过公式(1)得出有效样本农户的家庭总收入(简称HI):

$$\mathrm{HI} \in [\mu-3\sigma, \mu+3\sigma] \tag{1}$$

通过SPSS 19.0计算得出有效样本农户的家庭总收入最大为479 856.33元,查找升序排列下的4076户样本农户,将第4018个以上的样本农户剔除,即有效样本

---

① 封建强:《基尼系数与满意曲线》,《统计研究》2000年第11期。
② 苍玉权:《论基尼系数的局限及调整》,《数量经济技术经济研究》2004年第4期。
③ 易刚、张燕姣:《以购买力平价测算基尼系数的尝试》,《经济学季刊》2006年第6期。

农户的家庭总收入最高收入为第 4018 个农户,为 474 214.80 元。最后,我们确定本基尼系数测算报告的有效样本数为 4018 个农户。

(二) 测评指标

本测算报告数据来源于华中师范大学中国农村研究院"百村观察"项目的 2014 年暑期调研数据。"百村观察"项目是中国农村研究院研究方法的延续。1988 年中国农村研究院的前身——华中师范大学农村基层政权研究中心成立,时任研究中心主任的张厚安教授提出了"'三个面向'(面向社会、面向基层、面向农村),理论务农"的研究宗旨,并带领学术同仁到全国进行普遍性农村调查。1995 年中心更名为"华中师范大学农村问题研究中心",研究领域得以扩展。1996 年中心在全国范围内选择了 22 个村庄进行全面、细致、系统的调查研究,并推出"村治书系"。1997 年中心常务副主任徐勇教授将中心的方法归纳为"实际、实证、实验";1999 年中心更名为"华中师范大学中国农村问题研究中心",并于 2000 年被批准为教育部人文社会科学重点研究基地,成为国内专注于农村问题的综合性研究机构,由徐勇教授担任中心主任。

在长期实地调查中,徐勇教授认为当今中国农村有两大特点:一是千差万别,二是千变万化。那种通过一个村庄来推及所有村庄的静态调查已不适应,研究院应将农村调查变为一种可持续的动态过程。为此,徐勇教授于 2000 年提出了"百村观察"计划,并于当年启动"试调查"。"试调查"计划由刘金海教授负责,中心人员参与,至 2008 年共调查了 59 个村庄。2009 年,在华中师范大学的大力支持下,"百村观察"项目正式大规模启动。目前该项目已持续实施 5 年,以此项目为基础的大量著述、研究报告、咨询报告、理论文章不仅引起学界广泛关注,而且被各级政府部门高度认可。2011 年 1 月,中心更名为"华中师范大学中国农村研究院"。2014 年,正式独立建制,自此成为华中师范大学一个二级单位。

为了与国家统计局统计口径一致,本研究也将农户家庭收入分为四块:工资性收入、经营性收入、财产性收入以及转移性收入。本基尼系数报告的测算首先根据调查计算各个样本的四项子收入,加总得到样本农户的家庭总收入。

(1) 工资性收入,是指农村住户或住户成员受雇于单位或个人而获得的劳动报酬,包括在非企业组织中劳动得到的收入、在本地劳动得到的收入、常住人口外出从业得到的收入三个部分。

(2) 财产性收入,指金融资产或有形非生产性资产的所有者向其他机构单位提供资金或将有形非生产性资产供其支配,作为回报而从中获得的收入,主要包括利息、股金、租金、红利、土地征用费用等。

(3) 转移性收入,指农村住户或住户成员无须付出任何对应物而获得的货物、服务、资金或资产所有权等,不包括无偿提供的用于固定资产形成的资金,主要包括家庭非常住人口寄回、亲友赠送、调查补贴、救济金、救灾款、保险年金、退休金、抚恤金、五保户的供给、各种奖励收入等。

(4)家庭经营性收入,指农村住户以家庭为生产经营单位进行生产筹划和管理而获得的收入,相应地扣除从事生产经营活动所发生费用后的收入总和。可分为农业经营收入、林业经营收入、牧业经营收入、渔业经营收入等(共分为十个行业和其他)。

由于农业收入是农户售出当年收获的粮食作物和经济作物所得到的总收入,本报告同样根据国家统计局标准,将所有农产品收入分为实物收入和货币收入,货币收入是农户当年卖出农产品的现金收入,实物收入是农户当年未卖出的、供自家消费的农产品,按当地市场价格折算(粮食类和肉类农产品按市场价九折折算,其他农产品按八五折折算)得出某产品的实物收入,然后将所有农产品实物收入加总计算得出该农户的农业实物收入。

综上所述,本基尼系数测算报告的一级指标有四项,如公式(2)所示:

$$家庭总收入 = 工资性收入 + 经营性收入 + 财产性收入 + 转移性收入 \qquad (2)$$

估算农民家庭总收入的各项一级、二级、三级、四级指标具体可见表13-1。

表13-1 家庭总收入测量指标体系

一级指标	二级指标	三级指标	四级指标
工资性收入	外出务工收入		
	打临工收入		
	企事业单位工资收入		
	其他工资性收入		
经营性收入	农业收入	种植业农业收入	实物收入(各类种植业实物收入总和)
			货币收入(各类种植业货币收入总和)
		林业收入	
		渔业收入	
	个体经商收入		
	其他经营性收入		

续表

一级指标	二级指标	三级指标	四级指标
财产性收入	土地出租收入	承包地租出收入	
		宅基地租出收入	
	林地中用于入股分红的收入		
	其他财产性收入		
转移性收入	低保收入		
	五保收入		
	惠农补贴	补贴总额	粮食直补、农资综合补贴、良种补贴、农机具购置补贴、畜牧良种补贴、退耕还林补贴、其他补贴等
	养老金	公益林补贴	
	其他转移性收入		

（三）研究方法

本报告主要采用定量分析方法。定量分析是一种实证分析方法,以数理运算为主要分析手段,通过建立模型对相关数据进行综合计算,来揭示事物的内在特征并进行预测。基尼系数的测算公式是经过大量学者研究与验证得来的,其根本依据来源于样本数据。本文首先根据样本量估算与选定确定了样本村庄与样本农户。其次,通过问卷调查法对样本农户进行访问得到家庭收入的相关数据。最后,将数据进行科学整理后,运用基尼系数的测算方法计算得出2013年中国农村地区的基尼系数。

本报告运用的另外一种主要研究方法是比较研究法。比较是认识事物的基础,是确定事物异同关系的常用思维方法。通过比较,可以发现事物之间存在的一般规律,识别事物的普遍性和特殊性。本报告通过对比不同地区的收入水平、收入结构得出地区之间的收入差距。此外,在本报告的基尼系数测算部分还对比了东中西部地区的基尼系数以明确不同地区收入差距。

第四节 农村家庭收入水平与收入结构

农民收入是反映农户在一定时期内实际收入水平的重要指标,也是衡量农民家庭生活水平和幸福指数高低的重要指标。本节拟从家庭总收入和家庭人均收入两个角度,对不同经济区的收入概况、收入来源等方面进行统计分析,在探讨农民收入内部的不稳定性和差异性的过程中,充分认识保障农民持续、稳定增收的关键之所在。

(一)农民家庭总收入

(1)农民家庭总收入概况

如表 13-2 和图 13-1 所示,全国范围内 4018 个有效样本农户平均的家庭总收入为 67 273.68 元,但有半数农户家庭收入在 50 437.25 元以下。分区域而言,东部农户家庭总收入最高,均值为 74 477.48 元,有 50% 的农户家庭总收入在 54 614.05 元以上;其次是西部农户,其家庭总收入均值为 70 186.04 元,有一半农户的家庭总收入在 48 847.10 元以上;较之东、西部农户,中部农户家庭总收入最低,均值为 60 439.52 元,比全国样本农户的家庭总收入均值少 6834.16 元,其中有半数的农户年家庭总收入在 48 585.45 元以下。

表 13-2 各地农户家庭总收入状况分析 (单位:元,户)

地区	家庭总收入均值	家庭总收入中位值	户数
全国	67 273.68	50 437.25	4018
东部	74 477.48	54 614.05	1116
中部	60 439.52	48 585.45	1692
西部	70 186.04	48 847.10	1210

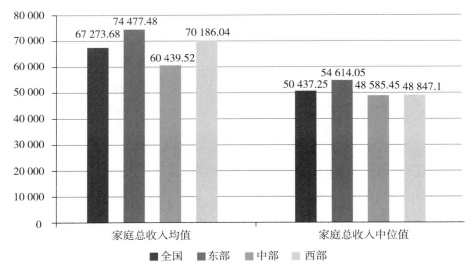

图 13-1 各地农户家庭总收入状况分析(单位:元)

（2）农民家庭总收入来源构成

表13-3显示,从总体上看,工资性收入在样本农户家庭总收入中所占比重最大,达46.43%;其次是家庭经营性收入,占比45.87%;转移性收入和财产性收入所占比重总计不到10%。由于农民的工资性收入缺乏制度保障,其居高的比例反映出农民收入的稳定性较差。分区域而言,东部农户的工资性收入在家庭总收入中所占的比重最高,超出全国平均的占比水平,达48.72%;中部农户工资性收入占其家庭总收入的比重也在全国平均水平之上,为48.38%。而在所有农户财产性收入都很低的情况下,东部农户的财产性收入最高,均值达1.69%;在西部地区,农户家庭经营性收入所占比重在全国平均水平之上,居三大区域之首,为51.59%,但其他三项收入的比重均低于全国平均水平。

表13-3　各地农户家庭收入来源构成比分析　　　（单位:%,户）

地区	经营性收入	转移性收入	工资性收入	财产性收入	合计
全国	45.87	6.35	46.43	1.35	100(4018)
东部	43.36	6.23	48.72	1.69	100(1116)
中部	43.43	6.86	48.38	1.33	100(1692)
西部	51.59	5.74	41.61	1.06	100(1210)

除务工收入之外,农业收入是农户家庭收入的另一主要来源,我们将农户家庭总收入分为农业收入与非农业收入并绘制成表13-4和图13-2。全国样本显示农业收入均值为24 399.22元,非农业收入是42 874.46元,农业收入与非农业收入之比为1:1.7572;此外,西部地区农业收入相对于其他地区农业收入为最高(36 347.87元),农业收入与非农业收入之比为1:0.9310;东部地区与中部地区农业收入均低于全国农业收入水平,分别为20 368.45元、18 512.98元,农业收入与非农业收入之比依次为1:2.6565和1:2.2647。通过上述分析可知,西部地区农业收入占总收入的比率最大,表明西部地区家庭收入来源主要依靠农业。

表13-4　各地农户家庭收入来源——农业收入与非农收入　　　（单位:元,户）

地区	农业收入	非农业收入	收入比	户数
全国	24 399.22	42 874.46	1:1.7572	4018
东部	20 368.45	54 109.02	1:2.6565	1116
中部	18 512.98	41 926.54	1:2.2647	1692
西部	36 347.87	33 838.17	1:0.9310	1210

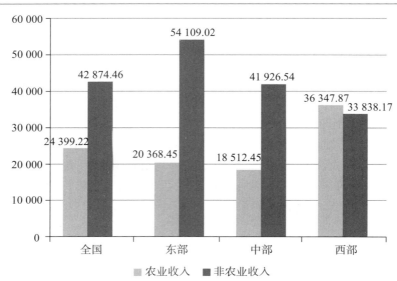

图 13-2 各地农户家庭收入来源——农业收入与非农收入（单位：元）

（二）农民家庭人均收入

在计算家庭人均收入时，考虑到人们在收入问题上的普遍保守心理，我们将零值家庭总收入样本作为无效样本进行了剔除处理。从表 13-5 和图 13-3 可以看出，有效样本农户家庭人均收入均值为 16 273.73 元，但 50% 样本农户的家庭人均收入在 12 065.85 元以下。分区域来看，东部农户家庭人均收入均值最高，为 18 534.87 元，其中 50% 农户的家庭人均收入在 13 769.73 元以上；中部农户家庭人均收入最低，均值为 14 402.89 元，其中半数农户家庭人均收入在 11 389.70 元以下，不仅低于全国平均水平，更低于东、西部地区的水平。可见，提高农民收入，尤其中西部地区农民收入的任务依然十分艰巨。

表 13-5 各地农户家庭人均收入状况分析　　　　　　　　　　（单位：元，户）

地区	人均收入均值	人均收入中位值	户数
全国	16 273.73	12 065.85	4018
东部	18 534.87	13 769.73	1116
中部	14 402.89	11 389.70	1692
西部	16 804.34	11 582.84	1210

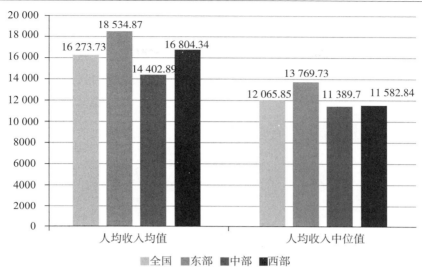

图 13-3　各地农户家庭人均收入状况分析直观图（单位：元）

第五节　农村基尼系数的测算结果

基尼系数是国际上通用的综合考察居民内部收入分配差异状况的一个重要分析指标。一般来说，基尼系数是直接利用收入接受者（人口或农户）相对比重与其所得收入的相对比重来计算的，由于收入接受者的比重可按人口也可按家户划分，所以基尼系数也可分为人口—收入基尼系数和家户—收入基尼系数。① 实践中，基尼系数计算方法很多，如万分法、等分法、差值法、矩阵法、曲线回归法等等。在此我们将运用幂函数曲线回归法对样本农户的收入差距进行基尼系数方面的估算，以量化当前农民家庭收入分化的程度。

一般而言，为了准确描述洛伦兹曲线和精确估计基尼系数，人们往往会通过分析洛伦兹曲线的特性，设计出一个洛伦兹曲线方程，对洛伦兹曲线方程直接进行估计。经过实例分析，拟合效果好，由洛伦兹曲线可推导出基尼系数的计算公式，计算结果精确度就会较高。因此，我们首先设洛伦兹曲线回归方程为：

$$y_i = A p_i^b \tag{3}$$

---

① 陈宗胜：《经济发展中的收入分配》，上海人民出版社 1994 年版，第 23—24 页。

基尼系数 G 为：

$$G = \frac{1/2 - S}{1/2}$$

又有：$S = \int_0^1 A p_i^b \mathrm{d} p_i = \frac{A}{b+1}$

所以有：$G = 1 - \frac{2A}{b+1}$ （4）

式中，i 为人均收入水平，p_i 为某一收入水平的人口比重，y_i 为相应的收入比重，S 为洛伦兹曲线与收入绝对不平等线围成的面积，A、b 分别为回归常数与回归系数。①

（一）全国总体基尼系数

本文将 4018 户有效样本农户按家庭总收入升序排列，分成五等分组，依次为低收入组、中等偏下收入组、中等收入组、中等偏上收入组以及高收入组，并计算各组的组内累积收入。如表 13-6 所示，低收入组（收入最低 20% 农户组）的组内收入为 8 167 089.04 元，高收入组，即收入最高 20% 农户组的组内收入为 135 717 344.58 元，低收入组与高收入组农户家庭总收入之比为 1∶16.62。

表 13-6　样本农户家庭总收入五等分组分析

组号	户数累积百分比	组内收入（元）	收入累积（元）	收入累积百分比
1（1—804）	20%	8 167 089.04	8 167 089.04	3.02%
2（805—1607）	40%	24 584 378.11	32 751 467.15	12.12%
3（1608—2411）	60%	40 507 198.89	73 258 666.04	27.10%
4（2412—3214）	80%	61 329 636.57	134 588 302.61	49.79%
5（3215—4018）	100%	135 717 344.58	270 305 647.19	100%

此外，通过表 13-6 做出图 13-4，由图可知，在前四组收入分组中，收入保持着较为平稳的趋势线，趋势线在高收入分组部分出现了较为陡峭的趋势，表明高收入分组占有的收入存量高于其他收入分组的收入存量。

---

① 陈宗胜：《经济发展中的收入分配》，上海人民出版社 1994 年版，第 29 页。

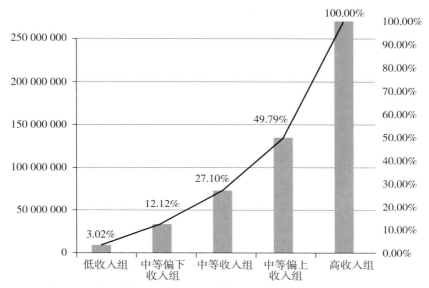

图 13-4　样本农户家庭总收入五等分组家庭收入累积与收入累积百分比(单位:元,%)

最后,利用表 13-6 农民家庭总收入数据拟合洛伦兹曲线,凭借 SPSS 的分析功能,得出估计结果(见表 13-7 和图 13-5)。由于 R^2 为 0.995,模型的拟合效果较好。

表 13-7　全国模型估计结果与基尼系数

A	b	R^2	F 检验	G
0.869	2.120	0.995	587.707	0.4429

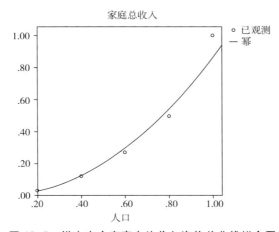

图 13-5　样本农户家庭人均收入洛伦兹曲线拟合图

分析得知，A 为 0.869，b 为 2.120。代入基尼系数计算公式 $G=1-\dfrac{2A}{b+1}$，可以得出 $G=1-\dfrac{2\times 0.869}{2.120+1}=0.4429$。总体来看，全国农民收入分配差距较大。国家统计局公布的 2013 年全国基尼系数为 0.473，全国农民基尼系数与全国基尼系数相差不大。

（二）分地区基尼系数

（1）东部地区基尼系数

与全国基尼系数估算方法相似，我们将东部农户家庭总收入按升序排序，剔除缺失值、最高与最低各 1% 样本，再按五等分对有效样本农户进行分组之后，计算得出，东部低收入农户组的组内收入为 2 280 114.75 元，仅占有效样本累积收入的 2.74%；高收入组的组内家庭总收入为 41 885 565.35 元，占据有效样本累积收入的 50.39%，低收入组和高收入组农户的组内收入之比为 1∶18.37。（见表 13-8 和图 13-6）

表 13-8　东部地区农民家庭总收入五等分组

组号	户数累积百分比	组内收入（元）	收入累积（元）	收入累积百分比
1（1—223）	20%	2 280 114.75	2 280 114.75	2.74%
2（224—446）	40%	7 658 916.90	9 939 031.65	11.96%
3（447—670）	60%	12 428 926.77	22 367 958.42	26.91%
4（671—893）	80%	18 863 340.38	41 231 298.80	49.61%
5（894—1116）	100%	41 885 565.35	83 116 864.15	100%

将农民家庭总收入数据拟合洛伦兹曲线，在 SPSS 的分析中，得出估计结果，如表 13-9 所示。R^2（0.996）大于 0.99，说明拟合效果较好，图 13-7 也显示了较好的拟合效果。

表 13-9　东部地区模型估计结果与基尼系数

A	b	R^2	F 检验	G
0.881	2.178	0.996	752.950	0.4456

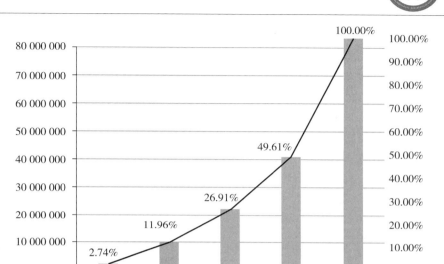

图 13-6　东部地区农民家庭总收入收入累积与收入累积百分比（单位：元,%）

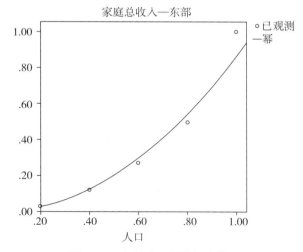

图 13-7　东部地区曲线拟合情况

分析得知，A 为 0.881，b 为 2.178。代入基尼系数计算公式 $G = 1 - \dfrac{2A}{b+1}$，可以得出 $G = 1 - \dfrac{2 \times 0.881}{2.178 + 1} = 0.4456$。因此，根据样本计算结果，东部地区农村基尼系数为 0.4456。

(2) 中部地区基尼系数

通过同种数据处理方法,本文得到中部地区 1692 户样本农户,将中部地区样本农户进行五等分组。中部低收入农户组的组内收入和为 2 955 733.59 元,占据有效样本累积收入的 2.8%;高收入农户组的组内总收入为 49 313 353.69 元,占据有效样本累积收入的 48.22%,低收入农户组和高收入农户组的组内收入之比为 1∶16.68。此外,根据收入累积与收入累积百分比做出中部地区农户家庭总收入的帕累托图,如图 13-8 所示,可以看出高收入组家庭总收入在折线上体现了较为陡峭的坡度,表明中部高收入组农户家庭总收入占据着中部地区样本家庭总收入的较大比重。

表 13-10 中部地区农民家庭总收入五等分组

组号	户数累积百分比	组内收入(元)	收入累积(元)	收入累积百分比
1(1—338)	20%	2 955 733.59	2 955 733.59	2.80%
2(339—677)	40%	9 604 789.04	12 560 522.63	12.28%
3(678—1015)	60%	16 193 719.49	28 754 242.12	28.12%
4(1016—1354)	80%	24 196 072.70	52 950 314.82	51.78%
5(1355—1692)	100%	49 313 353.69	102 263 668.51	100%

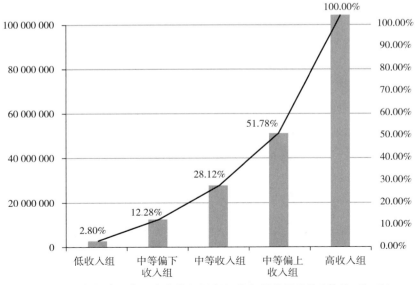

图 13-8 中部地区农民家庭收入累积与收入累积百分比(单位:元,%)

从表 13-11 可以看出模型的拟合程度较高，A 为 0.899，b 为 2.158，将其代入基尼系数计算公式 $G=1-\dfrac{2A}{b+1}$，计算得出 $G=0.4307$，中部地区样本农户的基尼系数为 0.4307。

表 13-11　中部地区模型估计结果与基尼系数

A	b	R^2	F 检验	G
0.899	2.158	0.997	1059.063	0.4307

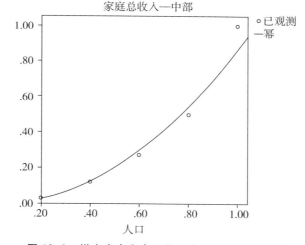

图 13-9　样本农户家庭总收入洛伦兹曲线拟合图

（3）西部地区基尼系数

从表 13-12 可以看出，低收入农户组的组内收入为 2 994 056.36 元，占据有效样本累积收入的 3.53%；高收入农户组的组内收入为 43 829 616.79 元，占据有效样本累积收入的 51.61%，低收入组和高收入组之间家庭总收入之比为 1:14.64。

表 13-12　西部地区农民家庭总收入七等分组

组号	户数累积百分比	组内收入（元）	收入累积（元）	收入累积百分比
1(1—242)	20%	2 994 056.36	2 994 056.36	3.53%
2(243—484)	40%	7 433 012.30	10 427 068.66	12.28%
3(485—726)	60%	11 975 838.77	22 402 907.43	26.38%
4(727—968)	80%	18 692 590.31	41 095 497.74	48.39%
5(969—1210)	100%	43 829 616.79	84 925 114.53	100%

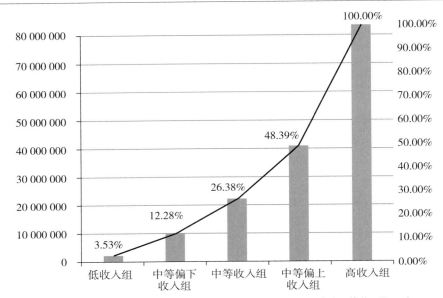

图 13-10 西部地区农民家庭收入累积与收入累积百分比(单位:元,%)

通过对西部地区洛伦兹方程的估计,得到表 13-13 的估计结果,将 A 与 b 带入公式粗略地计算得出西部地区家庭总收入的基尼系数为 0.4491。

表 13-13　西部地区模型估计结果与基尼系数

A	b	R^2	F 检验	G
0.831	2.017	0.990	290.969	0.4491

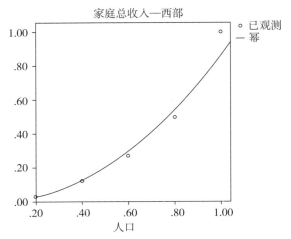

图 13-11　样本农户家庭总收入洛伦兹曲线拟合图

(三)各地区基尼系数的比较

为了进一步考察各地区农户收入分配的差距程度,我们将上述所测得的全国系数与东部、中部、西部地区的地区性系数绘制成地区基尼系数对比总表,如表13-14所示,东部、中部、西部地区基尼系数分别为0.4456、0.4307和0.4491,其中以中部地区基尼系数最低,低于全国基尼系数(0.4429)0.0122。从地区基尼系数对比总体看,东部地区和西部地区基尼系数均高于全国基尼系数,中部地区低于全国基尼系数,表明中部地区收入差距较其他地区较低,东部地区与西部地区的收入差距水平比全国收入差距水平高。

表13-14 各地农户家庭总收入洛伦兹曲线估计结果与基尼系数

地区	A	b	R^2	F检验	G	样本量
全国	0.869	2.120	0.995	587.707	0.4429	4018
东部	0.881	2.178	0.996	752.950	0.4456	1116
中部	0.899	2.158	0.997	1059.063	0.4307	1692
西部	0.831	2.017	0.990	290.969	0.4491	1210

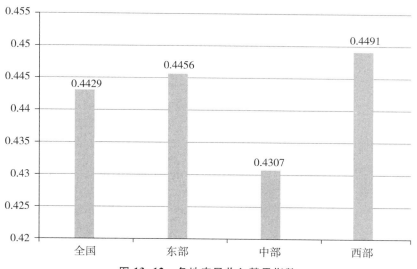

图13-12 各地农民收入基尼指数

如表13-15所示,国际上通常根据基尼系数大小将收入分配状况划分为五个区间,基尼系数小于0.2为绝对平均区间,0.2至0.3为比较平均区间,0.3至0.4为相对合理区间,0.4至0.5为差距较大区间,大于0.5为差距悬殊区间。国际上也常常将 0.4 认作收入分配差距的"警戒线"。

表 13-15　不同收入分配状况的函数幂值

收入分配状况	基尼系数	函数幂值
绝对平均	$G<0.2$	$b<1.5$
比较平均	$0.2<G<0.3$	$1.5<b<13/7$
相对合理	$0.3<G<0.4$	$13/7<b<7/3$
差距较大	$0.4<G<0.5$	$7/3<b<3$
差距悬殊	$G>0.5$	$b>3$

对比国际通用分配状况的判读标准，我国农民收入 0.4429 的基尼系数水平表明，目前农民收入分配差距处于较大阶段，已超过了国际警戒线水平，应给予高度的重视。具体到各个经济区，中部地区农民收入的基尼系数在整体水平之下，收入相对其他地区较为平均；东部地区与西部地区都高于全国整体水平，其中以西部地区收入差距水平最高，应加大扶持的力度。

第六节　结论与建议

（一）主要结论

（1）农村居民收入水平呈现出新高度。根据本报告样本数据显示，2013 年全国农村居民家庭总收入为 67 273.68 元，半数农户家庭收入在 50 437.25 元以上；全国农民家庭人均收入均值为 16 273.73 元，家庭人均收入的中位值为 12 065.85 元。据本机构测算的 2012 年全国农村居民收入差距与基尼系数报告显示，2012 年农村家庭总收入为 41 306.68 元，中位值为 32 836 元；家庭人均收入均值为 10 761.80 元，但 50% 样本农户的家庭人均收入在 8 756.75 元以下。相比于 2012 年，我国农村居民家庭总收入增长了 25 967 元，占 62.86%；家庭人均收入同 2012 年比增长 5511.93 元，即 51.22%。总之，我国农村居民家庭收入有显著提高，人们生活水平得到明显改善。

（2）农村收入差距局势较严峻。根据本报告测算结果，我国农户家庭收入基尼系数为 0.4429，其中，东、中、西地区农户家庭基尼系数分别为 0.4456、0.4307 和 0.4491。各地农村居民收入基尼系数都高于国际上承认的基尼系数 0.4 警戒线。当然，国内很多学者提出 0.4 的基尼系数并不一定适用于中国国情，基于 CHFS 数据计算出的总体基尼系数警戒线水平为 0.4939。同时也计算出了城乡各自的基尼系数警戒线水平,分别为 0.5032 和 0.4976。① 即便如此,农民收入基尼系数也已经非常接近上述警戒线,表明我国农村地区收入差距形势严峻,不容乐观。

(3)东中西部地区收入水平出现新态势。一般而言,全国各地收入水平总体呈东、中、西梯级递降的态势。然而,本报告显示,东、中、西部农户家庭总收入分别为 74 477.48 元、60 439.52 元、70 186.04 元,家庭人均收入依次为 18 534.87 元、14 402.89 元、16 804.3 元,呈现出西部农户收入高于中部农户的态势。这主要由于本报告计算的是家庭总收入,并未剔除成本。而数据指出,全国农业收入均值为 24 399.22 元,非农业收入是 42 874.46 元,农业收入与非农业收入之比为 1∶1.7572;西部地区农业收入相对于其他地区农业收入最高,农业收入为 36 347.87 元,非农业收入是 33 838.17 元,农业收入与非农业收入之比为 1∶0.9310。西部地区主要为牧区与农业区,养殖业成本较大,但是养殖业同时也是西部地区收入的主要来源方式,与其他地区家庭总收入具有可比性。

(4)收入来源较为单一,农村产业投资薄弱。数据显示,农村地区家庭收入主要来源于两种方式,即经营性收入和工资性收入。工资性收入在样本农户家庭总收入中所占比重最大,达 46.43%;其次是家庭经营性收入,占比 45.87%;转移性收入和财产性收入所占比重总计不到 10%。农业收入以及开小店铺为家庭经营性收入的主要方式,外出务工收入和本地务工收入占据着工资性收入的大部分比例,然而财产性收入仅占总收入的 1.35%。上述数据显示,我国农村居民的主要收入来源为工资性收入和经营性收入,像红利收入、股份分红等财产性收入在总收入中占据比例较少,说明我国农村地区的投资产业发展较为缓慢。

(二)相关建议

国民收入差距过大会影响社会稳定性,同时也会对经济发展造成一定的影响。本报告测算得出全国农村地区基尼系数是 0.4429,已超出了国际 0.4 的警戒线水平,此外也非常接近于国内学者提出的 0.4939 警戒线水平。应对这一现象,政府部门应该制定科学合理的措施解决我国农村地区收入差距过大的问题,以有效消除社会治理中的不稳定因素,促进农村地区稳定发展。本研究针对农村地区收入差距过大现象,提出几点针对性的意见建议,以供参考。

(1)壮大国民经济,加大农村经济支持力度。国民经济是社会初次分配和再分配的基础,只有将蛋糕做大才能使农村得到发展的后备动力。国民经济快速发展才能带动农村地区经济的发展,为农村地区发展提供其所需的生产资料。然而,

---

① 朱博:《中国基尼系数问题研究》,西南财经大学博士学位论文,2014 年。

现阶段我国农村地区经济发展较缓慢,这使农民收入过度依赖城市。农村经济薄弱,导致农村劳动力大量外流。反过来,生产力不足又会使农村经济进一步萎缩,形成恶性循环。异地务工本身就具有不稳定性,也带来了农民收入的不稳定性,从而导致农民收入差距偏大。面对农村地区经济力量薄弱,促进农村经济快速发展是当下需要着重考虑的。税收制度是政府调控经济的有效手段之一,也是调节国民收入、实现再分配的重要手段。农村引进先进产业,壮大农村经济需依靠政府的扶持,税收优惠便是政府支持的有效方式。所以,要加大对农村经济的支持力度,农村经济做大做强,通过农村经济快速发展以解决农村劳动力本地就业问题,消除农村经济发展的恶性循环,达到城乡经济和谐发展。

(2)优化农村产业结构,扩大农民收入来源。优化农村产业结构是快速发展农村经济、扩大农民收入来源的有效方式之一。本研究发现,农村居民现阶段收入的主要来源是经营性收入与工资性收入,其中尤以农业收入和务工收入为重,以股份分红和土地租赁收入为主的财产性收入占比甚少。农村最主要的资源是土地,农村地区可以依靠土地招商引资,发展生态农业。以土地和资金入股得到股权分红,以增加农民财产性收入,扩大农民收入来源。

(3)加强农村社会保障体制建设,解决农民后顾之忧。社会保障制度可以在一定程度上弥补个人收入分配阶段的不均状况,有效调节收入分配差距、调和公平与效率之间的矛盾、促进社会稳定等作用。现阶段,我国农村地区社会保障体制还需进一步建设,农民参与意识不强。尤其是农民工群体,职业是工人,身份是农民。他们大多居住于城市环境较恶劣地区,从事危险性较高的工作。由于城市社会保障并未覆盖农民工,又无专门针对这一群体的社会保障制度,当遇到重大事故,往往会花掉家庭所有积蓄。出现这种现象会造成农民收入差距偏大,同时也会造成农村治理的不稳定。所以,建立完善的农村社会保障体制是解决农民收入差距偏大的有效方式。

第十四章 农户市场化指数：建构与测算*

改革开放以来，随着市场化进程的不断推进，我国逐步形成了具有中国特色的社会主义市场经济体系，国家经济实力持续增长，人民生活水平显著改善，国际政治经济地位明显提升，取得了举世瞩目的巨大成就。市场化是近年来我国社会经济改革的主导方向，其不仅是我国已经取得的伟大成就的动力源泉，也是未来国家持续稳定发展的基础和前提。2013年，党的十八届三中全会通过了《中共中央关于全面深化改革若干重大问题的决定》，其中首次提出要发挥市场在资源配置中的"决定性作用"，凸显了市场化改革在我国全面深化改革过程中的突出地位和核心作用，也彰显了国家进一步推进市场化进程的意志和决心。

农村是市场化改革的起点，也是我国市场经济体系的重要组成部分，在我国的市场化进程中具有不可替代的地位和作用。然而，长期以来，由于社会经济文化方面的制约，我国农村市场化进程仍然较为落后，其市场化改革的难度也更为艰巨。那么，中国农村的市场化进程处在什么水平？其市场化发展具有怎样的特点？未来应如何进一步推进农村的市场化改革？这些都要求我们对中国农村的市场化问题进行更加深入的分析。为此，课题组选择农户作为研究对象，试图通过构建农户市场化指数，表征当前我国农村地区的市场化水平，并分析我国农村市场化水平的特点和趋势。

第一节 测评意义

本课题组以农户家庭为基本单位，以生产市场化、消费市场化、要素市场化、服务市场化作为衡量指标，建构和测算农户市场化指数，用于表征当前我国农村市场

---

* 本章作者：黄振华、方成、唐友、夏奇缘。

化进程。农户市场化指数的测算重在回应国家全面深化改革、推进农村市场经济发展的现实需要,具有极为重要的现实意义和政策价值。具体来看,主要体现在以下三个方面:

首先,"找准位置",明确改革的起点和定位。推进农村的市场化改革,必须首先明确改革的起点和定位。农户市场化指数的测算可以从两个方面为农村市场化改革"找准位置":一是"绝对位置",即精确测定农户市场化的当下水平,明确当前我国农村市场化发展状况和程度,为市场化改革奠定基础;二是"相对位置",即通过与已有的全国市场化指数、城乡市场化指数乃至农业市场化指数的比较,明确农户市场化水平的相对状况,以此明确农村市场化改革的差距和不足,确立未来农村市场化改革的目标和定位。

其次,"找到规律",梳理改革的重点和难点。本课题的重要目标,不仅在于测算农户市场化指数本身,而是以市场化指数测算为基础,根据地区差异、户口类型、家庭类型、家庭收入等不同指标进行比较研究,即研究农户市场化指数的影响因素和内在差异,发掘导致农户市场化水平不足的深层原因。具体来看,本课题试图通过对农户市场化指数的更为深入的研究,了解在哪些地区、哪类家庭、哪种条件下农户市场化水平较低,何种因素对于农户市场化具有制约作用,从而梳理出我国农村市场化改革的重点和难点,确定未来市场化改革的切入点和突破口。

最后,"找出办法",提出改革的举措和走向。通过对农户市场化指数的测算及其内在机理的分析,为政府的市场化改革提供决策依据和政策参考。具体来看,针对指数测算中市场化水平较高的要素,政府应加以保护,并充分发挥市场的主动性;对于指数测算中市场化水平较低的要素,政府应通过制定有针对性的财政政策、货币政策、产业政策等加速其市场化进程。

第二节 相关指数测算回顾

目前,测评市场化程度的基本形式主要有两种:一是百分比形式,即将测度指标值映射到 0 与 100% 之间的实数集上,其值域区间为[0,100%];二是系数形式,即采取区间分等评分的形式,将市场化划分为若干区间,并分别进行评分,最终得到一个有关市场化水平的分值。[1] 例如,美国传统基金会采取区间分等评分形式将自由度划分为五个区间,并分别评为 1、2、3、4、5 分,总指数的区间为[1,5],其中 1 表示最自由,5 表示最不自由。与百分比相比,系数赋予指数分值很强的经济含

---

[1] 曾学文:《国际公认的市场化指数度量方法》,《经济研究参考》2003 年第 87 期。

义,也强调了市场化预测的模糊性。但另一方面,系数在直观印象上不如百分比深刻,而且不能很好地显示市场化的具体进程。因此,国内学者在测算市场化指数时普遍采取了百分比形式。

近年来,随着我国市场化进程的不断推进,对我国市场化程度的测算研究也取得了长足的发展,并经历了从经济总体市场化测算到区域、部门的市场化测算的转变过程。① 目前,国内不仅有针对中国市场化指数持续性的年度测算,也有人才市场化指数②、金融市场化指数③、林业市场化指数④、医疗服务市场化指数⑤等其他具体领域的市场化指数测算。农村是我国市场化改革的起点,围绕农村领域的市场化指数的测算也形成了一定的指数指标体系和测算方法,为本课题研究提供了方法基础。具体来看,目前国内围绕农村领域的市场化指数的测算主要包括以下两类:

一是从宏观市场经济的维度出发,测算农村市场化指数。蔡立雄、何炼成采用主因素分析法,构建了农村经济主体的市场化、农村经济货币化、农村生产要素市场化、农村中介组织市场化以及政府职能转换与市场环境对市场化的促进等五个一级指标,并采取专家评分法对各指标的权重进行赋值计算,得到农村市场化指数。⑥ 林鹰漳根据我国农村市场经济发展的特点,采取指标体系综合分值法,从生产要素市场化指标、生产经营市场化指标、市场体系建设指标和市场运行机制指标等四个主要方面进行测算。但其测算对象仅限某一省份,在整体代表性上受到限制。⑦ 习近平在国内定量分析评价综合的基础上提出了4个大方向和17个小项对农村市场化整体进程进行了研究,即农产品和农业要素市场化程度、农村市场体系发育和健全程度、农村市场运行机制健全程度以及农民适应市场和政府调控市场程度。⑧

从测算结果上看,蔡立雄、何炼成的研究表明,中国农村的市场化整体水平还比较低;与东部沿海地区相比,西部地区农村经济的市场化水平普遍偏低;政府多予少取政策对农村市场化发展有重要作用,为此政府在推进农村市场化过程中应

---

① 曾学文、施发启、赵少钦、董晓宇:《中国市场化指数的测度与评价》,《中国延安干部学院学报》2010年第4期。
② 崔祥民、赵永乐:《人才市场市场化指数研究》,《中国人力资源开发》2006年第12期。
③ 庄晓玖:《中国金融市场化指数的构建》,《金融研究》2007年第11期。
④ 杜丽:《林业市场化进程测度》,江西财经大学硕士论文,2009年。
⑤ 林士惠:《我国医疗服务市场化指数构建及其应用研究》,北京协和医学院硕士学位论文,2011年。
⑥ 蔡立雄、何炼成:《中国农村经济市场化指数》,《经济学家》2008年第2期。
⑦ 林鹰漳:《农村市场化进程测度与实证分析》,《调研世界》2002年第6期。
⑧ 习近平:《论中国农村市场化进程测度》,《经济学动态》2001年第11期。

建立相应的支持机制。① 林鹰漳的研究发现,福建省农村市场化水平处于中期稳步发展阶段,2000年福建省市场化水平达到了53.2分;在四个测度指标中,市场化程度发展最高的是生产经营,而生产要素市场化程度偏低;在大力发展农村市场经济的进程中,市场体系是最大的制约因素。② 习近平的研究结果则表明,1998年中国农村市场化程度已达到48.69%,处于中期发展阶段;其中,农村市场体系的发育和建设是农村市场化建设中发展最快的部分,农产品和农业要素商品化是农村市场化建设最薄弱的环节;农村市场化各个部分的发展明显不平衡,表现为指数最高的农村市场体系发育和健全程度,比最低的农产品和农业要素商品化程度高一倍以上。③

二是从农业经济体系的维度出发,测算农业市场化指数。陈宗胜、陈胜从狭义的农业市场化出发,把我国农业市场划分为微观层次上的农户市场化和宏观层次上的农业市场化,通过设计7个相关的测度指标,即农户生产投入市场化、农户产出市场化、农户生产经营市场化、农业劳动力市场化、农业投资市场化、农产品交易市场化以及农产品价格市场化,对我国转型期的农业市场化程度进行了测度。④ 戴晓春则选择农产品价格市场化指数、农产品市场化指数、农业劳动力市场化指数、农业资金市场化指数、农业技术市场化指数和农业生产资料市场化指数6个变量来作为计算农业市场化指数的主要指标,并采取专家赋值法确定权重,从而测算农业的市场化指数水平。⑤ 冯旭芳、陈克毅采取加权综合评价法进行指数测算,其所设置的指标体系与戴晓春的大体相同,略有区别的是前者最后所选用的指标为从投入和产出全方位衡量农业市场化的发育水平,而后者选用的为农业生产资料市场化指数。⑥

从测算结果上来看,陈宗胜、陈胜的研究发现,我国农业市场化程度较高,1994年达到64.66%,但与之相反,农村劳动力市场化进程缓慢;各地区农业市场化水平与其经济发展水平之间表现出比较强的正相关关系。戴晓春的研究结果表明,我国农业市场化程度较高,2000年达到了68.88%,农业资金、技术、土地市场化程度低于农业总体市场化程度;其中,土地市场化程度最低。⑦ 冯旭芳、陈克毅的结果

---

① 蔡立雄、何炼成:《中国农村经济市场化指数》,《经济学家》2008年第2期。
② 林鹰漳:《农村市场化进程测度与实证分析》,《调研世界》2002年第6期。
③ 习近平:《论中国农村市场化进程测度》,《经济学动态》2001年第11期。
④ 陈宗胜、陈胜:《中国农业市场化进程测度》,《经济学家》1999年第3期。
⑤ 戴晓春:《我国农业市场化的特征分析》,《经济研究参考》2004年第55期。
⑥ 冯旭芳、陈克毅:《农业市场化的现状分析》,《山西农经》2008年第4期。
⑦ 陈宗胜、陈胜:《中国农业市场化进程测度》,《经济学家》1999年第3期。

表明,我国农业市场化水平整体滞后,单项市场化指数存在差异,并呈现区域发展不均衡的态势;研究认为,市场化是今后农业发展必须坚持的方向,依托制度创新是提高农业市场化水平的根本途径。① 刘金山根据以往的研究综合判断,2003年我国农业市场化程度在50%左右,我国农业市场化水平低于经济总体市场化水平,农业要素市场化水平滞后于农产品市场化水平。②

综合来看,目前学界围绕农村领域的市场化指数已经形成了较为成熟的测算方法,为后续研究提供了重要的参考。但值得注意的是,目前学界围绕农村市场化指数的测算主要是从宏观经济体系和产业发展的角度展开,对于农村市场化的重要微观经济主体——农户③并没有给予足够的重视,也没有成形的测算指标体系和方法。另一方面,目前学界对市场化指数的测算,大多数集中在20世纪90年代和21世纪初,时间普遍较为久远,不足以说明当前我国农村地区的市场化发展水平和状况,这也凸显了本项研究的内在价值。

第三节 数据来源、指标及方法

(一) 数据来源与描述统计

本报告数据依托华中师范大学中国农村研究院"百村观察"平台调查系统采集完成。2014年7月和8月,"百村观察"平台组织调查员在28个省(自治区、直辖市)261个村庄对52个专项指标进行问卷调查,其中每个村庄随机抽取15户样本农户,共调查农户3915户。通过后期的数据整理,课题组对一些数据缺失较多的样本进行剔除,共获得3856个有效样本。

对样本农户进行统计性描述(见表14-1),可以发现:样本农户分布在全国28个省、自治区、直辖市,其中,样本数最多的是湖北省,占比12.32%,最少的是西藏自治区,占比0.75%。在民族构成上,有85.19%的农户是汉族,有14.81%的农户是少数民族。从地区分布来说,中部地区的样本农户最多,占比41.44%;其次是东部地区,占比30.37%;西部地区的样本农户最少,占比28.19%。就不同户口类型而言,有93.85%的农户是农业户口,有6.15%的农户是非农业户口。就不同家庭类型而言,属于核心家庭的农户比例最高,为39.90%;属于主干家庭的农户比

---

① 冯旭芳、陈克毅:《农业市场化的现状分析》,《山西农经》2008年第4期。
② 刘金山:《中国农业市场化程度》,《经济研究参考》2003年第15期。
③ 指以家庭经营为主的小规模农户,不包括家庭农场、种养大户、农业企业、合作社等其他农村经济主体。

例为35.67%;属于空巢家庭的农户比例为13.79%;属于扩大家庭的农户比例较低,为7.98%;此外还有2.66%的其他类型的农户。从家庭年收入水平来说,来自中等收入家庭、中高收入家庭和中低收入家庭的农户比例相差不大,分别为21.65%、21.44%和21.15%;来自低收入家庭的农户比例为18.79%;来自高收入家庭的农户最少,占比16.97%。

表 14-1 有效样本的描述性统计分析　　　　　（单位:个,%）

主体特征	取值	样本数	占比
省、自治区、直辖市	安徽	178	4.62
	福建	121	3.14
	甘肃	102	2.64
	广东	164	4.25
	广西	119	3.09
	贵州	98	2.54
	海南	30	0.78
	河北	241	6.25
	河南	278	7.21
	黑龙江	75	1.94
	湖北	475	12.32
	湖南	234	6.07
	吉林	63	1.63
	江苏	151	3.92
	江西	126	3.27
	辽宁	89	2.31
	内蒙古	50	1.30
	宁夏	66	1.71
	青海	54	1.40
	山东	224	5.81
	山西	169	4.38
	陕西	107	2.77
	四川	196	5.08
	西藏	29	0.75
	新疆	40	1.04
	云南	160	4.15
	浙江	151	3.92
	重庆	66	1.71

续表

主体特征	取值	样本数	占比
民族	汉族	3284	85.19
	少数民族	571	14.81
地区	东部地区	1171	30.37
	中部地区	1598	41.44
	西部地区	1087	28.19
户口类型	农业	3615	93.85
	非农业	237	6.15
家庭类型	核心家庭	1530	39.90
	主干家庭	1368	35.67
	扩大家庭	306	7.98
	空巢家庭	529	13.79
	其他类型	102	2.66
家庭年收入水平	低收入	723	18.79
	中低收入	814	21.15
	中等收入	833	21.65
	中高收入	825	21.44
	高收入	653	16.97

(二)测算方法与流程

本报告主要利用SPSS 18.0统计软件,采用因子分析中的主成分分析法来确定指标权重,并依据权重进行测算。主成分分析法是将多个指标的问题简化为少数指标问题的一种多元统计分析方法。之所以选用这种方法,是因为该方法可以在尽可能保留原有数据所含信息的前提下实现对统计数据的简化,并达到更为简洁明了地揭示变量间关系的目的。

1.测算方法

(1)数据处理。由于指标体系中的数据的性质和单位不同,需要对收集的数据进行一致化处理,以消除各个指标在数量级和量纲上的不同,从而使数据具有综合性。SPSS 18.0在因子分析的过程中会自动对数据进行标准化处理。因为样本指标多、量较大,从而存在较多的离群数据,而删除这些离群数据,会存在大量的缺失值,因而采取"**Z-score 标准化**"的处理方式。这种方法基于原始数据的均值(mean)和标准差(standard deviation,SD)进行数据的标准化。将 A 的原始值 X 使用 Z-score 标准化到 X'。Z-score 标准化方法适用于有超出取值范围的离群数据的情况。其公式为:

$$X' = (X - \text{Mean})/\text{SD}$$

(2)因子分析。在对剩下的数据进行相关系数分析——Bartlett's 球状检验以确定适合进行因子分析后,运用使用最为广泛的主成分分析法,提取累积方差贡献率大于 0.80 的公因子以反映原有变量的绝大部分信息。然后,采用方差最大法对因子载荷矩阵实施正交旋转以使公因子具有命名解释性。从旋转后的因子载荷矩阵来看,每个因子只有一个或少数几个指标的因子载荷较大,因此可以根据因子载荷矩阵表进行分类,并结合相关知识给出各因子的命名。

(3)计算因子得分。本研究采用回归法估计公因子的因子得分系数。因子得分的均值为 0,标准差为 1。计算总分需将各因子的得分指数化,即将所有的数值映射在区间[0,1]内。为此,采取"min-max 标准化"方法对原始数据进行线性变换。设 min A 和 max A 分别为属性 A 的最小值和最大值,将 A 的一个原始值 X 通过"min-max 标准化"映射成在区间[0,1]中的值 X',其公式为:

$$X' = (X - \min A)/(\max A - \min A)$$

(4)确定权重。因子分析中公共因子反映着评价指标对评判对象的相对影响程度,因而可以利用该方法从样本中直接定权重,将最大方差旋转后得到的因子载荷作为评价因子的权值。因子负荷可以理解为公共因子对变量的重要系数,与权值意义相符,因为公因子 F_m 的方差贡献率就是 F_m 对各变量的全部贡献水平。将公因子的特征值的方差贡献率作为加权系数,具体做法是:先将公因子的方差贡献率进行归一化处理,得到每一个公因子的权重;然后将三级指标的权重直接相加,得到二级指标的权重。

(5)计算总分。结合前面分析,并通过对已有研究、官方的政策文本、通行标准的分析,可以构建出比较全面反映农民市场化指数的指标体系,进而测算出农民市场化指数的具体得分。如果用 H_i 表示农民市场化指数,用 F_i($i = 1,2,3,4,5,6,\cdots,15,16,\cdots$)来代表公因子标准化之后的得分,用 W_i($i = 1,2,3,4,\cdots,15,16,\cdots$)代表各因子的权重,那么每户农民市场化指数可由以下函数公式算出:

$$H_i = F_1 W_1 + F_2 W_2 + F_3 W_3 + F_4 W_4 + \cdots + F_{15} W_{15} + F_{16} W_{16} + \cdots + F_i W_i \quad H \subseteq [0,1]$$

通过这个公式即可测算出单个农户的市场化指数。

2.指标构建

本报告对农户市场化指数的测算,主要包括四个方面的具体指数,分别代表农户市场化的某一个特定方面。这四个方面分别是:农户生产要素的市场化、消费的市场化、生产经营的市场化以及服务的市场化。

在每个方面的指数下面,包含了若干个分项指数,有的分项指数下面还包含了新的二级分项指数。本报告所确定的市场化指标体系主要涵盖了30项基础指标。指标体系的设立主要基于两个基本原则:第一,所选择的指标要求尽可能代表农民市场化某一方面的基本特征;第二,由于所有的数据均通过实地调查得来,因此所设计的指标必须具有可度量性和易获得性,且能真实反映农户的实际状况。

通过计算原有变量的相关系数矩阵并进行统计检验,剔除不适合进行因子分析的问题,剩下了可以有效反映农户市场化程度的52个问题(见表14-2)。这52个问题涵盖了影响农户市场化水平的主要方面,可以有效体现"生产要素的市场化、消费的市场化、生产经营的市场化和服务的市场化"这四个方面的内容。而通过对已有研究、官方的政策文本、通行标准的分析,从52个问题中提取出的30个公因子足以衡量中国农户市场化程度的总体状况。

表14-2 中国农户市场化指数指标体系

二级指标	权重	三级指标	权重	具体问题的赋分情况
生产要素市场化	0.345	户口类型	0.0205	问卷回答者户口类型(农业:0;非农业:1)
		打工地点	0.0202	问卷回答者打工地点(未打工:0;本村内:1;本村外:2)
		劳动力情况	0.1306	完全务农人数 完全务工人数
		收入情况	0.0472	家庭年收入 外出务工收入 打临工收入 个体经商收入
		家庭债权债务	0.0191	家庭债权(没有:0;有:1) 家庭债务(没有:0;有:1) 您是否贷过款?(否:0;是:1)

续表

二级指标	权重	三级指标	权重	具体问题的赋分情况
生产要素市场化	0.345	房屋情况	0.0227	农户房屋类型(非楼房:0;楼房:1) 您在乡镇或县城或其他城市有房子吗?(没有:0;有:1)
		城镇居住意愿	0.0223	如果条件允许,您愿意到城镇居住吗?(不愿意:0;说不清:1;愿意:2) 您以后打算在哪里定居?(住在农村:0;不清楚:1;住在城市:2)
		外出次数	0.0178	您的外出次数多吗?(没有:0;很少:1;一般:2;较多:3;经常:4)
		承包地流转	0.0446	您家是否有承包地流转?(没有:0;有:1) 您有承包地流转(转入或者转出)的意愿吗?(没有:0;有:1)
消费市场化	0.266	外购粮食消费	0.0275	米、面等粮食消费
		外购蔬菜消费	0.0245	蔬菜消费总额
		外购肉类消费	0.0243	肉类消费总额
		日用品消费	0.0237	衣帽鞋、护肤化妆用品和洗涤用品等日用品消费
		交通支出	0.0239	自家交通工具油耗
		通信费支出	0.0221	固定电话、手机话费
		文化消费支出	0.0179	订购书籍报刊、看戏看电影等花费
		旅游支出	0.0198	旅游支出
		家用电器	0.0193	您家是否有电冰箱?(没有:0;有:1) 您家是否有洗衣机?(没有:0;有:1) 您家是否有电视机?(没有:0;有:1)
		出行工具	0.0375	您家是否有摩托车?(没有:0;有:1) 您家是否有小汽车?(没有:0;有:1) 您家是否有货车?(没有:0;有:1)
		通信工具	0.0255	您家是否有手机?(没有:0;有:1)

续表

二级指标	权重	三级指标	权重	具体问题的赋分情况
生产经营市场化	0.2818	从事农业生产情况	0.0820	您家目前是否从事农业生产?(是:0;否:1)
		生产主体市场化情况	0.0571	您家属于哪类农业生产经营主体?(普通农户:0;非普通农户:1)
		扩大生产经营规模意愿	0.0290	您想扩大生产经营规模吗?(不想:0;说不清:1;想:2)
		加入农业企业或合作社意愿	0.0294	您想加入农业企业或者农业合作社吗?(不想:0;说不清:1;想:2)
		生产投入情况	0.0326	单位承包地面积生产资金投入 单位承包地面积机械投入 单位承包地面积请雇工费用
		生产产出情况	0.0517	粮食作物销售比重 经济作物销售比重
服务市场化	0.1072	农业保险服务	0.0260	您家是否参加农业保险?(否:0;是:1)
		就业服务	0.0269	您是否获得过技能培训服务?(否:0;是:1) 您是否获得过职业介绍服务?(否:0;是:1) 您是否获得过就业咨询服务?(否:0;是:1) 您是否获得过创业扶持服务?(否:0;是:1) 您是否获得过提供就业岗位服务?(否:0;是:1)
		家庭服务	0.0357	您目前采取哪种养老方式?(自己或子女照料:0;其他方式:1) 您倾向于哪种类型的养老方式?(家庭养老:0;社区居家养老:1;机构养老:2) 如果社会养老服务需要支付费用,您愿意支付吗?(不愿意:0;说不清:1;愿意:2)
		金融服务	0.0186	您觉得从银行或信用社存取款方便吗?(很不方便:0;不太方便:1;一般:2;比较方便:3;非常方便:4)

3.相关系数分析

在进行因子分析以前,对剩下的数据进行相关系数分析——Bartlett's 球状检验以确定是否适合进行因子分析。

表 14-3 KMO 和 Bartlett's 检验

Kaiser-Meyer-Olkin Measure of Sampling Adequacy.		0.752
Bartlett's Test of Sphericity	Approx.Chi-Square	62 168.326
	df	1378
	Sig.	.000

由表 14-3 可以看出,KMO 指数为 0.752,适合做因子分析;巴氏统计量(Bartlett's Test of Sphericity)的概率显著性为 0(df=1378),故拒绝原假设,即认为总体变量间的相关矩阵为非单位矩阵,因子模型合适。

4.因子分析结果

运用因子分析中使用最为广泛的主成分分析法,提取累积方差贡献率大于 0.80 的公因子反映原有变量的绝大部分信息。如表 14-4 所示,30 个公因子可以反映原变量 80.762% 的信息。

表 14-4 公因子解释原有变量总方差的情况

公因子序号	特征值	方差贡献率(%)	累积贡献率(%)
fac1	5.592	10.550	10.550
fac2	3.510	6.623	17.173
fac3	2.446	4.614	21.787
fac4	2.215	4.179	25.966
fac5	2.023	3.816	29.783
fac6	1.911	3.606	33.389
fac7	1.607	3.032	36.421
fac8	1.527	2.881	39.301
fac9	1.396	2.635	41.936
fac10	1.258	2.373	44.310
fac11	1.241	2.341	46.650
fac12	1.176	2.219	48.869
fac13	1.149	2.169	51.038
fac14	1.114	2.101	53.139

续表

公因子序号	特征值	方差贡献率(%)	累积贡献率(%)
fac15	1.090	2.057	55.196
fac16	1.049	1.978	57.174
fac17	1.040	1.962	59.136
fac18	1.024	1.933	61.069
fac19	1.014	1.913	62.982
fac20	0.973	1.835	64.817
fac21	0.954	1.800	66.617
fac22	0.944	1.782	68.398
fac23	0.877	1.654	70.053
fac24	0.865	1.632	71.685
fac25	0.846	1.596	73.281
fac26	0.826	1.558	74.839
fac27	0.819	1.544	76.383
fac28	0.792	1.495	77.878
fac29	0.767	1.447	79.325
fac30	0.762	1.437	80.762

对某一个原变量而言,其在所有因子上的载荷的平方和就叫该变量的共同度,它反映了所有公共因子对该变量的方差(变异)的解释程度。变量共同度是衡量因子分析效果的参考指标。表14-5显示,提取30个公因子的总体效果较为理想,所有变量的共同度均较高。变量的共同度平均高于0.7,各变量的信息丢失较少,因子分析效果较好。

表14-5 变量共同度

变量	初始	提取	变量	初始	提取
户口类型	1.000	0.950	米面等粮食消费	1.000	0.739
打工地点	1.000	0.830	蔬菜消费总额	1.000	0.793
完全务农人数	1.000	0.760	肉类消费总额	1.000	0.786
完全务工人数	1.000	0.755	自家交通工具油耗	1.000	0.792
农业保险	1.000	0.804	通信费	1.000	0.615
家庭收入	1.000	0.902	文化消费总支出	1.000	0.551

续表

变量	初始	提取	变量	初始	提取
外出务工收入	1.000	0.777	旅游支出	1.000	0.762
打零工收入	1.000	0.978	外出次数	1.000	0.912
个体经商收入	1.000	0.896	农业生产	1.000	0.929
家庭债权	1.000	0.817	技能培训	1.000	0.610
家庭债务	1.000	0.801	职业介绍	1.000	0.814
房屋类型	1.000	0.906	就业咨询	1.000	0.853
城市是否有房子	1.000	0.859	创业扶持	1.000	0.817
是否愿意到城镇居住	1.000	0.858	提供就业岗位	1.000	0.809
电冰箱	1.000	0.708	土地流转意愿	1.000	0.804
洗衣机	1.000	0.702	土地流转	1.000	0.771
电视机	1.000	0.906	存取款方便	1.000	0.945
摩托车	1.000	0.812	贷过款	1.000	0.687
小汽车	1.000	0.722	养老方式	1.000	0.876
货车	1.000	0.958	倾向于哪种养老方式	1.000	0.872
手机	1.000	0.790	社会养老服务需求	1.000	0.764
生产资金投入	1.000	0.905	愿意支付社会养老费用	1.000	0.778
机械投入	1.000	0.765	农业生产经营主体	1.000	0.926
雇工费用	1.000	0.844	想规模经营	1.000	0.632
粮食作物销售比重	1.000	0.976	加入农业企业	1.000	0.736
经济作物销售比重	1.000	0.921	哪里定居	1.000	0.669
日用品消费	1.000	0.658			

提取方法：主成分分析

（三）综合计算

运用上文各个农户市场化指数的函数公式测算单个农户的市场化指数。

$H_1 = 0.1306 * 1.00 + 0.0820 * 0.99 + 0.0571 * 0.00 + 0.0517 * 0.13 + 0.0472 * 0.40 + 0.0446 * 0.89 + 0.0375 * 0.59 + 0.0357 * 0.91 + 0.0326 * 0.91 + 0.0294 * 0.01 + 0.0290 * 1.00 + 0.0275 * 0.02 + 0.0269 * 0.00 + 0.0260 * 0.92 + 0.0255 * 0.45 + 0.0245 * 0.56 + 0.0243 * 0.45 + 0.0239 * 0.66 + 0.0237 * 0.43 + 0.0227 * 0.39 + 0.0223 * 0.53 + 0.0221 * 0.76 +$

0.0205*0.53+0.0202*0.29+0.0198*0.00+0.0193*0.60+0.0191*0.44+0.0185*0.27+0.0179*0.67+0.0178*0.67≈0.58

$H_2 = \cdots\cdots \approx 0.55$

$H_3 = \cdots\cdots \approx 0.54$

……

$H_{3854} = \cdots\cdots \approx 0.40$

$H_{3855} = \cdots\cdots \approx 0.40$

$H_{3856} = \cdots\cdots \approx 0.40$①

由于3856个个体市场化指数得分中,每个得分出现的频数不同,需要采用加权算术平均数。即3856个样本农民市场化指数的加权算术平均数方为我国农民的市场化指数。公式如下:

$$H = (X_1F_1 + X_2F_2 + X_3F_3 + \cdots + X_kF_k)/(F_1 + F_2 + F_3 + \cdots + F_k) \quad H \subseteq [0,1]$$

$X_1, X_2, X_3, \cdots, X_k$表示在个体分数中出现的数值;$F_1$表示$X_1$出现的次数,$F_2$表示$X_2$出现的次数,以此类推,$F_k$表示$X_k$出现的次数。根据这一计算公式,可以计算出2013年我国农户的市场化指数,同时可以从家庭和个体等不同维度进行比较和分析。最终,课题组计算得到的农户市场化指数得分为0.4374。

第四节 测评结果及分析

基于以上测算方法和流程,可以计算获得相应的农户市场化指数,并进行相关的数据分析和研判。

(一) 农户市场化指数的总体分析

课题组通过对消费市场化、生产经营市场化、生产要素市场化和服务市场化的加权测量,得到的最终结果显示中国农户的市场化指数为0.4374,即百分比测度指标为43.74%。也就是说,作为我国农村市场经济的重要微观经济主体,农户的市场化程度仍然处于中等偏低水平,距离完全市场化还有非常大的差距,甚至距离半市场化水平也有一定距离。这表明,经过三十余年的市场化改革,我国农村地区的市场化进程尽管取得了较大的发展,但农户个体的市场化水平并没有得到明显提升,农户的市场化水平仍然较低,未来推进农村市场化进程的改革任务仍然任重而道远。

---

① 受篇幅所限,3856个有效样本的每一个市场化指数就不一一列出。

对于农户市场化的总体研判,还可通过与其他相关市场化指数的对比来加以分析。根据曾学文等学者的测算,中国的整体市场化水平早在2008年已经达到76.4%的较高水平,比目前我们测定的农户市场化指数高出了将近32个百分点。而陈宗胜、陈胜和戴晓春对我国农业市场化指数的测量结果都超过了60%,比我们所测算的农户市场化指数也要高出近20个百分点。由此可见,农户的市场化水平无论是在绝对值还是在相对值上都处于较低水准。

(二)农户市场化指数的分布状况

在全国3856个有效样本农户中,农户市场化指数的最高得分为0.58,最低得分为0.40。将农户市场化指数得分平均分为4组,并计算出每组的样本数以及所占比重(如表14-6所示)。从表中可以看到,农户市场化指数得分在0.40—0.45的占比最高,为88.30%;农户市场化指数得分在0.56以上的占比最低,为0.03%。总体来看,随着农户市场化指数得分的增加,其占比呈下降之势。另外,可以看出,农户市场化指数得分较高的区间,其占比较低,得分区间为0.51—0.55和0.56以上的占比之和为0.21%,远远不到1%;农户市场化指数得分较低的区间,其占比较高,得分区间为0.40—0.45和0.46—0.50的占比之和为99.79%,超过九成。(见图14-1)因此,若要提高农户市场化指数得分的整体水平,应该重点瞄准指数得分较低的农户。

表14-6 农民市场化指数得分分组

指数得分分组	0.40—0.45	0.46—0.50	0.51—0.55	0.56以上
样本数	3404	443	7	1
有效占比(%)	88.30	11.49	0.18	0.03

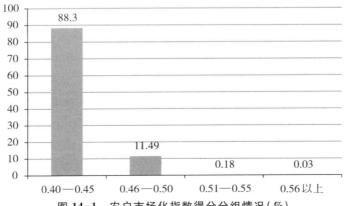

图14-1 农户市场化指数得分分组情况(%)

(三) 农户市场化指数的类型特征

根据农户的不同类型特征,其市场化指数也呈现出明显的变化趋势,对于我们分析农户市场化的影响因素及其演变趋势具有重要的方向性价值。

(1) 区域类型

对全国 3856 个有效农户样本的区域分析显示,东、中、西部地区的农户市场化指数得分分别为 0.4410、0.4358 和 0.4357,也就是说,自东向西农户的市场化指数呈现依次下降的趋势(见表 14-7 和图 14-2)。究其原因,主要是越靠近东部地区,农村的市场化水平越高,农户参与市场的程度也不断增加,从而使其市场化指数相应更高。值得注意的是,尽管东、中、西部地区农户的市场化水平呈现趋势变化,但其相对差异非常微弱,特别是中、西部地区的农户市场化水平几乎一致。这说明,不同区域之间农户的市场化差异远远不像不同区域之间的经济发展差异那么明显,这对于我们认识当前农户的市场经济行为具有重要的启发意义。

表 14-7 不同地区农户市场化指数得分情况①

地区	东部地区	中部地区	西部地区	全国
样本数	1171	1598	1087	3856
得分	0.4410	0.4358	0.4357	0.4374

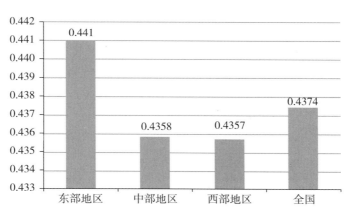

图 14-2 不同地区农民市场化指数得分

(2) 户口类型

考察不同户口类型农户市场化指数得分情况。农业户口的农户市场化指数得

---

① 由于篇幅有限,3856 个有效样本农户的市场化指数就不一一列出,后同。

分为0.4369,非农户口的农民市场化指数得分为0.4446,非农户口的农户市场化指数得分高于农业户口。(见表14-8和图14-3)一般来说,在农村居住的非农户口居民经济生活水平相对较高,其市场化程度也较农业户口居民更高。

表14-8　不同户口类型农户市场化指数得分情况

户口类型	农业户口	非农户口
样本数	3615	237
得分	0.4369	0.4446

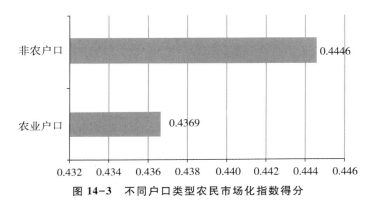

图14-3　不同户口类型农民市场化指数得分

（3）收入类型

从家庭年收入水平来看,低收入、中低收入、中等收入、中高收入、高收入农户的市场化指数得分分别为0.4299、0.4350、0.4366、0.4385和0.4480。(见表14-9和图14-4)也就是说,随着农户家庭年收入水平的提高,农户的市场化水平也呈现出逐级增加的态势。通常来说,家庭收入越高的农户,其生产规模更大、消费水平更高,参与市场的意愿和能力也相应提高。与之相对应的是,家庭收入越低的农户,其生产规模普遍较小,消费水平也低得多,市场化水平相应较低。

表14-9　不同家庭年收入农民市场化指数得分

家庭年收入[①]	低收入	中低收入	中等收入	中高收入	高收入
样本数	723	814	833	825	653
市场化指数	0.4299	0.4350	0.4366	0.4385	0.4480

---

① 家庭年收入分组首先将样本按照家庭年收入的多少从低到高依次排列,根据总样本数平均分为低收入、中低收入、中等收入、中高收入、高收入共5组,然后如果两种收入等级之间的样本之家庭年收入相同,那么按照少数并入多数的原则,把相同家庭年收入的样本调整到同一个收入等级之中。

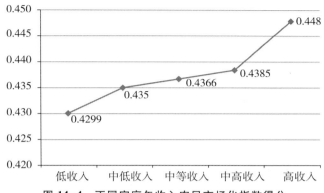

图 14-4 不同家庭年收入农民市场化指数得分

(4) 家庭类型

从家庭类型差异的角度来看,扩大家庭和核心家庭的市场化指数得分相对较高,分别为 0.4407 和 0.4390;主干家庭的市场化指数居中,为 0.4375;空巢家庭的农民市场化指数较低,为 0.4312。(见表 14-10 和图 14-5)扩大家庭和核心家庭由于家庭人口过多或过少,务农往往较难满足其需求,从事非农职业的可能性更大,因此市场化指数得分一般较高;主干家庭因为家庭人口适中,更有可能务农为生,其市场化指数得分居中;而空巢家庭中都是老年人,大多从事农业生产或在家赋闲,其消费观念也普遍比较保守,导致此类农户的市场化水平往往较低。

表 14-10 不同家庭类型农民市场化指数得分

家庭类型	核心家庭	主干家庭	扩大家庭	空巢家庭	其他类型
样本数	1530	1368	306	529	102
市场化指数	0.4390	0.4375	0.4407	0.4312	0.4315

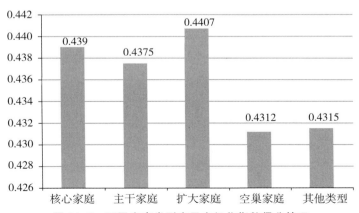

图 14-5 不同家庭类型农民市场化指数得分情况

（四）农户市场化指数的个体特征

本课题的受访对象均为农户家庭中的主要劳动力，其中大多数为家庭户主，反映了农户家庭的一般特性，也是农户家庭生产和消费的主要承担者，对于农户的市场化水平也具有极为重要的影响。

（1）年龄分布

从不同年龄段受访农民的市场化指数得分来看，30 岁以下、30—39 岁、40—49 岁、50—59 岁、60 岁以上农民的市场化指数得分分别为 0.4434、0.4410、0.4407、0.4375 和 0.4328。（见表 14-11 和图 14-6）其中，30 岁以下农民的市场化指数得分最高，60 岁以上农民的市场化指数得分最低，且随着受访者年龄的增长，农户的市场化水平也呈现出明显的逐级递减态势。一般来说，青年农民家庭外出务工比例较高，经济实力更强，并有着较强的消费意愿和能力，这使得这部分农户的市场化水平明显较高。与之相对应的是，农民年龄越大，其在家务农的比重相对越高，经济能力也相对较弱，从而其市场化水平相应更低。

表 14-11　年龄差异与农户市场化指数得分

年龄	30 岁以下	30—39 岁	40—49 岁	50—59 岁	60 岁以上
样本数	95	342	1047	1167	1205
市场化指数	0.4434	0.4410	0.4407	0.4375	0.4328

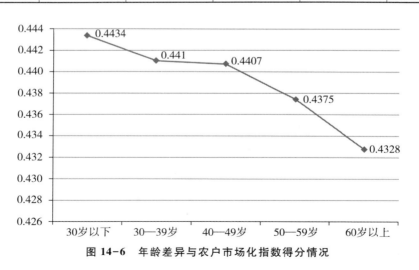

图 14-6　年龄差异与农户市场化指数得分情况

（2）职业特征

根据受访农民的不同职业来看，在全国 3856 个有效样本中，经商和务工的农户市场化指数得分较高,分别为 0.4487 和 0.4456;务农的农户市场化指数得分最低,为 0.4324;而职业为教师和村干部的农户市场化指数得分居中,分别为 0.4425 和 0.4447。(见表 14-12 和图 14-7)一般来说,农户的职业与市场接触越多、联系越紧密,农户家庭的市场化程度也相应越高。因此,这也是经商农户的市场化指数得分最高,而务农的农户的市场化指数得分最低的原因所在。

表 14-12　职业差异与农户市场化指数得分

职业	务农	务工	教师	经商	村干部	其他
样本数	2409	467	64	323	257	325
市场化指数	0.4324	0.4456	0.4425	0.4487	0.4447	0.4442

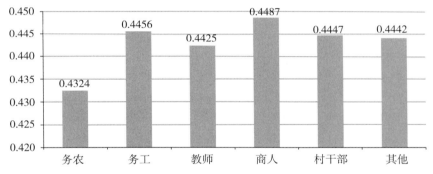

图 14-7　职业差异与农户市场化指数得分情况

（3）受教育水平

受教育水平对农户市场化指数得分也有着明显影响。调查显示,受教育水平为文盲、小学、初中、高中、大专及以上的农户市场化指数得分分别为 0.4344、0.4346、0.4387、0.4412 和 0.4453。其中,受教育水平为文盲的农户市场化指数得分最低,受教育水平为大专及以上的农户市场化指数最高。(见表 14-13 和图 14-8)而且,随着户主受教育水平的不断增加,农户的市场化指数得分也逐步上升。通常来看,农户的受教育水平越高,其经济能力越强,参与市场的意愿和程度也更深,相应的农户市场化水平也越高。

表 14-13　教育水平差异与农户市场化指数得分

受教育水平	文盲	小学	初中	高中	大专及以上
样本数	366	1337	1522	526	103
市场化指数	0.4344	0.4346	0.4387	0.4412	0.4453

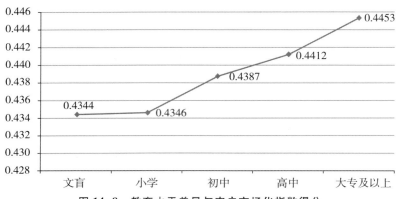

图 14-8　教育水平差异与农户市场化指数得分

后 记

　　时隔三年,新的经济卷业已完成,本年度的经济卷继续沿用以前的框架结构,主要是从农民的生产与生活两个角度来展现中国农民经济状况。与以往将生产和生活进一步细分为若干专题的做法不同,本卷在专题报告部分更加聚焦于现实的问题,分别对新型农业经营主体、农村土地确权、集体林权改革、农村民间借贷和农村消费压力等进行了专题性研究,同时,为了更加细致地反映农民经济生活中的具体问题,本卷结合专题报告的若干主题,增设调查报告部分,用具体的个案调查来为专题报告做详细的注解,除了大量数据之外,还有丰富的个案,相得益彰。在最后的预测报告部分,本卷将原先穿插在农民收入部分的农民收入差距和基尼系数单独列出来,并增加了有关中国农民市场化指数的讨论,对未来农民经济状况进行了分析预测。

　　凡此种种,都是为了同一个目的,即希望新的经济卷能够更加有效地描绘中国农民经济状况的现实图景,梳理出近一段时间里的关键问题,并以此回应国家的政策需要、社会的广泛关注和农民的热切盼望,尽最大努力来呈现中国农民经济状况的发展态势,尽最大努力来再现大数据时代中国农民经济状况的方方面面,尽最大努力来实现中国农民状况发展报告的全面性、政策性和预测性。

　　当然,这些努力需要整个团队的力量。华中师范大学中国农村研究院院长徐勇教授对总体框架、研究思路和写作提纲进行了认真的审阅,把握了经济卷的整体方向。中国农村研究院执行院长邓大才教授对章节安排、人员分工和时间进度等进行了细心的指导,提升了经济卷的写作水平。具体的写作由中国农村研究院全体教师、博士研究生和硕士研究生共同完成,其中,任路负责总体报告并统稿,熊彩云教授、黄振华博士承担预测报告,白雪娇、张利明、史亚峰、刘思、李晓群、孔浩、刘迎君等主持专题报告,张茜、魏晨、郭恒、陈钰垚、王坤、陆朝辉、段凤桂等撰写调查报告。最后由付振奇、贺倩、刘杰、王龙、马亚丹、董帅兵、丁猛等完成书稿校对。

感谢教育部哲学社会科学系列发展报告项目的持续支持,感谢华中师范大学人文高等研究院石挺副院长、徐剑主任的无私帮助,感谢中国农村研究院郝亚光老师、王静老师、朱敏杰老师的全力协助,感谢北京大学出版社编辑们的辛勤付出,感谢陪伴中国农民状况发展报告成长的朋友们!

我们相信,本报告的研究成果对决策部门、广大学者和读者必然有所裨益。全稿虽然经过多次修改,但难免存在疏漏和错误之处,敬请广大读者批评指正。我们期待更多的实务部门和理论界关心中国农民发展问题。

编者
2015 年 11 月 11 日